UTB 2955

Eine Arbeitsgemeinschaft der Verlage

Beltz Verlag Weinheim · Basel
Böhlau Verlag Köln · Weimar · Wien
Wilhelm Fink Verlag München
A. Francke Verlag Tübingen und Basel
Haupt Verlag Bern · Stuttgart · Wien
Lucius & Lucius Verlagsgesellschaft Stuttgart
Mohr Siebeck Tübingen
C. F. Müller Verlag Heidelberg
Ernst Reinhardt Verlag München und Basel
Ferdinand Schöningh Verlag Paderborn · München · Wien · Zürich
Eugen Ulmer Verlag Stuttgart
UVK Verlagsgesellschaft Konstanz
Vandenhoeck & Ruprecht Göttingen
vdf Hochschulverlag AG an der ETH Zürich
Verlag Barbara Budrich Opladen · Farmington Hills
Verlag Recht und Wirtschaft Frankfurt am Main
WUV Facultas Wien

Alexander Siedschlag

Anja Opitz

Jodok Troy

Anita Kuprian

Grundelemente der internationalen Politik

Böhlau Verlag Wien · Köln · Weimar

Bibliografische Information Der Deutschen Bibliothek:
Die Deutsche Bibliothek verzeichnet diese Publikation in der
Deutschen Nationalbibliografie; detaillierte bibliografische Daten
sind im Internet über http://dnb.ddb.de abrufbar.

ISBN 978-3-205-77624-6
ISBN (utb) 978-3-8252-2955-9

© 2007 by Böhlau Verlag Ges.m.b.H. und Co.KG, Wien · Köln · Weimar
http://www.boehlau.at
http://www.boehlau.de
Druck: Ebner&Spiegel, Germany

Inhalt

Vorwort

Dieses für den gesamten deutschsprachigen Raum geschriebene Lehrbuch ergänzt die bisherigen Studienpublikationen des Stiftungslehrstuhls für Europäische Sicherheitspolitik (www.european-security.info) an der Universität Innsbruck um ein die Teilgebiete des Faches Internationale Politik übergreifend darstellendes Einführungswerk. Wenngleich politologische Sicherheitspolitik derzeit in einem Paradigmenwechsel steht und zu einem Bereich innerhalb der umfassenden, interdisziplinären Sicherheitsforschung *(security research)* wird, so findet sie in der Lehre doch zum entscheidenden Teil innerhalb des Fachgebietes *Internationale Politik* statt. Deshalb gehört es zum Selbstverständnis des Lehrstuhls, neben unserer jeweiligen Spezialisierung gemeinsam das Fach Allgemeine Internationale Politik zu vertreten und dabei praktisch anwendbares und „berufsfähiges" Wissen zu vermitteln, ohne akademische und wissenschaftliche Anforderungskriterien zu verwässern.

Ein spezielles Analyse-, Lehr- und Handbuch zur Sicherheitspolitik liegt mit den *Methoden der sicherheitspolitischen Analyse* (Hg. Alexander Siedschlag, Wiesbaden: VS Verlag für Sozialwissenschaften, 2006) bereits vor, ebenso wie wir in unserer Lehrtätigkeit an die Weiterentwicklung des konstellationsanalytischen Ansatzes der früheren Münchner Schule um Gottfried-Karl Kindermann anknüpfen (*Realistische Perspektiven internationaler Politik,* Hg. Alexander Siedschlag, Opladen: Leske + Budrich, 2001).

Besonders wichtig ist im Fach Internationale Politik über die Fachspezifik hinaus die Fähigkeit und Bereitschaft zum historischen ebenso wie zum interdisziplinären Blick. Aus diesem Grund haben wir in Anlehnung an das damalige Lehrbuch *Grundelemente der Weltpolitik* (Hg. Gottfried-Karl Kindermann, München: Piper, zuletzt 1992) unser nun vorliegendes Lehrbuch *Grundelemente der internationalen Politik* genannt. Die multiperspektivische, aber die Einzelerkenntnisse nicht nebeneinander stehen lassende, sondern systematisch integrierende Sichtweise ist der Leitfaden unserer eigenen Arbeit, den wir mit diesem Band vermitteln möchten.

Unserem Verleger Dr. Peter Rauch sowie Frau Dr. Reinhold-Weisz vom Böhlau-Verlag danken wir für die Aufnahme dieses Bandes in das UTB-Programm und für die angenehme Zusammenarbeit. Markus Sturn, Robert Jindra, Thomas Tannheimer, Alexandra Klausner und Thomas Gimesi danken wir für die Mitwirkung an der Gestaltung einiger

Teile des Bandes bzw. für die redaktionelle Mitwirkung. Andrea Jerković gebührt Dank für die abschließende Kontrolle und Ergänzung der Literaturangaben. Zu ganz besonderem Dank sind wir darüber hinaus Veronika M. Mladek verpflichtet, die das gesamte Manuskript Korrektur gelesen hat. Die redaktionelle Endverantwortung lag bei Alexander Siedschlag.

Innsbruck, im Mai 2007
Alexander Siedschlag
Anja Opitz
Jodok Troy
Anita Kuprian

1 Einführung: Internationale Politik als entwicklungsoffene Integrationswissenschaft

„Die Darlegung wissenschaftlicher Probleme so, daß ein ungeschulter, aber aufnahmefähiger Kopf sie versteht, und daß er – was für uns das allein Entscheidende ist – zum selbständigen Denken darüber gelangt" – dieses von Max Weber (1991: 10) in seinem Vortrag „Wissenschaft als Beruf" für die akademische Lehre gesetzte Ziel ist zugleich das Motto dieses Lehrbuches. Es geht uns neben der Vermittlung von Grundlagenwissen um eine Einladung zum Denken und zum Kennenlernen fachlicher Querbezüge, ohne die eine sinnvolle wissenschaftlich orientierte Beschäftigung mit internationaler Politik nicht auskommt. Politikwissenschaft ist seit jeher eine „Integrationswissenschaft", wie das Ernst Fraenkel (1973), einer ihrer Wiederbegründer in Deutschland nach dem Zweiten Weltkrieg, formulierte: Ihre Qualität als eigenständiges wissenschaftliches Fach macht die Fähigkeit aus, komplexe Sachverhalte aus unterschiedlichen Blickwinkeln (d. h. *multiperspektivisch*) zu beleuchten und diese variable Sichtweise in eine Gesamtansicht und Gesamtbewertung zu integrieren, also eine *Synopse* (eine „Zusammenschau" der analysierten Einzelaspekte) herzuleiten.

Den synoptischen Charakter politikwissenschaftlicher Forschung und Lehre speziell im Fachgebiet Internationale Politik unterstrich Arnold Bergstraesser (1965: 23–36), ein weiterer Gründungsvater der deutschsprachigen Politikwissenschaft nach dem Zweiten Weltkrieg. Bei der Synopse kommt es auch darauf an, Erkenntnisse aus unterschiedlichen Fachgebieten zu integrieren. Dies ist nicht zuletzt deswegen wichtig, weil sich internationale Politik heutzutage in ganz unterschiedlichen Handlungsfeldern abspielt, die von klassischer Außenpolitik, Diplomatie und Krisenprävention über Wirtschaft und Entwicklung bis hin zu Kultur und Kulturpolitik reichen *(Kapitel 5)*. Bergstraesser (1965: 85–101) sprach sogar davon, dass das Fach Internationale Politik aufgrund seiner besonderen multiperspektivischen Breite einer „kulturwissenschaftlichen Gegenwartsforschung" gleichkomme. Das synoptische Analyseprinzip ist vor allem von Gottfried-Karl Kindermann (1986a), Gründungsdirektor des Seminars für Internationale Politik an der Universität München, methodisch weiter ausgearbeitet worden, geht aber fachgeschichtlich über den deutschsprachigen Raum hinaus und auf das paradigmatische Werk *Syllabus on International Relations* von Parker T. Moon (1925) zurück.

Dieses Lehrbuch möchte die Tradition des Fachgebietes Internationale Politik als einer synoptischen Wissenschaft fortschreiben und zugleich eine – sich von den gängigen Lehrbüchern abhebende – erweiterte Darstellung liefern, die auch fachübergreifende Einsichten und interdisziplinäres Strukturierungswissen vermittelt – aus der Soziologie, der Geschichte, der Psychologie, dem Völkerrecht u. a. m. *(Kapitel 8)*. Neben diesem interdisziplinären Einblick vermittelt dieses Buch über die Basisaspekte des Faches hinaus Grundwissen über Weltregionen (vor allem Asien-Pazifik, postsowjetischer Raum, Naher und Mittlerer Osten sowie Lateinamerika) und ihre Rolle in der internationalen Politik *(Kapitel 6)*. Somit soll hier kein „rigoroser" Analyseansatz verbreitet, sondern die Vielschichtigkeit der Probleme und die Alternativen der Deutung und Erklärung verständlich gemacht werden. Zugleich machen wir in Form der *Methode der Konstellationsanalyse* einen – in Forschung und Lehre seit Jahrzehnten bewährten – Vorschlag, wie eine derartige Perspektivenvielfalt zu einer stringenten analytischen Systematik verdichtet und auf den etwas in Vergessenheit geratenen Grundgegenstand politologischer Analyse ausgerichtet werden kann: das Phänomen der in einem größeren sozialen Kontext Geltung beanspruchenden *Entscheidung*. Politikwissenschaft ist in diesem Sinne eine *Entscheidungswissenschaft*, und dementsprechend ist der analytische Kern einer Synopse das Phänomen der politischen Entscheidung.

Nicht schon durch Theorie, sondern erst mittels Methodik kann ein Fach seinen wissenschaftlichen Anspruch einlösen. Allein Methodologie (d. h. Methodenlehre) bewahrt vor dem „Narrativismus", jener von Acham (1983: 193) so bezeichneten Pseudomethodik, die „sozialwissenschaftliche Erklärungen durch die phänomenologische Beschreibung der in Betracht stehenden Sachverhalte" ersetzt (speziell zum Problem des Narrativismus im Fach Internationale Politik siehe Smith 1999: 61–91). Narrativismus hat in der Politikwissenschaft leider eine hohe Konjunktur, und viele Lehrveranstaltungen geraten rasch zu zwar interessanten Gehversuchen in der politischen Publizistik, die jedoch nichts mit fachwissenschaftlicher Ausbildung zu tun haben. Politikwissenschaft ist etwas Anderes als die Chronologie des Tagesgeschehens. Deshalb beinhaltet dieses Lehrbuch neben einem Einblick in die Theorielandschaft auch eine Einweisung in die methodenbezogenen Grundfragen und Probleme von Internationaler Politik als *wissenschaftlichem Fach* (dazu *Kapitel 7*).

„Versuchen wir" an dieser Stelle deshalb kurz mit Umberto Eco (1988: 39–44) „festzulegen, unter welchen Voraussetzungen eine Arbeit sich in einem weiten Sinn wissenschaftlich nennen darf:"

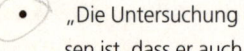

- „Die Untersuchung behandelt einen erkennbaren Gegenstand, der so genau umrissen ist, dass er auch für Dritte erkennbar ist."

- „Die Untersuchung muss über diesen Gegenstand Dinge sagen, die noch nicht gesagt worden sind, oder sie muss Dinge, die schon gesagt worden sind, aus einem neuen Blickwinkel sehen."
- „Die Untersuchung muss für andere von Nutzen sein."
- „Die Untersuchung muss jene Angaben enthalten, die es ermöglichen nachzuprüfen, ob ihre Hypothesen falsch oder richtig sind."

Inzwischen hat sich das Fach Politikwissenschaft durchaus einen relativ professionellen wissenschaftlichen Status erarbeitet und wird in der Regel sozial, politisch und arbeitsmarktlogisch als eine eigenständige fachwissenschaftliche Ausbildung anerkannt. Gleichzeitig damit ist die Politikwissenschaft aber schon wieder im Zerfallen begriffen: Sie ist derzeit durch eine übermäßige Binnendifferenzierung gekennzeichnet. Im Zuge dessen versuchen sich Teilbereiche der Politikwissenschaft, wie zum Beispiel die Disziplin Internationale Politik, als eigenständige Fachwissenschaften gegenüber der allgemeinen Politikwissenschaft zu definieren und zu profilieren. Das geht sogar so weit, dass sie ihren spezifischen Forschungsgegenstand, das Politische und die politische Entscheidung, aus ihrer Fachbezeichnung eliminieren und sich als Wissenschaft der „Internationalen Beziehungen" bezeichnen (z. B. Hellmann/Wolf/Zürn 2003). Das klassische Fachgebiet Internationale Politik in Europa hat sich jedoch stets als ein Teilbereich der Politikwissenschaft verstanden, der nicht in erster Linie der Debattierung weltgesellschaftlicher Beziehungsprozesse dient, sondern der Analyse eines *„polyzentrischen und dynamischen Interaktionssystems* ohne zentrale Entscheidungs- und Vollzugsorgane sowie ohne erzwingbares Rechtssystem" im Sinne von Kindermanns (1986d: 17) Leitdefinition des Begriffes „internationale Politik". Die Disziplin Internationale Politik darf sich nicht vom Rest der Politikwissenschaft abschotten, und ihre vordringliche Aufgabe ist nicht die Ersatzphilosophie, aber auch nicht das Reformulieren von Alltagsereignissen, das Erzählen von Geschichte(n) oder die theoretisierende Reflexion, sondern das „Vorausdenken für das auswärtige Handeln selbst", d. h. die „prognostische Synopsis" (Bergstraesser 1965: 23f. bzw. 224).

Um die Wissenschaft von der internationalen Politik zu verstehen und in ihrer Bedeutung einzuordnen, ist es wichtig, sich zunächst die Kernaspekte ihres Gegenstandes zu verdeutlichen. Gegenwärtig befindet sich das internationale System im Übergang. Seine Strukturen und Prozesse entsprechen weder dem Idealtyp einer Staatenwelt, noch dem Idealtyp einer „Weltgesellschaft" (z. B. Fues/Hamm 2001). Einer der Begriffe, um diesen gemischten Zustand zu beschreiben, ist „postinternationale Politik" oder „Postinternationalismus" (Rosenau 1989). Dieser Begriff charakterisiert das internationale System der Gegenwart besonders gut, weil er sowohl auf die prinzipielle Weite als auch auf die

immanenten Grenzen des Möglichkeitsraumes hinweist, in dem sich der Versuch, grenzüberschreitende Prozesse politisch zu beeinflussen, abspielen kann.

Derartige ungewohnte Begriffe sind wichtig, um zu unterstreichen, dass *internationale* Politik heute eben mehr ist als Politik zwischen Staaten (lat. *inter nationes*). Schlüsselakteure internationaler Politik (neben den Staaten z. B. auch Individuen, internationale Organisationen, Nichtregierungsorganisationen und Medien) werden in *Kapitel 4* behandelt. Internationale Politik ist in entscheidenden Punkten zu einer grenzüberschreitenden gemeinschaftlichen Gestaltungsaufgabe geworden, die sich nicht mehr allein mit denjenigen Instrumenten bewältigen lässt, welche die souveräne Nationalstaatlichkeit im engeren Sinne beinhaltet. Ein gutes Beispiel dafür ist das Politikfeld *Sicherheit*, innerhalb dessen unter anderem Aspekte der inneren Sicherheit, des Konfliktmanagements und der Friedenssicherung sowie der strategischen Studien internationaler Sicherheit zu einem neuen politischen Ansatz und einem Forschungskonzept umfassender Sicherheit zusammenfließen (z. B. Borchert 2004; Möllers/van Ooyen 2005). In *Kapitel 3* richtet sich das Augenmerk auf die Erklärung derartiger aktueller politisch und politologisch zumeist diffus gebrauchter neuer Termini und Aspekte internationaler Politik; dazu gehören zum Beispiel auch „internationale Gemeinschaft", „Nachhaltigkeit" und *„good governance"*.

Allerdings ist gerade im Bereich der Politikwissenschaft wie in jeder Wissenschaft, die sich um bestimmte Dimensionen menschlichen Handelns dreht, in letzter Konsequenz nichts wirklich neu. Deshalb ist ein Blick in die historische Entwicklung des internationalen Systems und dabei insbesondere in die Entwicklung der Problematik von Sicherheit und Frieden in Europa und darüber hinaus eine unverzichtbare Wissens- und Verständnisgrundlage. Eine entsprechende strukturgeschichtliche Überblicksdarstellung bietet das nun folgende *Kapitel 2*.

2 Meilensteine der Entwicklung des internationalen Systems und der Problematik von Sicherheit und Frieden in Europa

[handschriftliche Notiz: Def. Ideologie Problematik: Sicherheit & Frieden]

2.1 Grundlagen aus der klassischen Antike

So wichtig die Geschichte des internationalen Systems als Verständnisgrundlage für das Fach Internationale Politik sowie für dessen eigene Fachgeschichte (→ Kapitel 7.1: 173–186) ist, so sehr wäre es ein methodologischer ebenso wie politischer Fehler, internationale Politik vorrangig an Modellen der Geschichte zu messen; denn zum Beispiel das viel beschworene Machtgleichgewicht ist kein historisch zu entdeckendes allgemeines Prinzip internationaler Ordnungsbildung, sondern eine Ideologie: Es ist von zeitgebundenen, deshalb aber auch grundsätzlich wandelbaren und vergänglichen herrschenden Ideen über „gute" und „stabile" internationale Beziehungen abhängig, wie das Hedley Bull (1977: 101–126) in seinem Klassiker *The Anarchical Society* beschrieben hat. Die folgende Darstellung orientiert sich deshalb nicht an einer transepochalen Ideengeschichte, sondern an einer Systemgeschichte internationaler Politik (z. B. Doering-Manteufel 2000; Krüger 1996). Analyseeinheiten sind die großen Epochen der Problematik von Sicherheit und Frieden sowie die Übergänge zwischen diesen Epochen. Diese Methodik geht auf Ludwig Dehio (1948) zurück und steht in ihrem strukturgeschichtlichen (im Gegensatz zu einem ereignisgeschichtlichen) Erkenntnisinteresse in der Tradition der sogenannten „Annales"-Schule und deren „longue durée"-Ansatz (v. a. Braudel 1977).

Das heutige globale internationale System geht in seinen allgemeinen Funktionsgesetzen auf den historischen Prozess der Herausbildung eines europäischen Staatensystems zurück. Bis Ende des 18. Jahrhunderts sind dann zwar in verschiedenen Weltregionen verschiedene Systeme zwischenstaatlicher Beziehungen prägend geworden, gleichwohl blieben die Entwicklungen im europäischen Staatensystem (dabei vor allem auf dem Gebiet der Diplomatie, aber auch der Kriegsführung) in einem weltpolitischen Maßstab bestimmend. Europa als Beispiel für die internationale Systembildung und die Entwicklung staatenweltlicher Konfliktregelung zu betrachten, ist deshalb nicht eurozentristisch, sondern paradigmatisch. Die Brücke zur globalen Entwicklungsgeschichte des internationalen Systems kann auf der Grundlage der hier vermittelten Kenntnisse mithilfe der Gesamtdarstellungen von Kleinschmidt (1998) und Watson (1992) selbstständig geschlagen werden.

Das prägende Prinzip der souveränen Gleichheit der Staaten, wie es zu einem der Grundsätze des Allgemeinen Völkerrechtes geworden und außerdem in Artikel 2 Absatz 1 der Satzung der Vereinten Nationen völkervertragsrechtlich normiert ist, repräsentiert im langen historischen Rückblick kein Prinzip des *Westfälischen Systems* (z. B. Teschke 2003), wie es seit dem Ende des Dreißigjährigen Krieges 1648 besteht (→ Kapitel 2.3: 19–22) und in diesem Zusammenhang meistens zitiert wird. Vielmehr geht es auf den genossenschaftlichen Charakter des griechischen Staatensystems vor dem Aufstieg Athens und des Attischen Seebundes (ca. 478–ca. 404 v. Chr.) zurück. Dieses System war antihegemonial und gemeinschaftlich ausgerichtet sowie am Legitimitätsprinzip orientiert (Watson 1992: 47–56). Deshalb kannte es ursprünglich keine Vernichtungskriege, sondern es galt der Grundsatz, Besiegte nicht zu zerstören. Nach der Verflüchtigung dieser Prinzipien im Zuge des Peloponnesischen Krieges und des Sieges der Spartaner dauerte es letztlich bis ins 17. Jahrhundert hinein, diese Prinzipien wieder herzustellen. Ihre eigentliche Renaissance erlebten sie auf dem Wiener Kongress von 1814/15, um im Ersten Weltkrieg und mehr noch im Zweiten Weltkrieg wiederum nahezu völlig von der Bildfläche zu verschwinden. Zugleich mit grundlegenden Prinzipien der Friedenssicherung war schon im antiken griechischen Polissystem der Zentrum–Peripherie-Gegensatz aufgekommen (Watson 1992: 128f.); denn jedes Gemeinschaftsgefühl und jede Antihegemoniepolitik entwickeln sich in Abgrenzung zu anderen Gemeinschaften und zu gefühlten Hegemoniebestrebungen anderer.

Damals drückte sich das besonders in Form der Abgrenzung der griechischen Welt gegenüber Persien aus. Das in Herodots *Historien* (der Dokumentation der Perserkriege des 5. Jahrhunderts v. Chr.; Textausgabe: Haussig 1971) überlieferte Motiv der bipolaren Welt (der zivilisierte, griechische Westen auf der einen und der „barbarische", persische Osten auf der anderen Seite) erstreckt sich bis zum Ost-West-Gegensatz im Kalten Krieg und darüber hinaus bis in unsere Zeit (z. B. „Westen"–„Islam").

Im *Peloponnesischen Krieg* (431–404 v. Chr.) wurden erstmals typische Bewegungsgesetze der internationalen Politik deutlich, auch wenn sich damals noch kein internationales System herausgebildet hatte, sondern es sich um ein Konglomerat bilateraler Beziehungen zwischen Stadtstaaten handelte. In diesem Zusammenhang besonders einschlägig ist der *Melierdialog* aus Thukydides' Werk *Der Peloponnesische Krieg* (Buch V, Abschnitte 84–116; Textausgabe: Landmann 2002), in dem der menschliche Macht- und Herrschaftstrieb als Motor der Geschichte unterstrichen und zugleich deutlich gemacht wird, wie jeweilige systemische Strukturzwänge – zum Beispiel die Ausprägung des Machtgleichgewichtes – diesen Trieb situativ akzentuieren (zur Analyse des Melierdialoges: Seaman 1997). Der Melierdialog ist eine Auseinandersetzung mit den Faktoren der Hegemonialpolitik Athens: 416 v. Chr. marschieren die Athener mit einer großen

Übermacht vor der Insel Melos auf, die zwar eine Kolonie des Gegners Sparta, aber neutral ist. Die Athener wollen Melos unterwerfen und zum Beitritt zum Attischen Seebund zwingen. Athenische Unterhändler kommen in die Stadt, um die Melier von den Vorteilen einer freiwilligen Unterwerfung zu überzeugen.

Der Melierdialog ist zugleich ein klassisches Exempel politologischer Entscheidungsanalyse; denn Thukydides bewertet Melos' Optionen anhand vier wertbezogener Kriterien: Gerechtigkeit, Nutzen-/Kostenverhältnis, Realisierbarkeit und Schönheit (Ehre vs. Schande). Das Gerechtigkeitskriterium verwerfen die Athener von vornherein; denn der Standard der Gerechtigkeit hänge vom Gleichgewicht der Macht ab – d. h. gleiches Recht gelte nur für Gleichstarke, Melos sei aber viel schwächer als Athen. Darauf erwidern die Melier, auch das mächtige Athen müsse ein Interesse an machtunabhängigen Gerechtigkeitsstandards haben, da es sich in irgendeinem künftigen Konflikt selber einmal in der Position des Schwächeren wiederfinden könnte. Dem entgegnen die Athener, selbst wenn das stimmen würde, stünde immer noch der Nutzen im Vordergrund, und eine freiwillige Unterwerfung Melos' sei für beide Seiten nützlich; denn die Athener würden ihre Ressourcen schonen und die Melier ihrer sicheren Vernichtung entgehen. Die fortgesetzte Neutralität Melos' erklären die Athener aus bündnisinternen Gründen für nicht hinnehmbar: Würden sie Melos' Neutralität dulden, würden ihre Bundesgenossen darin ein Zeichen der Unentschlossenheit und der Schwäche sehen. Nach der Mahnung der Athener, die Melier mögen ihre Hoffnungen nicht in die Götter oder die Gerechtigkeit setzen, sondern in die Vernunft, ist der Dialog beendet.

Gleichwohl gaben die Melier nicht nach (und hofften vergeblich auf spartanischen Beistand), woraufhin die Athener die Stadt sechs Monate lang belagerten, bis sie durch Verrat fiel. Die Athener richteten die männliche Bevölkerung hin und verkauften die Frauen und Kinder in die Sklaverei. Ihre moralische Rechfertigung lautete, selbst als Hegemon nicht frei entscheiden zu können, sondern den Gesetzmäßigkeiten unterworfen zu sein, die sich aus der strukturellen Position einer Hegemonialmacht ergeben. Insofern legte Thukydides mit seiner Darstellung der Ereignisse den Grundstein für eine systemische oder *methodologisch kollektivistische* (im Gegensatz zu einer akteurs- und handlungsorientierten, d. h. methodologisch individualistischen) Sichtweise internationaler Politik (→ Kapitel 4.2: 88f.).

2.2 Grundlegung des Souveränitätsprinzips in der frühen Neuzeit

Der Organisationskern des heutigen internationalen Systems, das zwar nach wie vor genossenschaftliche Züge trägt, aber vom Prinzip nationaler Souveränität, von nationalen

Interessen und nationalen Souveränitätsvorbehalten geprägt ist, entstand erst im Zuge der „Transformation des Römischen Reiches" und des Zusammenbruches der kaiserlich-römischen Verwaltung (Kleinschmidt 1998: 15f.). Dies führte zur Herausbildung eigenständiger Herrschaftsbereiche, zum Untergang des seit dem Jahr 212 bestehenden einheitlichen römischen Bürgerrechtes und legte den Grundstein für den Zustand, der dann ab dem ausgehenden 19. Jahrhundert als „Anarchie" bezeichnet werden sollte. Dem Frankenreich (800–ca. 1000) gelang es eben nicht, die einzelnen Potentaten in eine gemeinsame Rechts- und Herrschaftsordnung zu integrieren, ihrer entstehenden Souveränität eine neue kollektive Gemeinschaftsordnung entgegenzusetzen (Kleinschmidt 1998: 23–31). Ab dem 11. Jahrhundert entwickelte sich das expandierende internationale System Europas infolgedessen vor allem aufgrund von Macht-, Dominanz und Statuskonflikten:

> „de[m] Konflikt zwischen Papst und Kaiser um die Frage, wer der höchste Repräsentant der Christenheit sei; de[m] Konflikt zwischen dem Kaiser und den abendländischen Königen über die Bestimmung der Kriterien des Rangunterschiedes zwischen Kaisertum und Königtum; de[m] Konflikt zwischen Byzanz und dem Abendland um den Fortbestand des universalen Römischen Reichs; viertens de[m] Konflikt zwischen Muslimen und verschiedenen abendländischen Potentaten sowie den Kaisern um die Vorherrschaft in der Welt." (Kleinschmidt 1998: 33f.)

Dieser vierte Konflikt führte zu den Kreuzzügen als erste Weltkriege. Vor dem Hintergrund dieser Erfahrung der Universalisierung von Gewalt entwarf Thomas von Aquin im 13. Jahrhundert seine universale *Theorie des gerechten Krieges*, die über den damaligen „Kampf der Kulturen" (um die von Huntington 2002 für die Gegenwart geprägte Formel vorwegzunehmen) hinweg für alle beteiligten Konfliktparteien anwendbar sein sollte – ein früher Vorläufer der Theorie der kulturübergreifenden Konflikttransformation (z. B. Lederach 1995). Thomas' Überlegungen zum gerechten Krieg legten den Grundstein für die bis heute reichende Diskussion über dessen Kriterien. Seine Hauptkriterien, der gerechte (systematische) Grund *(causa iusta)* und die rechte (uneigennützige) Absicht *(intentio recta)*, stehen noch heute im Vordergrund der Debatte über die Weiterentwicklung des Völkerrechtes (→ Kapitel 8.2.5: 229f.).

Im 14. und 15. Jahrhundert folgte das Problem von Krieg und Frieden in der europäischen Staatenwelt (systematische geschichtliche Überblicke: Anderson 1993; Schilling 1999) nicht mehr in erster Linie politisch-strategischen oder gerechtigkeitstheoretischen Konzepten, sondern den technischen Möglichkeiten, welche die Entwicklung neuer Waffen eröffnete – so wie Jahrhunderte später die Politik des Kalten Krieges auch primär eine Funktion des jeweils erreichten rüstungsstrategischen Status der Supermächte sein sollte. Genau wie im Kalten Krieg trug der entsprechende Prozess im 14. und 15. Jahrhundert in gewisser, paradoxer Weise zur Stabilisierung und Friedenswahrung bei; denn die teuren Waffen konnten sich nicht mehr alle Herrscher leisten, so dass sich der Kreis der zur modernen Kriegsführung Fähigen deutlich einschränkte, was einerseits zu mehr Diplomatie anstelle von Gewaltaustrag führte (Kleinschmidt 1998: 58), andererseits internationale Politik aber auch zu dem machte, was Rengger (1993) kritisch als „Turnier edler Ritter" bezeichnet hat, d. h. einer staatenweltlichen, zudem auf Großmächte eingeschränkten Angelegenheit ohne ausreichende Berücksichtigung gesellschaftlicher Bedürfnisse. Den Wandel zu einem neuen Paradigma erleben wir letztlich erst gegenwärtig mit dem Aufkommen der asymmetrischen Kriegsführung und dem Auftreten anderer ressourcenstarker Akteure als den Nationalstaaten, zum Beispiel Terrororganisationen – wobei *Asymmetrie* in der kriegerischen Auseinandersetzung allerdings ein bis in die Antike zurückreichendes Konzept ist (dazu: Schröfl/Pankratz 2004; Schröfl/Pankratz/Micewski 2006).

Am Ende des 15. Jahrhunderts hatte sich in Europa ein internationales System herausgebildet, basierend auf dem Prinzip der *souveränen Gleichheit* der Akteure: „Was die Wahrnehmung der Ordnung angeht, hatte sich der kaiserliche Anspruch auf Oberhoheit über die Welt nicht durchsetzen lassen, wodurch der Grundsatz der prinzipiellen Egalität aller Akteure unterstrichen wurde"; zudem begann dieses internationale System

„sich in einen Begriff eigener Art zu verwandeln, der nicht mehr nur als Summe bilateraler Konnexionen wahrgenommen wurde. Auch die Beziehungen wurden nicht mehr nur so gestaltet, daß sie jederzeit beendet werden konnten, wenn kein Vorteil mehr aus ihnen erwuchs. Statt dessen führte die zunehmende Anwendung des Vertragsgrundsatzes im Bereich der internationalen Beziehungen dazu, daß man glaubte, diese auch dann aufrechterhalten zu müssen, wenn sie keine Vorteile mehr für die vertragschließenden Parteien brachten. Man hatte daher begonnen, die Beziehungen als selbstreferentiell wahrzunehmen und das Handeln der Akteure einem Systemzwang zu unterwerfen." (Kleinschmidt 1998: 63)

2.3 Westfälisches System, Erbfolgepolitik und dynastisches Prinzip (17. Jahrhundert)

Allerdings führte erst der *Dreißigjährige Krieg* (1618–1648) zur Herausbildung der Grundlagen für ein Organisationsprinzip dieses Systems, dem *Gleichgewicht*, das sich wiederum erst nach dem nächsten großen Krieg, dem Spanischen Erbfolgekrieg (1701–1714), voll verwirklichte (empfehlenswerte Überblicke: Craig/George 1988; Kissinger 1995; zur Systemgeschichte des Gleichgewichtsprinzips: Luard 1992). Internationale Politik als Herstellung eines Gleichgewichtes zwischen souveränen Staaten zu begreifen, bedeutete (und bedeutet) zugleich, sie als rationales und kalkulierbares Nullsummenspiel zu verstehen und zu betreiben. Auch Kriege erschienen beherrschbar (und deshalb ohne allzu großes Nachdenken anzettelbar), da sie als dem Gebot politischer Rationalität unterworfen galten (Kissinger 1995: 56–77). Es dauerte mehr als 250 Jahre, bis zum Ersten Weltkrieg, um endgültig zu erfahren, dass gerade politische Rationalität – etwa die Rationalität von Bündnissystemen – Kriege nicht notwendigerweise eindämmt und berechenbar macht, sondern sie im Gegenteil globalisieren und hochtransformieren kann. Eine Kehrseite des nullsummenspielhaften europäischen Gleichgewichtssystems war außerdem seine Selbstreferentialität, seine Geschlossenheit: Es besaß fast keine Verbindungen zum Rest der Welt (Kissinger 1995: 126) und lieferte damit eine der Vorbedingungen für die im 19. Jahrhundert beginnende und an dessen Ende zum Zeitalter des Imperialismus führende Politik der europäischen Staaten, Konflikte und Spannungen nicht direkt miteinander zu regeln, sondern in Macht- und Herrschaftskonkurrenz in anderen Regionen oder Erdteilen zu verschieben.

Mit dem Ende des Dreißigjährigen Krieges in den Friedensschlüssen von Münster und Osnabrück 1648 *(Westfälischer Frieden)* wurde das Prinzip der Staatensouveränität auch für die internationale Politik und Friedenssicherung bestimmend (man spricht von dem *Westfälischen System* oder der *Westfälischen Ordnung*, dazu z. B. Teschke 2003), vor allem in drei Formen: dem Grundsatz der Gleichheit aller Mitglieder der internationalen Gemeinschaft (unabhängig von Größe, Bevölkerungszahl, Streitkräfteumfang usw.), dem Grundsatz der Nichteinmischung in die inneren Angelegenheiten eines souveränen Staates und dem Grundsatz der Handlungsfreiheit und der freien Wahl der Handlungsmittel eines souveränen Staates, gipfelnd im souveränen *ius ad bellum* (dem Recht, Kriege zu führen). Das neue *Souveränitätsprinzip* engte das Verständnis von Frieden (→ Kapitel 3.3: 57–64) deshalb auf die Abwesenheit von Krieg ein (negativer Frieden), es bildete aber zugleich die unmittelbare Grundlage für die erste große Idee europäischer Friedenssicherung der Neuzeit: Das Prinzip von Erbfolge und Dynastiebildung (1648–1714).

Auf der Grundlage damaliger Auffassung nach rationaler und objektiver Kriterien wie traditionelle Herrschaftsansprüche (Kabinettspolitik) und auf Verwandtschaftsverhältnissen (Hausmachtpolitik) basierende geostrategische Beziehungen versuchten die europäischen Staaten, Interessenkonflikte untereinander gütlich zu lösen. Verrechtlichung des Erbwesens als ein friedenspolitisches Prinzip ist somit ein früher Vorläufer neuerer Konzepte der rechtsbasierten Konflikttransformation (→ Kapitel 3.5.3: 72–75). Das war jedoch, wie auch die meisten der folgenden Friedenskonzepte, keine gemeinsame neue

Erfindung der europäischen Staaten, sondern eine Verallgemeinerung bereits praktizierter Strategien. In diesem Fall Pate stand vor allem die Tradition der Politik des in Innsbruck geborenen Habsburgers Friedrich III. (1415–1493), auch Kaiser des Heiligen Römischen Reiches Deutscher Nation, der zahlreiche Heiraten stiftete, um das Herrschaftsgebiet seines Großherzogtums Österreich zu mehren. Der ihm zugeschriebene, Epoche machende lateinische Wahlspruch „Bella gerant alii, tu felix Austria nube!" („Mögen andere Kriege führen, du, glückliches Österreich, heirate!") ist allerdings ein Spottvers von Matthias Corvinus, dem Humanisten auf dem ungarischen Königsthron, der zugleich das *ius ad bellum* (z. B. gegen Österreich) zu nutzen wusste.

Das System von Erbfolge und Dynastiebildung zeigte sich anfällig gegen die damals gängige Geheimdiplomatie und führte eher zu kurzlebigen Kompromissen als zu der angestrebten europäischen Friedensordnung. Darüber hinaus begünstigte es den Isolationismus großer Mächte. Ein Beispiel war die beginnende *splendid-isolation*-Politik Englands. England war aber auch ein Beispiel dafür, dass Verrechtlichungssysteme in der internationalen Politik in der Regel von externen Gleichgewichtsgaranten abhängen, die – wie England das eben tat – dagegen antreten, dass einzelne Mitglieder des Systems die gemeinsamen Grundsätze zu sehr im Sinne ihrer jeweiligen Eigeninteressen auslegen. Gleichzeitig illustrierte der zweite Vormarsch der Türken auf Wien im Jahr 1683 die Wirkungslosigkeit des Erbfolge- und Dynastiebildungs-Systems gegen exogene (von außen kommende) Bedrohungen. Die bis in die Gegenwart hineinreichende Frage war damals, im Zeitalter der häufig wechselnden Zweckbündnisse, inwieweit die Existenz einer gemeinsamen Bedrohung auch zu einer gemeinsamen Verteidigung führen kann. Die Lehre der Geschichte lautet, dass zeitlich begrenzte Koalitionen am wahrscheinlichsten sind und dass dafür eine Führungsmacht notwendig ist. Im Großen Türkenkrieg, der mit dem *Frieden von Karlowitz* (1699) endete, war dies Österreich: Unter seiner Führung gelang es den vereinten christlichen Heeren, das Osmanische Reich in seinem Expansionsdrang und seinem Versuch, die Lehre des Propheten Mohammed mit militärischer Gewalt in die Mitte Europas zu tragen, aufzuhalten. Im Frieden von Karlowitz verlor das Osmanische Reich ungefähr die Hälfte seines europäischen Besitzes, darunter die polnische Ukraine, Ungarn, Kroatien und Siebenbürgen. Das Osmanische Reich wurde somit auf eine südosteuropäische Macht reduziert, hatte seinen Herrschaftsschwerpunkt fortan nicht mehr in Europa, sondern im heutigen Mittleren Osten und wurde zur strategischen Brücke zwischen beiden Kontinenten. Österreich hingegen war auch territorial der Gewinner und wurde durch den Frieden von Karlowitz zur europäischen Großmacht.

Der *Spanische Erbfolgekrieg* (1701–1714) führte allen europäischen Mächten die Grundsatzprobleme des herrschenden Systems der Friedenssicherung und Konfliktregelung dramatisch vor Augen. Zugleich wurde im Zuge des Spanischen Erbfolgekrieges die Grundlage für ein weiteres Prinzip der Friedenssicherung geschaffen: die Abwertung des Krieges als legitimes Mittel der Außenpolitik, begleitet von der Erkenntnis, dass man Macht- und Herrschaftskonkurrenz auch anders als durch Heirat und Kampf lösen kann, beispielsweise durch den Einsatz völkerrechtlicher Instrumente wie Verhandlungen und Verträge. Die Friedensschlüsse von Utrecht (1713), Rastatt und Baden (1714) markierten den endgültigen Durchbruch einer Friedensordnung auf der Grundlage eines „Gleichgewichtes der Kräfte" (dazu: Duchhardt 1976, 1997). Die Verwirklichung des Gleichgewichtsprinzips als einem Prinzip der *Friedenssicherung*, d. h. nicht nur der Eindämmung, sondern der Verhinderung von Kriegen, hatte sich indes nicht aus einer gemeinsamen europäischen Idee heraus entwickelt, sondern sich aus der letztendlichen Patt-Situation am Ende des Spanischen Erbfolgekrieges ergeben.

Dieses Phänomen wird nach dem Zweiten Weltkrieg erneut auftauchen, als sich aus der Struktur der Bipolarisierung der Welt im Kalten Krieg und dem bis Ende der 1960er-Jahre erreichten „atomaren Patt" zwischen den Supermächten USA und UdSSR das Konzept des „nuklearen Gleichgewichtes" oder des „strategischen Gleichgewichtes" entwickelt, dem in den 1970er-Jahren von Nichtnuklearwaffenstaaten in der NATO die Alternative des „konventionellen Gleichgewichtes" gegenübergestellt wird. Die Frage, auf welcher Grundlage und mit welchen Mitteln welche Form eines europäischen Gleichgewichtes verwirklicht werden soll, hat die Geschichte Europas und die Geschichte der internationalen Politik somit seit Beginn des 18. Jahrhunderts begleitet (dazu: Gruner 1989) und ihrerseits zu Konflikten geführt. Gleiches gilt für das Aufkommen der Kategorie des *nationalen Interesses*; denn zusammen mit der Entwicklung des Gleichgewichtsprinzips bahnte sich der Übergang vom dynastischen Prinzip als hauptsächlichem Legitimationsgrund für Herrschaftsansprüche und für Kriegsführung zum strategischen nationalen Interesse als primärem Motivations- und Legitimationsgrund an. Eine Vorreiterrolle übernahm dabei das im Verlauf des Spanischen Erbfolgekrieges (1707) durch den Zusammenschluss von England und Schottland entstandene Königreich Großbritannien.

2.4 Gleichgewichtssystem (1714–1791) und französische Hegemonie (1792–1815)

Eine frühe Form eines konflikttransformationsorientierten Sicherheits- und Friedenskonzeptes war in der Zeit von 1714 bis 1792 (dem Beginn der französischen Revolutionskriege) die nunmehr bewusst verfolgte Politik der *geostrategischen Gleichgewichtsbildung* (Überblicke: Duchhardt 1976; Luard 1992). Nachdem der Spanische Erbfolgekrieg gezeigt hatte, dass sich Herrschaftsansprüche entweder durch Heiratspolitik nicht umsetzen ließen oder dass im Fall grundlegender Interessenkonflikte das dynastische Prinzip nicht zur Konfliktregelung, sondern zur Konflikteskalation führte, versuchte man, Prozesse der Herrschaftskonkurrenz von den einzelnen Dynastien zu entkoppeln, zu versachlichen und strukturorientiert zu lösen (siehe Schroeder 1994a). Frieden durch ein Machtgleichgewicht zwischen den souveränen Staaten zu wahren, funktioniert aber nur mit einer Macht, die ausreichend stark ist, dies zu arrangieren.

Diese Macht war zunächst Großbritannien, das jedoch ab Mitte des 18. Jahrhunderts weniger als äußerer Garant im Interesse des kontinentalen Machtgleichgewichtes agierte, sondern versuchte, den Prozess der innereuropäischen Gleichgewichtsbildung für seine (nach damaligen Verhältnissen) globalstrategischen Eigeninteressen zu nutzen. Dies zeigte sich vor allem im *Siebenjährigen Krieg* (1756–1763), dem Gipfelpunkt eines dynastischen Konfliktes zwischen Preußen und Österreich (und dem Auslöser des deutsch-österreichischen *Dualismus*, der dann im Krieg von 1866 gipfelte und zur „kleindeutschen" Reichsgründung von 1871 führte – ein Begriff, dem später das „Dritte Reich" nach dem „Anschluss" Österreichs 1938 den ideologischen Terminus des „Großdeutschen Reiches" entgegensetzte). Der Siebenjährige Krieg wuchs sich durch dazukommende koloniale Interessen zu einer für damalige Verhältnisse Art Weltkrieg aus (er wurde sowohl in Europa als auch in Nordamerika ausgetragen) und führte zur Ausdehnung der britischen Herrschaft auf ganz Nordamerika.

In Europa war man der Meinung, dass die Wahrung bzw. (Wieder-)Herstellung des Gleichgewichtes in Konfliktsituationen die Teilung von Herrschaftsbereichen und Staaten erfordert. Prototypisch waren die drei polnischen Teilungen von 1772, 1793 und 1795 durch Preußen, Österreich und Russland, mittels derer man zugleich die russischen Bestrebungen, nach dem herben Rückschlag anderweitiger Expansion im Großen Nordischen Krieg (1700–1721) die Südexpansion anzutreten und den Bosporus als strategische Schlüsselstelle zwischen Schwarzem Meer und Mittelmeer zu seiner Einfluss-Sphäre zu machen, eindämmen sowie den Expansionsdrang dieser neuen Großmacht auf Mitteleuropa verlagern und dort befriedigen wollte. Allerdings übersah man dabei die neu aufkommende Wirkungsmacht des ideologischen Faktors in der europäischen Großmachtpolitik, vor allem des Panslawismus, der die russische Südexpansion begünstigte, da er den Vorwand dafür lieferte, die zaristische Interessensphäre auf den Balkan und in das immer schwächer werdende Osmanische Reich hinein auszudehnen. Symbolisch dafür war der Frieden von *Kütschük-Kainardschi* (1774), in dem das Osmanische Reich Russland den größten Teil der Krim abtreten und die freie Durchfahrt durch den Bosporus und die Dardanellen zugestehen musste. Mit dem Frieden von Kütschük-Kainardschi wurde Russland zur europäischen Macht, oder jedenfalls zu einer in der europäischen Gleichgewichtspolitik zwingend zu berücksichtigenden Macht.

Zunächst friedensfördernd, legte die im 18. Jahrhundert begonnene *Teilungspolitik* bereits einen der Grundsteine für den Ersten Weltkrieg, da Teilungen mit dem Nationalitäts- und dem Souveränitätsprinzip kollidierten. Teilungen begünstigten die Entwicklung von geographisch verstreuten nationalen Interessenpolitiken, die ziemlich schnell zu Ideologiepolitiken wurden, welche sich mit den Mechanismen der Staatenwelt kaum regeln ließen, wie etwa der russische Panslawismus. Ein weiterer wichtiger Aspekt ist, dass Gleichgewichtspolitik, von der Teilungspolitik eine Facette ist, die Entstehung von Zweckbündnissen fördert, die nur so lange halten, wie die Interessen der beteiligten Staaten komplementär sind. Paradebeispiel dafür ist ein bereits außereuropäischer Fall: der *Nordamerikanische Unabhängigkeitskrieg* (1775–1778), in dem sich die europäischen Staaten aufgrund der eigenen Interessen wechselnd positionierten. Dabei zeigte sich auch, dass mit der einsetzenden Industrialisierung Wirtschaftsfaktoren einen Kriegsgrund darstellten, während bis dahin seit dem Entstehen des Westfälischen Systems 1648 vor allem Erbfolgefragen und das Interesse an der machtpolitischen Erhöhung des eigenen Herrschaftshauses Ursache für kriegerische Konflikte gewesen waren.

Eine weitere Grenze des Westfälischen Systems des europäischen Gleichgewichtes wurde erreicht, als neben Russland ein weiterer Newcomer im etablierten Gleichgewichtssystem – nämlich das revolutionäre Frankreich – so stark geworden war, dass ihm gegenüber nicht mehr ein einzelner Staat für die Wahrung des geostrategischen Gleichgewichtes eintreten konnte, sondern Präventivbündnisse hätten geschlossen werden müssen – ein Verfahren, das aber in den Schlesischen Kriegen zwischen Österreich und Preußen (1740–1742 und 1744/45–1748) und dem folgenden bereits erwähnten Siebenjährigen Krieg (1756–1763) zur Konflikteskalation geführt hatte, nämlich zur präventiven Verteidigung seitens Preußen, und auch deshalb von den alten Mächten nicht gegen Frankreich eingesetzt wurde. Der Fall der französischen Revolutionskriege als Volkskriege deutete auch bereits auf die wachsende Bedeutung innenpolitischer Faktoren für das Außenverhalten von Staaten hin: Gegen die Motivationsmacht der französischen Revolutionäre konnten die rationalen Zweckbündnisse der alten europäischen Mächte und deren noch mit Armeen im Stil von Söldnerheeren in wechselnder Zusammensetzung gegen Frankreich geführten *Koalitionskriege* insgesamt wenig ausrichten.

So entstand die Epoche der *französischen Hegemonie* (1792–1815) (dazu: Connelly 2005): Der europäische Frieden war von Frankreich abhängig und davon, wie sich andere Staaten eigeninteressenbedingt ihm gegenüber positionierten. So haben die Koalitionskriege nichts mehr mit kollektiver Gleichgewichtspolitik zu tun, was vor allem das Verhalten Preußens deutlich machte: Die Integration seines Staatsgebildes nach innen war ihm wichtiger als ein Beitrag zum europäischen Gleichgewicht, und so schloss es 1795 mit Frankreich den Sonderfrieden von Basel, in dem es sich für neutral erklärte. Dazu kam, dass Nationalismus und Ideologie die politische Rationalität des Krieges (ein aus den Kabinettskriegen des 17. Jahrhunderts stammendes Konzept) immer mehr aushebelten und die Politik von Zweckbündnissen und Gegenmachtbildung zu einem allenfalls kurzfristig wirksamen Instrument der Krisenbewältigung machten.

2.5 Europäisches Konzert (1815–1853)

Auf dem *Wiener Kongress* (1814–1815) versuchten die alten europäischen Mächte nach dem Sieg über Napoleon, mehrere Strategien der Friedenssicherung miteinander zu verbinden und somit ein europäisches „Konzert" zu etablieren (Kissinger 1995: 78–102). In diesem Gedanken schlossen Großbritannien, Österreich, Preußen und Russland die Quadrupelallianz. Eine Fortsetzung des geostrategischen Gleichgewichtsdenkens war die Aufnahme eines Repräsentanten des vormaligen gemeinsamen Gegners Frankreich, Charles-Maurice de Talleyrand-Périgord, in die Verhandlungen über eine neue Friedensordnung, vor allem, um durch die Wiederherstellung der politischen Macht des Verlierers ein Gegengewicht zu Russland zu bilden. Dieses Kalkül wurde um das unter russische Vormacht gestellte „Kongresspolen" als Pufferzone ergänzt. Dies widersprach allerdings ebenso dem gemeinsam vereinbarten Leitprinzip der „Restauration", d. h. der Wiederherstellung des Status quo ante (dazu: Griewank 1942), des Zustandes vor Beginn der Koalitionskriege, wie die Tatsache, dass man dem 1806 von Napoleon zum Königreich erhobenen Bayern diesen Status ließ. Das lag wiederum vorrangig an geostrategischen Gründen, um eine territoriale Barriere zwischen den österreichisch-preußischen Dualismus zu legen. Ebenso aus dem alten Grundsatz der Machtbalance heraus gestand man – entgegen den gemeinsam beschlossenen neuen Friedensprinzipien – Großbritannien zu, Gebietsgewinne aus den napoleonischen Kriegen (z. B. Malta) zu behalten.

Diese Vorgehensweise illustriert ein bis heute relevantes Problem internationaler Friedenssicherung: Bereits im Moment der Schaffung gemeinsamer Prinzipien weichen die Staaten von ihnen ab. Trotzdem darf die Tragweite der auf dem Wiener Kongress gestifteten *Heiligen Allianz* der zunächst drei Mächte Österreich, Preußen und Russland als erste überregionale Friedensorganisation der Neuzeit in keiner Weise unterschätzt werden (Überblicksdarstellung: Duchhardt 1997). Fast alle Staaten des europäischen Kontinentes folgten der Aufforderung, der Allianz beizutreten. Nur der Vatikan blieb fern, weil er die überkonfessionellen Grundsätze ablehnte, und das Osmanische Reich war wegen der christlichen Grundsätze der Allianz nicht beitrittsfähig. Großbritannien trat zwar nicht als Nation bei, da ihm der Vertragcharakter der Allianz nicht konkret genug und die Prinzipien zu interpretationsoffen waren, war aber durch den Beitritt des Prinzregenten

Georg IV. in seiner Eigenschaft als König von Hannover an die Allianz angebunden. Außerdem gehörte Großbritannien der Quadrupelallianz an, die als Exekutivorganisation der Heiligen Allianz fungierte.

Die Idee der Heiligen Allianz war es, eine Friedensordnung für die Zukunft zu schaffen und nicht lediglich die Folgen vergangener Kriege zu managen oder gar die nächsten Kriege vorzubreiten (Pyta 1996). Somit findet sich hier bereits der Keim der späteren Prinzipien des Völkerbundes und der Vereinten Nationen. Durch die Aufnahme der immerwährenden Neutralität der Schweiz in die Schlussakte des Wiener Kongresses wurde außerdem Neutralität als ein mögliches akzeptables Prinzip europäischer Sicherheitspolitik festgeschrieben, während Preußens Neutralitätspolitik von 1795 von den anderen alten Mächten noch als krasser Prinzipienverstoß gewertet worden war. Trotzdem verkörperte die Heilige Allianz (dazu und zu ihrem Modellcharakter: Schroeder 1976) keine progressive, sondern eine restaurative Friedensordnung. Ihr Ziel war ein europäisches Konzert, das innen- und außenpolitische Ruhe bringen sollte. Der österreichische Staatskanzler Metternich prägte dafür die Formel „repos du monde". Systematisch war dies jedoch eine große Neuerung; denn man tat den ersten Schritt zu dem, was heute als *umfassende Sicherheit* bezeichnet wird: die inneren und äußeren Aspekte von Sicherheit in einer gemeinsamen, grenzüberschreitenden Politik zu verbinden. Die Allianz fußte neben der „Restauration" auf den Grundsätzen der „Legitimität" und der „Solidarität": Die bestehenden Staaten und Regierungen versicherten sich einander ihrer Rechtmäßigkeit und ihres gegenseitigen Beistandes bei Gefährdungen ihres Mächtekonzertes von innen oder von außen. Daraus ergab sich ein weiteres Prinzip, das auch für die Friedenssicherung der Gegenwart eine große Rolle spielt und kontrovers diskutiert wird (→ Kapitel 5.2: 127f.): das Prinzip der „Intervention", des Eingriffes in die inneren Angelegenheiten eines souveränen Staates um der Sicherung des Friedens und der internationalen Sicherheit Willen. Im Fall der Heiligen Allianz bedeutete dies das gemeinsame Vorgehen gegen innenpolitisch entstehendes, von den restaurativen Mächten als sicherheitsgefährdend erachtetes liberales und demokratisches Gedankengut.

Den Wiener Kongress leitete aber auch eine äußerst fortschrittliche Idee, welche die internationale Politik erst nach dem Zweiten Weltkrieg wieder entdeckte: Um nach einem Krieg eine stabile internationale Ordnung zu schaffen, braucht man mehr als nur eine große Konferenz, nach der alles sich selbst überlassen wird, wie es zum Beispiel mit der Konferenz von Versailles nach dem Ersten Weltkrieg der Fall war. In Wien 1815 wurde erkannt, dass neben der Gründungskonferenz ein System von Folgekonferenzen nötig ist, auf denen geprüft wird, ob alles wie geplant funktioniert oder ob es Änderungsbedarf und neue zu berücksichtigende Problemfelder gibt. Ein neueres erfolgreiches Beispiel für dieses Modell war der Folgekonferenz-Prozess im Rahmen der 1973 geschaffenen Konferenz für Sicherheit und Zusammenarbeit in Europa (KSZE).

Auf der Wiener-Kongress-Folgekonferenz in Aachen (1818) wurde Frankreich vollumfänglich in die Heilige Allianz aufgenommen, und die Quadrupelallianz erweiterte sich damit zur *Pentarchie* (Fünferherrschaft), d. h. zur gemeinsamen Herrschaft Frankreichs, Großbritanniens, Österreichs, Preußens und Russlands über Europa, die ein Jahrhundert lang jedenfalls einen großen Krieg in der Mitte Europas verhindern konnte. Im Zuge der weiteren Wiener-Kongress-Folgekonferenzen in Troppau (1820), Laibach (1821) und Verona (1822) wurde allerdings deutlich, dass die Staaten die Prinzipien der Heiligen Allianz, vor allem das Interventionsprinzip, mehr und mehr je nach Eigeninteresse auslegten (dazu: Nicolson 1946). Eine Herausforderung an das System war der 1821 begonnene griechische Unabhängigkeitskampf gegen das Osmanische Reich, in dessen Rahmen sich Großbritannien schließlich auf das Interventionsprinzip berief und in die Auseinandersetzung eingriff – jedoch gerade nicht zugunsten der monarchischen Kräfte, wie die Prinzipien Restauration und Legitimität es erfordert hätten, sondern zugunsten der Unabhängigkeitsbewegung der Liberalen. Da die geographische Lage des Konfliktfeldes seine Handels- und Verkehrsinteressen (Schiff-Fahrtswege, z. B. Bosporus) berührte, standen für Großbritannien Erwägungen des geostrategischen Gleichgewichtes und eigene ökonomische Interessen über den gemeinsam vereinbarten Solidaritätsprinzipien. Großbritannien wollte mit Griechenland sowohl einen Wall gegen Russlands Ansprüche auf einen Zugang zum Mittelmeer als auch gegen die Instabilisierungsgefahr des zerfallenden Osmanischen Reiches aufbauen und stellte dabei die Überlegung an, dass eine auf liberalem Gedankengut fußende stabile griechische Nation diesen Zweck besser erfüllen können würde als ein maroder, wenngleich gemäß dem monarchischen Prinzip organisierter Teil des kollabierenden Osmanischen Reiches.

Während im Europa der 1840er-Jahre die bürgerlichen Revolutionen stattfanden, begann der Ferne Osten seine Rolle in der Weltpolitik anzutreten – zunächst als Ziel von Wirtschaftsinteressen westlicher Mächte, auch infolge der wirtschaftspolitischen Rationalisierung und Außenverlagerung von Herrschaftskonkurrenz in der eigenen Hemisphäre (Kindermann 2001: 23–62). Ein gutes Beispiel sind die *Opiumkriege* mit China. Im ersten Opiumkrieg (1839–1842) zwang Großbritannien das Kaiserreich China, seine Märkte zu öffnen und den Opiumhandel zu dulden. Der diesen Krieg beendende Vertrag von Nanking (1842) war der erste in einer Reihe von China so bezeichneter „ungleicher Verträge" mit westlichen Mächten (entsprechende Verträge mit Frankreich, Russland und den USA folgten bis 1860) – ein Topos, der prägend wurde und sich auch in der internationalen Politik der Gegenwart aufgegriffen findet. Nach wie vor stoßen einseitige Normvorgaben der „westlichen" Welt in Fragen internationaler Friedenssicherung in Asien auf entsprechenden historisch begründeten Widerstand. Das gilt auch für die Entwicklung universeller Rechtsinstrumente zum Management globaler Bedrohungen. Ein einschlägiges Beispiel ist die Opposition Indiens zum nuklearen Nichtverbreitungsvertrag und zum umfassenden nuklearen Teststoppabkommen: Indien sieht in der internationalen Nonproliferationspolitik seit jeher keine Friedensidee, sondern ein Diskriminierungsprojekt der westlichen Staaten gegenüber dem Rest der Welt und bezeichnet deshalb beide Verträge bewusst als „ungleiche Verträge" (Parker 2001: 55f.).

2.6 Nationalismus und Imperialismus (1853–1914)

Zurück nach Europa: Der zunächst als ein weiterer russisch-türkischer Krieg begonnene *Krimkrieg* (1853–1856) weitete sich zu einem Krieg zwischen Russland und dem Osmanischen Reich, Frankreich, Großbritannien sowie dem wichtigsten Vorläuferstaat des späteren Italien, Piemont-Sardinien, aus und wurde zum ersten großen, die Zivilbevölkerung stark treffenden Stellungskrieg der Neuzeit. Diese vier Alliierten stellten sich mit Gewalt dem – ebenfalls mit Gewalt unternommenen – Versuch Russlands entgegen, sein Staatsgebiet auf Kosten des zerfallenden Osmanischen Reiches zu vergrößern. Die russische Motivation war aber nicht allein geopolitisch, sondern ebenfalls wieder ideologisch: Sie basierte auf dem *Panslawismus*, konkretisiert in dem Wunsch, die orthodoxen slawischen Völker des Balkans von der osmanischen Herrschaft zu „befreien". Insgesamt illustrierte der Krimkrieg, dass sich bis Mitte des 19. Jahrhunderts die friedenspolitischen Prinzipien der Heiligen Allianz (Restauration, Legitimität, Solidarität und auch Souveränität) in der Praxis weitestgehend zugunsten von nationalem Machtstaatsdenken, Expansionismus und beginnendem Imperialismus verflüchtigt hatten (Schroeder 1972).

Dass es nunmehr ideologisch festgelegte, nicht verhandelbare nationale Interessen ebenso gab wie nationale politische Öffentlichkeiten, stellte die staatenweltliche Konfliktregelung in Europa vor neue Herausforderungen. Jetzt konnte man einen Krieg sogar durch einen Zeitungsartikel auslösen, wie 1870 geschehen in Form von Bismarcks (damals preußischer Ministerpräsident) Veröffentlichung einer von ihm selbst pointierten Fassung der sogenannten „Emser Depesche" in der Norddeutschen Allgemeinen Zeitung, die eine französische Kriegserklärung an Preußen provozierte. Dieser deutsch-französische Krieg führte am 18. Januar 1871 nach dem Sieg Preußens zur Gründung des Deutschen Reiches und begründete die deutsch-französische „Erbfeindschaft". Erst nach dem Ende des Zweiten Weltkrieges konnte diese Erbfeindschaft überwunden und in eine neue friedenspolitische Initiative Frankreichs und der Bundesrepublik Deutschland verwandelt werden: die 1951 gegründete Europäische Gemeinschaft für Kohle und Stahl (EGKS) ersetzte die Erbfeindschaft durch die Keimzelle zu einer – im Rahmen der heutigen EU – immer gesamteuropäischer gewordenen Friedensgemeinschaft.

Bismarcks Politik war es, die wachsenden diversen Spannungen zwischen den europäischen Staaten auf Peripheriegebiete und Kolonien abzuleiten und dadurch das Machtgleichgewicht in der Mitte Europas zu wahren. Auf dem *Berliner Kongress* (1878) wollte Bismarck in diesem Sinne als ehrlicher Makler fungieren. Aber Europa war damals in seinen konflikthaften Wirkungszusammenhängen bereits größer als von den Staatsmännern der Zeit wahrgehabt. So funktionierte insbesondere die Strategie, Spannungen zwischen den europäischen Staaten auf den Balkan zu verlagern, nicht, da mehrere der betreffenden Staaten, vor allem Russland und Österreich-Ungarn, an der Peripherie des alten Europa bereits vitale nationale Interessen verfolgten und sich darüber hinaus in ideologischem Zugzwang sahen. Mit der Schaffung eines selbstständigen serbischen Staates ebenso wie mit der Etablierung österreichisch-ungarischer Besatzung über Bosnien und Herzegowina trug der Berliner Kongress im Rückblick betrachtet zur Anbahnung des Ersten Weltkrieges bei, anstatt wie beabsichtigt der Schaffung eines sich selbst tragenden neuen politischen Gleichgewichtes in Europa zu dienen. Dies lag auch daran, dass die Großmächte der damaligen Zeit ein spezifischer Drang trieb, ihren Einflussbereich in die noch nicht „vergebenen" Gebiete der Welt hinein zu erweitern. Die Staaten beherrschte, wie Joseph Schumpeter (1953: 74) es formulierte und so zugleich diesen *Imperialismus* definierte, die „objektlose Disposition zu gewaltsamer Expansion ohne angebbare Grenze." Seit dem ausgehenden 19. Jahrhundert ist Imperialismus in sich wandelnden funktionalen Formen ein Bestandteil der Weltpolitik (Kindermann 1986b; Wehler 1970).

Das zentraleuropäische Friedenserhaltungsprinzip der Ableitung von Spannungen an die Peripherie konnte nicht nur die alte Ära der machtpolitischen Solidarität in Europa endgültig nicht mehr retten, sondern es verkehrte sich zunehmend ins Gegenteil: Großbritannien und Frankreich zum Beispiel überkreuzten sich in einem, die Schwelle zu einer kriegerischen Auseinandersetzung erreichenden, Konflikt in ihren kolonialen Durchdringungsstrategien Afrikas (*Faschodakrise* 1898). Der russische und der japanische Imperialismus führten zu einem Seekrieg im fernen Osten (dem *russisch-japanischen Krieg* von 1904/05), bei dem Japan die russische Nordmeerflotte vernichtete und dadurch einer Tragik, die sich erst im Vorfeld des Ersten Weltkrieges offenbarte, den Weg bereitete: Dem Zurückwerfen des russischen Imperialismus auf die Peripherie Europas, genauer gesagt auf den Balkan, und der Förderung slawischer Nationalismen, so zum Beispiel im – ironischer Weise im Rahmen der Stabilisierungsversuche des Berliner Kongresses 1878 geschaffenen – Königreich Serbien, dessen Konflikt mit Österreich-Ungarn nach der Ermordung des k. u. k. Thronfolgers Franz Ferdinand am 28. Juni 1914 in Sarajevo den Ersten Weltkrieg entfesselte. Das Zeitalter des Imperialismus brachte neue Gesetzmäßigkeiten und Dynamiken von Krieg und Frieden mit sich, und zwar in weltpolitischem Wirkungsgrad.

Vor allem auch angesichts der zunehmenden Ideologisierung und des zunehmend öffentlichen Charakters der Weltpolitik sowie der wachsenden Zahl und Bedeutung innenpolitischer Interessengruppen, die begannen, ihre eigene internationale Interessenpolitik und auch Kolonialpolitik zu betreiben (in Deutschland waren das unter anderem der Alldeutsche Verband, der Flottenverein und der Kolonialverein), gelang es dem alten Europa nicht, die Konzertationspolitik zu wahren. Aus der vormaligen Pentarchie, der Fünferherrschaft, war eine Anarchie, eine Nicht-Herrschaft, eine Herrschaftslosigkeit, geworden, ein freies Spiel der machtstaatlichen Kräfte, die nicht mehr gemeinsam gebündelt werden konnten. Mit diesem Wort *Anarchie* hatten französische Publizisten Ende des 19. Jahrhunderts den Begriff geprägt, der später im Fachgebiet Internationale Politik zur einschlägigsten Beschreibung der Organisationscharakteristik des internationalen Systems wurde: einem Interaktionssystem, innerhalb dessen es keine übergeordnete Instanz gibt, die Ordnung/Ordnungsprinzipien allgemein verbindlich setzen und durchsetzen könnte.

Nachdem sich gegen Ende des 19. Jahrhunderts die damals herkömmlichen Strategien staatenweltlicher Konfliktregelung als immer weniger griffig erwiesen, kam es zu dem Versuch, die Anarchie durch Rechtsinstrumente zu mäßigen. Konnten kriegerische Auseinandersetzungen schon nicht verhindert werden, so wollte man gemeinsame Regeln der militärischen Auseinandersetzung schaffen, die eine unkontrollierte Eskalation verhindern sollten. So legten die beiden *Haager Konferenzen* (1899 und 1907) neben Vereinbarungen unter anderem zum Schutz der Zivilbevölkerung in bewaffneten Konflikten und zum Neutralitätsrecht vor allem auch den Grundstein für Rüstungskontrolle als Prinzip staatenweltlicher Konfliktregelung – einem Prinzip, das im Kalten Krieg, vor allem ab Erreichen des atomaren *overkill* (der mehrfachen gegenseitigen Vernichtungsfähigkeit von Warschauer Pakt und NATO) Anfang der 1970er-Jahre, zu einem gemeinsamen weltpolitischen Überlebensprinzip von Ost und West werden sollte.

Die dahinterstehende Idee, den Frieden dadurch zu sichern, dass man für die Verteidigung plant statt für den Angriff, hatte den Ersten Weltkrieg allerdings nicht verhindern können: Rüstungskontrolle war nur die eine Seite der internationalen Verrechtlichung im frühen 20. Jahrhundert. Die andere Seite waren Bündnis- und Beistandsverträge, vor allem das immer schwerer zu managende Bismarck'sche Bündnissystem mit seinen eskalationsträchtigen automatischen Beistandspflichten, dem zudem aufgrund seines den Erfordernissen der Zeit nicht mehr entsprechenden Zweckbündnischarakters und seiner teilweise geheimdiplomatischen Züge eine gemeinsame Wertebasis fehlte (Kissinger 1995: 137–200). Als Konsequenz auch aus dieser Erfahrung betonten die nach dem Zweiten Weltkrieg geschaffenen Verteidigungsbündnisse – zum Beispiel die NATO – ihren sicherheitsgemeinschaftlichen Charakter und die gemeinsamen Werte der Bündnispartner. Wertbasierte Sicherheitsgemeinschaften sind außerdem ausgehend von Deutsch

(1957) zu einem eigenen Topos in der Forschung geworden (z. B. Adler/Barnett 1998b; *?*
→ Kapitel 3.4: 67f.).

Werterleberns ist Voraussetzung für Völker-verständigung

2.7 Völkerbund und öffentliche Diplomatie (1919–1939)

Der Erste Weltkrieg führte der Welt vor Augen, dass nachhaltiger Frieden nicht nur eine Wertebasis der zwischenstaatlichen Politik, sondern eine Wertebasis der internationalen Beziehungen erfordert: nicht nur Regierungszusammenarbeit, sondern darüber hinaus Völkerverständigung. Diesem Prinzip verlieh die neu geschaffene Friedensorganisation ihren Ausdruck, der *Völkerbund* (als Überblicke zu den internationalen Beziehungen der Zwischenkriegszeit: Möller 1998; Niedhart 1989). Die Idee hinter dem Völkerbund war das Selbstbestimmungsrecht der Völker, das vom damaligen US-Präsidenten Woodrow Wilson (zuvor Professor für Rechtswissenschaften und Nationalökonomie an der Universität Princeton) in seinem sogenannten *14-Punkte-Plan* (1918) noch während des Ersten Weltkrieges forciert worden war. Zum Kredo der Gründerväter des Völkerbundes gehörte es im Anschluss daran, gewaltsame Konflikte und Kriege dadurch zu verhindern, dass die Regierungen in ihren Bevölkerungen ein Gefühl internationaler Zusammengehörigkeit entzünden. Allein schon die Bezeichnung „Völkerbund" illustriert dieses Klima des weltpolitischen *Idealismus*, dem auch das Fach Internationale Politik seinen Aufschwung verdankte (→ Kapitel 7.1.1: 174f.): nämlich als eine Friedenswissenschaft, vor allem im Sinne einer Völkerverständigungswissenschaft. Wenn damals öffentliche Diplomatie gefordert wurde, so war dies nicht im heutigen Sinne von *public diplomacy* zu verstehen, welche die staatliche Beeinflussung der Bevölkerung anderer Staaten bedeutet (→ Kapitel 4.5.3: 111–113), sondern als eine Wendung gegen die Geheimdiplomatie und insbesondere aus Sicht der USA vorzeitliche und verworrene Bündnislogik zwischen den alten europäischen Mächten (in diesem Zusammenhang: Schlesinger 1957).

Allerdings galt auch hier wieder, dass die Staaten gleichzeitig mit der Verkündung neuer Prinzipien diese bereits in Teilen revidieren. Das Selbstbestimmungsrecht der Völker war eine der Gründungsideen des Völkerbundes, doch die Sieger des Ersten Weltkrieges setzten dieses Prinzip von Anfang an auch im Dienste ihrer nationalen Eigeninteressen ein. Dem Prinzip des Selbstbestimmungsrechtes folgend, wurden in bestimmten Gebieten der Verliererermächte auf Beschluss des Völkerbundes hin Volksabstimmungen über den künftigen Verbleib dieser Gebiete durchgeführt. Doch obwohl sich zum Beispiel die Bevölkerung Oberschlesiens in der Volksabstimmung von 1921 mit knapp 60 Prozent Mehrheit für einen Verbleib beim Deutschen Reich aussprach, schlug der Völkerbund die östliche Hälfte des Gebietes Polen zu. Ein Grund für diese Entscheidung war die Hoffnung des Völkerbundes, die gewaltsamen Unruhen von Aktivisten für einen Anschluss Oberschlesiens an Polen zu beenden.

Gewalt durch Zugeständnisse einzudämmen zu versuchen (*Appeasementpolitik*, d. h. Beschwichtigungspolitik), die jedoch die eigenen Gründungsprinzipien unterminieren, war eine Vorgehensweise, die der Völkerbund und die internationale Gemeinschaft auch in internationalen Konfliktfällen anwandten – nicht nur auf der *Münchner Konferenz* (1938), auf der zwischen dem Deutschen Reich, Frankreich, Großbritannien und Italien die Abtretung des Sudetenlandes von der Tschechoslowakei an das Deutsche Reich vereinbart wurde, sondern auch im Fall des italienischen (Abessinien, das heutige Äthiopien, 1936) und des japanischen Expansionismus (Mandschurei 1932).

Ein weiterer Grund für die im Endeffekt schwache Wirkung des Völkerbundes in internationalen Krisenfällen war neben seinen strukturellen Schwächen, dass seine Errichtung im 1919 unterzeichneten *Versailler Vertrag* vereinbart worden war und er deshalb vor allem in Deutschland als eines der Instrumente der „Siegerjustiz" galt. Darüber hinaus gehörten dem Völkerbund nie alle entscheidenden Mächte dauerhaft an: Ihm fehlte die Universalität, ein Prinzip der Friedenssicherung, auf das dann nach dem Zweiten Weltkrieg vor allem die UNO setzte. Die USA traten dem Völkerbund nie bei, die Sowjetunion trat 1934 bei, ein Jahr nachdem das 1926 in den Völkerbund aufgenommene Deutsche Reich unter Hitler wieder ausgetreten war. Japan verließ den Völkerbund ebenfalls 1933, Italien 1937. Diese Staaten wollten sich in ihrer Revisions- bzw. Expansionspolitik nicht durch die Konfliktregelungsmechanismen des Völkerbundes behindern lassen, die jedoch ohnehin schwach ausgeprägt waren: Ein allgemeines Gewaltverbot in der internationalen Politik schuf der Völkerbund nicht, dieses existierte erst seit der Verabschiedung der Satzung der Vereinten Nationen. Ein allgemeines Kriegsverbot war in der Völkerbundsatzung ebenfalls nicht beinhaltet, sondern nur ein Schlichtungsgrundsatz und eine dreimonatige Abkühlungsperiode, welche die Streitparteien einhalten mussten, bevor sie sich satzungsgemäß für einen Waffengang entscheiden konnten.

Das allgemeine Kriegsverbot wurde von einer Gruppe von schließlich 62 Staaten erst im 1928 geschlossenen (1929 in Kraft getretenen) *Briand-Kellogg-Pakt* implementiert, der den Krieg als Mittel der Politik grundsätzlich ächtete. Seither, und heute zudem aufgrund des in der Satzung der Vereinten Nationen festgeschriebenen allgemeinen Gewaltverbotes, müssen sich Staaten auf ihr souveränes Recht zur Selbstverteidigung berufen, wenn sie militärische Aktionen durchführen wollen. In den Nürnberger Hauptkriegsverbrecherprozessen (1945–1946) gegen Führungspersonen des Naziregimes diente der Briand-Kellogg-Pakt als Grundlage für den Anklagepunkt „Verbrechen gegen den Frieden".

2.8 Vom Versuch der Universalisierung der Friedenssicherung zur strategischen Abschreckung (1945–1961)

Immer nach großen Kriegen gründen die Staaten Organisationen zur Verhinderung von Kriegen. Nach dem Zweiten Weltkrieg versuchten sie, in Form der Vereinten Nationen die Friedenssicherung zu universalisieren, das Recht zur Androhung und Ausübung von Gewalt in den internationalen Beziehungen der Allgemeinheit zu entziehen (Artikel 2 Absatz 4 UN-Satzung) und beim Sicherheitsrat zu institutionalisieren. Nur im Rahmen von Sanktionen des Sicherheitsrates (Artikel 41 und 42 UN-Satzung) mit Ausnahme des naturgegebenen Rechtes auf individuelle und kollektive Selbstverteidigung (Artikel 51 UN-Satzung) sollte die Androhung oder Ausübung von Gewalt in den Beziehungen zwischen Staaten gestattet sein. Damit war der Schritt vom allgemeinen Kriegsverbot des Briand-Kellogg-Paktes zum allgemeinen Gewaltverbot getan. Diese Idee der Friedenssicherung durch Verrechtlichung wurde alsbald durch das Konfliktsystem des Kalten Krieges überlagert, das seine eigenen Regeln und Instrumente der Friedenswahrung entwickelte (Überblicke: Dülffer 2004; Gasteyger 1994; Link 1988; Wassmund 1985). Im Gegensatz zur Gründungseuphorie der UNO sah man in Westeuropa die Frage der Friedenssicherung weniger als ein völkerrechtliches Problem denn als eine politische und ideologische Frage an: Frieden und Freiheit (vor dem „Kommunismus") galten als zwei Seiten einer Medaille.

Im Herbst 1946 vernetzten sich die aus den Widerstandsbewegungen der deutschen Besatzungszeit in Westeuropa hervorgegangenen Aktionsgruppen, um angesichts der in den sowjetischen Besatzungsgebieten begonnenen Verbreitung des Kommunismus für die „Freiheit der europäischen Völker" einzutreten. Bemerkenswert daran war der Gedanke individueller Freiheit und Sicherheit als Voraussetzung für eine internationale oder jedenfalls europaregionale Friedensordnung – ein früher Aspekt dessen, was heute unter den Begriff *human security* fällt. Im November 1946 setzte sich der ehemalige (und 1951–1955 abermalige) britische Premierminister Winston Churchill mit seiner Züricher Rede über den „eisernen Vorhang" zwischen Ost- und Westeuropa an die Spitze dieser Bewegung. Der entstehende Ostblock formulierte alsbald seine Gegenpolitik, derzufolge die Welt durch Schuld des Westens in ein „antidemokratisch-imperialistisches Lager" und ein „demokratisch-antiimperialistisches Lager" (den Ostblock) gespalten sei, wie das der sowjetische Außenminister Andrei A. Schdanow in seiner Rede zur Eröffnung des Kommunistischen Informationsbüros (COMINFORM) im September 1947 proklamierte.

Zugleich war das bereits eine Zivilisationszusammenprall-These, wie sie später mit anderem Vorzeichen unter dem Titel „Clash of Civilizations" vom Harvarder Politologen Samuel P. Huntington (1993, 2002) verbreitet werden sollte. Seinerzeit promovierte Huntington zum Thema zivil-militärischer Beziehungen und zivil-militärischer Kooperation in der Verteidigung des Westens gegen den Kommunismus (Huntington 1957). Man sieht daran nebenbei, dass zivil-militärisches Zusammenwirken im Krisenmanagement und im Wiederaufbau von Nachkriegsgesellschaften, derzeit ein großes Thema in der internationalen Politik zum Beispiel in Bezug auf den Versuch, in Afghanistan und im Irak *nationbuilding* zu betreiben, weder erst nach dem Kalten Krieg noch nach dem 11. September 2001 auf die internationale Tagesordnung getreten ist. Bemerkenswert an der Schdanow-Rede ist außerdem die Wiederbelebung alter Kategorien für die Beschreibung der sozusagen objektiven interessenpolitischen Auseinandersetzung zwischen Großmächten, wie zum Beispiel „Imperialismus".

Das sich formierende westliche Lager hatte schon zuvor mit einer relativ neuen Strategie geantwortet, die aber ihrerseits auf die im Europa der Zwischenkriegszeit praktizierte Einsäumungspolitik der Sowjetunion zurückging, den seinerzeit sogenannten *cordon sanitaire* aus neuen unabhängigen Staaten (Tschechoslowakei, Ungarn, Polen), der auf das Interesse der Westmächte hin gegenüber der revolutionären Sowjetunion geschaffen worden war. Die neue Strategie hieß nun *containment* (Eindämmungspolitik, dazu: Kissinger 1995: 446–492) und war bereits im Sinne dessen angelegt, was Jahrzehnte später als *erweiterter Sicherheitsbegriff* bezeichnet werden sollte: Ein in verschiedenen Kontinenten geschaffenes Bündnissystem war nur die eine Seite, die andere war der Aufbau ökonomischer und politisch-kultureller Stärke und Abwehrbereitschaft. Das Bündnissystem entstand ab 1948 mit dem Brüsseler Pakt, der späteren *Westeuropäischen Union (WEU)*, gefolgt 1949 vom Nordatlantikvertrag, um den herum sich ab 1950/51, ausgelöst durch den *Koreakrieg* (1950–1953), eine politisch-militärische Nordatlantische Vertragsorganisation *(North Atlantic Treaty Organisation)*[1] bildete, die *NATO*, die ihren Sitz heute in Brüssel hat.

Dazu kam 1951 der *ANZUS*-Pakt (benannt nach den Vertragsstaaten Australien, Neuseeland und USA). Im Jahr 1954 folgte die *Southeast Asian Treaty Organisation (SEATO)* mit Sitz in Bangkok, die in Reaktion auf die französische Niederlage in Indochina als asiatische Version der NATO gegründet wurde, aber anders als die NATO keine Beistandspflicht im Fall militärischer Bedrohung beinhaltete. Mitglieder waren Australien, Frankreich, Großbritannien, Neuseeland, Pakistan, die Philippinen, Thailand und die

---

1 Die Schreibweise ist, auch in den entsprechenden Gründungsverträgen, uneinheitlich: Sie variiert zwischen der im britischen Englisch vorherrschenden, klassischen Schreibweise „organisation" und der im amerikanischen Englisch vorherrschenden Schreibweise „organization". Im Zuge der wachsenden Dominanz des amerikanischen Englisch bezeichnen sich jüngere internationale Organisationen in der Regel als „organization", während ältere – wie z. B. die NATO – sich nach wie vor „organisation" schreiben. In diesem Buch wird der Eigenschreibweise der jeweiligen internationalen Organisation gefolgt.

USA. Nachdem im Zusammenhang mit dem Vietnamkrieg der USA bereits einige Staaten ausgetreten waren, wurde die SEATO 1977 aufgelöst. Im Jahr 1955 entstand der *Baghdad-Pakt*, der zunächst zwischen dem Irak und der Türkei abgeschlossen wurde, dem aber noch im Gründungsjahr Großbritannien, der Iran und Pakistan beitraten. Der Pakt richtete sich gegen die kommunistische Bedrohung des Mittleren Ostens und sollte als Verbindungsglied zwischen NATO und SEATO den Ring um den sowjetischen Macht- und Einflussbereich im Sinne der Eindämmungspolitik schließen. Nach dem Militärputsch von 1958 und der Machtübernahme der Baath-Partei (deren letzter Machthaber der 2003 durch die militärische Intervention unter Führung der USA gestürzte und 2007 hingerichtete Saddam Hussein war) trat der Irak aus dem Pakt aus, der daraufhin sein Hauptquartier von Baghdad nach Ankara verlegte und sich in *Central Treaty Organisation (CENTO)* umbenannte. Die Vertragspartner waren durch Verteidigungsabkommen mit den USA verbunden, und die USA gehörten seit 1958 dem CENTO-Militärausschuss an, ohne jedoch der Organisation selbst beizutreten. Die CENTO wurde 1979 infolge der iranischen Revolution und dem Austritt des Landes aus der Organisation aufgelöst.

Oft übersehen wird, dass bereits der Nordatlantikvertrag (der NATO-Vertrag) Normen umfassender Sicherheit beinhaltet und auf der Erkenntnis basiert, dass die Stärkung des inneren Zusammenhalts (die Harmonisierung) eine der Voraussetzungen für effektives gemeinsames Außenhandeln ist (zur politischen Geschichte der NATO: Schmidt 2001). Artikel 2 zum Beispiel lautet:

> „Die Parteien werden zur weiteren Entwicklung friedlicher und freundschaftlicher internationaler Beziehungen beitragen, indem sie ihre freien Einrichtungen festigen, ein besseres Verständnis für die Grundsätze herbeiführen, auf denen diese Einrichtungen beruhen, und indem sie die Voraussetzungen für die innere Festigkeit und das Wohlergehen fördern. Sie werden bestrebt sein, Gegensätze in ihrer internationalen Wirtschaftspolitik zu beseitigen und die wirtschaftliche Zusammenarbeit zwischen einzelnen oder allen Parteien zu fördern."

Neben die Stärkung der nach außen gerichteten Verteidigungsfähigkeit Westeuropas trat also schon im Nordatlantikvertrag die Komponente der politischen und wirtschaftlichen Integration (Heller/Gillingham 1992) – eine klare Abkehr von den lockeren bündnispolitischen Kooperationsprinzipien, die bis dahin in Europa typisch gewesen waren. Diese Abkehr lag vor allem auch an der von den USA verfolgten europäischen Einigungspolitik auf der Grundlage der Doktrin des damaligen Präsidenten Harry S. Truman vom März 1947: Durch koordinierte Wirtschaftshilfe, organisiert in der 1948 gegründeten *Organisation for European Economic Cooperation (OEEC)*, der heutigen *Organisation for Eco-*

nomic Cooperation and Development (OECD), sollte das nichtkommunistische Europa die volkswirtschaftlichen Grundlagen für politische Integrationsfähigkeit erlangen sowie seine sozioökonomische und demokratische Verteidigungsfähigkeit stärken.

Doch nicht nur militärische, ökonomische und demokratische Verteidigungsfähigkeit spielten eine Rolle, sondern auch ein umfassendes System der Rüstungsbegrenzung wurde westlicherseits angestrebt. Im *Baruch-Plan* (1946) unternahmen die USA den jedoch nicht verwirklichten Vorstoß, Atomwaffen – über die damals nur sie verfügten – der Kontrolle der neu gegründeten UNO zu unterstellen. Paradoxerweise sieht die Geschichtsschreibung des Kalten Krieges gerade im Scheitern dieser Initiative zur kollektiven Atomwaffenkontrolle den eigentlichen politischen Auslöser für das atomare Wettrüsten (z. B. Gaddis 1972: 331–335). So wurde für die nächsten Jahrzehnte das jeweils erreichte rüstungstechnologische Niveau auch für die jeweilige Politik der Konfliktregelung und Friedenssicherung zwischen den beiden Blöcken bestimmend (Überblicke: Freedman 1989; Greiner/Maier/Rebhan 2003).

Zunächst konnte die NATO der Sowjetunion mit einer Strategie der massiven nuklearen Vergeltung *(massive retaliation)* im Fall eines Angriffes entgegentreten, da sie über die nuklearstrategische Dominanz verfügte und die Sowjetunion zwar seit 1949 Atommacht war, aber noch keine weitreichenden Trägersysteme besaß. Damit war das sicherheitspolitische Zeitalter der Abschreckung eingeleitet: der – vor allem auf Rüstungstechnologie gestützten – Manipulation des Verhaltens des Gegners (Freedman 2004: 6). Prägend für den Ansatz der Friedenssicherung durch militärische Abschreckung im Sinne massiver Vergeltung war die NATO-Strategie MC 14/2 aus dem Jahr 1957 (d. h. das Dokument 14/2 des NATO-Militärausschusses, engl. Military Committee oder kurz „MC"). MC 14/2 war eine hochgradig nuklearisierte Abschreckungsstrategie. Die konventionelle Verteidigungsplanung des Bündnisses wurde zurückgefahren, auch deshalb, weil Atomwaffen als die kostengünstigere Verteidigungsalternative galten. Landstreitkräfte dienten nur noch als „Stolperdraht" *(trip wire)* an der Ostgrenze des Bündnisgebietes (d. h. vor allem in der Bundesrepublik Deutschland), und bei einer Angriffsmeldung hätte die NATO sofort mit einem massiven Nuklearschlag reagiert. Ein Grund für diese Strategie war auch, dass es den Westeuropäern nicht gelungen war, eine eigene konventionelle Verteidigung im Rahmen einer gemeinsamen Armee zu organisieren, so wie es mit der *Europäischen Verteidigungsgemeinschaft (EVG)* 1952 von Belgien, der Bundesrepublik Deutschland, Frankreich, Italien, Luxemburg und den Niederlanden angedacht worden, aber 1954 im Sande verlaufen war, als die Französische Nationalversammlung die Ratifizierung des bereits von den Staats- und Regierungschefs unterzeichneten EVG-Vertrages sozusagen auf ewig aussetzte. Zudem hatte sich der Ostblock 1955 militärisch im Warschauer Pakt (Warschauer Vertragsorganisation) formiert.

Diese Entwicklungen boten den Westeuropäern wenige realistische Alternativen zum Nuklearschirm der USA, zumal der Sputnik-Schock von 1957 (der Schuss eines Satelliten in eine Erdumlaufbahn) die wachsenden Fähigkeiten der Sowjetunion auf dem Gebiet strategischer Trägersysteme für Nuklearwaffen demonstriert hatte. Die Weltpolitik war im „Atomzeitalter" angekommen (Herz 1961). Der deutsche Bundeskanzler Konrad Adenauer (1967: 319) sprach vom Sputnik-Schock als „einer Art Himmelsgeschenk", da er nicht nur den Befürwortern einer *Neutralitätspolitik* (etwa nach dem österreichischen Muster von 1955, im Anschluss an die Gründung der weltweiten *Blockfreienbewegung,* Non-Aligned Movement, NAM, www.nam.gov.za, im selben Jahr in Bandung oder gemäß aufkommenden Plänen über eine letztlich entmilitarisierte Zone in der Mitte Europas wie zum Beispiel dem polnischen *Rapacki-Plan* von 1957) die Realität der Bedrohung und die Notwendigkeit der militärischen Verteidigung vor Augen geführt habe, sondern auch die USA wachgerüttelt habe. Die Tatsache, dass sich die USA durch nun technisch mögliche sowjetische Langstreckenraketen bald auf ihrem eigenen Territorium nuklear bedroht sehen würden, werde die transatlantische Verteidigungsgemeinschaft in der NATO enger zusammenwachsen lassen und außerdem den Westeuropäern mehr Mitspracherecht im Bündnis ermöglichen.

Derartige Überlegungen zeigen auch, dass jedenfalls in Westeuropa (rüstungs-)technische und politische Fähigkeiten bereits damals in ihrer wechselseitigen Verknüpfung gedacht wurden. Brodie (1959: 225) unterstrich in seiner Analyse der klassischen nuklearen Abschreckung, sie funktioniere nur dann, wenn deutlich gemacht werde, dass es nicht nur um die Erschließung neuer technischer Fähigkeiten gehe, sondern dass die nukleare Abschreckungsstrategie auch und gerade daraus resultiere, dass man vitale nationale Interessen auf dem Spiel stehen sehe, sie also eine politische Entscheidung sei. Dass allerdings das westliche Bündnis verteidigungspolitisch an bestimmten Stellen vergleichbar brüchig war wie der Warschauer Pakt, hatte die Doppelkrise von Ungarn und Suez 1956 gezeigt. Der Volksaufstand in Ungarn brachte die soziale Instabilität des Ostblockes ans Licht; der kolonialimperialistische Alleingang Frankreichs und Großbritanniens im Konflikt mit Ägypten wegen dessen Verstaatlichung des Suezkanales brachte die USA bereits damals gegen das „alte Europa" auf und veranlasste die Sowjetunion sogar zur Drohung mit einem Atomschlag – ein klassisches Beispiel für die These, dass internationale Konflikte von Staaten oder Bündnissen mitunter vorrangig zu dem Zweck ausgefochten werden, sich nach innen zu konsolidieren. Die Verknüpfung innerer und äußerer Sicherheit zu umfassender Sicherheit ist in diesem Sinne ebenfalls nichts Neues, obwohl sie in der Regel als eine Errungenschaft unserer Tage gehandelt wird.

2.9 Strategie der flexiblen Reaktion und friedliche Koexistenz (1962–1968)

Erst die *Kubakrise* von 1962, deren Verlauf wie wir heute wissen auch auf innenpolitische Machtspiele sowohl des sowjetischen Staats- und Parteichefs Nikita Chruschtschow als auch des US-Präsidenten John F. Kennedy und seines Beraterzirkels zurückzuführen ist, zeigte, dass wachsende Fähigkeiten zur gegenseitigen massiven Vergeltung die Welt keineswegs automatisch stabiler machen, sondern sie an den Rand des Atomkrieges führen können. Dazu kam die gemeinsame blockübergreifende Erfahrung, dass ein regional begrenzter Konflikt im Atomzeitalter schnell die Stufe einer nuklearen Konfrontation der Supermächte erreichen kann. Werden wir unsicherer, je technologisch besser wir uns verteidigen können? Macht uns bessere Verteidigung sogar angreifbarer und verwundbarer? Wollen und können wir uns überhaupt verteidigen, oder sind wir so weit gekommen, dass wir nur noch fähig sind, unter Inkaufnahme unserer eigenen Vernichtung zu vergelten? Gemeinsame Krisenstabilität begann ähnlich wichtig zu werden wie einseitige Verteidigungsfähigkeit. Der spätere US-Verteidigungsminister Henry A. Kissinger sowie der spätere bundesdeutsche Verteidigungsminister und Bundeskanzler Helmut Schmidt stießen hierzu die intellektuelle Debatte maßgeblich an (Kissinger 1961; Schmidt 1961). Diese ab Anfang der 1960er-Jahre in Europa auch in der breiteren Öffentlichkeit gestellten Fragen führten bis zu den großen Friedensdemonstrationen der frühen 1980er-Jahre zu einer wachsenden gesellschaftlichen Betroffenheit in West- und teilweise auch in Osteuropa. In der westlichen politischen Klasse lösten sie ein Überdenken der Abschreckung als verteidigungspolitischem Grundsatz aus. Ein neues Konzept europäischer Friedenssicherung entstand, das aber als solches gar nicht so neu, sondern aus dem 19. Jahrhundert wohl bekannt war: Die Politik des Gleichgewichtes, genauer gesagt des strategischen, vor allem des nuklearstrategischen Gleichgewichtes.

Diese Entwicklungen machen zugleich zeitabschnittübergreifende Leitfäden deutlich, anhand derer sich die Entwicklung der Bemühungen um Sicherheit und Frieden im Europa des Kalten Krieges insgesamt gut verstehen lässt: Die sicherheitspolitische Institutionenbildung nach 1945 war von Ideen getrieben und weniger von nationalen Eigeninteressen. Diese Ideen („freie Welt", „Westen" usw.) suchten sich ihre Institutionen (NATO, SEATO, CENTO usw.). Heute ist es typischerweise umgekehrt: Die bestehenden Sicherheitsinstitutionen suchen sich neue Leitideen: Die Europäische Union zum Beispiel definiert sich im Rahmen ihrer Sicherheits- und *Verteidigung*spolitik auch als globales Technisches Hilfswerk im Fall von Naturkatastrophen und die NATO als *Nordatlantische* Vertragsorganisation schließt Partnerschaften mit sogenannten Kontaktländern bis hinein nach Ostasien (Südkorea und Japan) sowie nach Südostasien (Australien und Neuseeland) und definiert sich zwar nicht als globale Allianz, aber als Allianz mit globalen Partnern.

Die Frage der europäischen Sicherheit und Friedenssicherung im Kalten Krieg löste auch bündnisinterne Konflikte im Westen wie im Osten aus. Was den Westen angeht, bestand zunächst Zielkonsens in Sachen Eindämmung und Abschreckung, aber es entstanden bald Konflikte über die Austarierung der Instrumente, vor allem die Rolle des nuklearen Faktors in der Abschreckung, die unter anderem zum Austritt Frankreichs aus der militärischen Integration der NATO (aber nicht zum Austritt aus dem Bündnis selbst) im Jahr 1966 führten (Haftendorn 1994). Im *Harmel-Bericht* (1967) einigten sich die NATO-Staaten auf die bis heute relevante Formel *„Verteidigung + Entspannung = Sicherheit"* (Walpuski 1984). Dies bedeutete, dass der Westen seine Verteidigungsbereitschaft durch eine Mischung aus militärischen Fähigkeiten und politischen Initiativen stärken sollte. Darüber hinaus bedeutete es, dass der Strategiebegriff weiter wurde. Er stützte sich nicht mehr vorrangig auf technische Fähigkeiten (vor allem im Bereich der strategischen Nuklearwaffen), sondern beinhaltete eine klare politische und auch politisch-psychologische Dimension: die Beeinflussung bzw. das „Beherrschen" der Denkprozesse des Gegners. Eine Reminiszenz daran beinhaltet die gegenwärtige US-Strategie der Terrorismusbekämpfung, zu der es gehört, die „hearts and minds" der arabischen Welt zu gewinnen (→ Kapitel 4.5.3: 112f.), um dem Terrorismus seine ideologischen Grundlagen zu entziehen.

Auf der Grundlage des Harmel-Berichtes wechselte die NATO 1967 zur Strategie der *flexible response* (MC 14/3), der flexiblen Antwort auf etwaige militärische Übergriffe seitens des Warschauer Paktes. Diese Repolitisierung der Bündnisstrategie war auch eine Antwort auf ein Umdenken im sowjetischen Lager und im Warschauer Pakt insgesamt, der in der Bukarester Erklärung (1966) die Einberufung einer „Konferenz über Fragen der europäischen Sicherheit" vorschlug und im nachfolgenden Budapester Appell (1969) auf eine Politik der „friedlichen Koexistenz" (dazu z. B. Willms 1974) der beiden Blöcke angesichts der nun annähernd erreichten beiderseitigen nuklearen Zweitschlagsfähigkeit umschwenkte. Die *flexible-response*-Strategie weist bis heute ihre Pfadabhängigkeiten in der transatlantischen Verteidigungspolitik und Verteidigungsplanung auf. Ihre Quintessenz liegt darin, den Gegner im Unklaren darüber zu lassen, wie man auf einen Angriff reagiert, sich in keine Handlungsoption drängen zu lassen und den Gegner dazu zu treiben, zuerst zu handeln. Ein in diesem Zusammenhang begründetes, nach wie vor relevantes Prinzip ist die *Eskalationsdominanz*: die Möglichkeit/Fähigkeit, selbst zu entscheiden, auf welcher strategischen Ebene man den Gegner zur Auseinandersetzung zwingt. Bei einem Übergriff des Warschauer Paktes auf die Türkei hätte die NATO beispielsweise mit einem konventionellen Schlag in der Ostsee oder auch mit einer nuklearen Demonstration an der Südostflanke antworten können. Diese Ungewissheit sollte einen abschreckenden Effekt haben und den Gegner zu der Überlegung veranlassen, ob sich das Risiko eines Angriffes überhaupt lohnt. Die *flexible-response*-Strategie basierte auch auf wissenschaftlichen Grundlagen aus der Konfliktforschung, vor allem dem Werk *Strategy of Conflict* von Thomas Schelling (1960).

2.10 Gleichgewicht des Schreckens, Entspannung und Konflikttransformation (1969–1978)

Die gleichwohl weiterverfolgte Politik der Abschreckung begann allerdings den Kalten Krieg zu zementieren und die Erinnerung an die Kubakrise und die Gefahr des Nuklearkrieges aus Zufall wachzurufen (Freedman 2004: 14–17). Doch nicht nur angesichts der Anfang der 1970er-Jahre erreichten *mutually assured destruction* („MAD"), ja des atomaren *overkill* (der gegenseitig gesicherten mehrfachen nuklearen Zweitschlagsfähigkeit), sondern auch aus bündnisinternen Gründen suchten die beiden Blöcke nach neuen Möglichkeiten der Krisenstabilität und der Friedenssicherung in Europa. Der Warschauer Pakt hatte mit den Folgen des Prager Frühlings von 1968 zu kämpfen, der Westen und insbesondere die Bundesrepublik Deutschland mit den innenpolitischen Turbulenzen von 1968, vor allem der Studentenbewegung und dem aus ihren radikalen Flügeln entstehenden Terrorismus. Darüber hinaus belastete die *deutsche Frage* (konkret die Regelung der innerdeutschen Beziehungen zwischen der Bundesrepublik und der Deutschen Demokratischen Republik [DDR], die erst Anfang der 1970er-Jahre in den Ostverträgen erfolgte Regelung der Beziehungen der Bundesrepublik vor allem zur Sowjetunion und zu Polen sowie die Regelung des Status der geteilten Stadt Berlin) die NATO-internen Beziehungen. Beide Seiten waren deshalb an einer Politik des Status quo und des Gewaltverzichtes interessiert. Nach dem Ende der Ära Adenauer hatte die Bundesrepublik ihren Alleinvertretungsanspruch (wonach nur sie für das gesamte deutsche Volk sprechen dürfe und es als unfreundlichen Akt betrachtete, wenn ein Staat diplomatische Beziehungen mit der DDR aufnahm) und ihre Politik der Stärke (erst Wiedervereinigung, dann Entspannung) aufgegeben. Seit der Großen Koalition (1966–1969) war sie zu einer *Entspannungspolitik* gegenüber der DDR und dem Warschauer Pakt übergegangen, für die Willy Brandt, Außenminister der Großen Koalition sowie Bundeskanzler der ersten und beginnenden zweiten sozialliberalen Koalition (1969–1974), die Formel „Wandel durch Annäherung" prägte (Wettig 1981).

Neben der Bukarester Erklärung von 1966 legte vor allem die bundesdeutsche Politik der Ostverträge (dazu: Bender 1986) den Grundstein für die blockübergreifende, gesamteuropäische *Konferenz für Sicherheit und Zusammenarbeit in Europa (KSZE)*. In deren in Helsinki 1975 unterzeichnete Schlussakte flossen auch wichtige der von der Blockfreienbewegung auf der Konferenz von Bandung (1955) vereinbarten Konfliktregelungs-

und Friedenssicherungsprinzipien ein, wie zum Beispiel Gewaltverzicht, Stärkung der Menschenrechte und Akzeptanz der bestehenden Grenzlinien (also kein *Revisionismus*, wie ihn vor der Zeit der Ostverträge vor allem die DDR der Bundesrepublik vorgeworfen hatte). *Konflikttransformation* oder Konfliktverregelung war hier das große Schlagwort, das auch für neue politikwissenschaftliche Forschungskonzepte stand und auf Weltbildwandel statt Gleichgewicht des Schreckens ausgelegt war. Sicherheit war in diesem Sinne nur durch gemeinsame Arbeit mit dem Gegner erreichbar, wofür sich das Konzept *„gemeinsame Sicherheit"* etablierte, in dessen Zuge europäische Friedenssicherung von einer mehr oder weniger alleinigen Angelegenheit der Supermächte zu einer Frage des blockübergreifenden Multilateralismus in Europa wurde (Bahr/Lutz 1986–1991). Anklänge daran beinhaltet die Europäische Sicherheitsstrategie der EU von 2003, wenn sie vom Prinzip des „wirksamen Multilateralismus" spricht (Europäische Union 2003: 9).

Das Konzept der gemeinsamen Sicherheit wirkte auch nach innen und förderte das Interesse der Westeuropäer, sich zum Beispiel innerhalb des KSZE-Prozesses abzustimmen und so weit wie möglich gemeinsame Positionen zu beziehen. Dies führte zum Ausbau und zur Festigung der 1969 begründeten Europäischen Politischen Zusammenarbeit (EPZ) innerhalb der damaligen Europäischen Gemeinschaften (EG) – woraus mit der Gründung der Europäischen Union (EU) 1992 deren zweite Säule, die Gemeinsame Außen- und Sicherheitspolitik (GASP) wurde – und zur Schaffung des Europäischen Rates, dem bis heute bestehenden Sitzungsformat der Staats- und Regierungschefs der damaligen EG-, heute EU-Mitgliedstaaten (unter Einschluss des Präsidenten der Europäischen Kommission). Auf ihrem Treffen in Paris 1974 bezeichneten sich die Staats- und Regierungschefs gemeinsam mit dem Präsidenten der Europäischen Kommission erstmalig förmlich als „Europäischer Rat" und vereinbarten das Ziel, ein gemeinsames (damals west-)europäisches Sicherheitsinteresse zu entwickeln und in internationalen Organisationen mit einer Stimme zu sprechen. Die daraufhin von den USA (vor allem dem damaligen Außenminister Kissinger) süffisant gestellte Frage, unter welcher Telefonnummer diese gemeinsame Stimme denn in der Tat erreichbar sei, konnten die Westeuropäer erst Jahrzehnte später beantworten, genau gesagt im Jahr 1999, als die EU den im Vertrag von Amsterdam (1997) geschaffenen Posten des Hohen Vertreters für die Gemeinsame Außen- und Sicherheitspolitik besetzte, mit dem vormaligen NATO-Generalsekretär Javier Solana.

2.11 Rüstungskontrolle oder Abrüstung? – Transatlantische Sicherheitspolitik als gesellschaftliches Großthema (1979–1989)

Im Jahr 1979 zeigte sich die Bedeutung der gemeinsamen Sprache für die gemeinsame Verteidigung – ein Aspekt, der unter anderem in der gegenwärtigen Transformation der NATO eine wichtige Rolle spielt, innerhalb derer man neben der technischen Interoperabilität von Panzern, Flugzeugen usw. verschiedener Nationen von der linguistischen Interoperabilität spricht: einem gemeinsamen sprachlichen Verständnis auf dem Feld von Krisenmanagement und Konfliktprävention. Bis 1979 war klar geworden, dass in der NATO kein semantischer Konsens über eines der Leitprinzipien westeuropäischer Verteidigung bestand: das Gleichgewicht. In der damaligen Rüstungspolitik ebenso wie in der Rüstungsforschung gab es nämlich zwei konkurrierende Schulen (siehe z. B. Forndran 1981): Die einen setzten auf „strukturelle Nichtangriffsfähigkeit", d. h. auf blockübergreifende gegenseitige ausgewogene *Abrüstung*, die anderen auf *Rüstungskontrolle*, genauer gesagt die Wahrung bzw. Wiederherstellung des nuklearstrategischen Gleichgewichtes, nachdem eine neue Kategorie von Mittelstreckenraketen, die Cruise-Missiles (Marschflugkörper) produziert worden war – östlicherseits die SS-20, westlicherseits die Antwort darauf, die Pershing II.

Interessanterweise begünstigte damals die Situation in Afghanistan, so wie später nach dem 11. September 2001, die Entscheidung für eine der prinzipiellen Alternativen: Der sowjetische Einmarsch in Afghanistan Ende 1979 gab den USA und den Westeuropäern zu erkennen, dass die Führungsmacht des Warschauer Paktes dazu bereit war, ihre Interessensphären und sozialistische Regierungssysteme mit militärischer Gewalt zu sichern zu versuchen. Das führte im Westen zu einer gewissen Renaissance der *Dominotheorie* aus den 1950er-Jahren. Diese hatte sich angesichts des Koreakrieges entwickelt und basierte auf der These, dass Entwicklungen in anderen Erdteilen die europäische Sicherheitslage destabilisieren können und dass deshalb umgekehrt die Sicherheit und die Freiheit (West-)Europas auch in anderen Kontinenten aktiv verteidigt werden müssen. Die Dominotheorie hat ihre Pfadabhängigkeiten bis in die heutige europäische Sicherheitslandschaft hinein. Sichtbar wird dies nicht nur in der Aussage des früheren deutschen Verteidigungsministers Peter Struck, wonach die Sicherheit Deutschlands nach dem 11. September 2001 „am Hindukusch verteidigt" werde, sondern vor allem auch in der auf dem Prager Gipfel (2002) beschlossenen Strategie der NATO, Bedrohungen präventiv weltweit zu begegnen, wo immer sie entstehen.

Im Jahr 1979 beendete Westeuropa jedenfalls die Phase der klassischen Entspannungspolitik und schwenkte über zu einem Konzept der Friedenssicherung sowohl durch Abschreckung als auch durch Verteidigungsfähigkeit unter voller Ausnutzung der rüstungstechnologischen Möglichkeiten. Zugleich fand die Harmel-Formel weiterhin Berücksichtigung, wonach rüstungstechnologische Schritte von blockübergreifenden Gesprächsangeboten begleitet sein sollen. Symbolisch für diesen Gesamtansatz war der ebenfalls 1979 gefasste *NATO-Doppelbeschluss* (dazu: Layritz 1992), der genauer gesagt der Beschluss einer politisch-militärischen Doppelstrategie war, wie das in der englisch-sprachigen Bezeichnung *dual-track decision* besser zum Ausdruck kommt: Im Sinne der flexiblen Reaktion (und in Bezug auf die heutige Frage, wie man zum Beispiel mit nukle-aren Bedrohungen durch den Iran und durch Nordkorea umgehen soll, sehr bedenkens-wert) entschied sich der Westen dafür, die Drohung mit „Nachrüstung" (als Antwort auf die bereits erfolgte Stationierung der SS-20), also den Aufbau einer militärischen Abschreckungskulisse, um eine gleichwertige politische Komponente zu ergänzen, näm-lich ein Verhandlungsangebot zum beiderseitigen Verzicht auf neue Fähigkeiten im Mit-telstreckenwaffensektor. Nach dem Scheitern der Verhandlungen entschieden sich die NATO-Staaten dann konsequent – und unter großen innenpolitischen Turbulenzen – für die Umsetzung der Nachrüstungsoption des Doppelbeschlusses.

Die gesellschaftliche Debatte über staatenweltliche Sicherheits- und Friedensstrate-gien mobilisierte damals nicht nur Millionen Menschen, sondern verlief tief greifend und führte dazu, dass in ganz unterschiedlichen gesellschaftlichen Zusammenhängen (in Bür-gerinitiativen, Kirchengruppen, auf Rockkonzerten usw.) die Grundlagen der Abschre-ckungsstrategie und der westlichen Verteidigungspolitik relativ detailliert aufgearbeitet wurden und die Frage der Sicherheit im Atomzeitalter sich zu einer gesamtgesellschaft-lich relevanten und verstandenen Frage entwickelte. Die Songs der klassischen Neuen Deutschen Welle von Anfang der 1980er-Jahre zeigen, wie sehr Fragen von Sicherheit und Verteidigung damals die Alltagskultur prägten: zum Beispiel Nenas „99 Luftballons" mit den „99 Düsenfliegern" und den „99 Kriegsministern" (Text: lirama.net/song/10194) oder „Besuchen Sie Europa (solange es noch steht)" von Geier Sturzflug (Hörprobe: www.geier-sturzflug.de/content/audio.htm). Sicherheitspolitik war damals dabei, bereits im heutigen Sinne von umfassender Sicherheit als gesamtgesellschaftlicher Gestaltungs-aufgabe wahrgenommen und thematisiert zu werden – im Gegensatz zu den seit dem Ende des Kalten Krieges vorherrschenden punktuellen und inhaltlich eher flachen frie-densöffentlichen Ausdrucksformen im Zusammenhang mit dem Krieg gegen den Irak 1991 oder der Invasion des Irak 2003.

Daneben traten in den 1980er-Jahren auch schon Fragen der Ausweitung und An-passung traditioneller Institutionen auf die europäische Tagesordnung, wie wir sie aus unserer Gegenwart kennen. Die damalige EG beschloss auf der Grundlage des Londo-ner Berichtes (1981) und vor allem angesichts des Iran-Irak-Krieges (1980–1988), neben dem Ziel der Entwicklung gemeinsamer Sicherheitsinteressen und einer möglichen gemeinsamen Sicherheitspolitik in Westeuropa auch die Entwicklung außerhalb Europas nutzbarer Krisenmanagementfähigkeiten zu verfolgen – woraus heute die Europäische Sicherheits- und Verteidigungspolitik (ESVP) innerhalb der Gemeinsamen Außen- und Sicherheitspolitik (GASP) der Europäischen Union geworden ist. Ebenso fasste der NATO-Gipfel von Bonn (1982) nicht allein den umstrittenen Nachrüstungsbeschluss, sondern stellte auch klar, dass die Allianz sich abgesehen von der kollektiven Beistandspflicht aus Artikel 5 des Nordatlantikvertrages bei Interesse ihrer Mitgliedstaaten auch außerhalb des in Artikel 6 definierten geographischen Raumes („out of area"), für den die Beistandspflicht gilt, engagieren kann. Mit diesen Entwicklungen einher ging allerdings zugleich eine Einengung des Europaverständnisses der Westeuropäer auf ihr Westeuropa – im Gegensatz zum gesamteuropäischen Ansatz, den die Entspannungsära der 1970er-Jahre mit sich gebracht hatte. Die wieder enger gewordenen Grenzen des Europaverständnisses schlugen sich dann insbesondere in der abwartenden Rolle der meisten westeuropäischen Staaten in den jugoslawischen Zerfallskriegen (1991–1995) nieder.

2.12 Ära der Sicherheitsinstitutionen (1990–1998) und sicherheitspolitische Emanzipation Europas (seit 1999)

Das Ende des Kalten Krieges – als dessen Datum man am besten entweder die Londoner Erklärung des NATO-Rates vom Juni 1990, wonach das Bündnis keinen Gegner mehr hat, sondern Sicherheit durch Kooperation gewährleisten will, oder die Selbstauflösung des Warschauer Paktes im April 1991 nennen kann – war zunächst von düsteren politologischen Prognosen begleitet. Beispielhaft war der Aufsatz „Back to the Future" von John Mearsheimer (1990), der argumentierte, dass die Europäer und die USA den Kalten Krieg bald vermissen würden; denn letztlich habe er die internationale Konstellation stabilisiert, ethnonationale Konflikte eingefroren und für alle Seiten eine Erwartungsverlässlichkeit geschaffen, die nun verloren gegangen sei. Dass die eine, klar sichtbare globalstrategische Bedrohung durch eine Vielzahl kleiner, nicht klar einschätzbarer neuer Bedrohungsformen abgelöst werde, sei kein guter Tausch und trage nicht zur internationalen Kooperationsbereitschaft in Sicherheitsfragen bei. Im letzten Punkt lag Mearsheimer insofern richtig, als es offenbar eines – sei es real oder konstruiert – globalen Bedrohungsbildes bedarf (wie gegenwärtig vor allem den „internationalen Terrorismus"), um Staaten längerfristig über ihre einzelnen nationalen Eigeninteressen hinweg in sicherheitspolitischer Kooperation zusammenzubinden. Auch eine der weiteren Prognosen Mearsheimers, das Aufbrechen durch die globale Konfliktstruktur des Kalten Krieges überlagerter ethnonationaler Konflikte, traf mitunter zu, zum Beispiel in Afrika (Somalia, Ruanda, Sierra Leone, Sudan u. a.) und im Fall der jugoslawischen Zerfallskriege.

Im Gegensatz zu Mearsheimers weiterer Prognose lösten sich die Sicherheitsinstitutionen des Kalten Krieges, insbesondere die NATO, jedoch nicht auf. Vielmehr schien sich das europäische Sicherheitssystem nach dem Kalten Krieg zu einem System der ineinandergreifenden Sicherheitsinstitutionen zu entwickeln, und ein Schlagwort der damaligen Zeit war dasjenige der *interlocking institutions* (Überblick: Haftendorn/Keck 1997; Haftendorn/Keohane/Wallander 1990). Krieg und Frieden wurden in den Jahren zwischen 1990 und 1998 vor allem als Frage der Leistungsfähigkeit von Institutionen verstanden, und die europäischen Sicherheitsinstitutionen begannen eine Politik der Anpassung an die neuen Gegebenheiten, die im Rückblick allerdings ziemlich unkoordiniert erscheint. Trotzdem dürfen die einzelnen angestrebten spezifischen institutionellen Beiträge, wie nachfolgend zusammengefasst, nicht übersehen werden. Die betreffenden Sicherheitsinstitutionen wirken nach wie vor und entwickeln sich weiter, jedoch ist die Ära der Institutionen in der europäischen Sicherheitspolitik Ende des letzten Jahrhunderts abgeflaut. Ein Markstein dafür kann das Jahr 1999 sein. Es markiert einerseits den Übergang vom Versuch, den Kosovokonflikt institutionell und mit zivilen Instrumenten im Rahmen der OSZE zu regeln, auf einen militärischen Ansatz im Rahmen der NATO (zu den Folgen der Kosovokrise für die europäische Sicherheitsarchitektur: Latawski/Smith 2003). Andererseits markiert der im gleichen Jahr abgehaltene Kölner Gipfel des Europäischen Rates die Entscheidung der Europäischen Union, eigene (d. h. von der NATO und anderen Sicherheitsinstitutionen getrennte) Mittel für das militärische und zivile Krisenmanagement zu entwickeln und in den allgemeinen umfassenden Konfliktpräventionsansatz der EU einzubetten (Rummel 2007).

Die *NATO* (www.nato.int) legte mit ihrem „Neuen strategischen Konzept" aus dem Jahr 1991, mit der Gründung des Nordatlantischen Kooperationsrates (heute weiterentwickelt zum *Euro-Atlantischen Partnerschaftsrat* oder Euro-Atlantic Partnership Council, EAPC) und dem 1994 gestarteten Programm *Partnership for Peace* (PfP, www.nato.int/issues/pfp/index.html) den politischen Grundstein für die Zusammenarbeit mit den ehemaligen Gegnern sowie für ihre Tätigkeit über das nordatlantische Vertragsgebiet hinaus, wie sie sich dann im Rahmen der militärischen Operationen der NATO auf dem Balkan und nach dem 11. September 2001 in Afghanistan zeigte. Mit dem auf dem NATO-Gipfel von Prag 2002 vereinbarten Konzept, Bedrohungen zu begegnen, wo immer sie sich stellen, nahm die Atlantische Allianz eine gewisse Anleihe an der Dominotheorie aus der Zeit des Kalten Krieges. Im strategischen Konzept von 1999 definierten die NATO-Staaten außerdem die künftigen Aufgabenfelder der Allianz: Sicherheit, Konsultation, Abschreckung, Verteidigung, Krisenbewältigung und Partnerschaft.

Die *Westeuropäische Union (WEU)*, deren militärische Funktionen (abgesehen von der militärischen Beistandspflicht aus Artikel 5 des WEU-Vertrages, dem großen Unterschied zum NATO-Vertrag, dessen Artikel-5-Beistandspflicht eine politische ist, innerhalb derer je nach Ermessen der Bündnisstaaten eine nicht verpflichtende militärische Option besteht) im Vertrag von Nizza (2000, in Kraft getreten 2003) von der EU übernommen worden sind, trat 1992 mit der Definition von sicherheitspolitischen Aufgaben (West-)Europas unterhalb der Schwelle der Bündnisverteidigung auf den Plan: Humanitäre Aufgaben und Rettungseinsätze, Friedenssicherung und Kampfeinsätze zur Wiederherstellung des Friedens. Diese sogenannten *Petersberg-Aufgaben* waren bereits auf dem Amsterdamer Gipfel (1997) in den EU-Vertrag (Artikel 17 Absatz 2) übernommen worden und wurden inzwischen faktisch um das Aufgabenspektrum Konfliktprävention, Konfliktnachsorge und Drittstaatenhilfe bei der Terrorismusbekämpfung ergänzt, das auch im Vertrag über eine Europäische Verfassung so vorgesehen ist.

Die Teilnehmerstaaten der Konferenz für Sicherheit und Zusammenarbeit in Europa (KSZE) benannten ihr Forum 1994 in *Organisation für Sicherheit und Zusammenarbeit in Europa* (OSZE, www.osce.org) um, ohne ihm aber damit den völkerrechtlichen Status einer internationalen Organisation zu verleihen. Was die späte KSZE und dann die OSZE auszeichnet, ist der Versuch, als einzige tatsächlich von Vancouver bis Wladiwostok reichende makroregionale Sicherheitsinstitution teils recht detaillierte Mechanismen und Verfahren für die Konfliktprävention und das Krisenmanagement innerhalb Europas auszuarbeiten sowie das Problem der für die innere Stabilität Gesamteuropas gefährlichen Verbreitung von kleinen und leichten Waffen zu regeln.

Die *Europäische Union* (EU, www.europa.eu.int) hat sich mit der 1999 begründeten *Europäischen Sicherheits- und Verteidigungspolitik* (ESVP, http://www.consilium.europa. eu/showPage.asp?id=261&lang=de&mode=g; einen wissenschaftlichen Überblick über die ESVP bietet z. B. Blanck 2005; zu aktuellen Entwicklungen siehe Siedschlag 2007ff.) innerhalb der schon seit der Gründung der Union im Vertrag von Maastricht (1992) bestehenden *Gemeinsamen Außen- und Sicherheitspolitik* (GASP, http://www.consilium. europa.eu/showPage.asp?lang=de&id=248&mode=g&name=) einen Rahmen geschaffen, um neben ihrem Ansatz der Entwicklung eines eigenständigen internationalen politischen Profils und der Stabilitätsprojektion in das postkommunistische Europa eine Rolle als prinzipiell weltweit handlungsfähiger zivil-militärischer Krisenmanager übernehmen zu können (dazu z. B. Carlsnaes/White/Sjursen 2004; Rummel 2007). Die dahinterstehende Leitidee ist ein „wirksamer Multilateralismus", der strategische Beziehungen zu anderen Sicherheitsinstitutionen beinhaltet. Diese Leitidee ist in der vom Europäischen Rat im Dezember 2003 verabschiedeten Europäischen Sicherheitsstrategie (Europäische Union 2003; zur Analyse: Biscop 2005) ebenso festgeschrieben wie das Prinzip, dass die EU sich durch gemeinsames Handeln nach außen zugleich nach innen weiter festigen, d. h. „kohärenter" werden und die Harmonisierung der Sicherheits- und Verteidigungspolitik ihrer Mitgliedstaaten vorantreiben möchte. Hier sind zwei klassische Prinzipien europäischer Friedenssicherung wiederzuerkennen, wie sie bereits in der Heiligen Allianz von 1815 eine grundlegende Rolle gespielt haben: Legitimität (im Sinne von Multilateralismus) und Solidarität (im Sinne von Kohärenz und Harmonisierung).

Im Zuge der neu belebten und durch die bewusste Verknüpfung von innerer und äußerer Sicherheit geförderten Sicherheits- und Friedensstrategie der Verrechtlichung (ebenfalls aus der Geschichte bekannt, man denke an die völkervertragsrechtliche bündnisbasierte Gleichgewichtspolitik in der Ära Bismarck oder an die Versuche im Rahmen des Völkerbundsystems und des Briand-Kellogg-Paktes) ist auch der *Europarat* unter anderem als eine internationale Sicherheitsinstitution zu betrachten (Brummer 2007). Im Rahmen der heutigen Mehrdimensionalität von Sicherheit ist er besonders auf dem Gebiet *human security* (v. a. Menschenrechte) relevant, dabei auch in Bezug auf die Wahrung der Menschenrechte und zivilisatorischer Grundsätze des „Täterschutzes" im sogenannten „Kampf gegen den Terrorismus".

Insgesamt bestätigte sich auch im ausgehenden 20. Jahrhundert ein Grundproblem europäischer und überhaupt internationaler Kooperation, nicht nur in Fragen der Friedenssicherung und der Sicherheitspolitik: Internationale Sicherheitsinstitutionen handeln nicht aus sich heraus, sondern die beteiligten Staaten handeln in ihnen und durch sie. Institutionen als kooperative Arrangements können vorhandene Kapazitäten bündeln, aber keine neuen Problemlösungsansätze und Handlungsressourcen liefern. Internationale Institutionen sind zwar relevante Handlungskontexte, aber nicht Quellen für Problemlösungen oder Macher von Entscheidungen: Sie erfüllen *derivative*, d. h. aus der Souveränität und den Eigeninteressen ihrer Mitglieder abgeleitete Funktionen (Siedschlag 1997.: 136). Deshalb sind sie in ihrer Zielsetzung und Wirksamkeit klar durch die Handlungsbereitschaft (oder -verweigerung) der Mitglieder determiniert. Das galt schon für die informelle Institution des europäischen Machtgleichgewichtes im 18. Jahrhundert, es galt für den Versuch, Machtgleichgewicht und Solidarität in Europa auf vertragsrechtlicher Basis im System der Heiligen Allianz zu sichern, und es gilt bis in die Epoche der formalen Institutionalisierung europäischer Sicherheitspolitik in den 1990er-Jahren. Die Position, die internationale Sicherheitsinstitutionen nach außen vertreten, ist deshalb oft weniger eine Position der Sache als eine Resultante des kleinsten gemeinsamen Nenners der Binnendiplomatie der jeweiligen Institution.

2.13 Europa als globaler Akteur am Beginn des 21. Jahrhunderts: Umfassende Konfliktprävention

Spätestens infolge der Reaktionen auf den 11. September 2001 ist Sicherheitspolitik nicht mehr nur eine Domäne der Beziehungsregelung und des Konfliktmanagements in der Staatenwelt, sondern zu einer Art der Gestaltung der Gesellschaft oder jedenfalls zu einer gesamtgesellschaftlichen Gestaltungsaufgabe geworden – ähnlich wie sie es vor allem zu Beginn der 1970er-Jahre – ausgedrückt durch Konzepte wie „gemeinsame Sicherheit", „Konflikttransformation" oder „Alternativen der europäischen Sicherheitspolitik" – schon einmal gewesen ist (siehe z. B. Kaufmann 1973). Dies betraf und betrifft vor allem die sicherheitspolitische Rolle der Europäischen Union.

Die internationalen Reaktionen auf den 11. September 2001 führten zu einer Abwertung des Arguments, die EU solle sich in ihrem Beitrag zu Sicherheit und Frieden auf einen reinen Zivilmachtansatz beschränken, schärften jedoch paradoxerweise zugleich das Bewusstsein für nichtmilitärische Aspekte des Bedrohungs- und Krisenmanagements: vor allem in dem Sinne, nicht nur strategische Fähigkeiten zum „Kampf gegen den Terrorismus" zu entwickeln, sondern auch die Präventionsfähigkeiten zu verbessern, zum Beispiel im Rahmen einer neuen Nachbarschaftspolitik mit den Ländern des Nahen und Mittleren Ostens. Darüber hinaus kam es zu einer weiteren Aufweichung der Grenze zwischen innerer und äußerer Sicherheit, was sich zum Beispiel in der Bedrohungsdefinition der Europäischen Sicherheitsstrategie (u. a. mit den zugleich innereuropäisch und international verstandenen Bedrohungsbildern „Terrorismus" und „organisierte Kriminalität") und der entsprechenden neuen faktischen Aufgabenbreite der ESVP niederschlug (Biscop 2005). Hinzu kam die sichtbare Notwendigkeit von Sicherheitspolitik nicht nur als reaktive Politik der Selbstsicherung, sondern auch als proaktive Politik der Stabilisierung labiler Staaten. All dies schärfte außerdem das europäische Bewusstsein für Ressourcenbündelung und Interoperabilität auf dem Feld der umfassenden (zugleich inneren, äußeren und multidimensionalen) Sicherheit, der umfassenden Konfliktprävention und des umfassenden Krisenmanagements.

„Das europäische Sicherheitssystem zu Beginn des 21. Jahrhunderts" (Hochleitner 2000) markiert infolgedessen insofern einen historischen Wendepunkt, als es beginnt, sich zu entterritorialisieren (raum- und kontinentübergreifend zu organisieren) und zu funktionalisieren. Das beste Beispiel dafür ist der Beschluss des NATO-Gipfels von Riga (NATO 2006), wonach die Atlantische Allianz nicht nur die Territorien, sondern auch die Gesellschaften und die gemeinsamen Werte ihrer Mitgliedstaaten verteidigt und ebenso auf ihre herkömmliche europäisch-atlantische Basis wie auf neue globale Partnerschaften gestützt als ein weltweit handlungsfähiger sicherheitspolitischer Akteur auftreten möchte.

Unter dem Vorzeichen des Wandels von der Verteidigung zur internationalen Konfliktbewältigung sieht sich auch die Europäische Union neuen Herausforderungen gegenüber. Ein noch wichtiger gewordener Aspekt dabei ist die *Kohärenz* (Dilp/Siedschlag 2007): In ihrer Krisenmanagementpolitik möchte und muss die EU einen gemeinsamen Ansatz finden, innerhalb dessen sie die verschiedenen ihr zur Verfügung stehenden zivilen und militärischen Instrumente miteinander verknüpft anwenden kann. Ein weiterer noch wichtiger gewordener Aspekt ist die *Harmonisierung*: Die Europäische Union muss zu einer verbesserten multinationalen Binnenkoordinierung unter ihren Mitgliedern kommen, um effektiver und effizienter international handeln zu können. Somit versteht sich die EU zwar weiterhin als eine Friedensgemeinschaft, aber zugleich wird auch in ihrem Rahmen das zunehmende Interesse mehrerer Mitgliedstaaten erkennbar, die ESVP zu entpolitisieren und ihr den Charakter einer Operationsplattform zu verleihen, so dass sie als technische Grundlage für anlassbezogene multinationale Zusammenarbeit unter Anbindung von Drittstaaten dienen kann.

Diese Entwicklungen bedeuten nicht, dass europäische Sicherheitspolitik im frühen 21. Jahrhundert durchweg von ganz neuen strategischen Konzepten geprägt wäre. Zum Beispiel ist in der Gegenwart das Prinzip des Harmel-Berichtes von 1967 wieder besonders relevant. So etwa im Ansatz der Europäischen Union, von vornherein eine umfassende Konfliktpräventionspolitik unter gegenseitig ausgewogener Berücksichtigung politischer und militärischer Mittel zu verfolgen. Das zeigt sich in der Frage eines ausgewogenen Umganges mit Bedrohungen durch nukleare Proliferation. Sowohl im Fall Iran als auch in Nordkorea haben Gruppen von EU-Staaten versucht, eine Kombinationsstrategie aus Eindämmungspolitik und Verhandlungspolitik umzusetzen. Im Zuge dessen haben sie allerdings gleichzeitig versucht, sich als Krisenmanagementklub innerhalb der Europäischen Union zu profilieren, was nicht dem gemeinschaftlichen Ansatz eines „wirksamen Multilateralismus" entspricht, wie ihn alle EU-Staaten in der Europäischen Sicherheitsstrategie vom Dezember 2003 vereinbart haben. Charakteristisch für die staatenweltlichen Konfliktregelungsstrategien unserer Zeit erscheint weiterhin das historisch bekannte politisch-kollektivpsychologische Phänomen der Verschiebung: Konflikte, Spannungen und Identitätsbrüche untereinander werden nach außen abgeleitet, nur eben nicht mehr territorial, in andere Weltregionen, sondern symbolisch, in einigende abstrakte Bedrohungsbilder, zum Beispiel „den" islamischen Fundamentalismus, „den" Terrorismus oder „die" Verbreitung von Massenvernichtungswaffen.

Ein auffallender spezieller neuer Trend europäischer Sicherheits- und Friedenspolitik in den Anfangsjahren des 21. Jahrhunderts, der jedoch zum Teil auf diesem Symbolismus fußt, ist demgegenüber die Ablösung des Grundsatzes der westeuropäischen Stabilitätsprojektion, wie er die Jahre nach dem Ende des Kalten Krieges beherrschte, durch den

Grundsatz des *empowerment*. Das bedeutet, andere Regionen nicht extern zu stabilisieren, sondern sie dabei zu unterstützen, Konfliktregelungsfähigkeit von innen heraus zu entwickeln: endogene Konflikttransformation statt Stabilitätsprojektion. Die EU bringt diesen Ansatz vor allem in ihrer Afrikapolitik zum Ausdruck (Zabadi 2006).

Entwicklungen wie etwa das Phänomen Staatszerfall sorgen darüber hinaus für ein neues Kriegsbild und einen neuen Kriegsbegriff. Diese an und für sich gar nicht so neuen Formen gewalttätiger Auseinandersetzung werden unter dem Begriff *asymmetrische Kriegsführung* zusammengefasst (Schröfl/Pankratz/Micewski 2006), da sich in ihnen Gegner unterschiedlicher Niveaus (z. B. Großmächte, kleinere Staaten, Rebellengruppen, Terrornetzwerke usw.) gegenüberstehen. Der daraus hervorgehende Typ „neuer Kriege" (Münkler 2002; Kaldor 2000) ist somit unter anderem charakterisiert durch Entstaatlichung, Privatisierung und schrittweise Verselbstständigung von Gewaltprozessen. Damit einher geht eine „Entpolitisierung und De-Institutionalisierung des Kriegsgeschehens", und Kriege verlieren zusehends ihre klassischen Konturen (Schröfl/Pankratz 2004). *Krieg* ist der erste der im Folgenden eingehender behandelten Aspekte internationaler Politik.

3 Aspekte der internationalen Politik

3.1 Krieg

Es gibt eine Vielzahl von Theorien über Kriegsursachen, die sich auf unterschiedlichen Analyseebenen bewegen – vom menschlichen Machttrieb bis hin zu Makrostruktureigenschaften des internationalen Systems (neuere Überblicke: Betts 2005; Brown 1999; klassischer Überblick: Waltz 1954, siehe auch Nerlich 1966 und *Abbildung 1*). Krieg ist aber trotzdem kein Zustand, sondern eine Institution mit all ihren regionalen, kulturellen und sozialverhaltensbezogenen Abhängigkeiten (Toynbee 1951; Hinde 1992). Deswegen gibt es eigentlich ebensowenig einen „Weltkrieg" wie eine globale Strategie gegen den Krieg oder eine weltumspannende Friedenspolitik. Bei der Frage nach dem Verhältnis von Krieg und (internationaler) Politik kommt sofort Clausewitz' Formulierung aus seinem Werk *Vom Kriege* (1832–1834) in den Sinn, dass Krieg nicht bloß ein formaler Rechtszustand zwischen Staaten ist, sondern ein politisches Instrument: „eine Fortsetzung des politischen Verkehrs, ein Durchführen desselben mit anderen Mitteln" (Clausewitz 1991: 210). Daraufhin stellt sich unmittelbar die Frage nach den politischen Rahmenbedingungen von Streitkräfteeinsätzen, wobei eine „Rückkehr des Mittelalters" zu erkennen ist (Hoch 2002): Der Gegner wird dämonisiert, vor allem auch im Rahmen des Kampfes um die Meinungsführerschaft in den Medien und die Beeinflussung des Denkens der eigenen wie der gegnerischen Bevölkerung. Mit dieser Dämonisierung schwindet die Möglichkeit, im Anschluss an die Kampfhandlungen zu einem diplomatischen Geben und Nehmen zurückzufinden. Clausewitz (1991: 191f.) sah im Krieg einen *politischen* „Akt der Gewalt [...], um den Gegner zur Erfüllung unseres Willens zu zwingen"; die kriegerischen Auseinandersetzungen der neueren Zeit zeichnen sich demgegenüber dadurch aus, dass sie in der Regel darauf ausgerichtet sind, den Gegner zu beseitigen, ja zu vernichten. Das gipfelte bisher in den genozidalen Kriegstypen der 1990er-Jahre (Jugoslawien, Ruanda), und schon im Rahmen des Zweiten Weltkrieges waren vom Dritten Reich „Vernichtungskriege" geführt worden.

Auch die „neuen Kriege" (Kaldor 2000; Münkler 2002; → Kapitel 2.13: 50) sind insofern eine Rückkehr in die Geschichte, als sich die Gründe für die Entstehung von Koalitionen vom antiken Griechenland bis heute nicht verändert haben (Masala 2002): In allererster Linie die als gemeinsam empfundene Bedrohung veranlasst Staaten dazu, Koalitionen zur Kriegsführung oder zur militärischen Intervention zu bilden. Um die Koalition langfristig zusammenzuhalten, muss laufend am gemeinsamen Bedrohungsbild gearbeitet werden, auch in den Gesellschaften der Koalitionsstaaten. Der Kampf um die (welt-)öffentliche Meinungsführerschaft wird zum integralen Bestandteil der Kriege des 21. Jahrhunderts werden. Das begünstigt den Trend zur Dämonisierung des Gegners, die es von vornherein ausschließt, mittels Krieg politische Ziele zu erreichen, abgesehen vom Ziel der bedingungslosen Beseitigung des Gegners (Hoch 2002: 28). Dies wiederum bedingt, dass aus Gründen der innenpolitischen Zustimmung die von der militärischen Koalition angestrebten Ziele nicht immer mit den notwendigen Mitteln verfolgt werden können (Masala 2002: 62f.). Diese politisch motivierte Selbstbeschränkung führt dazu, dass Koalitionen oft auf die Entwicklung einer optimalen Strategie für ihre Kriegsführung verzichten müssen. Ähnliches ist aus dem Europa der frühen Neuzeit bis hin zu den Kabinettskriegen des 17. Jahrhunderts und auch noch aus vielen der Kriege des 18. Jahrhunderts um das europäische Gleichgewicht bereits bekannt, weil mit den damaligen Söldnerheeren keine großen Entscheidungsschlachten geführt werden konnten; denn es lag nicht im Interesse der Söldner, in verlustreiche Großgefechte verwickelt zu werden.

Die Gegenwart der Vergangenheit bestimmt jedoch die Zukunft des Krieges nicht vollständig. Es gibt zum Beispiel einen neuen Typus der Kriegsführung, das internetgestützte *information warfare*. Manche Kriegstheoretiker in der Volksrepublik China glauben, dass ein Informationskrieg durch die Mobilisierung einer digital vernetzten Bevölkerungsgruppe erfolgreich geführt werden kann (Zhang 2002). Die chinesische Staatsführung schuf deshalb schon ab 1999 digitale Miliztruppen und führte die Strategie einer *take-home battle* ein. Das bedeutet, die „Kämpferinnen" und „Kämpfer" können mit ihrem Laptop den Krieg gleichsam mit nach Hause nehmen und ihre Offensiven vom Wohnzimmer aus unternehmen. Doch ein digitaler Volkskrieg ist nur möglich, wenn die chinesischen Internetnutzer nationalistisch eingestellt und politisch unmündig sind. Die beste Vorsorge gegen einen digitalen Krieg ist Zhang (2002) zufolge deshalb Demokratisierung, und Demokratisierung ist nicht nur eine Frage des Systemwandels, sondern auch der politischen Aufklärung der Bevölkerung. Hier schließt sich der historische Kreis; denn das sind wieder Gedanken einer solidarischen Menschheit, wie sie nach dem Ersten Weltkrieg zu einem weltpolitischen Friedensprojekt geworden waren. Dass sie damals jäh scheiterten, lag weniger an der Funktionsunfähigkeit einer entstehenden Weltgesellschaft, als vielmehr am Festhalten der Staaten an ihrer jeweiligen Interessenpolitik.

Was einer sachlichen analytischen Beschäftigung mit Krieg als politischem Thema schon immer im Weg gestanden hat, ist ein exzessiver Moralismus, wie er in zwei Formen auftritt. Zum einen gibt es die apodiktische Aussage, Krieg sei das Böse, das moralisch Verwerfliche und die Geißel der Menschheit (z. B. in der Präambel der UN-Satzung). Hierbei wird Krieg schlechthin dämonisiert. Zum anderen gibt es die Überhöhung des Krieges,

Abbildung 1:   Typische Kriegsursachentheorien.

Aggressions-Theorie	Die Aggressivität und der Beherrschungsdrang (lat. „animus dominan-di") von Individuen werden durch Krieg als Ventil nach außen geleitet, wenn gesellschaftliche Mechanismen der Machtbegrenzung und der Affektkontrolle nicht mehr funktionieren (Morgenthau 1948).
Kalkül-Theorie	Krieg entspringt einem rationalen Kalkül der Staatsführung, um bestimmte Interessen durchzusetzen (Clausewitz 1991).
Interessen-Theorie	Krieg entsteht dadurch, dass bestimmte Gruppen oder Eliten ihre Interessen in der Welt auch mit Gewalt wahrnehmen (Gilpin 1981).
Ideologie-Theorie	Krieg entsteht durch religiöses oder zivilisatorisch-messianisches Sendungsbewusstsein (Gantzel 1972: Kapitel 6).
Substitutions-Theorie	Krieg entsteht als Ableitung innerer Konflikte nach außen, z.B. Sozialimperialismus-Theorie (Wehler 1970).
Fehlperzeptions-Theorie	Krieg entspringt aus fehlerhafter und/oder unvollkommener Information über Absichten und Potenziale des Gegners (Senghaas 1971).
Machtrivalitäts-Theorie	Krieg folgt automatisch aus dem Streben der Staaten nach Machtzuwachs (Mearsheimer 2001).
Distanz-Theorie	Krieg resultiert aus der politischen, ökonomischen usw. Asymmetrie staatlicher Gesellschaften (Wright 1947).
Anarchie-Theorie	Krieg entsteht daraus, dass der Staatenwelt eine wirksame übergeordnete Instanz fehlt (Aron 1953).

wie beim israelischen Militärhistoriker Martin van Creveld (1998: 318), der den Krieg als „ewige, unveränderbare Achse" versteht, „um die sich die ganze menschliche Existenz dreht und die dem ganzen Dasein eine Bedeutung verleiht." Neben der Vermeidung des extensiven Moralismus – in beiden existierenden Ausprägungen – ist ein Charakteristikum internationaler Politik von besonderer Bedeutung, wenn es um die politischen Mittel (und einen internationalen Konsens über diese Mittel) geht, mit denen Krieg eingedämmt werden kann (klassisch Aron 1953): Die Akteure (vor allem die Staaten) bestimmen nicht nur selber die Normen, die für sie gelten sollen, sondern sie bestimmen auch – ihrem jeweiligen, zeitbedingten Eigeninteresse entsprechend – selber, wie bzw. ob überhaupt diese

Normen von Fall zu Fall ausgelegt und angewendet werden sollen. Es besteht ein breit-
bandiges Institutionengefüge und Instrumentarium internationaler Kriegsverhinderung.
Wie breit angelegt die Staaten darauf zurückgreifen, hängt realistisch gesehen jedoch viel
weniger von proklamierten gemeinsamen Werten, Weltbedrohungen und „Achsen des
Bösen" ab, als vielmehr vom kleinsten gemeinsamen Nenner nationaler Eigeninteressen.

3.2 Sicherheit

Lautete die Formel im späteren Kalten Krieg „Verteidigung + Entspannung = Sicherheit"
(Walpuski 1984; → Kapitel 2.9: 39), so lautet sie heute darüber hinaus „Sicherheit +
Entwicklung = Frieden". In der politologischen Analytik ist der Forschungsbegriff *Krieg*
weitgehend durch den der *Sicherheit* abgelöst worden. Grundsätzlich gehen die gegenwärtige Sicherheitspolitik und Sicherheitsforschung von einem multidimensionalen und
umfassenden Sicherheitsbegriff *(comprehensive security)* aus. Neben den Aspekten der
traditionellen staatszentrierten Sicherheitspolitik werden gleichermaßen ökonomische,
gesellschaftliche und kulturelle Entwicklungen sowie globale Bedrohungen (Umwelt-
katastrophen, Bevölkerungswachstum, Migrationsströme usw.) betrachtet (z. B. Hough
2004). Damit erstrecken sich die Dimensionen des Sicherheitsbegriffes auf die politische,
ökonomische, ökologische, gesellschaftlich-soziale sowie militärische Sicherheit. In
diesem umfassenden und gesellschaftlichen Verständnis von Sicherheit verabschiedete
zum Beispiel die Blockfreienbewegung (→ Kapitel 2.8: 37) das Abschlussdokument ihrer
14. Konferenz von 2006 (Non-Aligned Movement 2006).
  Traditionell umfasst der Begriff Sicherheit die innere und die äußere Sicherheit eines
Staates. *Innere Sicherheit* bezieht sich auf den Schutz der Bevölkerung vor allen Formen
kriminellen Handelns. *Äußere Sicherheit* hingegen ist auf die Abwehr von Bedrohungen
gerichtet, die eine Existenzgefährdung der Gesellschaft von außen herbeiführen können. *Nationale Sicherheit* wird daran anschließend als Fähigkeit einer Nation definiert,
ihre inneren Werte vor äußeren Bedrohungen zu schützen (Dettke 2004: 10). Diese Bedrohungen können militärische Angriffe, aber auch diplomatische Druckausübungen
gegen einen Staat sein, ebenso wie Handelsboykotte oder Erpressungen. *Internationale
Sicherheit* umfasst alle zwischenstaatlichen Ansätze, welche die äußere Sicherheit der
Mitglieder des internationalen Systems gewährleisten sollen. Sie bezieht sich vor allem
auf Strategien des Machtabbaus, der Machtkontrolle und der Herstellung eines Machtgleichgewichtes.
  Aufgabe der Politikwissenschaft, insbesondere der Disziplin Internationale Politik,
ist es, Bewertungsmaßstäbe für politisches Entscheidungshandeln und für politisch er-

schlossene Gestaltungsoptionen angesichts zunehmender internationalisierter Sicherheitsherausforderungen zu liefern, die Politik auf bestimmte Handlungsmöglichkeiten hinzuweisen und Gestaltungsoptionen vorzuschlagen. Dabei stehen ihr vier traditionelle Sicherheitsmodelle zur Verfügung (Siedschlag 1997: 238–250). *Kollektive Sicherheit* beschreibt ein globales Sicherheitssystem der Art, wie es in Kapitel VII der Satzung der Vereinten Nationen (www.un.org) niedergelegt ist: die Monopolisierung der Entscheidungsbefugnis über die Anwendung von Zwangsgewalt beim Sicherheitsrat der Vereinten Nationen, die Verpflichtung der Mitgliedstaaten der Vereinten Nationen, außer zur unmittelbaren Selbstverteidigung keine militärische Gewalt in ihren internationalen Beziehungen anzuwenden oder anzudrohen, und ihre Bereitschaft, sich vom Sicherheitsrat gemäß dessen Beschlüssen für die Wahrung oder Wiederherstellung des Weltfriedens und der internationalen Sicherheit in Anspruch nehmen zu lassen. *Kooperative Sicherheit* bezieht sich auf umfassende Konflikttransformation (Evans 1993; Vetschera 2000). Ihr Anwendungsbereich ist die präventive Diplomatie oder aber die Friedenskonsolidierung nach einem Konflikt. Illustration dieses Sicherheitsmodells sind die Bestimmungen in Kapitel VI der Satzung der Vereinten Nationen zur friedlichen Beilegung von Streitigkeiten. Von kooperativer Sicherheit zu unterscheiden sind Maßnahmen *kooperativer Friedenswahrung* (z. B. klassisches und robustes *peacekeeping*), welche zur Befriedung eines möglicherweise mit militärischen Mitteln ausgetragenen Konfliktes beitragen und sein Wiederaufleben zu verhindern suchen (Evans 1993: 99–129). Ein Weltgesellschaftsmodell ist die im historischen Rückblick schon angesprochene *gemeinsame Sicherheit* (→ Kapitel 2.10: 41). Dieses Modell geht davon aus, dass transnationale „Weltinteressen" Impulse für eine globale Sicherheitspolitik liefern (Brown 1994: 12–24). Als ein politischer Mechanismus, um globale Sicherheit zu verwirklichen, gilt *global governance* (→ Kapitel 3.5.3: 72–75).

Im Gegensatz zu diesen traditionellen Modellen ist *Versicherheitlichung („securitization")* ein aktuelles Analysekonzept, das sich nicht auf einen beabsichtigten Zustand (die Herstellung von Sicherheit) richtet, sondern auf den politischen Prozess, innerhalb dessen Probleme als sicherheitspolitische Probleme definiert und behandelt werden (Buzan/Waever/de Wilde 1998). Sicherheit wird dabei als soziales Konstrukt betrachtet: objektive Bedrohungen existieren nicht, sondern lediglich politische Versuche, bestimmte Themen mit Sicherheitsimplikationen zu versehen. Jeder, der ein Thema als Sicherheitsproblem einstuft, trifft damit eher eine politische als eine analytische Entscheidung. Daher soll aus Sicht des Versicherheitlichungs-Ansatzes nicht das Beobachten von Bedrohungen die Rolle der Wissenschaft sein, sondern Wissenschaft muss ermitteln, wie, von wem, unter welchen Umständen und mit welchen Konsequenzen manche Sachverhalte als existenzielle Bedrohung klassifiziert werden, andere aber nicht.

Als Forschungskonzept ist *securitization* am Konstruktivismus (→ Kapitel 7.2.4: 195–197) orientiert und beruht im Wesentlichen auf einem sprechakttheoretischen Ansatz (siehe Waever 1995): Sicherheitspolitik macht, wer aus einer dominanten Sprechersituation heraus Bedrohungen sprachlich klassifiziert (zur Theorie des Sprechaktes allgemein: Austin 2002; Searle 2000). Der Kern eines derartigen analytischen Konzeptes von Sicherheit besteht in der Konzeptualisierung von Sprache als einer spezifischen Handlung, die Realität(en) beeinflusst. Ausgangspunkt der Versicherheitlichung eines politischen Problems ist ein öffentlicher Akteur (z. B. eine Regierung). Eine erfolgreiche Versicherheitlichung liegt dann vor, wenn das Publikum (z. B. die Bevölkerung) den Sprechakt akzeptiert und seine Sinnzuschreibungen sowie seine Legitimitätsüberzeugung darauf ausrichtet. Versicherheitlichte politische Probleme sind dem politischen Prozess enthoben und gelten als existenzbedrohende Ausnahmesachverhalte, die nicht mittels der üblichen politischen Regeln, sondern in einer bestimmten exzeptionellen Weise zu lösen sind. Ein einschlägiges Beispiel ist hier wiederum der 11. September 2001, bei dem es der US-Regierung scharf interpretiert gesagt gelang, die Folgen mangelnder Personensicherheitskontrollen an den Flughäfen Portland und Boston (aufgrund derer die unter anderem in das New Yorker World Trade Center geflogenen Maschinen entführt werden konnten) in der Weltöffentlichkeit als ein Problem zu definieren, das gleichbedeutend mit einem militärischen Angriff sei und das es erfordere, Afghanistan zu besetzen, obwohl sich bereits wenige Tage nach den Terrorangriffen erwies, dass die Flugzeugentführer in den USA und in Deutschland ausgebildet worden waren.

Das Analysekonzept *securitization* geht somit der Frage nach, ob politische Systeme oder ganze Gesellschaften die Sicherheitsbedrohungen, denen sie sich gegenübersehen, und deren Ursachen vorfinden oder ob sie diese selbst erzeugen. Daraus ergibt sich auch eine spezifische Definition von Frieden: Frieden ist die „Entwicklung von Gemeinschaftsbeziehungen zwischen Mitgliedern unterschiedlicher Gesellschaften" (Bonacker/Bernhardt 2006: 221). Derartige für Frieden notwendige kollektive Identitäten entwickeln sich aus Sicht des *securitization*-Ansatzes aufgrund von Diskursen durch Integration nach innen und Desintegration nach außen und sind niemals stabil. Diskurse haben somit immer auch ein ausschließendes Moment gegen jemanden oder etwas, das nicht zum Diskurs gehört. Da dieser Ausschluss als Bedrohung wahrgenommen wird, kommt es zur Versicherheitlichung des Diskursgegenstandes. In diesem Sinne schafft Frieden aus Sicht des *securitization*-Ansatzes zugleich neue Konflikt- und Trennungslinien.

3.3 Frieden

Im Gegensatz dazu und im Unterschied zur Kriegs- und Sicherheitsforschung allgemein ist insbesondere die kritische Friedensforschung unter Zugrundelegung eines normativ orientierten Ansatzes zu einem ausdifferenzierten Friedensbegriff gekommen. Dabei wird Frieden heute nicht als Zustand, sondern als kognitiver und materieller, sich wechselseitig ergänzender Prozess von Entscheidungen und Aktivitäten auf allen Ebenen des internationalen Systems, in allen politischen Handlungsbereichen und mittels aller außenpolitischen Instrumente verstanden (Lutz 2004: 26). Nach Seidelmann (2004a: 39f.) kann man folgende *Friedensordnungen* unterscheiden (siehe außerdem Nerlich 1966):

(1) *Imperiale Ordnungen* schaffen (negativen) Frieden zugunsten der Aufgabe nationaler Unabhängigkeit. Frieden als Rechtfertigung imperialer Herrschaft hat eine lange Tradition (Münkler 2005): Von der Pax Romana bis zur Pax Americana existieren (realpolitische) Konzepte, um den Frieden mittels eines Imperiums zu gewährleisten.

(2) *Frieden durch Abschreckung* beruht wie im historischen Rückblick gesehen (→ Kapitel 2.8: 33–37) auf der Annahme, dass rationale Akteure auf militärischen Konfliktaustrag verzichten, wenn der zu erwartende Nachteil den Nutzen übersteigt.

(3) Dem positiven Frieden nähert sich die Friedensordnung der *Verschmelzung von abschreckungsorientierten und kooperativen Mustern* an. Das (militärische und nationalstaatliche) Kosten-Nutzen-Kalkül neigt hierbei, bedingt durch die Abschreckung, zur Zurückhaltung, und die kooperativen Elemente schaffen die Voraussetzung für einen positiven Frieden.

(4) Die Europäische Union ist das beste Beispiel für eine *Friedensordnung durch regional integrierte Staatensysteme*. Hierbei führen Zusammenarbeit und Vergemeinschaftung zu Konfliktlösungsmustern ohne eine militärische Option. In solchen Friedensordnungen ist ein positiver Frieden (Frieden als mehr denn die reine Abwesenheit von Krieg) durchweg verwirklicht.

(5) Auch für den *Weltstaat* wird ein positiver Frieden angenommen, weil nationalstaatliche Mittel in die Hände einer Weltregierung gelegt werden.

Eine weitere Möglichkeit, Friedenskonzepte zu systematisieren und damit auch in ihren Realisierungschancen vergleichend bewertbar zu machen, bietet die Unterscheidung verschiedener *Regulierungsmechanismen* (Bonacker/Imbusch 1999: 111–113):

(1) *Politische und rechtliche* Regulierungen wollen die Sicherheit durch politische und juristische Maßnahmen und Strukturveränderungen gewährleisten. Diese Art von Re-

gulierung ist am häufigsten in der realen Umsetzung anzutreffen. Es geht dabei um die Konfliktregulierung durch (kollektiv) bindende Entscheidungen wie sie etwa in der EU oder der UNO zu finden sind. Auch das Friedenskonzept des Weltstaates beruht darauf.

(2) *Handelsliberale* Konzepte im klassischen Sinne gehen davon aus, dass Frieden durch weltweiten Freihandel verwirklicht werden kann. Es wird daher die Integration aller Akteure (im Wesentlichen Staaten) in einen weltweiten, gemeinsamen Markt forciert. Durch den Austrag der bestehenden Interessengegensätze nach für alle verbindlichen Regeln der Konkurrenz löst der „Handelsgeist" den „Kriegsgeist" ab. In der Tat verstehen sich internationale Wirtschaftsorganisationen, allen voran die Welthandelsorganisation (WTO) (→ Kapitel 5.3.4: 132f.), als Instrument der friedlichen Konfliktregelung durch die Integration aller Mitglieder in einen gemeinsamen Markt.

(3) Modelle der *soziokulturellen* Regulierung versuchen die anthropologisch vorhandenen Aggressionsenergien zu kanalisieren. Dies kann zum Beispiel durch gemeinsame Symbole oder Aktivitäten (wie den Olympischen Spielen) geschehen.

(4) Schließlich sind noch jene Modelle zu erwähnen, die sich *gegen* jegliche Art von Regulierung richten, wie sie insbesondere in Form des Anarchismus zum Tragen kommen. Aus ihnen erwächst nicht selten die Forderung nach der Abschaffung des Staates, da er durch seine Regulierungsmaßnahmen den Frieden gefährde. An seine Stelle sollen kooperative und moralisch integrierte Gemeinschaften treten.

Für eine Beschäftigung mit Frieden und Friedenskonzepten ist es unabdingbar, sich mit einer zumindest provisorischen Definition auseinanderzusetzen. Dafür wiederum ist es notwendig, sich zunächst mit dem Negativ von Frieden, der Gewalt, zu befassen: „Gewalt existiert dann, wenn die für einen Menschen an sich angelegten Möglichkeiten durch das Dazwischentreten anderer, von ihm nicht gewollter Faktoren ungenützt bleiben; wenn also die aktuelle Verwirklichung seiner Existenz nicht der potentiellen Verwirklichung entspricht." (Pelinka 2004: 142) So wird auch Frieden an sich nur dialektisch erfassbar und gewinnt seine Bedeutung vor dem Erfahrungshintergrund des Krieges (Assmann 2001: 656). Eine bei Friedensdefinitionen oft fehlende Komponente ist jedoch die Operationalisierbarkeit des Begriffes, d. h. seine empirische Bestimmbarkeit (Pfetsch/Billing 1994).

Historisch gesehen ist dies verständlich; denn das moderne Friedenskonzept stammt aus der Zeit des Völkerbundes und des weltpolitischen Idealismus. Die grausamen Erfahrungen des Ersten Weltkrieges hatten zu der Suche nach einem überstaatlichen Friedenskonzept geführt. Aber schon der im Lichte dieser Idee gegründete Völkerbund sah sich unter anderem mit den gleichen Schwierigkeiten konfrontiert wie die UNO heute: Die Friedenserzwingung hing davon ab, ob sich Staaten auch ohne eigene Betroffenheit für ein gemeinsames Prinzip engagierten (Hartmann 2001: 18f.). Der Völkerbund ging schließlich am mangelnden Engagement seiner Mitglieder zugrunde und lieferte ein Beispiel dafür, dass ein als Weltordnungspolitik angelegtes Friedenskonzept zum Scheitern verurteilt ist. Doch wie gesehen sind auch die großen Alternativen, vor allem die Gleichgewichtspolitik, nicht von ewiger Dauer. Deshalb ist es vom politikwissenschaftlichen Standpunkt aus wichtig, den Frieden nicht vorrangig in historischen Dimensionen, sondern systematisch zu denken.

Der norwegische Friedensforscher Johan Galtung (z. B. 1996) unterscheidet zwischen zwei Formen der Gewalt (→ Kapitel 8.1: 214), eine Unterscheidung, die auch für die Systematisierung des Friedensbegriffes von Nutzen ist. *Personelle Gewalt* wird von Menschen gegen Menschen ausgeübt. *Strukturelle Gewalt* hingegen hindert Menschen daran, ihre potenziellen Fähigkeiten zu verwirklichen, und zwar nicht durch physischen Zwang, sondern durch sozialen Zwang, der von bestimmten gesellschaftlichen Strukturen ausgeht. Ein Beispiel dafür wäre eine Gesellschaftsstruktur, die einer bestimmten Bevölkerungsgruppe (z. B. *African Americans*) nicht dieselben Chancen eröffnet wie den übrigen. Ein klassisches Beispiel aus der internationalen Politik sind die Nord-Süd-Beziehungen. Strukturelle Gewalt bezeichnet also diejenigen Strukturen, die zur Aufrechterhaltung von ungerechter Herrschaft dienen, jedoch nur indirekt erfassbar sind (Seidelmann 2004a: 35).

Frieden kann demgemäß in zwei Formen unterschieden werden: positiver und negativer Frieden. Bei der Abwesenheit von personeller Gewalt kann man von einem *negativen Frieden* sprechen. Dies ist die typische Begriffsgeneration aus den 1950er- und 1960er-Jahren: Frieden als Abwesenheit von direkter Gewalt, als Gegenbegriff zu Krieg (Czempiel 1986: 35). Vor allem durch die Analysen von Galtung (z. B. 1975) wurde dieses behavioristische Verständnis von Krieg und Frieden in den 1970er- und frühen 1980er-Jahren durch ein strukturalistisches ergänzt. Kriegerische Gewalt wurde dabei als Folge von Macht- und Herrschaftsstrukturen des internationalen Systems verstanden. Im Rahmen dieser Sichtweise wurde der Begriff der strukturellen Gewalt eingeführt und darauf aufbauend der *positive Friedensbegriff*, verstanden als Abwesenheit von direkter *und* von struktureller Gewalt, entwickelt. Frieden ist hier nicht mehr der Gegenbegriff zu Krieg, sondern zu Gewalt. Die beiden Begriffsgenerationen schließen einander nicht aus, allerdings umfasst der positive Frieden naturgemäß mehr als nur die reine Abwesenheit personeller Gewalt.

Das Duett von personeller und struktureller Gewalt wird durch eine dritte Form ergänzt: *kulturelle Gewalt*. Darunter versteht man eine Geisteshaltung oder Ideologie, die dazu dient, direkte oder strukturelle Gewalt zu rechtfertigen. Dieser Aspekt erschwert die Verwirklichung von Friedenskonzepten; denn um kulturelle Gewalt zu beseitigen, bedarf es der „Überwindung internalisierter individueller oder gesellschaftlicher Einstellungen, Glaubensmuster, Verhaltensweisen, die die Anwendung von Gewalt in allen menschlichen Tätigkeitsfeldern potentiell oder aktuell legitimieren." (Meyers 2004: 301) Dies ist die in den späten 1980er- und den 1990er-Jahren entstandene Generation des Friedensbegriffes – Frieden als gesellschaftliches *Zivilisierungsprojekt* und praktizierte *Konflikttransformation* (maßgeblich Senghaas 1995): Demokratien setzen zur Bearbeitung von Konflikten untereinander keine Gewalt ein, vielmehr werden Konflikte kooperativ und institutionell gelöst. Die verschiedenen Dimensionen und Phasen der Ausdifferenzierung des Friedensbegriffes veranschaulicht *Abbildung 2* zusammenfassend.

Für die Friedensdefinition im internationalen System kann der kleinste gemeinsame Nenner der Begriffsgenerationen herangezogen werden: Frieden herrscht, wenn der Krieg auf Dauer ersetzt werden kann und wenn auch das Fehlen der Voraussetzungen für den Krieg, also die fehlende Vorbereitung auf einen Krieg, gegeben ist (Czempiel 1986: 36).

Eine weitere, für das internationale System maßgebliche Unterscheidung von Dimensionen des Friedens ist diejenige zwischen innerem und äußerem Frieden. *Innerer Frieden* bezieht sich auf den innerstaatlichen Bereich, *äußerer Frieden* auf den internationalen Bereich. Innerer Frieden herrscht demnach, wenn sich „alle relevanten gesellschaftlichen Gruppen an ihre verfassungsmäßigen Rechte und Pflichten halten, also ihren Status nicht gewaltsam verändern wollen. Äußerer Frieden bedeutet, dass völkerrechtliche oder sonstige vertragliche Abmachungen respektiert werden und nicht die Absicht besteht, sie gewaltsam zu ändern." (Gärtner 2005: 41)

Ein in der Gegenwart wieder wichtiger werdendes, theoretisch untermauertes Friedenskonzept stammt nicht aus der Friedensforschung, sondern aus den *strategic studies*: der *nukleare Frieden*. Wie kann unter den Bedingungen nuklearer Vernichtungsfähigkeiten der Frieden gewahrt werden, und macht die Verbreitung (Proliferation) nuklearer Fähigkeiten die Welt unsicher oder vielleicht sogar sicherer? Kenneth N. Waltz, ein prägender Vertreter des Neorealismus in der Theorie internationaler Politik (→ Kapitel 7.1.3: 177f. und 7.2.2: 191–193) stellte die These auf, dass es auch nach dem Ende der weltpolitisch letzten Endes stabilisierenden Bipolarisierung einen „nuklearen Frieden" (zur kritischen Diskussion mit Fallbeispielen: Gjelstad/Njølstad 1996) geben könne: dass die Verbreitung von Massenvernichtungswaffen auch unter den neuen Strukturbedingungen die Sicherheit aller Staaten erhöhe, anstatt sie zu verringern (Sagan/Waltz 1995: 93). Die selbstbeschränkenden Einflüsse nuklearer Waffen auf Supermächte gälten grundsätzlich für alle Staaten und würden das Abschreckungssystem des Kalten Krieges prinzipiell auch in einer multipolaren Welt funktionieren lassen. Demzufolge sinke die Wahrscheinlichkeit von Kriegen, wenn die Abschreckungs- und Verteidigungsfähigkeiten wachsen. Vor allem

Abbildung 2:   Ausdifferenzierung des Friedensbegriffes. Quelle: Meyers (2004): 308.

Oberziel:	**Kriegsverhütung**		**gesellschaftliche Strukturänderung**		**Neuentwurf komplexer ganzheitlicher Gesellschaftsmodelle**		
Kenn-zeichen \ Bereich	Abwesenheit militärischer Gewaltanwendung	Gleichgewicht der Macht/der Mächte	Abwesenheit struktureller Gewalt	Geschlechter-frieden	Interkultureller Friede	Friede mit der Natur	Spiritueller innerer Friede
Global							
Umwelt							
Kultur							
Trans-National							
Zwischen-Staatlich							
Inner-Staatlich							
Innergesell-schaftlich							
Familie/ Individuum							
Innerer Friede							

Friede

die *klandestine* (d. h. schrittweise und schleichende) Verbreitung von Nuklearwaffen sei als stabilisierendes Element in der multipolaren Welt zu begrüßen – gegenüber gar keiner Verbreitung oder einer allzu raschen (Sagan/Waltz 1995: 42).

Dagegen argumentierte Scott Sagan, Waltz übersehe, dass viele der neuen oder potenziellen neuen Nuklearstaaten nicht dem Modell des rationalen Akteurs entsprächen, problematische innenpolitische Verfahren der Entscheidung über einen Krieg hätten und sich vor allem nicht mehr gegenseitig auf ihre Rationalität und ihren Überlebenswillen verlassen könnten (Sagan/Waltz 1995: 47-91). Laufende Abrüstungsbemühungen würden durch die Verbreitung nuklearer Potenziale gestört und regionale Machtgleichgewichte durcheinandergebracht. Deswegen würden in der Übergangsphase präventive Kriege gegen und zwischen sich vermutlich nuklearisierende(n) Staaten wahrscheinlich (Sagan/Waltz 1995: 55–66).

Das Verhalten der USA gegenüber Nordkorea, um ein zeitgemäßes Beispiel zu nennen, entspricht ziemlich gut dem Waltz'schen Modell des nuklearen Friedens. Die USA halten sich recht genau an Waltz' Politikempfehlungen, vor allem bauen sie keine militärische Drohkulisse gegen Nordkorea auf und betonen, den Weg des ausgewogenen, die Interessen beider Seiten in Rechnung stellenden Verhandelns gehen zu wollen. Die USA behandeln Nordkorea in der nuklearen Proliferationsfrage seit jeher grundlegend anders als etwa den Irak oder den Iran, weil sie Nordkorea das klassische Motiv für ein Streben nach Nuklearwaffen zugestehen, nämlich nationale Sicherheitsbedürfnisse (Bailey 1994: 184–186): Nordkorea wolle Nuklearwaffen, weil es ein Land sei, das sich schwach, isoliert und bedroht fühle. Eine militärische Drohkulisse gegen solche Staaten aufzubauen, ist Waltz zufolge stets kontraproduktiv, weil dies die Bedrohungswahrnehmung des nuklear ambitionierten Staates verstärke; denn „countries are vulnerable to capabilities they lack and others have." (Sagan/Waltz 1995: 40)

Der nukleare Frieden ist eine Methode der Friedenswahrung und der Kriegsverhinderung. Die traditionelle Frage der Friedensforschung und ihrer Friedenskonzepte ist demgegenüber: Was kann getan werden, um verlorenen Frieden wiederzugewinnen? Die Bedeutung des Friedens bzw. auch des Friedensbegriffes hat sich seit dem Ende des Kalten Krieges grundlegend gewandelt. Dies insbesondere deshalb, weil die Gefahr eines globalen Nuklearkrieges stark reduziert wurde (Jahn 2003: 149f.). Gleichzeitig haben lokale Konflikte drastisch zugenommen, und der Krieg als Mittel der Politik ist innerhalb und jenseits der Staatenwelt wieder salonfähig geworden.

Die Begriffe Friedenskonzept oder Friedenstheorie werden in den meisten Fällen für Ansätze verwendet, die für „großräumige gesellschaftliche Zusammenhänge Möglichkeiten gewaltarmen Konfliktaustrages zu identifizieren suchen" (Weller 2003: 19). Da sich jedes Friedenskonzept zwangsläufig an seinem Negativ, dem Krieg bzw. der Gewalt, ausrichten muss, müssen auch die Besonderheiten und Veränderungen des Kriegsbildes, wie zum Beispiel die „neuen Kriege" (Kaldor 2000; Münkler 2002), beachtet werden. Diese sind im Wesentlichen: Entstaatlichung, Asymmetrisierung und Autonomisierung des Kriegsgeschehens sowie die Ökonomisierung des Krieges (Münkler 2002). Doch gerade eine Anpassung an die neuen Formen der Gewalt lässt in der Friedensforschung und in den Entwürfen von Friedenskonzepten auf sich warten. Friedenskonzepte waren und sind immer noch zu einem Großteil auf den klassischen zwischenstaatlichen Krieg (Howard 2001) und die Erfahrungswelt des Kalten Krieges bezogen. Auch die Unterscheidung zwischen negativem und positivem Frieden gewinnt ihre Bedeutung aus der Zeit des Kalten Krieges und der Begriffsgeneration des negativen Friedens (Meyers 2004: 299f.).

Das Ende der Bipolarisierung im abflauenden Kalten Krieg bedeutete jedoch ein Ende des Friedens durch ein rüstungsstrategisches Gleichgewicht (Aron 1986: 183), welches auf internationaler Ebene einen zumindest negativen Frieden gewährleistet hatte. Anhängerinnen und Anhänger der neorealistischen Schule (→ Kapitel 7.2.2: 191–193) argumentieren, dass eine bipolarisierte Struktur des internationalen Systems am meisten Stabilität und somit Frieden garantiere (z. B. Waltz 1967, 1979). In der Tat ist es so, dass in einer multipolaren Welt die Wahrscheinlichkeit für Fehlperzeptionen und somit die Wahrscheinlichkeit für Konflikteskalation höher ist (Jervis 1976). Nach dem Ende der Bipolarisierung wurde auch dem positiven Frieden bzw. dessen Ausbleiben mehr Aufmerksamkeit geschenkt, so dass ein breiteres Spektrum von Friedenskonzepten Beachtung erlangte.

Eines der prominentesten, aber auch umstrittensten Konzepte ist die „Theorie" des *demokratischen Friedens* (z. B. Russett 1993) in Anlehnung an Immanuel Kants Schrift *Zum ewigen Frieden* (Kant 1984). Der Forschung zu diesem Thema liegt die Beobachtung zugrunde, dass Demokratien untereinander grundsätzlich keine Kriege führen, sehr wohl aber gegen nichtdemokratische Staaten. Als Erklärung für diese selbstreferenzielle Friedfertigkeit demokratischer Staaten werden drei innerstaatliche Faktoren angeführt. Erstens neigt eine demokratische Gesellschaft aufgrund der hohen (materiellen und immateriellen) Kosten, die ein Krieg verursacht, dazu, ihre Regierung auf demokratischem Wege von einem Krieg abzuhalten (Moravcsik 1996; klassisch ebenfalls Kant 1984). Zweitens sind internationale Organisationen bzw. ist die Einbindung von demokratischen Staaten in diese eine wesentliche Voraussetzung für die friedliche Konfliktregelung zwischen Demokratien (Hasenclever 2002). Drittens schließlich ist das Vorherrschen der generellen Norm des gewaltfreien Konfliktaustrages in demokratischen Staaten und internationalen Organisationen – wie etwa durch internationale Rechtssprechung – hervorzuheben (Schneider/Thony/Müller 2003). Das Vorherrschen dieser Norm wird aus dem Bestreben demokratischer Regierungen erklärt, der innerstaatlich gültigen Norm eines gewaltfreien Konfliktaustrages generell gerecht zu werden und deshalb auch im Austrag zwischenstaatlicher Konflikte Gewaltlosigkeit zu bevorzugen (Weart 1994).

Die größte Schwierigkeit für die Verwirklichung jedes internationalen Friedenskonzeptes ist, dass es außerhalb von staatlich verfassten Gesellschaften kein bindendes Recht gibt. Da das internationale System durch das Fehlen einer übergeordneten Regelungs- und Sanktionsinstanz gekennzeichnet ist, ist es schwer, wenn nicht gar unmöglich, globale Friedenskonzepte zur Anwendung und zur Durchsetzung auch gegen Widerstand zu bringen. Praktischer als die Beschäftigung mit abstrakten Friedenskonzepten erscheint daher die wissenschaftliche Analyse aktiver Friedenspolitik, also der konkreten Handlungen von Regierungen. Unter *Friedenspolitik* sind grundsätzlich drei Arten von Politik zu verstehen: Erstens das Anbieten der Chance, einen Konflikt (inner- oder zwischenstaatlich) durch einen Kompromiss zwischen den Konfliktparteien zu beenden; zweitens eine Politik, die durch Konfliktregulierung den Ausbruch des gewaltsamen Konfliktaustrages verhindert (z. B. Diplomatie, Krisenmanagement); drittens eine Politik, die Einstellungen, Überzeugungen und Institutionen erzeugt, welche in der Lage sind, auf nationaler, regionaler oder internationaler Ebene eine Friedensordnung zu schaffen (Jahn 2003: 156). Schließlich bleibt die Frage, inwieweit ein Friedenskonzept oder eine Friedenspolitik letztlich den Anforderungen an einen positiven, umfassenden Frieden gerecht werden kann. Sehr wahrscheinlich wird sie das nicht können. Ein Ausweg aus diesem Dilemma besteht in dem Verständnis, Frieden nicht als einen Zustand, sondern als einen Prozess zu begreifen (Meyers 2004: 301). Innerhalb aller Friedenskonzepte ist Frieden daher immer auch als „imperfect peace" zu verstehen, der auf etwas trotz aller positiven Ambitionen notwendigerweise Unvollständiges hinweist (Martínez-Guzmán 2006: 41).

3.4 Internationale Gemeinschaft

Der Begriff *internationale Gemeinschaft* steht für den Versuch, in einem zwischenstaatlichen System gemeinsame Werte und Interessen zu verwirklichen und das Staatengesellschaftssystem daran zu erinnern, dass die Staaten nicht um ihrer selbst willen, sondern um der Völker und Menschen willen existieren. Die internationale Gemeinschaft ist dann keine bloße Fiktion, wenn die Staaten des internationalen Systems nicht nur aus Eigeninteresse handeln, sondern das Interesse der Gemeinschaft als Teil des Eigeninteresses begreifen.

Der Begriff *Staatensystem* bezeichnet demgegenüber die Gesamtheit an Herrschaftsräumen, welche in sich eine bestimmte Organisationsstruktur aufweisen und miteinander in Interaktion stehen. Dieser Austausch basiert auf der Umsetzung bestimmter Interessen, die durch die Möglichkeiten ihrer Durchsetzung beschränkt sind. Innerhalb dieser Staatengesellschaft bildet sich ein Bestand an Normen und Institutionen heraus, welche die Handlungen zwischen den Staaten reglementieren. Über diesen Grundkonsens an festgelegten gegenseitigen Obliegenheiten hinaus umschreibt der Begriff der *Staatengemeinschaft* eine Art der gemeinsamen Identität, beruhend auf gemeinsamen Werten, welche sowohl aus gemeinsamen kulturellen oder geschichtlichen Wurzeln als auch aufgrund ähnlicher gesellschaftlicher Ordnungsstrukturen entstehen können (Paulus 2001: 45–47).

Der Gemeinschaftsbegriff war in der Anfangszeit seiner theoretischen Ausarbeitung größtenteils auf Gruppen oder Individuen bezogen, welche sich in einem noch vorstaatlichen Stadium befanden. Die vom Soziologen Ferdinand Tönnies Ende des 19. Jahrhunderts getroffene Unterscheidung zwischen Gemeinschaft und Gesellschaft diente in erster Linie dazu, die „naturgegebenen" Bande menschlichen Zusammenlebens *(Gemeinschaft)* von jenen künstlicher Art zu unterscheiden, welche einzig dem Zweck individueller Zielerreichung dienten *(Gesellschaft)* (Tönnies 1963): Im Gegensatz zur Idee der Gemeinschaft bedürfe es zur Bildung einer Gesellschaft des Konsenses, welcher nicht auf die Abbildung einer bereits vorhandenen Einheit, sondern auf eine banale Form von Konfliktregelung im Sinne eines Mechanismus zur Schaffung einer friedlichen Koexistenz seiner Mitglieder abzielt. Max Weber übernahm die von Tönnies getroffene Unterscheidung zwischen Gemeinschaft und Gesellschaft, ging in seiner Analyse jedoch weiter und zielte auf individuelle Vorstellungen und auf das individuell gefühlte Zusammengehörigkeitsgefühl ab (Weber 1956). Damit distanzierte er sich von der Suche nach einem objektiven Wesen menschlicher Gemeinschaft.

Theoretikerinnen und Theoretiker aus der politikwissenschaftlichen Schule des *Liberalismus* betonen den Stellenwert der Gemeinschaft für das Individuum durch eine inhaltliche Ausdifferenzierung des Gesellschaftsbegriffes: Dieser übersteigt ein reines Zweckverhältnis, bezeichnet aber zugleich die Tatsache, dass der spezifische Handlungsrahmen und das Aufgabenspektrum einer Gemeinschaft per se eingeschränkt sind und folglich die Einzelnen gleichzeitig mehreren Gemeinschaften angehören müssen (Paulus 2001: 67–97, siehe auch für das Folgende). Aus der Sicht *kommunikationstheoretischer Ansätze* sind Individuum und Gemeinschaft ebenfalls nicht einander entgegengesetzt, sondern stehen in enger Relation zueinander. Diesem Ansatz nach ist eine grundsätzliche Möglichkeit der Konfliktlösung gegeben, in deren Rahmen die Unterschiedlichkeit der Mitglieder bestehen bleibt und gemeinsam definierte Probleme durch institutionell gesicherte Kommunikation aus dem Weg geräumt werden können. Der *Kommunitarismus* sieht die Gemeinschaft zwar ebenfalls als durch ihre Mitglieder begründet, diese Begründetheit wird aber als notwendige Bedingung dafür gesehen, dass die Einzelnen zu ihrer eigenen Identität gelangen können. Das Ziel besteht dennoch nicht in der Ausbildung individueller Persönlichkeit alleine, sondern in der Ausbildung gemeinsamer Güter. Die Schaffung einer „Weltgesellschaft" *(world society)* (Burton 1972) liegt hier ebenfalls im Bereich des Möglichen, muss aber auf gemeinsamen Werten aufbauen können.

Demgegenüber entwickelte Hedley Bull (1977) in seinem Buch *The Anarchical Society* einen Analyserahmen für Prozesse der Vergesellschaftung einer Staatengemeinschaft nicht durch Wertebeziehung, sondern auf der Grundlage regelbasierten Handelns. Internationale Politik wird dabei als soziales Regelsystem begriffen. Sozial ist dieses internationale Regelsystem deshalb, weil die gemeinsamen Regeln nicht nur intellektuelle Konstrukte sind, sondern soziale Institutionen, die bestimmte Integrationsfunktionen erfüllen: Gemeinsame Regeln werden formuliert, kommuniziert, administriert, interpretiert (bis hin zur Entwicklung von Völkergewohnheitsrecht → Kapitel 8.2.1: 221) und legitimiert. So entsteht Bull (1977: 13) zufolge eine Staatengesellschaft („society of states") oder eine internationale Gesellschaft: Eine bestimmte Staatengruppe entwickelt das Selbstbild, in ihrem Innenverhältnis an ein gemeinsames Regelsystem gebunden zu sein und einen gemeinsamen Beitrag zum Erhalt sozialer und formaler Institutionen (von den Regeln des Völkerrechtes bis hin zu internationalen Organisationen) zu leisten. Eine internationale Gesellschaft in diesem Sinne setzt die Existenz eines internationalen Systems voraus, aber nicht jedes internationale System steht für eine internationale Gesellschaft (Bull 1977: 13f.).

Postmoderne Denkrichtungen hingegen gehen davon aus, dass die Bildung einer Gemeinschaft zwangsweise auf einem Ausschluss Dritter beruht (z. B. Campbell 1998). Die Begriffe Gemeinschaft und Gesellschaft fungieren aus postmoderner Sicht als eine ideologische Konstruktion zur Aufrechterhaltung von bestehenden Machtverhältnissen.

Im engeren Sinne politikwissenschaftliche Ansätze zur internationalen Gemeinschaftsbildung sind vor allem im Bereich der *Integrationstheorie* entwickelt worden. Karl W. Deutsch (1954) beispielsweise betonte die pluralistischen Gemeinschaftsbeziehungen souveräner Nationalstaaten, der klassische Funktionalismus hingegen hatte in der internationalen Gemeinschaftsbildung Ansätze für eine Überwindung der nationalstaatlichen Ordnung gesehen (Mitrany 1933). Dieses Konzept wurde durch Ernst B. Haas (1964) und Leon N. Lindberg (1963) zu einer Theorie des Neofunktionalismus für die Erklärung der europäischen Integration und ihres zunehmenden supranationalen Charakters weiterentwickelt. Carl J. Friedrich (1968) arbeitete demgegenüber ein föderalistisches Konzept der internationalen Staatenwelt aus. Einen weiteren Ansatz begründeten Robert O. Keohane und Joseph S. Nye (1977) mit der Interdependenztheorie, die sich mit transnationaler Gemeinschaftsbildung sozusagen zwischen den Nationalstaaten hindurch auseinandersetzte. In der historisch-soziologischen Analyse werden Reiche und Nationalstaaten als soziale Institutionen konzipiert (Hall 1999). Demzufolge bestimmen nicht Staaten als solche, sondern nationale kollektive Gemeinschaften, vor allem die sie prägenden Identitäten, das internationale System, und internationaler Wandel ist somit Identitäts- und Wertewandel – und nicht etwa Wandel des Machtgleichgewichtes. Daraus ergibt sich ein wichtiges Kriterium für eine tatsächliche internationale Gemeinschaft: ob sie Konflikte zwischen Werten tatsächlich auf gemeinschaftlicher oder nur auf dezentraler, bi- und multilateraler Ebene austragen und regeln kann, ob also eine „sich entwickelnde globale Wertegemeinschaft" zu beobachten ist (Paulus 2001: 284).

Eine weitere Bedeutung hatte die Idee der internationalen Gemeinschaft bereits infolge der Aufarbeitung des Ersten Weltkrieges erlangt und trägt sie in der Praxis der internationalen Politik bis heute: keine Summe nationaler Gemeinschaften, sondern eine staatenumspannende Gemeinschaft. Die Völkerbundssatzung negierte einen Grundpfeiler des klassischen Völkerrechtes, nämlich das aus der Souveränität abgeleitete Recht der Staaten zum Krieg *(ius ad bellum)*, und mit dem Briand-Kellogg-Pakt (1928) wurde die Ausweitung dieses partiellen Kriegsverbotes zu einem allgemeinen Kriegsverbot erreicht (→ Kapitel 2.7: 31f.). Bereits die damaligen Beschränkungsversuche staatlicher Souveränität und die Verstärkung gegenseitiger Verbindlichkeiten mit Rechtscharakter waren Ausdruck eines Wandels im Völkerrecht, dieses zunehmend als Bindeglied der Staatengemeinschaft zu begreifen und den Schwerpunkt von der Gewährleistung einzelstaatlich verfolgter Interessen auf eine Ebene gemeinschaftlichen Handelns zu heben. Heute wird der Begriff der internationalen Gemeinschaft nicht nur im Bereich des *soft law* oder in der Satzung der Vereinten Nationen verwendet, sondern ist in den zwingenden Regeln des Völkerrechtes *(ius cogens)* und in den „Verpflichtungen gegenüber der internationalen Gemeinschaft" (Verpflichtungen *erga omnes*) verankert (Hobe/Kimminich 2004: 173; → Kapitel 8.2.1: 221).

Im Rahmen der sicherheitspolitischen Analyse wird untersucht, inwieweit sich Gesellschaften zu einer „Sicherheitsgemeinschaft" *(security community)* entwickeln können, die ihre Binnenkonflikte konstruktiv bewältigt (z. B. Bonacker/Bernhardt 2006 am Beispiel europäischer Identitätsbildung). Derartige Ansätze gehen auf das klassische Modell der Sicherheitsgemeinschaft von Deutsch (1957) zurück: Er argumentierte im Anschluss an seine pluralistische Integrationstheorie (Deutsch 1954), dass der stabile Frieden im transatlantischen Raum eine Folge der Verschmelzung nationaler Gesellschaften zu einer „pluralistischen Sicherheitsgemeinschaft" sei. Adler und Barnett (1998a) führen dieses Konzept eine Stufe weiter und sprechen von einer internationalen (Staaten-)Gemeinschaft („international community"), die sich aus internationalen Gemeinschaftsbeziehungen zwischen den Mitgliedern verschiedener Gesellschaften (z. B. kulturell, politisch, sozial und ideologisch homogener multinationaler Großgruppen) des internationalen Systems entwickelt. Sechs Indikatoren weisen auf das Vorhandensein einer Sicherheitsgemeinschaft in diesem Sinne hin (Adler/Barnett 1998a: 56f.): Kooperative und kollektive Sicherheit, hohes Integrationsniveau, Politikkoordination gegen interne Bedrohungen, geringere Differenzierung zwischen „uns" und „denen", Internationalisierung von Autorität sowie gemeinsames Mehrebenenregieren (d. h. auf nationaler, transnationaler und überstaatlicher Ebene).

3.5 Globalisierung und global governance

3.5.1 Historische Entwicklung und Begriff

Globalisierung (aktueller Überblick aus politologischer Sicht: Schirm 2006) ist keine neue Erscheinung aus den 1990er-Jahren, doch seit dieser Zeit hat sie erheblich an Dynamik gewonnen. Auch bezeichnet sie nicht immer die Entstehung und Entwicklung weltweiter oder weltumspannender Prozesse oder gar den objektiven Übergang von der Staaten- zur Gesellschaftswelt. Vielmehr ist Globalisierung Ausdruck einer Beschleunigung der „Europäisierung der Welt" und Ergebnis politisch gewollter Deregulierungsstrategien (Nuscheler 2004: 89).

In der Debatte um Globalisierung lassen sich zwei große Ansätze unterscheiden (Müller 2002). Insbesondere durch die *politische Soziologie* werden Problematiken wie die Transformation von Gesellschaften und Staaten („Erosion der Moderne") und der damit verbundene Identitätsverlust, die Auflösung von Sozialsystemen und die Deregulierung staatlicher Aufgaben sowie die Zunahme transnationalen Regierens analysiert (Beck 1998; Giddens 2001). In der *Ökonomie* hingegen wird ein Ansatz gewählt, der die Dynamik der internationalen wirtschaftlichen Verflechtung in den Mittelpunkt der Analyse stellt und zu erklären versucht, wie sich globale Marktprozesse auf die Verteilung von Macht und Einkommen zwischen den Staaten und den gesellschaftlichen Großgruppen auswirken (Altvater/Mahnkopf 2002; Held/Goldblatt/Perraton 1999; Wallerstein 2001). Unterschiedliche weltumspannende Strukturen und Netzwerke beeinflussen sich gegenseitig, wodurch systemische Wirkungsketten entstehen, die zu globalen Systemrisiken führen (Messner 2001: 15). Vor diesem Hintergrund sollte politikwissenschaftlich von einer Begriffsbestimmung von Globalisierung ausgegangen werden, welche die Folgen für den politischen Prozess in den Mittelpunkt stellt: *Globalisierung* nicht als Zustand, Strukturbild oder Endpunkt, sondern als eine neue Verlaufsform internationaler Beziehungen, mit der politisches Handeln zu rechnen hat und deren Bedingungen es versuchen muss gerecht zu werden.

Im Allgemeinen kann unter Globalisierung daher ein weltweiter dynamischer Vernetzungsprozess verschiedener ökonomischer Sektoren (z. B. Handel, Finanzen, Tourismus) sowie der Bereiche Kultur und Normen (Menschenrechte) verstanden werden, der starke soziale und ökologische Interdependenzen verursacht (Behrens 2005a: 13). Darüber hinaus umfasst Globalisierung die Folgen dieses Vernetzungsprozesses: Umweltprobleme, Migrationsströme und den Abbau von sozialen Standards. Damit hat Globalisierung immer auch eine räumliche Dimension; denn lokale, regionale, nationale und internationale Räume werden zunehmend miteinander verknüpft. Grenzüberschreitende Interaktionen verdichten sich, Gesellschaften und Ökonomien agieren in einem komplexen Geflecht wechselseitiger Interdependenzen und Verwundbarkeiten. Dies hat den Verlust autonomer Handlungsspielräume und die Erosion von Souveränität nach innen und außen zur Folge. Darüber hinaus bedingen diese sich verdichtenden Wechselwirkungen kausale Interdependenzketten (Nuscheler 2004: 90). Wirtschaftskrisen zum Beispiel verursachen Verelendungsprozesse und lösen Migrationsströme aus. Die Zunahme der Transportleistung aufgrund eines wachsenden Welthandels hat eine größere Umweltbelastung zur Folge und es ist nicht mehr auszuschließen, dass Umweltkrisen zu Kriegsursachen werden können.

Globalisierung ist aber nicht nur als ein ökonomisches, sondern auch als ein soziokulturelles Phänomen zu verstehen. Ihr Prozess bedingt die globale Verbreitung westlicher Wertvorstellungen, Leitbilder, Lebens- und Konsumstile und greift auf andere Lebensformen und Kulturen über. Ebenfalls auf diesem Sektor muss Globalisierung ambivalent bewertet werden; denn sie ist nicht automatisch ein normativ positives Projekt und schon gar keine Friedensstrategie. Es gibt nicht nur den Transnationalismus des Guten, sondern auch die Globalisierung von Ideologie und Gewalt sowie den Ausweitungsdrang moralistisch verpackter Eigeninteressen. Darauf haben vor allem Vertreter der realistischen Schule (→ Kapitel 7.2.2: 190f.) frühzeitig hingewiesen (z. B. Kennan 1984: 100; Morgenthau 1951).

Der Prozess der Globalisierung vollzieht sich bereits seit dem 19. Jahrhundert, von der „thin globalization" der Seidenstraße und des Frühkapitalismus bis zum Aufbruch in das moderne Kommunikationszeitalter unserer Tage (Messner 2005: 30). Globalisierung hat somit alte und vielfältige Wurzeln, unterscheidet sich heute allerdings qualitativ von ihren Anfängen: „Contemporary globalization goes faster, cheaper and deeper" (Keohane/Nye 2002: 8). Aus wissenschaftlicher Sicht gibt es unterschiedliche Ansätze, um Globalisierungsphasen zu klassifizieren (Collier/Dollar 2002; Duwendag 2006: 11; Williamson 2002). Die erste Globalisierungsphase setzte mit Beginn des industriellen Zeitalters ein und war gekennzeichnet durch die zaghafte Herausbildung einer arbeitsteiligen Weltwirtschaft. Sie wurde im Wesentlichen von nationalen Volkswirtschaften getragen, wobei die nationalen politischen Systeme über geeignete Instrumente verfügten, die erforderlichen Rahmenbedingungen zu setzen, um den Globalisierungsprozess zu gestalten. Diese erste Phase unterscheidet sich von der heute diskutierten zweiten Globalisierungswelle dadurch, dass sich das alte System der starren und stabilen räumlichen Arbeitsteilung zugunsten einer dynamischen Weltwirtschaft aufgelöst hat, die von den globalen Aktivitäten wirtschaftlicher Akteure *(global players)* gesteuert wird (Brock 1997: 15). Kennzeichnend für diese zweite Welle sind die Finanzmarkt- und Außenhandelsliberalisierung, regionale Handelszonen, die Transformation des ehemaligen Ostblockes, die Marktöffnung der Dritten Welt sowie die revolutionären Fortschritte auf dem Gebiet der Informations- und Kommunikationstechnologien.

Trotz ihres imposanten Aufstieges sieht sich die Globalisierung am Anfang des 21. Jahrhunderts mit gravierenden Problemen konfrontiert. Das Weltwirtschaftswachstum wurde durch den Zusammenbruch der New Economy, die erheblichen Schwankungen an den Aktienmärkten, die Terroranschläge vom 11. September 2001, die Kriege in Afghanistan und im Irak sowie die stetig ansteigenden Ölpreise stark gebremst. Globale Vertrauenskrisen sowie Stagnationen und Rezessionen in den westlichen Industrienationen sind die Folge (Duwendag 2006: 15). Globalisierung ist einerseits ein globaler Trend, andererseits verstärkt Globalisierung die Regionalisierung; denn die Nationalstaaten einer Region versuchen in der Regel, sich durch die Organisation ihrer Zusammenarbeit dem Globalisierungsprozess anzupassen (Link 2004a: 47). Damit wird der Regionalismus zu einem sekundären Strukturprinzip, welches das staatliche Ordnungssystem überlagert, nicht aber ersetzt. Selbst in Regionalsystemen mit supranationalen Elementen wie der Europäischen Union bleiben die Nationalstaaten die tragenden Entscheidungsinstanzen. Die EU reagiert auf die Herausforderungen der Globalisierung durch Prozesse der Erweiterung und Vertiefung und der Kooperation mit anderen Regionalsystemen.

Auf dieser Grundlage lässt sich als gemeinsames Definitionscharakteristikum der verschiedenen Dimensionen und Aspekte von *Globalisierung* festhalten: Räumliche Distanzen und nationale oder auch regionale Eigengeschichten verlieren an Bedeutung, und zugleich intensivieren sich die weltweiten politischen, sozialen und ökonomischen Beziehungen. Oder technischer gesagt: „Globalisierung bezieht sich auf die Vielfalt von Verknüpfungen und Wechselverbindungen zwischen den Staaten und den Gesellschaften, die das moderne Weltsystem bilden." (McGrew 1992: 23) Im Fach Internationale Politik ist dieser Zustand frühzeitig theoretisch zu fassen versucht und auf den einleitend erwähnten Begriff *postinternationale Politik* gebracht worden, der unrealistische Weltdemokratiemodelle vermeidet (Rosenau 1989). Der Begriff postinternationale Politik soll klarmachen, dass globale politische Herausforderungen und Strukturen weder etwas Neues sind noch das Ende staatlichen Handelns oder der Staatenwelt als solches bedeuten; denn beispielsweise auch die Konstellation des Kalten Krieges war eine weltpolitische Globalstruktur.

3.5.2 Politische Aspekte der Globalisierung

Die Frage nach dem spezifisch *politischen* Aspekt eines Sachverhaltes bezieht sich immer darauf, wie gesamtgesellschaftlich legitimierte Aktionseinheiten gesamtgesellschaftlich verbindliche Entscheidungen treffen und welcher Instrumente und Wege sie sich bedienen, um diese Entscheidungen umzusetzen. Die Besonderheit dieses Kriteriums ist es, nicht an den Grenzen staatlicher Aktionseinheiten zu enden, sondern sich zum Beispiel auch auf staatliche Handlungsverbündete sowie auf relativ autonome Politikgestaltung durch internationale Organisationen zu beziehen. Es verdeutlicht zudem, dass Globalisierung nicht die internationale Politik ersetzt. Daher wird es gerade für eine politisch relevante Politikwissenschaft immer bedeutender, sich auf die Schnittmenge zwischen den Prinzipien und Prozessen der internationalen Politik sowie den Herausforderungen der Globalisierung zu konzentrieren.

Es gibt zwei vorrangige Erklärungsansätze für den Zusammenhang zwischen Globalisierung und Politik. Erstens Globalisierung als *unintendierte Folgewirkung* der nationalen politischen Antworten auf neue transnationale oder weltweite Herausforderungen, in deren Zuge der Nationalstaat seine eigenständigen Handlungsmöglichkeiten zunehmend eingebüßt habe. Zweitens Globalisierung als Resultat des *bewussten Entscheidungshandelns* nationaler Regierungen: Staaten versuchen eine Handlungsarena zu schaffen, weil dies ihren eigenen Ideen und Interessen entspricht und sie sich davon Gewinn versprechen. Über entscheidende Strecken des 20. Jahrhunderts war Globalisierung oder Transnationalisierung (Schaffung einer „Gesellschaftswelt") weniger eine Herausforderung, der sich die Nationalstaaten mehr oder minder unbeholfen gegenübersahen, als vielmehr eine von diesen Nationalstaaten – zum Beispiel im Rahmen des Völkerbundes – bewusst betriebene Politik weltweiter Friedenssicherung. Globalisierung als Antwort und politische Strategie ist also älter als Globalisierung als Herausforderung und eigener Prozess. Globalisierung als politische Strategie ist seit jeher auf die Schaffung der „einen" Welt gerichtet. Als politische und soziale Verlaufsform geht Globalisierung dagegen einher mit der Auflösung einheitlicher kultureller Bindungen, mit einem unüberschaubaren Identitäts- und Werteangebot, mit der Abkopplung der Kultur von (lokaler) Geschichtlichkeit, mit der Ausweitung lokaler Kulturmuster in ganz fremde Kontexte, und damit verkörpert sie nicht die „eine" globale Modernität (oder Postmodernität), sondern einen Synkretismus unzähliger „globaler Modernitäten" (Featherstone 1995).

Je nach weltanschaulicher Perspektive und theoretischem Hintergrund werden unterschiedliche Bewertungen der Globalisierung vorgenommen. Befürworter – vor allem neoliberale Ökonomen (z. B. Fukuyama 1992) – betonen, dass Staaten unter den Bedingungen der Globalisierung gezwungen sind, ihre nationalen Regulierungssysteme durch Privatisierung und Deregulierung anzupassen (Behrens 2005a: 13). Dadurch soll die internationale Wettbewerbsfähigkeit ihrer nationalen Industrien gesichert werden und der Staat selbst als Wirtschaftsstandort an Bedeutung gewinnen. In diesem Sinne führen internationale Wirtschaftsaktivitäten zu einer Mehrung des Wohlstandes, von der auch die nationalen Gesellschaften profitieren. Des Weiteren wird der Markt und gerade nicht der Staat als Regulierungsinstanz angesehen und umso mehr die strikte Reduzierung staatlicher Einflussnahme auf das Wirtschaftsleben gefordert. Durch die Abnahme der staatlichen Handlungsfähigkeit im Prozess der Globalisierung sind nach Ansicht ihrer Befürworterinnen und Befürworter strukturelle Veränderungen des internationalen Systems zu beobachten. Globalisierungsskeptiker (z. B. Altvater/Mahnkopf 2002) bezweifeln hingegen die tatsächliche Existenz des Phänomens „Globalisierung" und halten dieses vielmehr für einen Mythos zur Durchsetzung neoliberaler Wirtschaftsinteressen. Mittels empirischer Untersuchungen versuchen sie zu belegen, dass grenzüberschreitende Transaktionen im historischen Vergleich keineswegs zugenommen haben, und stellen darüber hinaus die berechtigte Frage, ob die Handlungsfähigkeit der Nationalstaaten in der Tat verloren gegangen ist (z. B. Hirst/Thompson 1996).

3.5.3 Politische Steuerung der Globalisierung – global governance

Zu Beginn des 21. Jahrhunderts ist der Umgang mit den Folgen des ökonomischen, sozialen und kulturellen Globalisierungsprozesses zu einer zentralen Herausforderung der Weltpolitik geworden, die deutlich vor Augen führt, dass die Fragen nach der politischen Gestaltung der Globalisierung nachhaltige Antworten erfordern. Einen möglichen Lösungsansatz bietet die *global-governance*-Architektur, die eine Möglichkeit zur politischen Steuerung der Globalisierung darstellt (Überblick: Behrens 2005b).

Im Rahmen des Diskurses über die Auswirkungen der Globalisierung auf die Regierbarkeit der Welt wird der Begriff *global governance* seit Beginn der 1990er-Jahre verwendet. Eine allgemein anerkannte Definition für dieses Konzept gibt es aber bislang nicht. Allerdings drücken sich im unterschiedlichen Gebrauch von *global governance* zur Beschreibung von dynamischen und komplexen globalen Entscheidungsfindungsprozessen unterschiedliche systemische (Gilpin 2001; Ruggie 1975; Young 1999), empirisch-analytische (Rosenau/Czempiel 1992) oder normative (Khagram 2006; Messner/Nuscheler

1996) Aspekte der internationalen Politik aus. Dabei stimmen Gegner/-innen und Befürworter/-innen des Ansatzes grundsätzlich über die gemeinsame Zielsetzung, also das Aufzeigen von institutionellen Mitteln und Wegen zur politischen Gestaltung der Globalisierung, überein.

In einer ersten Definition kann *global governance* beschrieben werden als „Entwicklung eines Institutionen- und Regelsystems und neuer Mechanismen internationaler Kooperation, die die kontinuierliche Problembearbeitung globaler Herausforderungen und grenzüberschreitender Phänomene erlauben." (Messner 2000: 284) Entscheidende Bausteine von *global governance* sind die Stärkung der globalen Rechtsstaatlichkeit als Grundelement des Zivilisierungsprozesses, ein für Nationalstaaten bindendes Völkerrecht als Fundament gemeinsamer Werte, Prinzipien und Ziele (z. B. Menschenrechte) sowie darüber hinaus formelle und informelle Strukturen (z. B. internationale Organisationen, internationale Gerichte, Weltkonferenzen, die G-8, Nichtregierungsorganisationen und internationale Regime wie GATT) (siehe Held/McGrew 2002; Karns/Mingst 2004: 3–15).

Den Ausgangspunkt für Überlegungen über die Notwendigkeit einer *global-governance*-Architektur bildet die Erkenntnis, dass die Lösung globaler Probleme nicht mehr allein durch nationalstaatliche Aktivitäten erreicht werden kann; denn die Nationalstaaten sind zunehmend auf die internationale Zusammenarbeit und das *pooling* einzelner vormals einzelstaatlicher Tätigkeitsbereiche angewiesen, um ihre Handlungsfähigkeit zu sichern (Messner 2005: 28). Bei einer *global-governance*-Architektur handelt es sich aber keineswegs um eine Weltregierung, sondern um ein übernationales Regulierungssystem, welches sich durch das aggregierte Zusammenwirken der Tätigkeiten verschiedener Akteure formiert (Schori 2005). Durch diese Erweiterung des Kreises der Akteure über Staaten und klassische internationale Organisationen hinaus kommt es außerdem zu einer „Verrechtlichung" (Zangl/Zürn 2004) der internationalen Beziehungen. Dabei wird das klassische Konzept des Multilateralismus durchbrochen: Es bildet sich ein Mehrebenensystem heraus, in dessen Rahmen sich die Politik der lokalen, nationalen, regionalen und globalen Ebenen zunehmend vernetzen. Die „Neue Weltwirtschaftsordnung" (1972), der Brandt-Bericht (1980) und der Bruntland-Bericht (1987) lieferten Ansätze zur Regulierung der Weltwirtschaft. Maßgebend aber wurde der durch die Commission on Global Governance (CGG) 1995 vorgelegte Bericht „Our Global Neighbourhood" zur Thematik, der das Konzept wie folgt beschreibt:

„Ordnungspolitik bzw. Governance ist die Gesamtheit der zahlreichen Wege, auf denen Individuen sowie öffentliche und private Institutionen ihre gemeinsamen Angelegenheiten regeln. Es handelt sich um einen kontinuierlichen Prozeß, durch den kontroverse oder unterschiedliche Interessen ausgeglichen werden und kooperatives Handeln initiiert werden kann." (Stiftung Entwicklung und Frieden 1995: 4f.)

Aufgegriffen wurden die Ansätze der Commission on Global Governance durch das Institut für Entwicklung und Frieden (INEF), welches *global governance* in einem gemäßigten Fünf-Säulen-Modell systematisiert (Messner/Nuscheler 2000):

- *Global governance* heißt nicht *global government*: In Anlehnung an den weltpolitischen Kantianismus und Idealismus stehen auf der Solidarität kollektiver Erfahrungsgemeinschaften beruhende Regelungen und kollektive Weltinteressen, denen politikfeldübergreifende Ordnungsstrukturen folgen, im Mittelpunkt.
- *Global governance* fußt auf verschiedenen Formen und Ebenen internationaler Koordination, Kooperation und kollektiver Entscheidungsbildung: Damit bilden sich neue Regelungsformen durch ein komplexes Zusammenspiel von Akteuren mit unterschiedlichem Status und unter Einbezug unterschiedlicher politischer Ebenen und dezentralisierter Abstimmungsmechanismen heraus.
- Der objektive Zwang zur Kooperation verlangt Souveränitätsverzicht: Im Zuge der Entwicklung globaler Rechtsstaatlichkeit wird traditionelle staatliche Souveränität zu einem anachronistischen Relikt des Westfälischen Systems. Ein Zugewinn an gemeinsamer Handlungs- und Problemlösungsfähigkeit ergibt sich unter anderem dann, wenn sich Staaten dieser Entwicklung anschließen.
- *Global governance* ist ein gesellschaftsgetragenes *public-private-partnership*-Projekt: Es ergibt sich aus dem Zusammenwirken staatlicher und nichtstaatlicher Akteure von der globalen bis zur lokalen Ebene unter Einschluss einer horizontal und vertikal vernetzten Zivilgesellschaft.
- Staaten als Hauptakteure internationaler Politik sind die Schnittstellen der verschiedenen Handlungsebenen und die tragenden Pfeiler einer *global-governance*-Architektur: Staaten fungieren damit als Moderatoren und Klammern zwischen den verschiedenen Bausteinen von *global governance*.

Die zunehmende Notwendigkeit der politischen Beherrschung von Weltproblemen und Globalisierungstendenzen zwingt die Staatenwelt dazu, ihre traditionellen Fähigkeiten sowie ihre herkömmlichen Instrumente und Verfahren der nationalstaatlichen Macht- und Interessenpolitik zu überdenken. Dabei müssen auch die verschiedenen *global-governance*-Ansätze weiterentwickelt werden, wenn sie für die Politik relevant sein sollen. Hier gilt es im Besonderen die Grenzen der Praktikabilität des Konzeptes zu überwinden und die Frage zu klären, wie bei einer immer heterogener werdenden Interessenkultur in einem internationalen System mit geteilten Souveränitäten eine freiwillige Selbstkoordination erfolgen kann (Karns/Mingst 2004: 31–33). Dabei muss das Problem der Legitimität gelöst, also ein Verfahren gewährleistet werden, das auch bei einer nicht auf freiwilliger Basis stattfindenden Koordination demokratischen Grundsätzen entspricht. Ein Schritt in diese Richtung sind *globale Politiknetzwerke* (→ Kapitel 4.4: 96).

3.5.4 Weltkonferenzen – Handlungsrahmen für eine globale Ordnungspolitik

Die durch die Globalisierung bedingten Strukturen und Prozesse sollten vor allem durch die Weltkonferenzen oder Weltgipfel (dazu *Abbildung 3*) der 1990er-Jahre transparenter gemacht werden, wobei die Weltkonferenzen auch zum Ziel hatten, Chancen und Risiken der Globalisierung zu bewerten und politische Antworten darauf zu finden (Messner 2001: 16). Damit reflektieren die Weltkonferenzen wesentliche Merkmale einer sich neu konstituierenden Weltpolitik und spiegeln Strukturveränderungen der Weltgesellschaft nach dem Ende des Kalten Krieges wider: Um Globalisierung gestalten zu können, bedarf es einer gemeinsamen Geschäftsordnung der Weltgesellschaft und damit eines normativen Rahmens und eines Regelwerkes, auf deren Grundlage sich eine *global-governance*-Architektur etablieren kann; denn globale Herausforderungen der Zukunft können weder allein von den Nationalstaaten noch durch zentralistische Weltinstitutionen bewältigt werden (Messner 2001: 19).

Eine Errungenschaft der Weltkonferenzen ist vor diesem Hintergrund die neue Form der Einbindung nichtstaatlicher Organisationen (NGOs) und privater Akteure der Wirtschaft *(public-private partnerships)* und Wissenschaft (*epistemic communities*; → Kapitel 4.4: 96f.). Darüber hinaus waren die Weltkonferenzen der 1990er-Jahre Ausdruck eines neuen Sicherheitsverständnisses nach dem Ende des Kalten Krieges: Globale Sicherheitspolitik beschränkte sich nicht mehr auf die Bereiche Verteidigung und Abschreckung, sondern umfasste auch Problematiken wie Umwelt, Ernährung, Armut, Menschenrechte oder Migration.

Die Weltkonferenzen und ihre Folgeprozesse sind als experimenteller Handlungsrahmen für *global governance* zu verstehen, da sie sich mit den globalen Problemen in aller Breite auseinandersetzen sowie kooperative und integrative Lösungsvorschläge für den Umgang mit Globalisierungsprozessen unterbreiten (Fues/Hamm 2001: 46). Insofern liefern Weltkonferenzen entscheidende Impulse für die globale Politik und haben sich besonders als Foren für die Aushandlungsprozesse zwischen dem Norden und dem Süden bewährt (Fues/Hamm 2001: 56–60). Sie können als globale Lerngemeinschaften

Abbildung 3: Weltkonferenzen im Überblick.

Jahr	Weltkonferenz	Ort
1972	*United Nations Conference on the Human Environment* Konferenz der Vereinten Nationen über die Umwelt des Menschen	Stockholm
1976	*United Nations Conference on Human Settlements* Weltsiedlungsgipfel der Vereinten Nationen über Fragen der Wohnungsversorgung und Wohnungsnot	Vancouver
1990	*World Children Summit* Weltkindergipfel	New York
1992	*United Nations Conference on Environment and Development* Konferenz der Vereinten Nationen über Umwelt und Entwicklung	Rio de Janeiro
1993	*World Conference on Human Rights* Weltkonferenz über Menschenrechte	Wien
1994	*International Conference on Population and Development* Internationale Konferenz über Bevölkerung und Entwicklung	Kairo
1995	*World Women Summit* Weltfrauenkonferenz	Peking
1995	*World Summit for Social Development* Weltgipfel für soziale Entwicklung	Kopenhagen
1996	*Second United Nations Conference on Human Settlements/ Cities Summit (HABITAT II)* Zweite Konferenz der Vereinten Nationen über Wohn- und Siedlungswesen	Istanbul
1996	*World Food Summit* Welternährungsgipfel	Rom
2000	*Millennium Summit* Verabschiedung der Weltentwicklungsziele (Millennium Development Goals, MDG), u. a. Armutsbekämpfung, Schulbildung, Bekämpfung der Kindersterblichkeit, Gleichberechtigung, Kampf gegen AIDS, Umweltschutz	New York
2002	*Word Summit on Sustainable Development (WSSD)* Weltgipfel für nachhaltige Entwicklung	Johannesburg
2003	*World Summit on the Information Society (WSIS)* Weltgipfel über die Informationsgesellschaft (1. Teil)	Genf
2005	*World Summit on the Information Society (WSIS)* Weltgipfel über die Informationsgesellschaft (2. Teil)	Tunis
2005	*2005 World Summit* Weltgipfel u. a. zur Reform des Systems der Vereinten Nationen	New York

fungieren, einen Rahmen für die Entwicklung gemeinsamer Problemsichten und einer abgestimmten, problemlösungszentrierten politischen Sprache bieten sowie zur Herausbildung von institutionellen Clustern und globalen Politiknetzwerken beitragen (Benner/ Reinicke 1999; Reinicke/Deng 2000).

Dennoch haben die Weltkonferenzen auch Schwächen (Fues/Hamm 2001: 61–64). Bislang haben sie es nicht vermocht, Wirtschaftsthemen und militärische Sicherheitsfragen zur Diskussion zu stellen. Ein weiteres Problem ist die fehlende Verbindlichkeit der zum Teil präzise ausgearbeiteten Zielsetzungen, was dazu führt, dass Regierungen mitunter Zusagen an die internationale Gemeinschaft tätigen, ohne diese umsetzen zu können oder zu wollen. Erschwerend kommt hinzu, dass das Fortschreiten einer Verrechtlichung der internationalen Beziehungen an der fehlenden Bereitschaft der Nationalstaaten scheitert, ihr Handeln unabhängigen internationalen Organen (wie z. B. dem Internationalen Strafgerichtshof) zu unterwerfen. Es stellt sich somit die Frage, inwieweit die Weltkonferenzen dennoch in der Zukunft richtungsweisend im Umgang mit der Globalisierung sein können; denn die normativen Elemente der *global-governance*-Architektur drohen immer wieder durch die macht- und interessengeleitete Außenpolitik einflussreicher Staaten verdrängt zu werden.

3.6 Internationale Gerechtigkeit und good governance

Gerechtigkeit ist in erster Linie ein *Menschenrecht*, das im gegenwärtigen Verständnis Sicherheitsgarantien und wirtschaftliche Rechte einschließt (Partsch 1995: 11). Globale Gerechtigkeit ist durch die Knappheit globaler Ressourcen und die daraus entstehenden Konflikte hart auf die Probe gestellt. Der Frage der Lösung dieses Problems der *globalen Verteilungsgerechtigkeit* liegen zwei unterschiedliche Auffassungen zugrunde. Die Gewährleistung jeglicher Art von Verteilungsgerechtigkeit wird einerseits als innenpolitische Aufgabe betrachtet, um soziale und wirtschaftliche Ungleichheiten in einem Staat oder zwischen Gesellschaften auszugleichen (z. B. Rawls 1999). Eine globale Gerechtigkeit in diesem Sinne bedeutet dann die Einhaltung von Regeln – so über Nichtaggressivität oder Vertragstreue – zwischen den „Völkern" im internationalen System (Rawls 2002). Andererseits gibt es die Auffassung, dass sich globale Verteilungsgerechtigkeit unabhängig von nationalstaatlichen Bezugsrahmen und Grenzen entwickeln soll (z. B. Barry 2003). Diese Sichtweise nimmt Bezug auf die Weltgesellschaft an sich und versteht unter internationaler Gerechtigkeit die Bereitschaft aller Akteure des internationalen Systems zur Anerkennung internationaler und transnationaler Verteilungsnormen.

Neuere Diskussionen über die Notwendigkeit globaler Gerechtigkeit betreffen in erster Linie die Staaten der Dritten Welt und die Frage, wie ihnen bessere wirtschaftliche und politische Chancen ermöglicht werden können. Globale Gerechtigkeit für die Dritte Welt bedeutet Entwicklungsgerechtigkeit und Chancengleichheit beim Zugang zur Weltwirtschaft, also die Beteiligung am globalen Wohlstand und am Wirtschaftswachstum sowie die Partizipation in internationalen Entscheidungsprozessen (Seidelmann 2004a: 44).

Der Begriff *good governance* wurde erstmals durch die Weltbank (→ Kapitel 5.3.4: 135f.) in den 1980er/90er-Jahren im Zuge der internationalen Entwicklungszusammenarbeit in die Diskussion eingebracht (Doornbos 2003: 3). Innerhalb der Vereinten Nationen, der Europäischen Union und den internationalen Finanzinstitutionen ist die Förderung von *good governance* seitdem zu einem wesentlichen Element der Entwicklungsagenden (Zanotti 2005) geworden. Ursprünglich mit Fokus auf ökonomischen Prozessen und verwaltungstechnischer Effizienz kann *good governance* heute definiert werden als

„transparente und rechenschaftspflichtige Verwaltung menschlicher, natürlicher, wirtschaftlicher und finanzieller Ressourcen innerhalb eines Gesellschaftssystems mit dem Ziel nachhaltiger und ausgewogener Entwicklung. Dies geschieht in einem politischen und institutionellen Umfeld, das die Menschenrechte und demokratischen Prinzipien sowie Rechtsstaatlichkeit achtet." (Österreichische Entwicklungs- und Ostzusammenarbeit 2006: 6)

Good governance wird als wesentliche Voraussetzung für menschliche Entwicklung angesehen. Davon zeugt der Bericht des UN-Generalsekretärs (1997–2006) Kofi Annan „In größerer Freiheit" (Annan 2005), und es besteht ein internationaler Grundkonsens über die wesentlichen Komponenten von *good governance*: eine rechtsstaatliche und effiziente Staatsführung und Verwaltungspraxis unter zivilgesellschaftlicher Mitwirkung. So verstanden findet *good governance* in den folgenden Sektoren statt: Menschenrechte, Demokratisierung, Friedenssicherung und Konfliktprävention, Rechtsstaatlichkeit und Justiz, Zivilgesellschaft sowie Verwaltung öffentlicher Ressourcen. Eine typische Erscheinungsform von *bad governance* ist demgegenüber Korruption, deren weltweite Bekämpfung völkerrechtlich in der Konvention der Vereinten Nationen gegen Korruption (United Nations Convention against Corruption, UNCAC) verankert ist.

Kernelemente von *good governance* sind die Prinzipien Transparenz und Rechenschaftspflicht, Partizipation, Konfliktprävention und Korruptionsbekämpfung (Österreichische Entwicklungs- und Ostzusammenarbeit 2006: 10–13). Rechenschaftspflicht *(accountability)* bedeutet, dass die Akteure die Verantwortung für ihr Handeln tragen müssen. Daraus resultiert eine Verpflichtung zur Transparenz und zur effektiven Bereitstellung von Leistungen. Partizipation (*ownership* und *empowerment*) heißt, dass Aktivitäten im Rahmen der Entwicklungszusammenarbeit gemeinsam zu entwickeln sind, um Nachhaltigkeit und Legitimität zu steigern. *Ownership* beschreibt dabei ein Vorgehen, welches eine Maßnahme von Beginn an so ausrichtet, dass direkt Betroffene sie zu ihrer eigenen Sache machen und sich eigenverantwortlich an ihr beteiligen. *Empowerment* ist ein Prozess, der Benachteiligte durch die Förderung der Erweiterung von Grundlagen und Fähigkeiten in die Lage versetzt, ihre Rechte und Pflichten selbstständig wahrzunehmen.

Gesellschaftliche Entwicklung setzt eine staatliche Politik und Steuerung voraus. Auf nationaler und globaler Ebene werden Normen und Institutionen geschaffen, die Voraussetzungen für das Funktionieren dieser Steuerung sind. *Global governance* (→ Kapitel 3.5.3: 72–75) und der zugehörige Prozess der Verrechtlichung jenseits des Nationalstaates stellt eine Grundlage für bzw. einen Aspekt von *good governance* dar. *Verrechtlichung* bedeutet, dass „bestehende substanzielle Regeln ihren Charakter verändern und graduell rechtsförmiger werden, indem die Verfahren der Regelsetzung verstärkt einen Rechtscharakter erhalten." (Zangl/Zürn 2004: 21) Sie ist zu unterscheiden von Prozessen der *Verregelung*, bei der in einem bestimmten internationalen Politikfeld Regeln zur Gestaltung der Beziehungen zwischen staatlichen und/oder gesellschaftlichen Akteuren entstehen. Ein Beispiel dafür ist die Regelung der internationalen Handelsbeziehungen (→ Kapitel 5.3.4: 131–136).

In erster Linie zeigt sich internationale Verrechtlichung in der Einrichtung von Gerichten, die in den internationalen Beziehungen die unparteiische Anwendung des Rechtes sicherstellen sollen (Keohane 2002: 457). Der *Internationale Gerichtshof (IGH)* (International Court of Justice, ICJ, www.icj-cij.org) ist als eines der Hauptorgane der Vereinten Nationen traditionell nur für zwischenstaatliche Streitigkeiten zuständig. In den 1990er-Jahren wurden anlassbezogen neue unabhängige Rechtsprechungsinstanzen geschaffen (Hobe/Kimminich 2004: 256–267). Diese sind der *Internationale Strafgerichtshof* (International Criminal Court, ICC, www.icc-cpi.int), der laut dem 2002 in Kraft getretenen Rom-Statut für die „schwersten Verbrechen, welche die internationale Gemeinschaft als Ganzes" berühren, zuständig ist, sowie die *Straftribunale für Jugoslawien und Ruanda* (International Criminal Tribunal for the former Yugoslavia, ICTY, www.un.org/icty und International Criminal Tribunal for Ruanda, ICTR, www.un.org/ictr), die auf UN-Sicherheitsratsresolutionen aus dem Jahr 1993 bzw. 1994 zurückgehen, und der *Sondergerichtshof für Sierra Leone* (Special Court for Sierra Leone, SCSL, www.sc-sl.org), welcher aufgrund eines bilateralen Vertrages des Landes mit den Vereinten Nationen eingerichtet wurde.

Verrechtlichung äußert sich zudem in einer *deliberativen* Rechtssetzung, deren Ideal davon ausgeht, dass alle potenziell Betroffenen einer Regelung die Möglichkeit erhalten, sich in den Prozess ihrer Schaffung kommunikativ einzubringen (Zangl/Zürn 2004:

34). Traditionelle diplomatische Verfahren der Rechtssetzung insbesondere im Rahmen der internationalen Sicherheitsbeziehungen sind von einem solchen deliberativen Ideal jedoch weit entfernt. So werden unter anderem Vereinbarungen über Militäreinsätze der NATO oder über Maßnahmen der Vereinten Nationen gewöhnlich nur unter den beteiligten Regierungen ohne Einbeziehung der Betroffenen ausgehandelt. Ein Wandel könnte sich hier erst seit der Gründung der UN-Kommission für Friedenskonsolidierung (United Nations Peacebuilding Commission, www.un.org/peace/peacebuilding) im Jahr 2005 anbahnen (Schneckener/Weinlich 2006). Deutlichere Tendenzen einer deliberativen Verrechtlichung jenseits des Nationalstaates lassen sich hingegen in der internationalen Menschenrechtspolitik feststellen. Transnationale Menschenrechtsorganisationen (v. a. Amnesty International und Human Rights Watch) sind als Vertreter von Regelungsbetroffenen in die Rechtssetzung innerhalb des Menschenrechtssystems der Vereinten Nationen eingebunden und verfügen dort über ein Rederecht.

Die Zunahme der internationalen Regelungsdichte führt zu einer zunehmenden Vernetzung von Regelungen auf nationaler und internationaler Ebene, die miteinander in Einklang gebracht werden müssen. Dabei entsteht höherrangiges Recht, das, wenn es an gemeinsame Grundwerte angebunden ist, zu einer konstitutionalisierten Rechtsordnung führt (Zangl/Zürn 2004: 36). Beispielhaft für dieses höherrangige Recht ist Artikel 103 der Satzung der Vereinten Nationen: Widersprechen sich Verpflichtungen aus der Satzung mit Verpflichtungen der UN-Mitglieder aus anderen internationalen Übereinkünften, haben jene aus der Satzung Vorrang. Da die UN-Satzung diesen Vorrang ihrer Normen gegenüber allen anderen internationalen völkerrechtlichen Verpflichtungen festlegt, wird sie mitunter als geschriebene Verfassung der internationalen Gemeinschaft bezeichnet (Simma/Paulus 1998: 274).

Gleichwohl gibt es gegenwärtig Tendenzen in Richtung einer *Entrechtlichung*, welche Verrechtlichungs- und Konstitutionalisierungsprozesse umzudrehen drohen. Hier seien die ablehnende Haltung der USA gegenüber der internationalen Strafgerichtsbarkeit, die Militäraktionen der NATO-Staaten im Kosovo 1999, aber auch das unilaterale Vorgehen der USA im Irak im Jahr 2003 genannt. Darüber hinaus birgt die zunehmende Privatisierung militärischer Sicherheit (Schröfl/Pankratz 2004) weitreichendes Entrechtlichungspotenzial.

4 Akteure der internationalen Politik

4.1 Staaten

Der klassische Nationalstaat ist, insbesondere auch in der internationalen Politik, in Bedrängnis geraten: „Der Staat als das Modell der politischen Einheit, der Staat als Träger des erstaunlichsten aller Monopole, nämlich des Monopols der politischen Entscheidung, dieses Glanzstück europäischer Form und okzidentalen Rationalismus, wird entthront", schrieb Carl Schmitt bereits im Jahr 1932 (Schmitt 1987: 10). Da sich sowohl die Normen als auch die Praktiken des internationalen politischen Systems ändern, ändert sich auch sein institutionelles Gefüge. Neue Staatenverbindungen wie die Europäische Union sind am einen Ende des Spektrums, *weak states, failing states* und *failed states* am anderen Ende. Zunächst muss jedoch kurz festgehalten werden, wozu das „Konstrukt Staat" in erster Linie dient:

> „Nation-states exist to provide a decentralized method of delivering political (public) goods to persons living within designated parameters (borders). […] [M]odern states focus and answer the concerns and demands of citizenries. They organize and channel the interests of their people, often but not exclusively in furtherance of national goals and values. They buffer or manipulate external forces and influences, champion the local particular concerns of their adherents, and mediate between the constraints and challenges of the international arena and the dynamism of their own internal economic, political, and social realities."
> (Rotberg 2004: 2)

Seit der Begründung der Westfälischen Ordnung im Jahr 1648 (→ Kapitel 2.3: 19–22) ist das internationale System (europäischer Prägung) auf den klassischen Nationalstaaten mit ihren drei Definitionselementen Staatsgebiet, Staatsvolk und Staatsgewalt aufgebaut (Gärtner 2005: 134). Ein wichtiger Aspekt des modernen Nationalstaates ist seine Territorialität, die jedoch in einigen Teilen der Welt angesichts von Staatszerfall zusehends an Relevanz verliert (Schubert 2004). Aus der Territorialität leitet sich auch die allgemeine Akzeptanz des Völkerrechtssubjektes „Staat" ab. Staatliche Souveränität ist aber immer relativ zu verstehen und beruht im Wesentlichen auf dem Diktum der (juristischen) Souveränität. Durch die Globalisierung entsteht ein zunehmend dichteres Geflecht von inter-

bzw. transnationalen Interaktionsbeziehungen. Auch die Institution der Souveränität ist in dieser zunehmenden Verflechtung entscheidenden Veränderungen unterworfen:

„Sovereignty is an institution created for international society like other institutions, it undergoes change in response to environmental conditions. In the OECD area, characterized by what Nye and I called complex interdependence, sovereignty is changing from a territorially-defined barrier to a bargaining resource." (Keohane 2002: 11)

Die wichtigste Aufgabe, die jeder Staat zu erfüllen hat, ist Sicherheit zu gewährleisten. In der klassisch realistischen Sichtweise der internationalen Politik (→ Kapitel 7.2.2: 190f.) wird Sicherheit als Sicherheit des Staates verstanden. Gerade durch die Darstellung der Funktionen des Staates, vor allem anhand des Sicherheitsbegriffes, wird klar, dass Staaten über Individuen (im engeren Sinne ihre Bürgerinnen und Bürger) nur eine beschränkte Kontrolle ausüben können und letztlich im Umkehrschluss dazu ein Konstrukt ebendieser Individuen sind (Clapham 2004: 92). Es ist deshalb leicht nachvollziehbar, dass sich der Sicherheitsbegriff, wie immer man ihn auch definiert, zunehmend weg vom Staat, hin auf das Individuum *(human security)* verlagert (z. B. www.humansecurityreport.info).

Die Idee hinter dem Konzept des modernen Nationalstaates ist, dass er auf einer Zentralregierung beruht, die ihre Legitimität aus der Volkssouveränität bezieht, d. h. von den Betroffenen auch angenommen wird (Weber 1980: 541). Jenseits dieser Definition muss jedoch festgehalten werden, dass der Nationalstaat zeitlich vor der Durchsetzung des Prinzips der Volkssouveränität entstanden ist und Staaten nie statische Phänomene waren und sind. Sichtbar wird das „Konstrukt Staat" erst durch die ihn verkörpernden Symbole. Dasselbe gilt für *failing states*. Somit sind Staaten, egal ob stark oder schwach, auch innerhalb der internationalen politischen Ordnung ein Konstrukt (Clapham 2004: 77). Der Nationalstaat gründet auf gemeinsamen Symbolen etc., die von der Bevölkerung weithin geteilt werden, und er besteht somit immer in einem kommunikativ-diskursiven Kontext. Die in der islamischen Welt bestehenden Probleme mit Staatlichkeit im Sinne des Nationalstaates rühren folglich primär daher, dass Staaten in diesem kulturellen Umfeld nicht in der Lage waren und sind, einen Prozess in Gang zu setzen, der zu einer gemeinsamen nationalen Identität führen könnte (Tibi 2001: 243). Gerade die ideelle Bindekraft aufgrund der verbindlichen Rechtsetzungskompetenz ist es aber, was Nationalstaaten ausmacht und sie auch heute noch die dominanteste Position im internationalen System einnehmen lässt.

Dass der Prozess zur Herausbildung einer gemeinsamen staatlichen Identität jenseits von Ethnizität und Religion in vielen, heute als *failing states* klassifizierten Staaten nicht möglich war, lässt sich auf die fehlende Institutionalisierung im Zuge der Staatenbildung zurückführen. Für die Entwicklung eines Nationalstaates bedarf es darüber hinaus eines staatsbürgerlichen Bewusstseins (Tibi 2001: 256), welches wiederum grundlegend für ein demokratisches Bewusstsein ist. In den vergangenen Jahren wurde seitens des Westens verstärkt auf eine Demokratisierung der restlichen Welt – mitunter um jeden Preis – gesetzt. Dass dies aber nicht automatisch zu einem Mehr an Freiheit, und damit auch an Sicherheit, führen muss, zeigen unzählige Länderbeispiele aus der jüngsten Vergangenheit – so etwa Russland oder Venezuela. Hier kamen die amtierenden Machthaber demokratisch gewählt ins Amt, jedoch kann heute nicht von einem bedeutenden Mehr an Freiheit oder Sicherheit gesprochen werden. In den meisten afrikanischen Staaten wurden innerhalb des letzten Jahrzehntes Wahlen abgehalten, Ergebnis sind jedoch keine liberaldemokratischen Staaten. Was unter Demokratie zu verstehen ist, ist vielmehr ein politisches System, das nicht nur durch freie Wahlen charakterisiert wird, sondern auch durch Rechtsstaatlichkeit, Gewaltenteilung, fundamentale Menschenrechte, Privateigentum und dessen Schutz, Redefreiheit und religiöse Toleranz. Im Westen hat sich diese Tradition der Freiheit und des Rechtes über Jahrhunderte entwickelt, lange bevor sich die Demokratie im heutigen Sinne etablieren konnte. Dieser nicht durch nachholende Entwicklung zu simulierende Prozess war das Ergebnis von Säkularisation, Renaissance, Aufklärung, Reformation, Kapitalismus und nicht zuletzt der Entwicklung einer von den Machthabenden unabhängigen Mittelschicht als Keimzelle einer Zivilgesellschaft (Zakaria 2004).

Das Ende des Nationalstaates (z. B. Zürn 1998) und damit der Nation und des Nationalbewusstseins wird vielfach prophezeit und Verfassungspatriotismus und Kosmopolitismus werden als Quasi-Staatsersatz gehandelt. Mit der fortschreitenden Globalisierung sehen viele das Ende der Territorialität als einem klassischen Element des modernen Staates gekommen. Politische Legitimität ist jedoch nach wie vor nicht ohne räumlichen Bezug vorstellbar. Die Ablehnung des Vertrages über eine Europäische Verfassung in Frankreich und den Niederlanden zeigte, dass die Bürgerinnen und Bürger keine rein technokratischen Lösungen akzeptieren.

Aus der Erkenntnis heraus, dass der Staat auf absehbare Zeit der zentrale Akteur im weltpolitischen Geschehen bleiben wird, wird deutlich, dass im Umgang mit Staatsversagen und -zerfall *„strong states"*, also starke (demokratische) Staaten, gleichwohl die beste Option für einen stabilen Frieden sind (Chesterman/Ignatieff/Thakur 2005: xvii). „Starke" Staaten sind in diesem Zusammenhang aber nicht mit starken Regierungssystemen zu verwechseln, wie sie durchaus auch in nichtdemokratischen Staaten vorhanden sein können. Die grundlegenden Zielvorstellungen für starke Staaten orientieren sich an der westlich-liberalen Demokratie. Das bedeutet aber nicht, dass zwangsläufig der traditionelle Nationalstaat europäischer Prägung gestärkt werden muss. Dies ist nur eine Variante: „We have no choice but to turn back to the sovereign nation-state and to try to understand once again how to make it strong and effective" (Fukuyama 2004: 121). Andererseits kann plausibel argumentiert werden, dass weniger (staatliche) Souveränität gleichzeitig mehr Stabilität bedeuten kann. Dies erscheint gerade vor dem Hintergrund einer multipolaren Welt logisch; denn allen Indikatoren nach zu urteilen, müssen Staaten in Zukunft mehr kooperieren, wollen sie in ihrer jetzigen institutionellen Form überleben (Eppler 2005: 212f.). Ob aber die zunehmende Interdependenz in den internationalen Beziehungen zu einer Entwicklung hin zu demokratischen politischen Systemen führen wird (Fukuyama 1992; Huntington 1991: 29f.), bleibt abzuwarten. Dies ist insbesondere deshalb zu hinterfragen, weil wachsende Interdependenz(en) die Akteure (Staaten) unterschiedlich betreffen und nicht automatisch konfliktverhindernd wirken müssen (Waltz 1979: 138).

Das Staatensystem, wie es nach dem Westfälischen Frieden 1648 (→ Kapitel 2.3: 19–22, 4.1: 81–84) entstanden ist, hat sich jedoch bewährt. Bei aller Kritik am Konzept des Nationalstaates, zu der selten eine plausible Alternative geäußert wird, wird oft vergessen, aus welcher Absicht heraus der Nationalstaat entstanden ist: um den willkürlichen Gebrauch von Macht zu beschränken, nicht um ihn auszuweiten (Kissinger 2003: 12). Nationalstaaten in anderen Teilen der Welt haben sich zumindest indirekt am europäischen Vorbild orientiert und waren meist ein koloniales Produkt (ebd.: 11). Mag das internationale System heute nicht mehr dem Modell der Großmachtpolitik und der daraus folgenden Notwendigkeit einer Beschränkung von Macht entsprechen, so ist gleichzeitig die internationale Gemeinschaft auch heute noch „a fiction insofar as any enforcement capability depends entirely on the action of individual nation-states" (Fukuyama 2004: 115). Es mutet fast wie eine Ironie der Geschichte an, dass Nationalstaaten gegründet wurden, um Macht zu beschränken, heute aber von ihnen gefordert wird, mehr Macht zu übernehmen.

Das gewichtigste Argument für starke Staaten ist die historische und aktuelle Erfahrung: Es gibt keine plausible Alternative, die nicht schlechter wäre. Dieses Denken mag einer eurozentristischen Sichtweise gleichkommen, insbesondere weil durch diese Argumentation das Gewaltmonopol als Kern von Staatlichkeit erachtet wird (Spanger 2002: 34). Doch es ist gerade das Fehlen dieses Gewaltmonopols, das *failing states* charakterisiert. Erst wenn das Gewaltmonopol wieder in einem ausreichenden Ausmaß vorhanden ist, kann über Alternativen zum klassischen Staatsmodell nachgedacht werden. Bis dahin aber ist ein legitimes staatliches Gewaltmonopol die beste Garantie für innerstaatliche Sicherheit.

4.2 Individuen[2]

Auf nationaler Ebene sind einzelne Personen, die das tagespolitische Geschehen bestimmen, nicht wegzudenken. Elitenbildung und personenzentrierte politische Führung *(leadership)* stehen auch im Zeitalter von Weltgesellschaft und *global governance* auf der internationalen Tagesordnung. Wie jedoch können Individuen das politische Weltgeschehen beeinflussen? Wie kommt es, dass einzelne Persönlichkeiten auch *leadership* in der internationalen Politik ausüben, die doch vom Prinzip der Staatensouveränität geleitet ist? Dies kommt zunächst daher, dass es häufig Individuen sind, die den Spagat zwischen nationalen Erfordernissen und den Tatsachen des internationalen Systems leisten: „International politics is the attempt of certain groups of individuals to solve the tensions between the needs of their own people and the social facts of others and the world." (Isaak 1981: 256) Die Geschichte brachte Persönlichkeiten hervor und wird auch in der Zukunft Persönlichkeiten hervorbringen, die durch ihren Intellekt, durch ihr Charisma und ihre Stellung in der eigenen Nation Weltgeschehen und dessen Interpretation schreiben oder zumindest mitbestimmen (Kindermann 1986c).

In der Tradititon von Max Weber setzt man sich in der Diskussion um personenzentrierte politische Führung mit der Bedeutung von Charisma besonders auseinander (z. B. Blondel 1987: 19). Für Weber bildete Charisma die Basis von *political leadership*, das aber funktional gesehen vor allem als eine Richtungsvorgabe für eine Gruppe zu definieren ist (Tucker 1992: 38f.). Politische Führungspersönlichkeiten erwecken den Eindruck, Macht zu „haben"; denn sie sind meistens in einer strukturellen Machtposition. Allerdings kann eine offizielle Position innerhalb eines Herrschaftsgefüges die Macht einer Person ebenso stärken wie dezimieren. Als Beispiel hierfür kann man Monarchen in parlamentarischen Systemen anführen: Sie „haben" zwar die Macht, sind aber nicht in der Lage, sie anzuwenden. Somit ist die institutionelle Position der Führungspersönlichkeit nur ein Faktor, und ihr Handeln muss sowohl vor dem Hintergrund des *Persönlichkeits-* als auch des *Positionsaspektes* untersucht werden. Es besteht ja beispielsweise die Möglichkeit, dass zum einen Personen, die Führungseigenschaften besitzen, keine Spitzenposition innehaben, genauso wie der umgekehrte Fall möglich ist, dass eine Spitzenposition nicht von einer Person mit fachlichen und charakterlichen Führungseigenschaften bekleidet wird.

Vor diesem Hintergrund kann man gemäß Young (1991: 281) drei Arten von *leadership* unterscheiden, die eine immer wiederkehrende Rolle in der internationalen Politik spielen: „structural leadership", „entrepreneurial leadership" und „intellectual leadership":

---

2   Wir danken Alexandra Klausner für ihre Mitarbeit an diesem Kapitel.

- Der *structural leader* agiert im Namen einer Partei oder eines Staates und beteiligt sich an den Prozessen des institutionellen Verhandelns. Er bemüht sich, ein bestimmtes Niveau und eine Ausgewogenheit in den einzelnen Themen zu erreichen. Dabei hat er materielle Ressourcen zur Verfügung.
- Im Gegensatz dazu ist der *entrepreneurial leader* eine Einzelperson, die im Namen von Meinungsbildnern in Institutionen verhandelt. Ihr Ziel ist es, durch eine Zusammenführung von Parteien, die an einer Lösungsfindung interessiert sind, eine für alle passable Lösung zu finden.
- Demgegenüber ist der *intellectual leader* eine Einzelperson, die auf Macht von Ideen vertraut, um Wege für internationale Verhandlungslösungen aufzutun und weitere Optionen aufzuzeigen.

Bisweilen verbinden sich alle drei Faktoren in Persönlichkeitskonstellationen, die dann mehr oder weniger auf einen Schlag ein internationales Beziehungsgefüge neu strukturieren können. Ein klassisches Beispiel dafür ist die Persönlichkeitspaarung Adenauer/de Gaulle. Als sich der Kanzler der Bundesrepublik Deutschland Konrad Adenauer und der französische Staatspräsident Charles de Gaulle im Jahr 1958 zum ersten Mal in dessen Privatwohnsitz in Clombey-les-deux-Églises begegneten, konnten sie auf einen Schlag die Vorurteile, die sich aus der deutsch-französischen Geschichte gebildet hatten, aus dem Weg räumen. Sie waren sich aufgrund ihrer konvergierenden Weltbilder und persönlichen Erfahrungsurteile in Fragen der Außenpolitik und in der Beurteilung der Lage Westeuropas vollends einig. Beide wollten die Integration und Verteidigungsfähigkeit Westeuropas als Gegenpol zur Sowjetunion und ihrem Ostblock vorantreiben. Außerdem erkannten sie, dass nur ein geeintes Westeuropa in der Lage sein werde, die Geschehnisse auf der Weltbühne zu beeinflussen. Durch diese gemeinsamen Ansichten und durch die Sympathie zueinander gelang es ihnen, die deutsch-französische „Erbfeindschaft", welche die Politik Europas über Generationen hinweg begleitet hatte, in Freundschaft umzuwandeln. Dies führte 1963 zur Unterzeichnung des Élysée-Vertrages, des deutsch-französischen Freundschaftsvertrages. In diesem Abkommen vereinbarten beide Staaten gegenseitige Konsultationen in allen wichtigen Fragen der Außen-, Sicherheits-, Jugend- und Kulturpolitik. Dieser Vertrag begründete die deutsch-französische Achse, die auch heute noch als Motor der europäischen Einigung gilt.

Auch klassische analytische Beiträge zur Rolle von Individuen in der Weltpolitik (z. B. Isaak 1981) konzentrieren sich auf Persönlichkeiten im Sinne von – im Guten wie im Schlechten – herausragenden geschichtsprägenden Gestalten wie Lenin, Wilson, Hitler, Gandhi, Mao oder UN-Generalsekretär Hammarskjöld, den „Erfinder" des klassischen *peacekeeping*, d. h. der Blauhelmeinsätze. Die Forschung in diesem Rahmen, der man natürlich eine patriarchalische Voreingenommenheit vorhalten kann, versucht über solche verschiedenartigen Macher weltpolitischer Geschichte gemeinsame persönlichkeitspsychologische und sozialisatorische Voraussetzungen zu identifizieren. Dazu zählen das kindliche und/oder jugendliche Erleben einer sozialen Krise, Rebellionsmotivation gegen die herrschenden Verhältnisse der Zeit, starkes Interesse an Geschichte, insbesondere an der Lebensgeschichte weltpolitischer Führerpersönlichkeiten, eine unterstützende, oft stark religiös orientierte Mutter, ein dominanter Vater, mit dem der Sohn sich entweder identifiziert oder gegen den er jedenfalls psychisch rebelliert und dadurch ein starkes Über-Ich entwickelt, ein eingeschränktes oder ein unkonventionelles Sexualleben, ein starkes Interesse am Phänomen Massenkommunikation, frühzeitige Ausbildung einer geschlossenen individuellen „Weltanschauung" mit Neigung zur ideologischen Reaktion auf Ereignisse und auf andere Menschen, starke psychische Distanz zwischen sich und den anderen usw. (Isaak 1981: 157).

Der individuelle Faktor ist aber nicht nur für die Erklärung weltpolitischer Ausnahmeereignisse relevant, die auf das Handeln großer Staatsmänner oder – je nachdem – Verbrecher zurückgehen, sondern grundsätzlich immer bedeutend; denn dass Politik von Menschen gemacht wird, blenden nur wenige Ansätze wie zum Beispiel der strukturelle Neorealismus von Waltz (1979) (→ Kapitel 7.2.2: 191f.) analytisch aus. Individualität als weltpolitischer Erklärungsfaktor ist weder vernachlässigbar noch ein Ausnahmephänomen; denn politisch Handelnde nehmen die Welt nun einmal nicht in vorgefertigter Weise, sondern im Rahmen ihres eigenen Wahrnehmungs- und Erfahrungshorizontes wahr und entwickeln individuelle kognitive Strategien, um daraus Schlussfolgerungen für die zu ergreifenden Aktionen zu ziehen. George (1969) prägte dafür das Konzept „operational code". Schon Sprout und Sprout (1957: 328) hatten den einschlägigen Begriff der „psychologischen Umwelt" des einzelnen Entscheidungsträgers oder der Entscheidungsträgerin eingeführt – der Art und Weise, in der er oder sie sich eine Umwelt vorstellt, im Gegensatz zur politologisch objektivierbaren „operativen Umwelt". In späteren Ansätzen spricht man von individuellen Perzeptionen als Entscheidungsprozesse in der internationalen Politik maßgeblich beeinflussende Faktoren (Kindermann 1986c; Vertzberger 1990). Auch das Denken individueller Top-Entscheidungsträgerinnen und Entscheidungsträger in historischen Analogien wurde ausführlich untersucht und führte zu der Erkenntnis, dass sogar so weitreichende Entscheidungen wie diejenigen über Krieg und Frieden in der Regel auf der Grundlage individueller historischer Analogiebildung getroffen werden (Khong 1990).

Damit ist das sogenannte Problem der „Analyseebenen" (Singer 1975) angesprochen: Auf welchem Aggregationsniveau muss internationale Politik untersucht werden, um zu verlässlichen Aussagen über ihre Gesetzmäßigkeiten zu kommen? Autoren wie Waltz

(1979) – auf dessen früheres Werk *Man, the State and War* (Waltz 1954) die Unterscheidung der drei typischen Analyseebenen (menschliches Handeln, nationales System, internationales System) zurückgeht – und auch einige Konstruktivisten (→ Kapitel 7.2.4: 195–197) wie Wendt (1999) sind der Meinung, dass die Aussageebene *internationale Politik* nur auf der Analyseebene *internationales System* erreicht werden kann; d. h. wenn man internationale Strukturen und Prozesse erklären will, muss man dies durch Faktoren tun, die selbst auf der internationalen Ebene angesiedelt sind, zum Beispiel die anarchische Organisation des internationalen Systems. Ebenso wie Durkheim (1961) solch eine *methodologisch kollektivistische Grundorientierung* seinerzeit für die Soziologie forderte, nämlich Soziales durch Soziales zu erklären, fordern die Vertreterinnen und Vertreter eines methodologischen Kollektivismus im Fach Internationale Politik, Internationales durch Internationales zu erklären.

Demgegenüber argumentieren die Anhänger einer *methodologisch individualistischen Grundorientierung*, dass man nur unter ausdrücklicher Berücksichtigung der Analyseebene des individuellen Entscheidungshandelns Aussagen über die Ebene der internationalen Politik treffen könne. Frühere Beiträge zu dieser Forschungsrichtung waren typischerweise umfangreiche impressionistische Beschreibungen, politologische Psychogramme von Staatsmännern wie zum Beispiel Churchill (Thompson 1983) oder Adenauer (Poppinga 1975). Für die Entwicklung der heutigen Analyseinstrumente zur Erfassung und Bewertung des individuellen Faktors in Prozessen der internationalen Politik grundlegender waren aber nicht psychogrammatische, sondern systematische Studien über allgemeine, zum Beispiel kognitionspsychologische Faktoren in außenpolitischen Entscheidungsprozessen – etwa in Form der Forschungen von George (1979) sowie George und George (1998) zu den schon erwähnten „operational codes", den komplexitätsreduzierenden Kodierungen, mit deren Hilfe sich Entscheidungstragende ihren Reim auf die Wirklichkeit machen. Ziel ist hier nicht die psychologische Nachzeichnung von Bewusstseinszuständen einzelner Staatsmänner, und -frauen, sondern die Herausarbeitung allgemeiner Muster, mit dem Ziel der Vorhersagbarkeit: Entscheidungsträger und Entscheidungsträgerinnen reagieren nicht direkt auf Veränderungen in der Umwelt, sondern sie reagieren primär auf die kognitive Repräsentation der Umwelt, die sie im Geiste konstruiert haben. Was sie für objektive Zwänge halten, kann für Akteure in Staaten mit einer anderen Entscheidungskultur mitunter gar nichts bedeuten. Um diese Komplexität zu reduzieren, denken Entscheidungstragende erfahrungsgemäß in historischen Analogien und Glaubenssätzen, mit denen sie die internationalen Konsequenzen ihrer Strategien abzuschätzen versuchen. Damit lässt sich vor allem der Wandel von Sicherheitspolitik erklären, und zwar im Sinne einer „kognitiven Evolution" (Adler 1997: 339). Das bedeutet zu lernen, sich andere Interpretationsmöglichkeiten der Wirklichkeit anzuzeigen. Krisen und Konflikte sind dann vor allem eine kognitive Herausforderung für die Staaten. Klassisches Beispiel ist die Kubakrise (1962) und der Lerneffekt der beteiligten Top-Entscheidungsträger (vor allem des US-Präsidenten Kennedy und des sowjetischen Staats- und Parteichefs Chruschtschow), dass es wichtiger ist, gemeinsam einen Nuklearkrieg zu vermeiden als mit ihrer jeweiligen ideologie- und interessengeprägten Sichtweise der Krise Recht zu behalten.

In der politologischen Analyse der Kubakrise hat Allison (1971, des Neueren Allison/ Zelikow 1999) auch seine drei formalen Modelle der Krisenentscheidung (das *rationalchoice*-Modell, das organisationslogische Modell und das Modell des bürokratischen Entscheidens) entwickelt. Das *rational-choice-Modell* des perfekt kosten-/nutzenorientierten Einzelentscheiders wird dem Charakter von Krisenentscheidungen, die typischerweise unter unvollständiger Information und unter Zeitdruck stattfinden, Allison zufolge nicht gerecht. Das *organisationslogische Modell* eignet sich ebenfalls nicht besonders gut zur Analyse von Krisenentscheidungen, da es darauf ausgelegt ist zu erfassen, welche Standardprobleme eine politische Großorganisation durch welche Standardverfahren bearbeitet und löst *(output)*. Mit dem Modell des *bürokratischen Entscheidens* stellt Allison einen interessanten Bezugsrahmen für die Analyse des Persönlichkeitsfaktors in außenpolitischen Krisenentscheidungen dar, an denen mehrere Abteilungen oder Ressorts beteiligt sind – wie im Fall der Kubakrise die verschiedenen Teilstreitkräfte der USA, das Pentagon, das State Department u. a.: „The ‚leaders' who sit on top of organizations are not a monolithic group. Rather, each individual in this group is, in his own right, a player in a central competitive game." (Allison 1971: 144) Die einzelnen Abteilungsleiterinnen und Abteilungsleiter rangeln darum, wer die Federführung übernimmt. Sie versuchen die politische Spitze zu beeinflussen und sich gegenseitig auszustechen. Am Ende kommt meist irgendein Kompromiss zustande, der zwar alle irgendwie einbindet und einigermaßen zufrieden macht, doch das eigentliche Problem nicht bestmöglich löst. Deshalb spricht man statt von Problemlösung vom *outcome* der bürokratischen Problembearbeitung (im Gegensatz zum organisatorischen *output*). Im Bürokratiemodell erklärt somit das vor allem von individuellen Faktoren wie zum Beispiel dem Sozialprestige und der Durchsetzungsfähigkeit einzelner Bürokratinnen und Bürokraten abhängige Ergebnis innerpolitischen oder mikropolitischen Verhandelns zwischen Ministerien, Dienststellen usw. das schlussendliche makropolitische Außenhandeln des betreffenden Staates (Jäger/ Oppermann 2006).

Ansätze wie der *neoliberale Intergouvernementalismus* (Moravcsik 1993; Putnam 1988) gehen eine Analyseebene weiter und führen internationale Politik direkt auf ein Verhandlungsergebnis zwischen Staatsmännern und -frauen im Lichte der Rahmenbedingung ihrer jeweiligen innenpolitischen Interessenkonstellationen zurück, also nicht auf allgemeine Struktureffekte des Staatensystems (wie z. B. bei Waltz 1979), auf die Wirkung internationaler Institutionen (wie z. B. bei Keohane 1989) oder auf organisatorische und bürokratische Prozesse. Dabei wird das Handeln der entsprechenden Individuen auf das Vorkommen typischer Verhandlungsstrategien untersucht, mittels derer Staatenvertreter und -vertreterinnen zum Beispiel versuchen, ihre eigenen Verhandlungsspielräume zu vergrößern oder diejenigen ihrer Gegenüber zu verringern.

Ein neueres Forschungsfeld ist *leadership* in der Krisenmanagementpolitik (Boin/ 't Hart/Stern/Sundelius 2005). Dabei werden unter anderem kritische Funktionsbereiche *leadership*-basierten Krisenmanagements identifiziert (ebd.: 10–15):

- Sinndeutung *(sense making)*: Politische Führungspersönlichkeiten müssen entscheiden, was ab wann eine Krise ist und worum es in der Krise geht; denn Krisen bestehen aus widersprüchlichen Entwicklungen und Signalen, die interpretationsfähig und -bedürftig sind.

- Krisenentscheidung und Koordinierung innerhalb des Entscheidungssystems *(decision-making)*: Politische Führungspersönlichkeiten müssen sich der von ihnen gedeuteten Krise eigenverantwortlich stellen und Entscheidungen treffen. Diese Entscheidungen können unterschiedliche Formen annehmen, zum Beispiel die inhaltliche Entscheidung, mit der versucht wird, die Krise zu bewältigen; die Entscheidung, dass die Krise nicht entscheidungsbedürftig ist; die Entscheidung, keine Entscheidung zu treffen usw.

- Bedeutungspolitik *(meaning making)*: Politische Führungspersönlichkeiten reduzieren in der von ihnen als Krise gedeuteten Situation die Informationskomplexität und die Informationsunsicherheit. Sie kontrollieren in gewissem Sinne das öffentliche Bild der Krise.

- Beendigung der Krise *(terminating)*: Politische Führungspersönlichkeiten sind dafür verantwortlich, die Krise zum rechten Zeitpunkt zu beenden und zum politischen Routinegeschäft zurückzukehren; denn Krisen können kein Dauerzustand sein. Die Herausforderung besteht darin, die Krise nicht zu beenden, bevor sie bewältigt ist, jedoch auch nicht so lange hinzuziehen, bis sich eine von der Krisensituation verselbstständigte nachhaltige Konfrontation entwickelt hat.

- Lernen *(learning)*: Politische Führungspersönlichkeiten müssen aus der Krise Erfahrungen ableiten und dafür sorgen, dass auch die nachgeordneten Arbeitsebenen dies tun; denn vor allem werden Krisen Teil der kollektiven politischen Geschichte und eine Quelle historischer Analogiebildung für künftige politische Führungspersönlichkeiten.

4.3 Internationale Organisationen

Die mittlerweile nahezu unüberschaubare Anzahl von internationalen Organisationen ist das Ergebnis einer relativen kurzen Entwicklungsgeschichte. Das weltweit maßgebliche Verzeichnis internationaler Organisationen ist Union of International Associations (2005). Die *Union of International Associations* (UIA, www.uia.org) fungiert als Clearinghouse für Informationen über mehr als 40 000 internationale Organisationen in einem weiten Sinne des Wortes. Als die erste internationale Organisation wurde im Jahr 1865 die Internationale Telegraphen-Union gegründet. An der Schwelle vom 19. zum 20. Jahrhundert entstand mit der fortschreitenden Industrialisierung ein „quasi globales, wenngleich immer noch eurozentrisches Weltwirtschaftssystem" (Woyke 2004: 213), welches die explosionsartige Entstehung von internationalen Organisationen mit sich brachte. Zur ersten großen Ära internationaler Organisationen kam es mit der Gründung des Völkerbundes 1919 (Rittberger 1995: 14). Im Gegensatz etwa zum europäischen Konzert der Großmächte handelte es sich beim Völkerbund jedoch um „eine auf einer international anerkannten Satzung beruhende Organisation. Zum anderen war im System des Völkerbunds das Prinzip der kollektiven Sicherheit angelegt" (Woyke 2004: 212f.), an dessen Nichtanwendung (wegen fehlender Sanktionsmacht und Kongruenz nationaler Eigeninteressen) er schließlich scheiterte. Dennoch, die Gründung des Völkerbundes war ein außergewöhnliches Ereignis.

Die mit der Gründung des Völkerbundes zum Ausdruck gebrachte (wenngleich dann nur bruchstückhaft umgesetzte) Idee, Teile der staatlichen Souveränität an eine internationale Organisation abzugeben, kann als Quantensprung in der Geschichte der internationalen Organisationen bezeichnet werden und steht für den Versuch, eine radikale Abkehr von den Praktiken internationaler Politik in der Vergangenheit zu bewerkstelligen (Armstrong/Lloyd/Redmond 1996: 7). In der Zwischenkriegszeit, insbesondere in den 1930er-Jahren (Weltwirtschaftskrise, Faschismus) wurden die bis dahin entstandenen politischen internationalen Organisationen jedoch merklich geschwächt. Erst die Gründung der Vereinten Nationen im Jahr 1945 in San Francisco führte zu einer weiteren Welle von Neugründungen internationaler Organisationen. Allgemein anerkannt ist der Begriff *internationale Organisation* daher im Wesentlichen auch erst seit dieser Zeit (Rittberger 1995: 14).

In der Verwendung des Begriffes lassen sich zwei Varianten unterscheiden: Erstens internationale Organisation als analytisches Konstrukt und zweitens eine bestimmte Klasse zwischenstaatlicher Institutionen, die sich durch regelmäßiges Verhalten, das sich an Normen und Regeln orientiert, auszeichnen. Internationale Organisationen sind im Sinne dieser zweiten Begriffsvariante neben ihren formalen Grundlagen auch *soziale Institutio-*

nen, die gegenüber ihrer Umwelt Handlungsqualität entfalten. Sie sind intern durch auf zwischenstaatlich vereinbarten Normen und Regeln basierende Verhaltensmuster charakterisiert, welche in wiederkehrenden Situationen für Staaten und ihre Vertreter Verhaltensrollen festlegen und zu einer Angleichung wechselseitiger Verhaltenserwartungen führen (Rittberger 1995: 26f.).

Internationale Organisationen können so verstanden zwei wesentliche Aufgaben erfüllen (Young 1989: 32): Sie haben einerseits die Fähigkeit, Normen zu erzeugen und somit einen Beitrag zur Entstehung neuer Institutionen zu leisten, und andererseits können sie die Effektivität von Institutionen steigern, insbesondere durch die Implementierung von Normen, durch die Überprüfung ihrer Erhaltung, durch Kommunikation und durch Informationsgewinn. Von ihrer beobachtbaren Funktion im Alltag internationaler Politik her kann man innerhalb dieses Begriffsverständnisses drei Modelle unterscheiden (Rittberger 1995: 24-26):

- Internationale Organisationen als *Instrumente* staatlicher Diplomatie
- Internationale Organisationen als *Arenen* und somit eher als Rahmen denn als Mittel internationaler Politik
- Internationale Organisationen als eigenwertige, *korporative Akteure*

Wenn die internationale Organisation als korporativer Akteur fungiert, ist das entscheidende Kriterium die Existenz eines Organes, das im Verhältnis zu den Mitgliedstaaten erkennbar eigenständig handelt und nicht ausschließlich einen Reflex auf den Einfluss dieser Staaten bildet.

Formal werden grundsätzlich staatliche internationale Organisationen (oder internationale Regierungsorganisationen bzw. *international governmental organizations*, IGOs – z. B. EU, NATO) und nichtstaatliche internationale Organisationen (oder internationale Nichtregierungsorganisationen bzw. *international non-governmental organizations*, INGOs – z. B. Greenpeace, World Wildlife Fund) unterschieden.

> „Unter einer IGO wird eine durch multilateralen völkerrechtlichen Vertrag geschaffene Staatenverbindung mit eigenen Organen und Kompetenzen verstanden, die sich als Ziel die Zusammenarbeit von mindestens drei Staaten auf politischem und/ oder ökonomischem, militärischem, kulturellem Gebiet gesetzt hat und die gegenüber ihrer Umwelt als selbständiger Akteur auftreten kann." (Woyke 2004: 212)

IGOs sind Völkerrechtssubjekte, also Träger von Rechten und Pflichten, deren Tätigkeit direkt und unmittelbar durch das Völkerrecht (→ Kapitel 8.2.3: 223–225) geregelt wird.

Das heißt, sie haben Organisationsgewalt nach innen und außen und agieren „aufgrund eines originären Vertragsschließungsrechtes gegenüber den Nationalstaaten oder anderen IGOs" (Woyke 2004: 212). Die Mitgliedstaaten ermächtigen sie, in ihrem Namen in einem bestimmten Politikbereich aufzutreten.

> „Eine INGO ist ein Zusammenschluss von wenigstens drei gesellschaftlichen Akteuren aus mindestens drei Staaten (Parteien, Verbänden etc.), der zur Ausübung seiner grenzüberschreitenden Zusammenarbeit Regelungsmechanismen aufstellt."
> (Woyke 2004: 212)

INGOs sind nichtstaatliche Akteure (→ Kapitel 4.4: 95–104) und als solche Subjekte des internationalen Privatrechtes. Zu den INGOs sind ferner die *transnationalen Organisationen* (*transnational organizations*, TNOs) zu zählen. Diese Gruppe wird nochmals dadurch unterteilt, ob die Organisationen darauf ausgerichtet sind, Gewinne zu erzielen (z. B. transnationale Konzerne), oder eher gemeinnützig orientiert sind (z. B. Internationales Komitee vom Roten Kreuz, Amnesty International).

Beide Typen, IGOs und INGOs, sind Ausdruck einer immer stärkeren Verflechtung und Vernetzung des internationalen Systems. Mit dem Wachsen dieser Verflechtung und Vernetzung wird die Anzahl der INGOs weiter zunehmen, insbesondere deshalb, weil sie eine größere Anpassungsfähigkeit aufweisen. Die Anzahl der heute vorhandenen INGOs ist bereits deutlich größer als die der IGOs (Woyke 2004: 215). Bedingt durch ihre *single-purpose*-Ausrichtung vereinen INGOs oft ein hohes Maß an Expertise und wirken durch konsequentes *agenda setting* sowie durch konsequenten Lobbyismus in den Bereich der Staatenwelt hinein.

Die groben Klassifikationen muss man durch analytische ergänzen (Rittberger 1995: 30–33). Die erste analytische Klassifikation umfasst die *Dimension der Mitgliedschaft*. So gibt es *universale* (UNO) und *partikulare* oder *regionale* (z. B. EU, OPEC) internationale Organisationen. Partikulare oder regionale internationale Organisationen weisen aufgrund ihrer beschränkten Mitgliederzahl tendenziell eine zentralisierte Organisationsstruktur auf. Eine ähnliche Unterscheidung kann hinsichtlich der *Zuständigkeit* vorgenommen werden: Von der *umfassenden* Zuständigkeit (UNO, in geringerem Maße auch EU) kann die *problemfeldspezifische* Zuständigkeit (z. B. OPEC) unterschieden werden. Dabei führen gemeinsame Interessen gleichzeitig auch zu einer Aufgaben- und Mitgliederbegrenzung. Eine weitere Unterscheidung ergibt sich hinsichtlich der *Politikprozessfeldfunktion*: *Programmorganisationen* (z. B. Europarat) beschäftigen sich vornehmlich mit Problemartikulation, Zieldefinition und Programmformulierung. *Operative Organisationen* (z. B. Internationaler Währungsfonds und Weltbank) hingegen beschäftigen sich vornehmlich mit der Implementierung bzw. mit Exekutivtätigkeiten. Darauf aufbauend kann man zwischen IGOs unterscheiden, die primär als *Verhandlungsorgane* arbeiten (z. B. Welthandelsorganisation), während andere primär *Dienstleistungen* (z. B. Weltgesundheitsorganisation) erbringen.

Eine weitere analytische Differenzierung gründet auf dem jeweiligen Ausmaß der *Entscheidungsdelegation*. Dabei wird zwischen Organisationen unterschieden, die durch Selbstkoordination charakterisiert sind (z. B. NATO, AU), und solchen, die ein Verbundsystem (z. B. EU, Weltbank) darstellen. *Selbstkoordinierte* Organisationen beteiligen nur die dezentralen (nationalen) Entscheidungseinheiten, *Verbundorganisationen* hingegen enthalten hierarchisch übergeordnete Entscheidungsebenen mit relativ autonomen Organen, die nicht auf die Dienstleistungen für die Selbstkoordination der dezentralen Entscheidungseinheiten beschränkt bleiben. Auf der Vollzugs-(Exekutiv-)Ebene ist eine Verbundorganisation also nicht auf die Mitwirkung der nationalen Organe angewiesen.

Obwohl das Völkerrecht von der Gleichheit der Völkerrechtssubjekte ausgeht, unterscheiden sich internationale Organisationen in ihrer „Gleichheit" oft durch ihre Binnen- oder Organisationsstruktur. Insbesondere hinsichtlich des Stimmrechtes ergeben sich hier Unterschiede. So haben etwa die fünf ständigen Mitglieder im Sicherheitsrat der Vereinten Nationen ein Vetorecht, und die Stimmverteilung im Internationalen Währungsfonds und in der Weltbank (→ Kapitel 5.3.4: 133–136) erfolgt aufgrund bestimmter Wirtschaftsindikatoren.

Die Souveränität der Mitgliedstaaten wird durch die Organe internationaler Organisationen in der Regel nicht wesentlich eingeschränkt. Eine Ausnahme bilden *supranationale* Organisationen (insbesondere die EG als vergemeinschaftete sogenannte „erste Säule" der EU), in denen die Mitgliedstaaten Teile ihrer Kompetenzen und damit Teile ihrer Souveränität an die Organisation abgegeben haben. Intergouvernementale Organisationen hingegen entfalten in den Mitgliedstaaten nur dann Wirkung, wenn die in ihrem Rahmen getroffenen Entscheidungen von den Staaten anerkannt werden. Demgegenüber ist paradoxerweise festzuhalten, dass internationale Organisationen genau deshalb entstanden und in ihrer Anzahl sprunghaft gewachsen sind, weil sie Funktionen übernehmen, die von Staaten nicht ausgeführt werden können. In ihrer Rolle als Instrument, Forum und Akteur erfüllen internationale Organisationen Funktionen, die das internationale politische System auf eine kooperative Art und Weise am Laufen halten (Archer 1992: 177f.).

Zu den spezifischen Aufgaben und Wirkungsbereichen internationaler Organisationen, die sie zu Akteuren des internationalen Systems werden lassen, gehören heute (Woyke 2004: 216f.):

- *Schaffung einer Gegen- und Parallelelite zur nationalstaatlichen Diplomatie* (→ Kapitel 5.1.3: 118–121, 5.1.4: 121f.): Die ansteigende Anzahl internationaler Organisationen stellt die klassische Diplomatie zusehends vor Herausforderungen. Insbesondere INGOs bieten mit ihrer oft großen fachspezifischen Qualifikation kompetentere Lösungen an.

- *Multilaterale und multinationale Interessenbündelung:* Durch die sich laufend vollziehende Multilateralisierung in internationalen Organisationen wirken sie als spezifische Konfliktverhütungs- und Regelungsagenturen (Dicke/Fröhlich 2005).

- *Vermittlung:* Bedingt durch ihre multinationale Zusammensetzung bieten internationale Organisationen einen Rahmen und neutralen Ort für die Vermittlungsaktivitäten zwischen Streitparteien (Brummer 2005).

- *Kollektive Organisierung schwacher und kleiner Staaten:* Ein Großteil der Staaten der Welt ist klein und schwach. Für diese Staaten bieten oft nur internationale Organisationen die Möglichkeit, durch Zusammenschlüsse ihre Interessen wahrzunehmen und sich Gehör zu verschaffen (z. B. Gruppe der 77, ein Zusammenschluss von Staaten der Dritten Welt mit dem Hauptziel, die Position der Entwicklungsländer auf den Welthandelskonferenzen zu koordinieren und dadurch mehr Verhandlungsgewicht zu erreichen, um die Position der Entwicklungsländer auf dem Weltmarkt zu verbessern).

- *Internationale Öffentlichkeit:* Internationale Organisationen schaffen (z. B. durch internationale Tagungen und Pressekonferenzen) eine internationale Öffentlichkeit und Aufmerksamkeit für Themen, die nicht auf der Tagesordnung der klassischen Diplomatie stehen.

4.4 Nichtstaatliche Akteure

Nichtstaatliche Organisationen (*non-governmental organizations*, NGOs; neuestes Lehrbuch hierzu: Frantz/Martens 2006) sind ein besonders bekannter und relevanter Spezialfall nichtstaatlicher Akteure (dazu insgesamt: Arts/Noortmann/Reinalda 2001; Josselin/ Wallace 2001a). Im Bereich internationaler Organisationen ist spezifisch von *INGOs (international non-governmental organizations)*, d. h. von international organisierten und tätigen NGOs zu sprechen. Aber auch nationale NGOs können für die internationale Politik relevante Akteure werden, wenn sie sich zum Beispiel in internationalen Krisengebieten betätigen. In diesem Abschnitt wird deshalb nicht zwischen INGOs und nationalen NGOs differenziert, sondern der Oberbegriff NGO wird auf beide Formen bezogen. Neben NGOs werden üblicherweise folgende nichtstaatliche Akteure in den internationalen Beziehungen unterschieden (Karns/Mingst 2004: 214):

(1) Transnationale *Netzwerke* und *Koalitionen* sind themenspezifische formale und informale Verknüpfungen zwischen NGOs und Ad-hoc-Gruppierungen, zum Beispiel im Bereich der Landminenproblematik.

(2) Transnationale *advocacy networks* (einschlägig hierzu Keck/Sikkink 1998) dienen der direkten, faktischen Förderung eines bestimmten Anliegens. Das kann auch ein normativ negatives Anliegen sein, so dass zum Beispiel auch das Terrornetzwerk Al-Quaida in diese Kategorie fällt.

(3) *Soziale Bewegungen* bilden sich aus Individuen, die in großen Gruppen internationalen sozialen Wandel herbeiführen möchten. Ein Beispiel sind islamistische Bewegungen, die zugleich gut die staatenweltliche Basis verdeutlichen, auf die transnationale soziale Bewegungen in der Regel angewiesen sind (Dalacoura 2001): Um soziale Schlagkraft zu entfalten, müssen sich auch ihrem Wesen nach staatenübergreifende Bewegungen an den sozialen und politischen Tatsachen ausrichten, die in denjenigen Staaten vorherrschen, in denen oder mittels derer sie Politik beeinflussen möchten. Darüber hinaus sind sie vor allem in Erziehungs- und Ausbildungsangelegenheiten ihrer Aktivistinnen und Aktivisten auf Unterstützung durch finanzkräftige Staaten angewiesen.

(4) *Globale Politiknetzwerke (global policy networks)* sind hybride Organisationsformen, die aus Regierungen, internationalen Organisationen, multinationalen Konzernen und Experten bestehen, die sich zusammengeschlossen haben, um einen bestimmten Politikinhalt gemeinsam zu verfolgen (Reinicke 1998). Ein Beispiel ist die 1989 gegründete World Commission on Dams, die zugleich einen *global-governance*-basierten Konfliktregelungsmechanismus repräsentiert: angesichts der eskalierenden Auseinandersetzung zwischen Befürwortern von Großstaudämmen als entwicklungspolitischen Projekten zur Energieversorgung (darunter neben multinationalen Konzernen auch internationale Organisationen wie die Weltbank oder der Internationale Währungsfonds) und NGOs, welche die negativen sozialen (Umsiedlungen), ökonomischen und ökologischen Konsequenzen von Großstaudamm-Bauprojekten ins Feld führten. Man einigte sich gemeinsam auf die Errichtung des globalen Politiknetzwerkes der World Commission on Dams, um auf der Basis der Gleichberechtigung aller an diesem Netzwerk teilnehmenden Institutionen die entwicklungspolitische Effektivität von Großstaudämmen zu bewerten und international akzeptierte Kriterien für den Bau von Großdämmen zu entwickeln.

(5) *Epistemic communities* sind ein Sonderfall kollektiven Handelns von Individuen (→ Kapitel 4.2: 85–90) in der internationalen Politik. Sie bilden sich aus Expertinnen und Experten aus unterschiedlichen Feldern – Regierungen, Forschungsinstituten, internationalen Organisationen und Nichtregierungsorganisationen – und möchten neue

Politikideen dadurch legitimieren, dass sie aufgrund ihres Sachverstandes neue internationale Expertisen über Problemzusammenhänge und Ursache-Wirkungs-Linien bereitstellen (Haas 1992). Ein beispielhaftes Aktionsfeld von *epistemic communities* ist der globale Klimawandel.

(6) *Multinationale Konzerne* sind private Akteure, die in mindestens drei Staaten Geschäftsbeziehungen unterhalten und profitorientiert arbeiten (dazu: Brühl u. a. 2004). Die Rolle transnationaler Unternehmen in der Weltpolitik ist umstritten und ambivalent. Einerseits werden von ihnen marktgerechte Beiträge zur Lösung von Weltproblemen erwartet, und in globalen Politiknetzwerken sollen staatliche und private Akteure zukunftsfähige Modelle multilateraler Zusammenarbeit bilden. Andererseits werden transnationale Konzerne für Verstöße gegen Menschenrechte und für Umweltzerstörung verantwortlich gemacht.

Der formale Begriff der Nichtregierungsorganisation oder präziser der „nichtstaatlichen Organisation" stammt aus Artikel 71 Absatz 1 der Satzung der Vereinten Nationen, in dem es heißt: „Der Wirtschafts- und Sozialrat kann geeignete Abmachungen zwecks Konsultation mit nichtstaatlichen Organisationen treffen, die sich mit Angelegenheiten seiner Zuständigkeit befassen." Darauf aufbauend hat der Wirtschafts- und Sozialrat (Economic and Social Council, ECOSOC, www.un.org/docs/ecosoc) in seiner Resolution 288 vom 27. Februar 1950 definiert: „Jede internationale Organisation, die nicht durch ein zwischenstaatliches Abkommen zustande kommt, soll als nichtstaatliche Organisation im Sinne dieser Vereinbarungen betrachtet werden." Auch wenn NGOs zum ersten Mal also 1945, in der Satzung der Vereinten Nationen, völkervertragsrechtlich erwähnt wurden, reicht ihre Geschichte weiter zurück. Als erste NGO gilt die Antisklavereikampagne von 1787/88, die Pennsylvania, England und Frankreich durchdrang (Karns/Mingst 2004: 224). Ein weiteres klassisches Beispiel sind die transnationalen Friedensbewegungen des 19. Jahrhunderts, die bis 1900 weltweit eine Anzahl von über 400 erreichten und auch – im Sinne eines *advocacy network* – zur Schaffung bestimmter internationaler Organisationen beitrugen, zum Beispiel des nach den Haager Friedenskonferenzen von 1899 und 1907 errichteten, heute noch bestehenden *Ständigen Schiedsgerichtshofes* (Permanent Court of Arbitration, www.pca-cpa.org).

   Nichtstaatliche Organisationen sind heutzutage ein noch weiter zu verstehender Oberbegriff für eine komplexe Vielfalt von international, grenzüberschreitend oder jedenfalls in für die internationalen Beziehungen relevanter Weise tätigen Vereinigungen. Sie sind entweder eng problemfeldspezifisch ausgerichtet (z. B. die International Crisis Group, deren Homepage www.crisisgroup.org auch fachwissenschaftlich und für das Studium interessante Ressourcen enthält) oder aber inhaltlich breit orientiert, zum Beispiel auf

Menschenrechte (z. B. Amnesty International) oder Umwelt (z. B. Greenpeace). Teils arbeiten sie auf lokaler, teils auf nationaler, teils auf internationaler Ebene. Teilweise bieten NGOs Dienstleistungen an, zum Beispiel Notfallhilfe in Ernährungskrisen (z. B. Oxfam), teils konzentrieren sie sich auf das Gewinnen und Verbreiten von Informationen zum Beispiel über Korruption (z. B. Transparency International). Für das Jahr 2004 zählte die Union of International Associations (www.uia.org) weltweit 7 261 NGOs. Die meisten, nämlich ein Viertel aller NGOs sind im Menschenrechtssektor tätig, und die zweitstärkste Domäne bildet der Umweltbereich (Keck/Sikkink 1998). In diesen Sektoren tätige NGOs gehen dazu über, sich als *private voluntary organizations* (PVOs) zu bezeichnen, um ihre eigennutzfreien und nicht auf Gewinn ausgerichteten Zielsetzungen zu unterstreichen.

Formal sind NGOs nach wie vor dadurch definiert, dass sie aus Individuen oder Gruppen bestehen, die nicht offiziell nationale Regierungen repräsentieren. Allerdings bewertet die Forschung die Tätigkeit von NGO-Netzwerken in Ländern wie zum Beispiel Bangladesh bereits als direkte Substitution von Staatstätigkeit: NGOs bieten hier Dienstleistungen an, die eine staatliche Aufgabe wären, denen aber eine (z. B. korrupte) Regierung nicht nachkommt: Erziehung, Gesundheitswesen, Landwirtschaft und Mikrokredite (Karns/Mingst 2004: 215). Somit leisten NGOs einen wichtigen Beitrag zur Bewältigung von die internationale Gemeinschaft insgesamt betreffenden Problemen, wie zum Beispiel der *failing-states*-Problematik (→ Kapitel 4.1: 82f.). Die Unterscheidung zwischen Staatenwelt und Gesellschaftswelt (mit dem Hauptbestandteil NGOs) wird deshalb intellektuell und praktisch immer hinderlicher. Die vorstellungsmäßige Einordnung von NGOs in den reinen nichtstaatlichen Sektor entspricht allenfalls noch der früheren Zivilgesellschaftsromantik, nicht aber den tatsächlichen Sachverhalten (siehe z. B. zum Tätigkeitsfeld von NGOs im staatlichen Sektor in Entwicklungsländern: Fisher 1998).

Wenn in der internationalen Politik der Gegenwart die Grenzen zwischen Innenpolitik, Außenpolitik und internationalen Prozessen immer fließender werden, darf man die Standortbestimmung von Nichtregierungsorganisationen auch nicht an dem einzelnen Spezialtyp der INGO, der von vornherein international tätigen NGO, festmachen. Deshalb erscheint es inzwischen auch sinnvoller, NGOs nach den von ihnen ausgeübten *governance*-Funktionen (→ Kapitel 3.5.3: 72–75) zu unterscheiden als nach den üblichen Unterorganisationstypen. Folgende spezifische *governance*-Funktionen in den internationalen Beziehungen werden NGOs in der Regel zugeschrieben (z. B. Clark 1995; Karns/Mingst 2004: 229; Spiro 1995):

- Übernahme von öffentlichen Aufgaben, wo keine staatliche Autorität besteht (z. B. Organisation der Grundversorgung der Bevölkerung in Krisengebieten)
- Sammeln und Veröffentlichen von Informationen

- Schaffung und Mobilisierung von Netzwerken
- Aufbereitung und Interpretation von Problembereichen für die Öffentlichkeit
- Förderung neuer normativer Maßstäbe für Politik und Wirtschaft
- Anwaltschaft für politischen Wandel
- Überwachung des nationalen und internationalen Einhaltens von Normen, insbesondere in den Bereichen Menschenrechts- und Umweltschutz
- Teilnahme an globalen Konferenzen, um Themenaspekte und gesellschaftliche Positionen einzubringen und zwischen staatlichen Akteuren inhaltlich zu vermitteln
- Erhöhung der öffentlichen Anteilnahme und Teilnahme an transnationalen und internationalen Entwicklungen
- Humanitäre Hilfeleistungen
- Implementierung von Entwicklungsprojekten

Des Weiteren üben NGOs eine wichtige Funktion im Rahmen der sogenannten *Glokalisierung* aus, nämlich lokale Probleme gemäß internationalen Standards zu lösen bzw. lokale Problemlösungen so zu vernetzen, dass neue internationale Problemlösungskompetenz entsteht (siehe dazu z. B. Princen/Finger 1994).

Demgegenüber gehen die üblichen Systematiken zur Klassifizierung von NGOs nicht funktional, sondern formal vor. Ein derartige gängige Systematiken gut erfassender Überblick findet sich im NGO-Artikel auf Wikipedia (en.wikipedia.org/wiki/Non-governmental_organization#Types_of_NGOs):

- *INGOs* sind wie erwähnt *international* tätige NGOs im Allgemeinen.
- *BINGOs* sind *business*-orientierte INGOs. Eine gleichlautende Abkürzung existiert für innerstaatlich tätige sogenannte „Big NGOs" wie zum Beispiel das Rechtshilfeinstitut LBH (Lembaga Bantuan Hukum) in Indonesien.
- *ENGOs* sind umweltorientierte *(economy-oriented)* NGOs wie zum Beispiel Global 2000.
- *RINGOs* steht entweder für *religiös* orientierte NGOs oder aber für das *advocacy*-Netzwerk der Research and Independent Non-governmental Organisations to the United Nations Framework Convention on Climate Change (UNFCCC) (www.ringos.net).
- *QUANGOs* sind quasiautonome *(quasi-autonomous)* NGOs, die faktisch staatliche Aufgaben erfüllen, so wie die International Organisation for Standardization (ISO). In ihr sind zwar nur Staaten Mitglieder, aber die Staaten können sich auf Entscheidung des ISO-Rates auch durch Nichtregierungs-Institutionen vertreten lassen, wie es die USA zum Beispiel durch das American National Standards Institute tun.

Nichtregierungsorganisationen sind wohlgemerkt nicht einfach nichtstaatliche internationale Organisationen. Internationale Organisationen erlangen ihre Handlungsfähigkeit und internationale Geltung dadurch dass und insoweit als ihre Mitglieder, nämlich Nationalstaaten, ihre souveräne Handlungsmacht in den Rahmen der internationalen Organisation hineintragen. Internationale Organisationen verfügen also über *derivative* Gestaltungsmacht, abgeleitet (lat. *derivatus*) aus der Souveränität ihrer Mitgliedstaaten. Das unterwirft die Handlungsfähigkeit dieser Organisationen zwar dem Primat der Interessen ihrer Mitgliedstaaten, verleiht ihnen aber in den Fällen, in denen die Mitgliedstaaten ein gemeinsames Interesse daran haben, durch die betreffende Organisation gemeinsam zu handeln, eine Handlungsmacht, die ein vielfaches der Handlungsmacht der einzelnen Staaten ist. Über solche Effektivitätsressourcen verfügen Nichtregierungsorganisationen nicht. Sie können nicht auf staatliche Macht oder auf militärische Machtprojektion zurückgreifen und können keine Verträge abschließen oder sonstige internationale Rechtsmittel anwenden. Sie sind darauf angewiesen, weltgesellschaftliche Potenziale zu nutzen, um Wirkungsmacht zu entfalten.

Zur politologischen Beurteilung der *Wirkungsmächtigkeit* von NGOs gibt es keine einhellige Methodik. In den 1990er-Jahren wurde die Effektivität von NGOs noch in transnationaler, vor allem auch auf die neuen Möglichkeiten des Internets gestützter Öffentlichkeitsarbeit und in disruptiven Aktionen auf internationaler Ebene gesehen (Keck/Sikkink 1998) – wie zum Beispiel die von Greenpeace durchgeführten Bohrinselbesetzungen und Schlauchbootaktionen gegen den Walfang.

Systematisch und problemfeldübergreifend werden die weltpolitischen Einflusspunkte von NGOs in der maßgeblichen Forschung einerseits in der Fachexpertise gesehen, über die sie verfügen und mit deren Hilfe sie als neuartige Normunternehmer *(norm entrepreneurs)* im Prozess der Ausarbeitung neuer internationaler Standards mit internationalen Organisationen und Staaten konkurrieren können, sowie andererseits in der Fähigkeit, sich in internationale Institutionen einzubinden, vor allem in das *System der Vereinten Nationen* (z. B. Josselin/Wallace 2001b). Besonders einschlägig ist hierbei, gemäß dem erwähnten Artikel 71 der UN-Satzung, der *Konsultativstatus* (dazu www.un.org/esa/coordination/ngo) beim bereits angesprochenen Wirtschafts- und Sozialrat (ECOSOC), der online beantragt werden kann (www.un.org/esa/coordination/ngo/howtoapply.htm). Die ECOSOC-Resolution 1996/31 definiert die beim Abschluss konsultativer Beziehungen zu berücksichtigenden Kriterien, die neben der realpolitischen Handlungsfähigkeit (die NGO muss z. B. über ein Hauptquartier mit einem ausführenden Organ verfügen) auch elementare normative Prinzipien beinhaltet (die NGO muss eine „demokratisch angenommene Verfassung" haben). Der ECOSOC unterscheidet außerdem drei Arten des Konsultativstatus:

- Der *general status* ist großen, international und in zahlreichen ECOSOC-relevanten Politikfeldern tätigen NGOs vorbehalten. Sie haben unter anderem das Recht, durch das Council Committee on NGOs Tagesordnungspunkte für die öffentlichen Sitzungen des ECOSOC vorzuschlagen und als Beobachter an den Sitzungen teilzunehmen, wobei ihnen auch Rederecht eingeräumt werden kann. Jedenfalls dürfen sie schriftliche Stellungnahmen im Umfang von 2 000 Wörtern abgeben.

- Der *special status* wird international bekannten NGOs eingeräumt, die besondere Expertise in einem bestimmten Themenfeld besitzen. Auch ihnen kann Beobachterstatus auf öffentlichen ECOSOC-Sitzungen eingeräumt werden, ebenso wie ein eingeschränktes Rederecht – vor allem zu Themenbereichen, für die der ECOSOC keine „subsidiary bodies" eingerichtet hat, die also sonst nicht behandelbar wären. Schriftliche Stellungnahmen dürfen Sie im Umfang von 500 Wörtern abgeben.

- Der *roster status* wird kleineren NGOs eingeräumt, die nur hin und wieder ein Tätigkeitsinteresse in ECOSOC-relevanten Fragen entwickeln. Ihnen kann im Bereich ihrer themenspezifischen Kompetenz die Entsendung von Vertretern zu öffentlichen Sitzungen des ECOSOC erlaubt werden, Rederecht kann ihnen jedoch nur auf der Ebene der „functional commission" und der „subsidiary bodies" eingeräumt werden.

Im Jahr 2006 genossen laut ECOSOC-Statistik (www.un.org/esa/coordination/ngo/slides/ngochart_01.pdf) insgesamt 2 719 NGOs Konsultativstatus, eine Zahl, die sich in den letzten zehn Jahren mehr als verdoppelt hat. Gegenüber dem Beginn der Zählung im Jahr 1948 (40 NGOs mit Konsultativstatus) hat sich die Zahl nahezu versiebzigfacht. Von den 2 719 im Jahr 2006 beim ECOSOC registrierten NGOS fielen 136 (5 %) in die Kategorie *general status*, 1639 (60 %) in die Kategorie *special status* und 944 (35 %) in die Kategorie *roster status*. Der Konsultativstatus ist regional ungleich verteilt: Fast die Hälfte der insgesamt registrierten NGOs (47 %) ist als in Europa basiert registriert, ein Drittel (32 %) entfällt auf Nordamerika, lediglich neun Prozent entfallen auf Asien, sieben Prozent auf Lateinamerika und die Karibik sowie vier Prozent auf Afrika (www.un.org/esa/coordination/ngo/slides/ngochart_03.pdf).

International tätige NGOs beteiligen sich über den Konsultativstatus im ECOSOC hinaus faktisch an allen Aktivitäten des UN-Systems. Seit 1986 dürfen sich NGOs zum Beispiel unter bestimmten Voraussetzungen vor den Hauptausschüssen der Generalversammlung äußern (insgesamt zu NGOs im UN-System siehe bereits Weiss/Gordenker 1996). Gemäß der sogenannten, 1992 vom gleichnamigen Botschafter Venezuelas begründeten *Arria-Formel* besteht auch ein informelles Konsultationsarrangement zwischen NGOs und dem Sicherheitsrat. Gemäß dieser Formel können sich der Sicherheitsrat bzw.

dessen Mitglieder von Nichtmitgliedern regelmäßig über weltpolitische Fragen informieren lassen. Tatsächlich lässt sich der Sicherheitsrat in diesem Rahmen relativ regelmäßig von NGOs länder- und themenspezifisch briefen.

Ein weiterer Andockpunkt von NGOs an die staatenweltliche internationale Politik sind *Weltkonferenzen* (→ Kapitel 3.5.4: 75–77). Durch aktive Teilnahme können NGOs sachlichen Einfluss direkt geltend machen. Diese Möglichkeit ist aber dadurch begrenzt, dass meist nur einige wenige NGOs Rederecht erhalten, so dass die anderen NGOs bereits wiederholt Parallelkonferenzen veranstaltet haben, um für ihre Themen Aufmerksamkeit zu erzeugen. Die Diskussion um die Beteiligung von NGOs an Weltkonferenzen verdeutlicht einige allgemeine Problembereiche ihrer Mitwirkung an der Gestaltung internationaler Politik.

Viele NGOs entsprechen nämlich in ihrem inneren Aufbau nicht demokratischen Prinzipien, was aber aus einem für alle in ihrer Geltungskraft letztlich auch auf Aktivismus angewiesenen Akteure typischen Prioritätenkonflikt resultiert: zwischen binnendemokratischer Legitimität und internationaler Effektivität, die zum Beispiel durch Mehrheitsentscheidungen usw. gehemmt wäre. NGO-Vertreterinnen und Vertreter sind anders als die Vertreterinnen und Vertreter der meisten Staaten nicht durch demokratische Wahlen legitimiert und es ist nicht immer klar, wessen Interessen sie letztlich repräsentieren. Das gilt auch für das Verhältnis der NGOs untereinander; denn es gibt einen Trend, dass die finanzstarken NGOs der wohlhabenden nördlichen Hemisphäre die NGOs der Südhalbkugel subventionieren und im Zuge dessen nicht nur Agenden einkaufen, sondern auch festlegen, welche dieser NGOs es sich überhaupt finanziell leisten können, an internationalen Konferenzen teilzunehmen. Schließlich besteht vor allem im Rahmen des Systems der Vereinten Nationen und der Weltkonferenzen die Gefahr der Instrumentalisierung von NGOs dadurch, dass Regierungen staatliche Aufgaben und entsprechende Verantwortung auf sie abwälzen.

Angesichts dieser problematischen Aspekte und auch für nachhaltige Politikwirkung ist die Ausschöpfung der Möglichkeiten internetgestützter Kommunikation (→ Kapitel 4.5.1: 106–108) und die Nutzung bzw. Beeinflussung internationaler Diskursformationen gegenüber strukturellen Kopplungen mit dem System internationaler Organisationen (v. a. UN-Konslutativstatus) nicht zu vernachlässigen. Eine hierbei typische Strategie von NGOs ist das *reframing* von international-politischen Diskursen – d. h. die globale Neuzentrierung ihres thematischen Schwerpunktes, so dass auch die Staaten auf die neue Diskursperspektive einsteigen müssen und eine von ihnen ursprünglich gar nicht beabsichtigte politische Zielsetzung entsteht. In solch einem Fall haben NGOs diskursbasierte *agenda-setting power* entfaltet.

Beispielsweise ist das Internationale Übereinkommen zum Verbot von Antipersonen-

Minen (1997, in Kraft getreten 1999) auf ein Netzwerk von mehr als 1 000 NGOs unter Einschluss von über 60 Staaten zurückzuführen, das sich in der International Campaign to Ban Landmines (ICBL) zusammenschloss und an dem auch global tätige NGOs wie das Internationale Komitee vom Roten Kreuz und Human Rights Watch beteiligt waren (Thakur/Maley 1999). In der Tat formalisierte sich das Netzwerk erst 1997 in Form der ICBL, um den der Antilandminenkampagne verliehenen Friedensnobelpreis entgegennehmen zu können. Unter Ausschöpfung aller modernen Kommunikationsmöglichkeiten gelang es diesem Netzwerk, die Auswirkungen von Landminen auf die Zivilbevölkerung in das Bewusstsein der Weltöffentlichkeit zu heben und Protestaktionen gegen den ursprünglich von der Staatengemeinschaft ausgearbeiteten Entwurf zu initiieren. Das NGO-Netzwerk gewann den Staaten damit die Definitionsmacht über das Landminenproblem ab: Landminen galten nun weltweit in erster Linie als ein grenzüberschreitendes humanitäres Problem und nicht, wie die Staaten das in ihrem Konventionsentwurf vorgesehen hatten, als ein technisches Problem der Rüstungskontrolle und der nationalen Sicherheit. Die negative Seite an dieser generellen Netzwerkeffektivität ist wiederum, dass sich auch Terrornetzwerke wie Al-Quaida derartige Mechanismen zunutze machen können.

Die politische Wirkung von Nichtregierungsorganisationen hat also keine immanente normativ positive Qualität. Dies liegt eben allein schon daran, dass der gegenwärtigen Begriffsauffassung nach auch transnationale Terrororganisationen und Organisationen der grenzüberschreitenden Kriminalität unter den Terminus „NGO" fallen. Doch auch die positive Wirksamkeit von auf Schutz, Hilfe und Entwicklung ausgerichteten Nichtregierungsorganisationen ist nicht absolut, sondern kontextabhängig. Dies zeigt sich zum Beispiel bei ethnischen Konflikten. Gemeinhin wird Nichtregierungsorganisationen eine wichtige positive Rolle bei der Prävention und friedlichen Transformation ethnischer Konflikte zugeschrieben (z. B. Austin/Fischer/Ropers 2004): Durch ihre gute Einbettung in die grassroots-Ebene seien NGOs sehr wichtig für eine kultursensible Frühwarnung und könnten für auf der höheren, abstrakteren Ebene der Weltpolitik operierende internationale Organisationen nicht so gut sichtbare gesellschaftsspezifische Ansatzpunkte für wirkungsvolle zivile Konflikttransformation aufzeigen. Darüber hinaus könnten NGOs durch ihre besondere Verbindung zur Bevölkerung in Konfliktfeldern empowerment-Strategien umsetzen – d. h. auch, die vom Konflikt Betroffenen überhaupt erst auf einer breiten gesellschaftlichen Basis dazu befähigen, Konfliktregelungsstrategien, die zum Beispiel mithilfe internationaler Organisationen entwickelt worden sind, wirksam aufzugreifen.

Insbesondere für den Fall ethnonationaler Spannungsfelder hat die Forschung jedoch nachgewiesen, dass Aktivitäten von NGOs zur Erosion von die Konfliktkonstellation stabilisierenden staatenweltlichen Elementen führen können (Lobell/Mauceri 2004: 4f.). Geteilte Staaten, schwache Staaten oder Transformationsstaaten haben in der Regel relativ durchlässige nationale Grenzen. Im Fall ethnischer Konflikte können deshalb in Nachbarländern ansässige ethnische Gruppen relativ leicht versuchen, NGOs dazu zu verwenden, „ihre" ethnische Minderheit zu unterstützen und in der internationalen Öffentlichkeit als Opfer des betreffenden Konfliktes darzustellen. Der komparative Vorteil von NGOs, eher *grassroot*-zentriert als im internationalen Gesamtzusammenhang zu arbeiten, macht sie auch anfälliger für Versuche politischer Gruppen, sie für ihre Zwecke einzuspannen.

Zugleich verfolgen viele NGOs in Bereichen, in denen Kooperation mit staatlichen Akteuren und internationalen Organisationen geboten wäre, einen auf Autarkie ausgerichteten Ansatz. Der Faktor des unmittelbaren Eigeninteresses ist also kein rein staatenweltliches Phänomen, sondern schlägt auch im gesellschaftsweltlichen Sektor der Nichtregierungsorganisationen zu Buche. Ein Beispielsfall ist die Zurückhaltung vieler NGOs gegenüber einem Zusammenwirken mit internationalen Organisationen im Krisenmanagement, vor allem wenn daran militärische Akteure beteiligt sind. Das Internationale Komitee vom Roten Kreuz zum Beispiel moniert die Gefahr, dass NGOs im zivil-militärisch vernetzten Krisenmanagement ihre Position als eigenständige Akteure mit eigenem Mandat verlieren und zu einem lediglichen „Instrument" abgestuft werden (Rana 2004).

4.5 Medien

4.5.1 Internationale Kommunikationsordnung

Das Recht auf freie Meinungsäußerung manifestierte sich bereits 1946 im allerersten Konzept der späteren Menschenrechtserklärung der UNO (1948). Der Grund dafür, dass der Meinungsfreiheit eine zentrale Stellung in der Menschenrechtserklärung eingeräumt wurde, lag in der Erfahrung des Missbrauches von Medienmacht durch die Politik. Beispiele sind vor allem die Propagandapolitik der Nationalsozialisten während des Zweiten Weltkrieges, aber auch die ideologische Kommunikationspolitik des US-Präsidenten Wilson während des Ersten Weltkrieges.

Im Zeitalter der Globalisierung spielt der technologische Fortschritt insbesondere in Bezug auf die Entwicklung von Informations- und Kommunikationstechnologien wie dem Internet oder dem Mobiltelefon eine wesentliche Rolle: „Die Raummatrix der Welt enthält erstens keine weißen Flecken mehr und ermöglicht zweitens im Prinzip Orientierungsmöglichkeiten für jeden, gleichgültig an welchem Punkt auf dem Globus er oder sie sich befinden mag" (Altvater/Mahnkopf 2002: 39). Diese Reduzierung der Raum- und Zeitweite ließ schon in den 1960er-Jahren Marshall McLuhan, einen klassischen Vertreter der Kommunikationswissenschaft, von einem „globalen Dorf" als Ordnungsmodell einer Weltkommunikationsordnung sprechen (Meckel/Kamps 2003: 482f.).

Die Klärung der Frage, welche Rolle die Medien und die Informations- und Kommunikationspolitik heute in der internationalen Politik spielen, bedarf einer klaren Abgrenzung der betreffenden Aspekte. Während unter *Medien* Wirklichkeit schaffende Instanzen verstanden werden, bezeichnet *Informations- und Kommunikationspolitik* die Akteursstrategien zur Nutzung der Medien. Im Laufe dieses Kapitels wird die Bedeutung der Informations- und Kommunikationspolitik an den Beispielen Kriegs- und Friedensjournalismus sowie *public diplomacy* veranschaulicht.

Internationale Kommunikation ist ein heterogenes Forschungsfeld. Es behandelt den staatenübergreifenden Vergleich von Rundfunk-, Fernseh- und Mediensystemen, die diversen Formen und Funktionen von Kommunikation zwischen Staaten mitsamt ihren Effekten, Propaganda, internationalen Journalismus, internationale Nachrichtenberichterstattung, Programm- und Informationsflüsse, die Rolle internationaler Organisationen in Bezug auf Kommunikation in und zwischen Staaten sowie die kommunikativen Aspekte der Globalisierung (Meckel/Kamps 2003: 481).

Bezug nehmend auf den im Artikel 19 der UN-Menschenrechtserklärung von 1948 formulierten Grundsatz der Meinungs- und Informationsfreiheit entwickelte sich innerhalb der UNESCO Ende der 1960er-Jahre eine Diskussion um die Bedingungen und Strukturen der internationalen Nachrichtenberichterstattung. Debattiert wurde einerseits die unterstellt einseitige und negative Berichterstattung westlicher Medien über Entwicklungsländer, andererseits die Kontrolle des internationalen Kommunikationsmarktes durch Nachrichtenagenturen westlicher Industriestaaten (Meckel/Kamps 2003: 483). Einige Entwicklungsländer forderten eine „Neue Weltinformationsordnung" (New World Information and Communication Order, NWICO), da sie sich analog zur wirtschaftlichen Abhängigkeit von den Industrienationen auch von deren Informations- und Kommunikationseinrichtungen abhängig sahen. Sie kritisierten die einseitige Dominanz westlicher Agenturen, deren Berichterstattung „insgesamt unsensibel gegenüber den Weltordnungen außerwestlicher Kulturen sei und häufig voller ‚abendländischer' Vorurteile und Stereotypen stecke" (Kleinsteuber 1994: 564). Insbesondere werde aus Staaten, die nicht der westlichen Welt zuzurechnen sind, nur bei akuten Krisen, Kriegen oder Katastrophen berichtet (Kamps 1998: 277).

Im Rahmen der UNESCO-Konferenz in Nairobi 1976 wurde tatsächlich eine „Neue Weltinformationsordnung" diskutiert und als Ergebnis 1980 der Bericht der MacBride-Kommission veröffentlicht. Der Kern des Berichtes, die Forderung nach einer „ausgewogenen Informationsordnung", löste eine der hitzigsten politischen Diskussionen innerhalb der UNESCO aus, in deren Zuge 1984 neben den USA auch Großbritannien und Singapur aus der Organisation austraten, wobei einer der Beweggründe die fehlende Bereitschaft der UNESCO war, sich der Vorstellung der USA eines in jeder Hinsicht freien Informationsflusses anzuschließen (Meckel/Kamps 2003: 484).

Die Entwicklung der Medien zu internationalen Akteuren ist jedoch durch weltpolitische Steuerungsversuche nicht aufzuhalten oder in bestimmte Bahnen zu lenken. Im Bereich der internationalen Beziehungen wird zudem besonders deutlich, wie die neuen Informations- und Kommunikationstechnologien Politik verändern. Das World Wide Web ist sowohl Schrittmacher als auch Reflex der Globalisierung – auch im medialen Sinne. Globalisierung (→ Kapitel 3.5.1: 68–71) im bildhaften Verständnis des Wortes bezeichnet die Untermenge derjenigen sozialen, ökonomischen, politischen u. a. Interaktionen, die sozusagen direkt auf dem Globus stattfinden und nicht durch Staaten, internationale Organisationen, einzelne Konzerne oder dergleichen getragen oder vermittelt werden. Im Internet ist dementsprechend nahezu alles nivelliert, auf gleicher Ebene und ohne aussagekräftige Relevanzpyramide erreichbar. Von der Größe des Internetauftrittes kann man deshalb zum Beispiel nicht sicher auf die historische, ökonomische, fachliche oder moralische „Größe" einer Politik oder ihrer Vertreter schließen. Das ist deshalb ein grundlegendes Problem, weil der jeweilige Sender dem Empfänger deswegen einen Interpretationsmaßstab mitliefern oder jedenfalls empfehlen muss, was freilich auf suggestive Weise geschehen kann und die Gefahr der strategischen Manipulation mit sich bringt. Information spricht gerade deshalb im Internetzeitalter am wenigsten für sich selbst, sondern muss von Medienakteuren verantwortungsvoll begleitet werden. Bereits insofern ist es gerechtfertigt, Medien als Akteure in der internationalen Politik aufzufassen.

Darüber hinaus muss auch speziell die „*internet*ionale Politik" berücksichtigt werden: die transnationale Artikulation politischer Positionen, die Verbreitung politischer Informationen und die Mobilisierung politischer Unterstützung über das Internet (Siedschlag 2001b). Diese neue Kommunikationsform kann das Wesen der Diplomatie verändern und bietet vor allem auch internationalen Organisationen neue Möglichkeiten, sich als eigenständige Akteure über die Summe ihrer Mitgliedstaaten hinaus darzustellen (Bilgeri/Wolf 2004). Das hat allerdings einige problematische und irreale Aspekte. In der Welt der *internetionalen* Politik gab es schon eine „Unabhängige Islamische Republik Tschetschenien" (bis vor kurzem erreichbar unter www.chechengovernment.com), und es gibt ein souveränes virtuelles Kosovo (www.kosova.com). Derartige Realitätsverzerrungen und Cybernationen sind zwar die Ausnahme; alltäglich jedoch ist das Problem der virtuellen Repräsentativität: Inwieweit entsprechen Substanz und Ausmaß des Internetauftrittes der Substanz und dem Ausmaß der zugrunde liegenden politischen Sachverhalte? Die OSZE führt die Webadresse www.osce.org, ist jedoch völkerrechtlich gesehen keine Organisation, sondern ein Forum. In der *internetionalen* Politik dagegen tritt sie mit dem Anschein eines souveränen Akteurs auf, und auf der NATO-Homepage www.nato.int spricht der Generalsekretär ein Grußwort, als sei er ein demokratisch gewählter Staatspräsident. In keinem Medium ist es so leicht wie im Internet, seine Meinung und die zugehörigen „Texte" von heute auf morgen zu ändern und sich Erfolg selbst zuzuschreiben. Beispielhaft dafür war das Design der NATO-Homepage im Kosovokrieg (Operation Allied Force) 1999, ein Rückblick steht unter www.nato.int/kosovo/all-frce.htm online.

Was sich durch internetgestützte transnationale Kommunikation zweifellos exponentiell verstärkt, sind weltweite *Emulationsprozesse*, wie sie James N. Rosenau (1996), ein Vater der politologischen Globalisierungsforschung, herausgearbeitet hat: Handlungspraktiken und Artefakte aus fernen Gemeinschaften setzen sich lokal durch – aber nicht pauschal, sondern mit örtlichen Variationen und mit Zugeständnissen an lokale Geschmäcker – wie uns allen in der realen Welt bestens bekannt durch McDonald's und in der Medienwelt zum Beispiel verdeutlicht durch die nationalen Sender von CNN wie u. a. CNN Deutschland. Gleichwohl ist auch Internetkommunikation nicht selbstorganisiert, sondern muss zum Beispiel im politischen Kontext betrachtet werden. Medien üben Informationsmacht aus, werden aber auch von politischen Akteuren aktiv genutzt, so dass sich hier die für eine politologische Analyse besonders augenfälligen Fragen nach Machtverhältnissen und Interessenlagen gut nachvollziehen lassen. Das betrifft insbesondere auch das Verhältnis zwischen Politikern/Politikerinnen und Journalisten/Journalistinnen.

Kurz bevor US-Außenminister Henry Kissinger im Jahr 1977 sein Ministerium verließ, stellte er bereits lange vor Beginn des Internetzeitalters die gewagte Behauptung auf, die Tage, in denen Politiker und Journalisten in friedlicher Koexistenz und gegenseitigem Vertrauen lebten, seien vorbei und würden schlimmstenfalls in eine Jäger-Gejagten-Beziehung übergehen (Taylor 1997: 58). In der Tat kann festgestellt werden, dass sich Außenpolitik im Zeitalter der Massenmedien einer tief greifenden Veränderung gegenübersieht: Medien beeinflussen aktiv das außenpolitische Geschehen, kommentieren und kritisieren es – und erreichen heute dank Rundfunk, Fernsehen und Internet ein weitaus größeres Publikum als jemals zuvor. Die (welt-)öffentliche Meinung wird stark von den Medien und den durch sie transportierten Inhalten geprägt, dank 24-Stunden-Nachrichtenberichterstattung aus aller Welt werden selbst Konflikte aus den entlegensten Regionen der Erde ins heimische Wohnzimmer geliefert – optisch ansprechend aufbereitet, fertig kommentiert und analysiert, oft bevor die Politik in der Lage war, sich ein Bild derselben zu machen. Das durch das Informationszeitalter möglich gewordene mediale *agenda setting* in Echtzeit und die kompromisslose Tatsache, dass zunehmend die Medien bestimmen, was ein für die internationale Politik relevantes und kritisches Ereignis ist, stimuliert Politikerinnen und Politiker – entgegen den diplomatischen Traditionen des methodischen, systematischen und langsamen Reagierens – schnell zu agieren, was zumal in einer Krise nicht unbedingt die beste Handlungsweise ist (Taylor 1997: 94).

4.5.2 Medien in Konflikten: Kriegs- und Friedensjournalismus

Insbesondere in Konflikten und Krisensituationen wird deutlich, welche Rolle die Medien als Akteure in der internationalen Politik einnehmen. Die Medienabdeckung einer Krise (oder die durch Medien vorgenommene und global vermittelte Definition eines Ereignisses als Krise) kann die Rahmenbedingungen des Regierungshandelns im Krisenmanagement nachhaltig verändern. Dieses Phänomen ist bei Terroranschlägen genauso bemerkbar wie bei Geiselnahmen, beispielsweise der Entführung der deutschen Familie Wallert auf Jolo (Buck 2006: 4f.). Beobachtet man die Interaktion von Medien und Politik, stellt sich die Frage, ob die Medien die Politik kolonisieren, so dass sich das Politische vor allem innerhalb der systemischen Gesetzmäßigkeiten der medialen Inszenierung und Vermittlung vollzieht und nicht in erster Linie in der eigenen Logik seiner angestammten Institutionen (Buck 2006: 6).

Essenzielle Voraussetzung für jede rationale politische Entscheidung, insbesondere aber im Krisenfall, ist Information. Der Idealfall einer vollständigen, umfassenden Information ist in der Realität höchst selten vorzufinden, was das Treffen von Annahmen und das Abwägen von Handlungsalternativen erschwert. Im Krisenfall kommt zur asymmetrischen Informationslage hoher Zeitdruck erschwerend hinzu. Informationsbeschaffung ist daher ein zentrales Element im Krisenmanagement. Bei einem Zweiparteienkonflikt versuchen stets beide Seiten, einen Informationsvorsprung zu erreichen. Kommen jedoch die Medien als professionelle Informationsvermittler hinzu, wird die Lösung des Konfliktes ungleich komplexer, da ein dritter Akteur mit im Spiel ist (Buck 2006: 333).

Die *Informationshoheit*, welche die Grundlage für das operative Handeln einer Regierung im Krisenfall bildet, hat jedoch weniger politisches Gewicht als die *Deutungshoheit*: die Interpretation und „Veröffentlichung" der Situation. Schaffen es die Medien im Krisenfall, die Deutungshoheit gegenüber Regierungen zu gewinnen, indem sie beispielsweise höhere Risiken eingehen und viel Geld investieren, um Personal an den Ort des Geschehens zu schicken und von dort live zu berichten, formen sie damit die Wahrnehmung der Krise in den Augen der Öffentlichkeit, geben Kommentare, Einschätzungen und Lösungsvorschläge ab und schränken – basierend auf den Erwartungen der nunmehr „informierten" Öffentlichkeit – staatliche Handlungsspielräume ein:

„Ebenso wie die beteiligten Regierungen wandten sich die Verlage und Sende-
anstalten dann der Logistik zu und stellten ihre Handlungsfähigkeit durch eigenes
und angemietetes Personal auch an sehr entlegenen Orten der Welt sicher. Dabei
waren sie zum Teil ganz offensichtlich erfolgreicher als die beteiligten europäischen
Regierungen. Während diese an Grenzen der staatlichen Souveränität der Philippinen und der institutionellen Risikoabwägung eigener Präsenz vor Ort stießen,
gelangten die Vertreter der Medien – ausgestattet mit der Bereitschaft, dafür Geld
auszugeben und hohe Risiken einzugehen – bis ins Camp der Geiselnehmer und
berichteten von dort. Das verschaffte ihnen und damit der Öffentlichkeit einen
Informationsvorsprung etwa gegenüber dem Krisenstab der Bundesregierung."
(Buck 2006: 334)

Kritische Stimmen haben schon vor langem angemerkt, dass sich auch beispielsweise die
US-Regierung bei der Informationsgewinnung in Krisen – gerade auch solchen mit terro-
ristischem Hintergrund – zunehmend auf das Fernsehen verlasse und sich dafür mehr auf
die Analyse konzentriere (Clawson 1987). Madeleine Albright, frühere US-Außenminis-
terin, meinte sogar, „CNN ist das sechzehnte Mitglied des UN-Sicherheitsrates" (Ibahrine
2005: 83). Zur Rolle der Medien in Krisensituationen können also folgende Schlussfolgerungen gezogen werden:

„Was die Medien für eine Krise halten, wird automatisch zur Krise, auch wenn die
betreffende Regierung anderer Ansicht ist. [...] Regierungen haben hier offenbar
kaum eine andere Wahl, als sich frühzeitig darauf einzustellen. Nationalstaaten
sind aus rechtlichen und politischen Gründen gegenüber den Medien im Nachteil, wenn die Lösung einer Geiselnahme (oder anderer Konflikte) internationales
Handeln erfordert. Der von den Medien unter dem Eindruck der eigenen globalen
Handlungsfähigkeit formulierte und daher politisch wirksame Anspruch an eine
Regierung lässt sich kaum einlösen. Er kann von ihr aber aktiv thematisiert und
durch glaubwürdige Darstellung ihres Handlungsrahmens relativiert werden."
(Buck 2006: 375)

Die Art und Weise, in der Medien mit Krisen und Konflikten umgehen und darüber Bericht erstatten, wird derzeit vom sogenannten *Kriegsjournalismus* beherrscht. Darunter
versteht man eine Berichterstattung, die den Krieg favorisiert und die gewaltorientiert,
propagandaorientiert sowie siegesorientiert verläuft. Im Rahmen des Kriegsjournalismus
macht Krieg Sinn und wird oftmals als die einzige Lösung für einen Konflikt präsentiert
(McGoldrick 2006: 2). Viele professionelle Journalisten und Journalistinnen halten sich

selbst für objektiv. Trotzdem lässt sich in der Berichterstattung insgesamt ein Muster erkennen, das zugunsten von Kriegen verzerrt ist. Als Erklärung dafür bieten sich die gängigen Konventionen für objektiven Journalismus an, auf die sich viele Herausgeber/-innen und Reporter/-innen berufen: die Bevorzugung offizieller Quellen und die dualistische Konstruktion von Geschichten und Ereignissen. Werden Konflikte so dargestellt, können gewaltsame, reaktive Antworten vom Publikum überbewertet und friedliche, entwicklungsartige Reaktionen unterbewertet werden (McGoldrick 2006: 1).

Friedensjournalismus versucht, diese Konventionen und ihre regelmäßig zu beobachtenden negativen Folgen bewusst zu sprengen:

> „Friedensjournalismus stellt einen mutigen Versuch dar, die Rolle von Journalisten, die über Konflikte berichten, neu zu definieren und sie zu rekonstruieren. Als neues Forum des Wissens baut Friedensjournalismus auf verschiedenen Theorien und Disziplinen auf, um seine Gültigkeit und Anwendbarkeit zu stärken. Eine Hauptquelle, auf die sich Friedensjournalismus stützen kann, um sowohl seinen analytischen als auch seinen normativen Anspruch abzusichern, ist die Konflikttheorie. Dieser Artikel zeigt, wie verschiedene Erkenntnisse der Konflikttheorie Friedensjournalismus transparenter und zu einem wirkungsvollen Werkzeug in der Hand von Reportern und ihren Lesern machen können, um die Sinnlosigkeit von Konflikten zu realisieren und deren Lösung herbeizuführen. Noch spezifischer behandelt dieser Artikel die Vorstellung der Medien als dritte Partei in Konflikten. Die dritte Partei fungiert als Moderator der Kommunikation bzw. als Vermittler oder Schlichter zwischen den zwei rivalisierenden Parteien. Wir behaupten, dass Friedensjournalismus als dritte Partei die Chancen für Lösung und Versöhnung am besten erhöhen kann, indem er die Normen und Gewohnheiten der Konfliktberichterstattung ändert."
> (Peleg 2006: 1)

Weder lösen Medien einen Krieg aus, noch können sie ihn beenden. Aber Medienkommunikation kann in Prozesse sozialer Kommunikation und gesellschaftlichen Wandels positiv (und auch negativ) verstärkend eingreifen. Medienwirkung ist jedoch stets multikausal und langfristig. In Hinblick auf Krisenprävention und Konfliktbearbeitung erfordert sie deshalb eine institutionelle Absicherung in Form einer kontroversen Öffentlichkeit, der Möglichkeit zu Vielfalt und Pluralismus, entsprechendem Medienrecht und journalistischen Ethikkodizes. Es wird außerdem empfohlen, sich insbesondere mit Medienprojekten im präventiven Bereich zu profilieren, da sie bislang kaum durchgeführt werden, grundsätzlich auf Nachhaltigkeit angelegt sind, eher im Bereich der Infrastruktur als der Nothilfe liegen und einfacher zu verwirklichen sind als Medienprojekte während eines oder nach einem Krieg/Konflikt. Präventive Projekte haben den methodischen Nachteil, dass man im Nachhinein nicht eindeutig feststellen kann, ob gerade sie die Verschlimmerung eines Konfliktes verhindert haben; aber sie weisen den Vorteil auf, dass man sich im Vorfeld eines manifesten Konfliktes bewegt, also bei weitem weniger falsch machen kann als in der Hektik und Dynamik eines manifesten Konfliktes oder unter den schwierigen Bedingungen der Lage nach einem Konflikt (Becker 2004: 1).

4.5.3 Public diplomacy

Obwohl schon lange nicht mehr ein ausschließlich auf die USA bezogenes Phänomen, nahm *public diplomacy* doch dort ihren Ausgang und wurde und wird von der Regierung der USA besonders prononciert genutzt. Das US Department of State (Außenministerium) definiert *public diplomacy* als „government-sponsored programs intended to inform or influence public opinion in other countries" (www.publicdiplomacy.org/1.htm). Im Gegensatz zu solchen politischen Begriffsbestimmungen legen fachliche Definitionen den Schwerpunkt nicht auf die informationsstrategische Beeinflussung der Meinungsbildung in anderen Öffentlichkeiten als der eigenen, sondern auf die an Öffentlichkeiten in anderen Staaten gerichtete Vermittlung und Erläuterung der eigenen politischen Ziele und definieren *public diplomacy* dementsprechend als „a government's process of communicating with foreign publics in an attempt to bring about understanding for its nation's ideas and ideals, its institutions and culture, as well as its national goals and current policies" (Tuch 1990: 3).

Während das Prinzip öffentlicher Diplomatie schon nach dem Ersten Weltkrieg schlagend geworden war, wurde der Ausdruck *public diplomacy* erstmals im Jahr 1965 von Edmund Gullion benutzt, einem Diplomaten, der später als Dekan an der Fletcher School of Law and Diplomacy an der Tufts University in Massachusetts tätig war. Er vertrat die Auffassung, dass *public diplomacy*

„deals with the influence of public attitudes on the formation and execution of foreign policies. It encompasses dimensions of international relations beyond traditional diplomacy [...] [, including] the cultivation by governments of public opinion in other countries; the interaction of private groups and interests in one country with those of another [...] [and] the transnational flow of information and ideas."
(zitiert nach Wolf/Rosen 2004: 3)

Regierungsbemühungen, zwischen *public diplomacy* und *Propaganda* zu unterscheiden, sind nicht immer erfolgreich. Die Trennlinie wird dabei zwischen der Kommunikation von nachvollziehbaren Fakten im Rahmen von *public diplomacy* und der Kombination von Fakten mit Unwahrheiten und Lügen im Rahmen von Propaganda gezogen (Wolf/Rosen 2004: 3). Im Gegensatz zu „offizieller" oder „herkömmlicher" Diplomatie, die in elitärem Diplomaten- und Regierungsumfeld betrieben wird und nach außen hin fast nicht in Erscheinung tritt, ist *public diplomacy* transparent, weit gestreut und offen zugänglich (Wolf/Rosen 2004: 4). Sie steht insofern in der Tradition öffentlicher Diplomatie vor allem im Sinne der Forderungen des US-Präsidenten Wilsons in seinem 14-Punkte-Plan von 1918 (→ Kapitel 2.7: 31). Im Unterschied dazu ist jedoch die besondere Sender-Adressaten-Beziehung von *public diplomacy* zu beachten: „Während herkömmliche Diplomatie die Kontaktebenen Regierung–Regierung und Diplomat–Diplomat umfasst, verlagert sich der Schwerpunkt bei *public diplomacy* auf die Ebenen Regierung–Bevölkerung (des anderen Landes) und in weiterer Folge Bevölkerung–Bevölkerung" (Signitzer 1998: 496). Ein Beispiel dafür sind ausgewählte Bevölkerungen anderer Staaten, die positiv gegenüber dem *public diplomacy* betreibenden Staat gestimmt werden sollen. Im Fall der USA sind dies beispielsweise Länder im Mittleren Osten oder in der muslimischen Welt im Allgemeinen. Eine weitere Unterscheidungslinie ergibt sich in Bezug auf die behandelten Themen. Während sich herkömmliche Diplomatie vor allem mit den Handlungen und Politiken von Regierungen beschäftigt, richtet sich *public diplomacy* auf die Handlungen und Haltungen von Öffentlichkeiten und Bevölkerungen (Wolf/Rosen 2004: 4).

Auch aus politikwissenschaftlicher Analysesicht unterteilt man die Funktionen von *public diplomacy* am besten in zwei Bereiche: die politische Information (Persuasion) und kulturelle Kommunikation (Verständigung). Die *Persuasionsstrategie* versucht ausländische Teilöffentlichkeiten zur Beeinflussung ihrer eigenen Regierungen zu bewegen. Hierbei wird – meist kurzfristig – versucht, das Handeln oder die Position der eigenen Regierung in einer bestimmten Situation zu erklären oder zu verteidigen. Beispielhaft wäre eine Pressekonferenz, in der ein Regierungsvertreter des *public diplomacy* betreibenden Staates sich bemüht, der Öffentlichkeit eines anderen Staates den Standpunkt seiner Regierung in einer strittigen Frage zu erläutern. Die *kulturelle Kommunikation* hingegen versucht auf langfristiger Basis, das interkulturelle Verständnis zwischen Staaten zu verbessern und die Gesellschaft des *public diplomacy* betreibenden Staates in ein positives Licht zu rücken. Dazu dienen zum Beispiel Studierendenaustauschprogramme, die Teilen der ausländischen Öffentlichkeit die Möglichkeit geben, das Gastland vertieft kennenzulernen und bei der Rückkehr in ihr Heimatland das Verständnis für Handlungen und Positionen der Gastnation zu verbessern (Signitzer 1998: 497).

Vor allem das US State Department hat das Internet in seinen öffentlichkeitsdiplomatischen Bemühungen, das Denken und Fühlen der arabischen und islamischen Welt für sich zu gewinnen, in den letzten Jahren intensiv genutzt (Ibahrine 2005: 83). Der seit dem 11. September 2001 infolge unterschiedlicher Auffassungen über die Beziehungen zwischen Arabern und Amerikanern immer größer gewordene „public diplomacy divide" hat zu einem enormen Spannungsverhältnis zwischen den beiden Seiten geführt, und die amerikanische Diplomatie erkannte, dass „es nicht länger genügt, die Politik 200 Meinungsführern zu erklären" (Ibahrine 2005: 83).

Aus diesem Grund wurden die Handlungen der USA infolge der Anschläge des 11. September auf der Webseite des State Department dargelegt und begründet. Da jedoch damit nicht unbedingt automatisch auch die Glaubwürdigkeit der amerikanischen Außenpolitik in der islamischen Welt stieg, versuchten die USA die Glaubwürdigkeit des aufstrebenden arabischen Fernsehsenders Al-Jazeera, der ein breit gefächertes und weitreichendes Publikum in der arabischen und islamischen Welt besitzt, zu nutzen und schickten hochrangige Politiker zu Interviews mit Al-Jazeera. Im Jahr 2001 startete Aljazeera.net, die Website des Senders, im März 2003 folgte die englische Version, die im Zuge des Irakkrieges schnell als alternative Informationsquelle zu amerikanischen und europäischen Medien starke Aufmerksamkeit anzog. Der Versuch, Al-Jazeeras Glaubwürdigkeitsvorsprung für die amerikanische *public diplomacy* einzusetzen, scheiterte, da der Sender entgegen den Redaktionsrichtlinien des Weißen Hauses auch Material verbreitete, das die amerikanische Intervention im Irak negativ darstellte. Neben diplomatischen Interventionen sollen die USA versucht haben, die für sie ungünstige Berichterstattung auf Al-Jazeera und Al-Jazeera.net durch Cyberattacken und auch durch den Beschuss von Al-Jazeera-Büros in Bagdad, Kabul und Basra im Rahmen der Irakinvasion 2003 zu beeinflussen bzw. abzustellen (Ibahrine 2005: 84-91). Somit bestätigt sich offensichtlich:

„Auch dass sich die Massenmedien sowohl in der Eigengesetzlichkeit ihrer Produktionsweise als ebenso in ihren Kontrollstrukturen dem Zugriff von Organisationen (auch Staaten) weitgehend entziehen, aber zugleich von diesem via Presse- und Medienarbeit als Quellen abhängig sind, gehört für den Public-Relations- und Public-Diplomacy-Praktiker zum alltäglichsten Erfahrungsfundus. So dürfte gleichfalls für Staaten in der internationalen Arena (und übrigens auch für nichtstaatliche Organisationen) der etwas zynische und missverständliche Praktiker-Merksatz eine gewisse Gültigkeit haben: ‚Wichtiger als die Frage, wie die Medien mich manipulieren können, ist die Frage, wie ich die Medien manipulieren kann!'" (Signitzer 1998: 503)

5 Handlungsfelder der internationalen Politik

5.1 Außenpolitik und Diplomatie

5.1.1 Definition und Begriffsgeschichte

Außenpolitik ist die Politik eines Staates gegenüber seiner Umwelt. Der Beginn der Außenpolitik ist unmittelbar mit der Entstehung des Nationalstaates verbunden. Das Konzept des Nationalstaates ermöglichte eine Trennung der eigenen, sprich nationalen, von fremden, d. h. ausländischen Interessen. Ziel der Außenpolitik war nun, eigene gegenüber fremden Interessen durchzusetzen:

> „Mit und in Außenpolitik nimmt die im souveränen Nationalstaat organisierte Gesellschaft ihre allgemeinpolitischen, wirtschaftlichen, militärischen und soziokulturellen Interessen gegenüber ihrem internationalen Umfeld wahr." (Seidelmann 2004b: 1)

Unter Außenpolitik im engen (klassischen) Sinne versteht man somit die Handlungen (oder Unterlassungen) eines Staates gegenüber seinem Umfeld unter Wahrung der eigenen Interessen. Im weiteren Sinne sind unter Außenpolitik auch die Aktivitäten eines Staates in internationalen Organisationen zu verstehen. Dadurch wird Außenpolitik nicht nur vom eigenen politischen System, sondern auch von anderen Akteuren des internationalen Systems abhängig. Die Folgen dieser Charakteristik von Außenpolitik sind einige besondere Merkmale (Pelinka 2004: 172f.):

* Außenpolitik wird im Wesentlichen von der Exekutive dominiert. Judikative und Legislative haben einen deutlich geringeren Einfluss auf die Gestaltung der Außenpolitik.
* Die Notwendigkeiten der Außenpolitik haben zur Entwicklung eines eigenen Berufsbeamtentums (Diplomatie) geführt, das schließlich eine gewisse Eigendynamik entfaltet hat. Diese Eigendynamik hat ihre Ursache aber auch darin, dass neben der Diplomatie eine große Bandbreite an Instrumenten staatlichen Außenwirkens besteht (z. B. militärische, geheimdienstliche, ökonomische, kulturelle usw.).

- Da es im internationalen politischen System keine übergeordnete, d. h. über den Staaten stehende Autorität mit einer dem innerstaatlichen Gewaltmonopol vergleichbaren Durchsetzungskompetenz gibt, unterliegt Außenpolitik grundsätzlich weniger (rechtlich verfassten) Regelungen als Innenpolitik. Zu beachten ist jedoch, dass im Rahmen des Völkerrechtes gewisse Normen und Regeln entwickelt wurden, die von der nationalen Politik nur sehr schwer zu beeinflussen sind.

- Darüber hinaus ist die Außenpolitik eines Staates tendenziell von einem nationalen Konsens getragen, was darauf hindeutet, dass Außenpolitik grundsätzlich weniger kontrovers ist als verschiedene Bereiche der Innenpolitik. Nicht zuletzt besteht in der Außenpolitik meist auch ein Defizit an Öffentlichkeit und demokratischer Kontrolle.

Zusammenfassend ist Außenpolitik somit (in unterschiedlichem Ausmaß) von drei Determinanten bestimmt: den innerstaatlichen Rahmenbedingungen (außenpolitische Infrastruktur), den Trägern außenpolitischer Entscheidungen und der internationalen Umwelt (Schellhorn 1986: 181).

Das heutige Verständnis von Außenpolitik unterscheidet sich grundlegend von den früheren Formen zwischenherrscherlicher Beziehungen. Die Wurzeln der Außenpolitik wie wir sie heute kennen reichen zurück bis zur Entstehung des neuzeitlichen Territorialstaates (dazu: Krippendorff 2000; → Kapitel 5.1.1: 115–117): Erst durch die gegenseitige Anerkennung von Staaten wurde Außenpolitik zu Außenpolitik. Als der „Erfinder" und erster Vertreter moderner Außenpolitik gilt der französische Kardinal Richelieu (1585–1642). Er begann die Welt als politische Landkarte zu sehen und die Machtpotenziale anderer Staaten topographisch zu ordnen – die Geburtsstunde der modernen Geopolitik. Von nun an begannen außenpolitische Akteure (Staaten wie Personen) Landkarten zu studieren und tun dies bis heute (z. B. Brzezinski 2004). Obwohl die Unterscheidung zwischen Innen- und Außenpolitik später datiert, ist sie ebenfalls bereits bei Richelieu anzusetzen. Für ihn war Außenpolitik die Weiterführung der Innenpolitik mit anderen Mitteln, ganz im Dienste der *raison d'état* – was heute mit dem Begriff *nationales Interesse* umschrieben wird.

Von der Geopolitik war auch ein außenpolitisches Konzept vorgegeben, das insbesondere während der Zeit des Kalten Krieges wieder an Aktualität gewann: „Die Feinde meines Feindes sind meine Freunde". Dieses Prinzip lag etwa der außenpolitischen Praxis der USA bei der Unterstützung antikommunistischer Regime zugrunde. Die Wurzeln des Konzeptes des *Machtgleichgewichtes* (→ Kapitel 2.1: 15–17, 2.3: 19–22, 2.4: 22–25, 7.2.2: 190–193) liegen ebenfalls in der Zeit Richelieus, die durch flexible Bündnisbildungen, um die Vorherrschaft eines einzelnen Staates zu verhindern, gekennzeichnet war. Die Landkarte als Ausgangspunkt für die außenpolitische Praxis wurde von nun an vor allem vor dem Hintergrund der internationalen Machtverhältnisse gelesen und die außenpolitischen Aktivitäten danach ausgerichtet. Noch bis weit in den Kalten Krieg hinein waren die außenpolitischen Konzepte maßgeblich vom geostrategischen Macht- und Gleichgewichtsdenken geprägt (→ z. B. Kapitel 2.10: 40f.).

5.1.2 Außenpolitische Entscheidungsprozesse und Außenpolitikforschung

Generell wird unter einer *außenpolitischen Entscheidung* eine Wahl zwischen Handlungsalternativen vor dem Hintergrund des Bezugsrahmens der drei wesentlichen Determinanten (innerstaatlich, Entscheidungsträger/-innen, Umwelt) verstanden, wobei sich der (idealtypische) Ablauf eines außenpolitischen Entscheidungsprozesses aus folgenden Phasen zusammensetzt (Schellhorn 1986: 193f.): Zielfestlegung, Lagebeurteilung (Perzeption→ Umweltbild→ Urteil), Entwicklung von Handlungsalternativen (Optionen), Entscheidung (Wahl einer Option), Entscheidungsausführung (Aktion), Entscheidungskontrolle (Soll/Ist-Vergleich) und Entscheidungskorrektur (Mittel- und/oder Zielkorrektur, Neuplanung).

Einen Grundstein für die theoretisch fundierte *Außenpolitikforschung* (Neack/Hey/Haney 1995) legte James N. Rosenau (1971). Er stellte zunächst fest, dass die Untersuchung außenpolitischer Entscheidungsmechanismen einem Theoriedefizit unterlag. Deshalb führte er das theoretische Konzept des „Ereignisses" *(event)* ein, das ein sichtbarer und somit nachvollziehbarer Ausdruck des nationalen Bestrebens ist, außenpolitischen Einfluss geltend zu machen. Verträge, Staatsbesuche und Erklärungen sind Beispiele für solche *events*. Derartige Handlungen können durch Beobachtung kategorisiert und bewertet werden (z. B. durch die Wahl der Mittel). Die sich daraus ergebenden Generalisierungen sollen dann mithilfe von statistischen Auswertungen außenpolitische (Entscheidungs-) Prozesse erklärbar machen. Die Methode der statistischen Auswertung machte sich insbesondere die Forschungsrichtung *comparative foreign policy* zu eigen (z. B. Hudson/ Vore 1995). Hierbei wird versucht, unabhängige Variablen zu identifizieren und diese mit der außenpolitischen Praxis zu verknüpfen. Die Forschungsbilanz, insbesondere hinsichtlich der Prognosefähigkeit, fällt aber dürftig aus. Durch eine vergleichende Außenpolitikuntersuchung auf der Metaebene allerdings können auch Fragen an die internationale Politik gestellt und beantwortet werden. Ein Beispiel dafür ist die vergleichende Untersuchung der Außenpolitiken der EU-Mitgliedstaaten gegenüber den USA angesichts des Irakkrieges 2003 (z. B. Stahl 2006).

Einen grundlegend anderen Weg bietet die Untersuchung von Außenpolitik über den Prozess der Entscheidungsfindung *(decision-making)* und die an der Entscheidung beteiligten Akteure (Snyder/Bruck/Sapin 1962). Hierbei werden verschiedene Forschungszweige zusammengeführt. Dazu gehört zum Beispiel die (Sozial-)Psychologie (→ Kapitel 8.5: 236–239), die unter anderem Gruppenentscheidungen untersucht (Janis 1972). Weiterhin prägend waren die Betrachtung des internationalen Systems als Input/Output-Modell (Deutsch 1973), das die Informationsströme analysiert, die zu Entscheidungen führen, oder die Untersuchung des organisatorischen und bürokratischen Rahmens, in dem Entscheidungen getroffen werden. Das Musterbeispiel hierfür ist die bereits erwähnte Untersuchung der Kubakrise von 1962 durch Allison (1971) (→ Kapitel 4.2: 89).

Da Allison am Beispiel der Kubakrise gezeigt hat, dass Entscheidungsprozesse in der Regel nicht rational ablaufen, findet die sozialpsychologische Untersuchung, welche Individuen gegenüber größeren Einheiten (wie etwa Staaten) den Vorzug gibt, immer größere Beachtung. Einzelne Individuen (Entscheidungsträger/-innen) sind sowohl „intern" (z. B. durch Wertvorstellungen) als auch „extern" (z. B. durch den kulturellen Hintergrund) vorgeprägt und können somit keine Entscheidungen jenseits des Kontextes, in dem sie agieren, treffen (Sprout/Sprout 1956). Die primär auf Individuen fokussierten Konzepte der Außenpolitikforschung fanden in Form von Konzepten wie *operational code* und *cognitive map* sowie durch die Untersuchung von Wahrnehmungsmustern (Perzeptionen) und Vorstellungsbildern *(images)* eine rege Weiterentwicklung (→ Kapitel 4.2: 87–89, 8.5: 236–239).

5.1.3 Traditionelle Diplomatie

„Diplomatie ist jede Art der außenpolitischen Zielverwirklichung und Interessensvertretung im internationalen Rahmen durch Kommunikation, insbesondere durch Verhandlungen mit anderen Völkerrechtssubjekten" (Schmied 1986: 196). Die Geschichte der modernen Diplomatie (Anderson 1993) ist, wie die der modernen Außenpolitik, mit der Entstehung des Nationalstaates verbunden. Ihre Wurzeln reichen bis in die Antike zurück. Geprägt ist die Entstehung der modernen Diplomatie aber von der Epoche des ausklingenden Mittelalters. Das 14. und 15. Jahrhundert waren gekennzeichnet von einer ansteigenden Vernetzung der Herrschaft, die über die Heiratspolitik hinauszugehen begann. Von nun an entwickelte sich Diplomatie als ein verstärkt eigenständiges Instrument der Außenpolitik in den internationalen (damals freilich regional beschränkten) Beziehungen. Es wurde somit begonnen, die Beziehungen als selbstreferenziell wahrzunehmen und „das Handeln der Akteure einem Systemzwang zu unterwerfen" (Kleinschmidt 1998: 63; → Kapitel 2.2: 19). Unter anderem wurde die Option Krieg von da an explizit als ein Mittel der Diplomatie verstanden und angewendet (Kleinschmidt 1998: 58); denn Aufgabe der Diplomatie war es zur damaligen Zeit nicht, Kriege zu verhindern, sondern den günstigsten Moment dafür zu finden, sie zu führen (Morgenthau 1996: 124).

Das Wort „Diplomatie" leitet sich vom griechischen Verb *diploun* ab, was so viel wie „falten" bedeutet. Die Reisepässe des römischen Imperiums bestanden aus gefalteten Metallscheiben, genannt „diploma". Aus diesen wiederum entwickelten sich dann die offiziellen Dokumente, unter anderem das Beglaubigungsschreiben der Botschafter und Botschafterinnen. Den Begriff Diplomatie verwendete im Jahr 1796 zum ersten Mal der englische Schriftsteller und Parlamentsabgeordnete Edmund Burke (Schmied 1986: 196).

Eine brauchbare Annäherung an das, was Diplomatie ist, bildet zunächst die Unterscheidung in eine Makro- und eine Mikroperspektive der internationalen Politik. Die *Makroperspektive* (methodologischer Kollektivismus) versucht die internationale Politik als Ganzes zu verstehen, die *Mikroperspektive* (methodologischer Individualismus) hingegen versucht internationale Politik aus den verschiedenen Perspektiven heraus (z. B. Akteure) zu begreifen. Hier ist klassischerweise auch die Diplomatie bzw. die Außenpolitik generell zu verorten.

Der Begriff Diplomatie wird vielfach synonym zu anderen, ähnlichen Begriffen verwendet. Dies kann in eher abstrakter Weise geschehen (Großmachtdiplomatie, Supermachtdiplomatie, Krisendiplomatie), aber auch konkret, insbesondere auf Staaten bezogen (z. B. britische Diplomatie). Tatsächlich bezieht sich Diplomatie jedoch sowohl auf die Makro- (z. B. Großmachtdiplomatie) als auch auf die Mikroperspektive (z. B. britische Diplomatie). Aus der Makroperspektive lässt sich Diplomatie als ein zentraler Prozess der Kommunikation in der internationalen Politik definieren. Spezifischer ausgedrückt wird Diplomatie hier als eine institutionalisierte Form (primär durch Kommunikation) der Konfliktprävention verstanden. Aus der Mikroperspektive heraus gesehen lässt sich Diplomatie eher als eine Methode denn als ein globaler Prozess verstehen. Diplomatie gemäß dieser Definition ist somit also nur ein Instrument zur Erreichung außenpolitischer Ziele.

Darüber hinaus lassen sich eher traditionelle und neuere Methoden der Diplomatie unterscheiden. Traditionelle, klassische Diplomatie wird tendenziell mit der spezifischen Diplomatieart eines bestimmten Staates (z. B. französisches System von Diplomatie) gleichgesetzt. Dennoch gibt es einige hervorstechende Eigenschaften der traditionellen Diplomatie, die auch für das Verständnis der neuen Diplomatie grundlegend sind. Diese können unter den Begriffen Struktur, Prozess und Agenda zusammengefasst werden (White 1997).

Die *Struktur* der traditionellen Diplomatie unterscheidet sich von den Anfängen der Diplomatie (in der Antike) zum einen durch die neuen Akteure (v. a. Staaten) und zum anderen durch die institutionalisierte Form von Diplomatie (Berufsbeamtentum, Ständige Vertretungen, Botschaften usw.). Festgestellt werden kann diese Form zum ersten Mal in den diplomatischen Aktivitäten der italienischen Stadtstaaten (z. B. Venedig). Traditionell waren die diplomatischen Beziehungen bilateral ausgerichtet. Durch diese bilateralen Beziehungen entwickelte sich auch ein Regelwerk und somit ein regulierter diplomatischer *Prozess*. Dies drückt sich bis heute etwa durch die Privilegien und die Immunität aus, die Diplomaten und Diplomatinnen genießen. Das ist zum einen damit zu erklären, dass den Diplomatinnen und Diplomaten (insbesondere den Botschafterinnen und Botschaftern), bedingt durch deren Vollmachten und Einfluss auf das gesamte politische System, eine zunehmend bedeutendere politische Rolle zukam. Die Autorität von Botschaftern und Botschafterinnen im Ausland wurde dadurch verstärkt, dass sie bis heute sowohl den Willen als auch die Macht ihrer Regierung vertreten. Dies führte neben der erwähnten Immunität zur rechtspolitischen (aber kontroversen) Auffassung, dass die jeweilige Residenz des Botschafters bzw. der Botschafterin exterritoriales Gebiet sei, also Hoheitsgebiet des vom Botschafter vertretenen Staates.

Die diplomatischen *Agenden*, also die zu verhandelnden Themen, sind bis heute unter dem Aspekt der Interessen der Regierung zu sehen. Der Diplomat bzw. die Diplomatin vertritt diese und versucht sie durchzusetzen. Zur Zeit des Konzertes der europäischen Mächte (→ Kapitel 2.5: 25–28) war dies relativ einfach: Zum einen, weil die Verhandlungen bilateral geführt wurden und noch nicht den heutigen Grad an Komplexität erreicht hatten, zum anderen, weil die maßgeblichen europäischen Mächte grundsätzlich dieselben Interessen vertraten (Stabilität, bedingt durch ein geostrategisches Gleichgewicht). Diplomatie trug daher in jener Zeit wesentlich zum Zeitalter des (relativen) Friedens (1815–1914) bei.

Trotz der Erfolge im 19. Jahrhundert gelang es der Diplomatie jedoch nicht, den Ausbruch des Ersten Weltkrieges zu verhindern. Grundlegende Veränderungen waren notwendig geworden, und mit dem Ende des Ersten Weltkrieges entstand im Umfeld von zwei zentralen Ideen eine ganz neue Form der Diplomatie. Zunächst leistete man in der Arbeitsweise der Diplomatie verstärkt der Aufforderung nach mehr Öffentlichkeit und demokratischer Kontrolle Folge. Zuvor war dies unter Verweis auf die Sicherheit des Staates stets abgelehnt worden, und Diplomatie war im Wesentlichen eine geheime Tätigkeit gewesen. Darüber hinaus entstand mit dem Völkerbund (→ Kapitel 2.7: 31f., 3.3: 58f.) die erste internationale Organisation, die als primäres Forum der Kriegsverhinderung oder jedenfalls der Schlichtungsbemühung zur potenziellen Kriegsverhinderung gedacht war. Für die Struktur von Diplomatie brachte das zwei grundlegende Änderungen mit sich: Auf internationaler Ebene waren Staaten zwar immer noch die wichtigsten, aber nicht mehr die einzigen Akteure; auf nationaler Ebene änderten sich die Zuständigkeitsbereiche der Regierung. War einst die Sicherheit die primäre Aufgabe des Staates, so erwuchsen ihm nun neue Aufgabenbereiche. Auf der Prozessebene wirkte sich das durch eine zunehmende Komplexität der diplomatischen Aktivitäten aus. Multilaterale Verhandlungen begannen die bilateralen abzulösen. Der Bereich der Agenden wurde ebenfalls breiter. Nicht mehr nur die *high politics* wie die Frage nach Krieg und Frieden standen im Vordergrund, auch die *low politics* wie ökonomische und soziale Themen gewannen an Bedeutung.

Während des Kalten Krieges hatten diplomatische Aktivitäten vor allem das Ziel der Verhinderung eines globalen Nuklearkrieges. Drei Schlagwörter charakterisierten diese diplomatische Ära: Nukleardiplomatie, Krisendiplomatie und Gipfeldiplomatie (White 1997). *Nukleardiplomatie* bezeichnet die Diplomatie zwischen den Nuklearmächten, zum Beispiel die Austarierung des Gleichgewichtes des Schreckens. *Krisendiplomatie* entwickelte sich aus den Versuchen, konkrete Krisen im Ost-West-Verhältnis (z. B. Kubakrise 1962) zu managen. *Gipfeldiplomatie* bezeichnet die direkte Kommunikation zwischen gegnerischen politischen Eliten in Krisenfällen, oft symbolhaft festgemacht am „heißen Draht" zwischen Washington und Moskau, der infolge der Kubakrise geschaffen wurde.

5.1.4 Neue Diplomatie und andere Instrumente der Außenpolitik

Nach dem Ende des Kalten Krieges setzte eine neue Phase der Diplomatie ein. Diplomatie musste noch mehr unter einem globalen Blickwinkel betrieben werden, was ihre Komplexität deutlich steigerte. Ihre Agenda ist umfassender geworden und mehr denn je nicht primär von der Innenpolitik bestimmt. Bedingt durch die fortschreitende Globalisierung (insbesondere Vernetzung) des internationalen politischen Systems haben sich nicht nur die Ziele, sondern auch die Mittel der Außenpolitik gewandelt. Die Charakteristika und Folgen von Außenpolitik sind heute verstärkt grenzüberschreitend, sie haben Auswirkungen, die über den Adressaten einer bestimmten Außenpolitik hinausgehen. Das wird unter anderem dadurch deutlich, dass sich Außenpolitik und Diplomatie vermehrt auch auf nichtstaatliches Verhalten und Akteure konzentrieren (z. B. „multilaterale Diplomatie"). Das Feld der Außenpolitik kann zusehends auch nicht mehr nur unter den drei klassischen Determinanten (außenpolitische Infrastruktur, Entscheidungsträger/-innen, Umwelt) betrachtet werden. Andere Faktoren wie etwa politische und strategische Kultur (→ Kapitel 5.5: 147f.) beeinflussen außenpolitisches Verhalten in einem immer größer werdenden Ausmaß (Lehmkuhl 2001).

Nationale Außenpolitik wird somit zum einen immer umfassender und tritt dadurch zum anderen immer mehr in Konkurrenz zu anderen Akteuren (internationalen Organisationen, transnationalen Konzernen oder nichtstaatlichen Akteuren wie z. B. Ärzte ohne Grenzen, Greenpeace usw. → Kapitel 4.3: 91–95, 4.4: 95–104). Damit verbunden ist auch eine schrittweise Erosion des staatlichen Monopols im Bereich der Außenpolitik. Gleichzeitig gilt es zu beachten, dass außenpolitische Ziele im 21. Jahrhundert leichter und mit mehr Nachdruck erreicht werden können, da auch entsprechende Instrumente (z. B. militärische) bereitstehen und Staaten wie zum Beispiel die USA willens sind sie einzusetzen. Darunter fallen zum Beispiel militärische Stärke, die oft mit Diplomatie kombiniert wird *(show of force)*, wirtschaftliche Instrumente (Wirtschaftshilfe oder Wirtschaftssanktionen) und subversive Aktivitäten (Propaganda, geheimdienstliche Tätigkeiten oder die Unterstützung von Rebellen). Aber auch öffentlichkeitswirksame *soft-power*-Instrumente werden verstärkt angewandt, wie es etwa das Konzept der *public diplomacy* (→ Kapitel 4.5.3: 111–113) zeigt. Dennoch bleibt Diplomatie, wenn auch in Kombination mit anderen außenpolitischen Instrumenten, ein effizientes Konzept: Zum einen, weil die diplomatischen Strukturen und Ressourcen bereits bestehen und in der Kommunikation geübt sind; zum anderen, weil Diplomatie eine relativ günstige außenpolitische Option ist (White 1997: 260f.).

5.2 Konfliktprävention, Konflikttransformation und humanitäre Intervention

Der Gedanke der Vorbeugung von Kriegen und der Absicherung von Friedensprozessen prägte bei internationalen Organisationen, Nichtregierungsorganisationen und nationalen Regierungen spätestens mit der vom damaligen UN-Generalsekretär Boutros-Ghali im Jahr 1992 vorgelegten *Agenda für den Frieden* (Boutros-Ghali 1992) die Diskussionen um die Neugestaltung von Sicherheits-, aber auch Entwicklungspolitik. Vor dem Hintergrund der Schockwirkung der jugoslawischen Sezessionskriege und des Völkermordes in Ruanda wurden Ende der 1990er-Jahre Stimmen laut, die einen Paradigmenwechsel von der vorherrschenden reaktiven Konfliktbearbeitung hin zu einer Kultur der Prävention forderten (Matthies 2000: 10). Gewaltkonflikte, Staatszerfall, Bürgerkriege und Hungersnöte, ethnische Säuberungen und Völkermord waren trotz Warnsignalen nicht erkannt worden. Die reaktive Krisenbearbeitung verursachte immense Summen für humanitäre Hilfe und Wiederaufbau. Damit wurde eine gravierende „Lücke" in der Sicherheits- und Entwicklungspolitik sichtbar, die sich erneut im Zusammenhang mit den Terroranschlägen vom 11. September 2001 zeigte: die Lücke zwischen *early warning* und *early action*. Zur Bewältigung dieser Lücke war auf politisch-strategischer Ebene die eindeutige Entscheidung zu Gunsten der Prävention zu treffen. Konfliktprävention und Friedenskonsolidierung erschienen als geeignete Konzepte, um auf sich verändernde Krisen- und Gewaltformen mit effektiven, nachhaltigen und kosteneffizienten Strategien zu reagieren.

Vor dem Hintergrund idealtypischer Verlaufsformen von Gewaltkonflikten hat sich in der internationalen Politik ein weitgefasstes dynamisches Verständnis von *Prävention* durchgesetzt (Überblick: Franken 2007; grundlegend Lund 1996). Die Carnegie Commission on Preventing Deadly Conflict (1997) unterscheidet drei grundlegende Phasen (siehe auch Matthies 2000: 33): erstens die Verhinderung des Entstehens gewaltträchtiger Konflikte überhaupt, zweitens die Verhinderung einer horizontalen und vertikalen Eskalation bereits existierender Gewaltkonflikte und drittens die Verhinderung des Wiederaufflammens bereits beendeter Gewalthandlungen. Prävention baut damit auf einem Kontinuum von Eskalations- und Deeskalationsprozessen auf und lässt sich in einem Präventionszyklus zusammenfassen (Matthies 2000: 139): Frühe Prävention *(Primärprävention)* umfasst die gewaltfreie Konfliktbearbeitung und versucht die Entstehung von Gewaltkonflikten generell zu verhindern. Späte Prävention *(Sekundärprävention)* verhindert die weitere Eskalation und Ausbreitung gewaltträchtiger Konflikte. Die kontinuierliche Prävention *(Tertiärprävention)* setzt in der Phase der Beilegung von Gewaltkonflikten ein und soll durch den Aufbau ziviler, demokratischer Strukturen einen Rückfall in die Gewalt verhindern. Ein Begriff für Tertiärprävention ist auch *peacemaking*, oft verwechselt mit *peace enforcement*, das aber als auch auf militärische Mittel gestützte Friedenserzwingung in den Maßnahmenbereich der Sekundärprävention fällt.

Die an erfolgreiche Tertiärprävention anschließende Konsolidierung eines dauerhaften Friedens nach einem bewaffneten Konflikt (*post-conflict peacebuilding* oder Friedenskonsolidierung) soll die strukturellen Ursachen des Konfliktes nachhaltig beseitigen und dessen Folgen bewältigen. Hier müssen die betroffenen Staaten bzw. Gesellschaften beim Aufbau geeigneter Mechanismen und Strukturen unterstützt werden (Matthies 2000: 35). Zunächst steht die Konsolidierung in einem engen sachlichen oder zeitlichen Zusammenhang mit dem vorangegangenen Gewaltkonflikt. Im Sinne eines Kreislaufgedankens kann Friedenskonsolidierung den Charakter einer neuerlichen Primärprävention annehmen. Vor diesem Hintergrund sollte insgesamt zwischen Prävention im engeren Sinne (Primär- und Sekundärprävention) und Prävention im weiteren Sinne (Tertiärprävention einschließlich *post-conflict peacebuilding* und Friedenskonsolidierung) unterschieden werden.

Unabdingbar für die Entwicklung präventiver Strategien ist jedenfalls die Kenntnis der Ursachen von Gewaltkonflikten und Kriegen; denn operative Ansatzpunkte für den Erfolg präventiven Handelns lassen sich nur durch fundierte und realistische Auffassungen über die tiefen Wurzeln und Hintergrundbedingungen gewaltträchtiger Gesellschaftsentwicklung finden (Matthies 2004: 424). Die Präventionsforschung unterscheidet verschiedene Kategorien von Konfliktursachen (Gardner 2002; Matthies 2000: 37–39): *Strukturfaktoren* (systemische Faktoren ebenso wie tief liegende gesellschaftliche und kulturelle

Konfliktgründe, sogenannte *root causes*) beschreiben dabei die tieferen Wurzeln und den Nährboden von Konflikten. Dies können unter anderem sein: Ungleichverteilung von individuellen und kollektiven Lebens- und Entwicklungschancen, Armut und unangemessene Allokation und Verteilung knapper Ressourcen oder mangelnde demokratische Legitimation politischer Herrschaft. Das Wirksamwerden sogenannter *Prozessfaktoren (accelerators, aggravating factors)* führt zur tatsächlichen Formierung von Gewaltkonflikten. Die politische Instrumentalisierung sozialer Unzufriedenheit, die Politisierung und Polarisierung ethnisch-kultureller Differenzen oder politischer Extremismus können solche Prozessfaktoren sein. *Auslösefaktoren (triggers)* sind schließlich solche Ereignisse, die unmittelbar Gewaltprozesse initiieren können. Die rapide Verschlechterung der wirtschaftlichen Verhältnisse, die damit einhergehende soziale Verunsicherung oder Entwicklungen im regionalen Umfeld (z. B. eine Invasion) werden als unmittelbare Auslösefaktoren genannt.

Das *Konfliktursachenmodell* von Miall (2004: 7f.) unterscheidet fünf Ebenen, die ursächlich für die Entstehung von Konflikten sein können: Die globale Ebene (weltweite Systemveränderungen, z. B. das Ende der bipolarisierten Blockstruktur des Kalten Krieges, die Globalisierung oder die Verschärfung des Nord-Süd-Gefälles), die regionale Ebene (*spill-over*-Effekte wie Flüchtlingsströme oder Proliferation von Waffen), die staatliche Ebene (soziale, ökonomische und politische Faktoren), die Konfliktparteien (Gruppendynamiken und Exklusion, d. h. sozialer Ausschluss) und die Eliten (Agitation und Massenmobilisierung). Das Modell verdeutlicht die Notwendigkeit eines multidimensional strukturierten Vorgehens zur Eindämmung gewaltsamer Eskalationen.

Die Auseinandersetzung mit dem Zusammenhang zwischen Kausalität und Prävention führte in der Friedens- und Konfliktforschung zu zwei grundlegenden Richtungen für präventives Handeln: strukturorientierte Prävention und prozessorientierte Prävention. Die *strukturorientierte Prävention (structural prevention* oder *deep prevention)* ist in einem zeitlichen Kontext zu sehen und setzt an den tiefgründigen Ursachen und Strukturen gewaltträchtiger gesellschaftlicher Entwicklungen an (Matthies 2000: 38; Ropers 1995: 211). Sie wird im Rahmen einer breit gefächerten globalen Struktur-, Entwicklungs- und Friedenspolitik umgesetzt und insbesondere durch die Europäische Union und die Organisation für wirtschaftliche Zusammenarbeit und Entwicklung (OECD) auf den Begriff der „strukturellen Stabilität" gebracht (Matthies 2004: 425), an dem sich aber auch das Entwicklungshilfeprogramm der Vereinten Nationen (United National Development Programme, UNDP → Kapitel 5.4: 141) zunehmend orientiert hat. Die *prozessorientierte Prävention (operational prevention* oder *light prevention)* hingegen soll auf zugespitzte, jedoch nicht oder nicht mehr durch Gewalt ausgetragene Konflikte deeskalierend einwirken.

Kennzeichnend für die Zeit nach dem Ende des Kalten Krieges waren die Bemühungen der internationalen Gemeinschaft, die destruktiven Folgen vorangegangener Kriege konstruktiv zu bewältigen und langfristig friedensfähige, soziale, ökonomische und politische Strukturen aufzubauen. Nach wie vor richtungsweisend für die friedliche Konfliktbearbeitung ist die *Agenda für den Frieden* (Boutros-Ghali 1992). Sie wurde 1992 im Auftrag des Sicherheitsrates der Vereinten Nationen vom damaligen UN-Generalsekretär Boutros Boutros-Ghali vorgelegt und leistete einen konzeptionellen Beitrag zur Debatte über das Konfliktregelungsinstrumentarium der Vereinten Nationen. Hiernach umfasst friedliche Konfliktbearbeitung vier Maßnahmenkomplexe: vorbeugende Diplomatie *(preventive diplomacy)*, Friedensschaffung *(peacemaking*, nicht zu verwechseln mit Friedenserzwingung, d. h. *peace enforcement)*, Friedenssicherung *(peacekeeping)* und Friedenskonsolidierung *(post-conflict peacebuilding)* (Boutros-Ghali 1992: § 20f.).

Eine umfassende und richtungsweisende Analyse der Fähigkeiten und Kapazitäten der UNO vor dem Hintergrund der sogenannten „vierten Generation" von Friedenseinsätzen (Kühne 2003: 718) stellt der unter der Federführung des damaligen algerischen Außenministers Lakhdar Brahimi ausgearbeitete und im Jahr 2000 vorgelegte „Bericht der Sachverständigengruppe für die Friedensmissionen der Vereinten Nationen" (der sogenannte *Brahimi-Bericht*) dar (Vereinte Nationen 2000). Er enthält Empfehlungen zur Beseitigung bestehender Defizite und zur Verbesserung der operativen Möglichkeiten der Vereinten Nationen und fordert konkrete Leistungen der Mitgliedstaaten ein (Sriram/Wermester 2002: 381–398).

Ebenso unter den weit verstandenen Begriff der Prävention gefasst wird die Einflussnahme externer Akteure (Drittparteien) auf den Verlauf inner- und zwischenstaatlicher Auseinandersetzungen (grundlegend: Bercovitch 1984). Konfliktregelung soll hier zur Deeskalation und Beilegung eines Konfliktes führen und Bedingungen für einen dauerhaften Frieden schaffen. Damit setzt erfolgreiche Prävention immer schon *Konflikttransformation* voraus, und zwar derart, dass Handlungskoordinaten und Problemwahrnehmung (Perzeption) der Akteure so verändert werden, dass der Konflikt entdramatisiert und einer Regelung zugänglich gemacht werden kann (Lederach 1995). Gefordert ist damit ein Konfliktmanagement, welches an der Feststellung und Beseitigung der Konfliktursachen ansetzt. Zugleich müssen Konfliktphasen präzise bestimmt und die Konfliktbeteiligten bekannt sein. In diesem Rahmen werden folgende Verfahren zusammengefasst:

• *Schiedsgerichtsbarkeit* als juristische Form der Konfliktbearbeitung, bei der sich die Konfliktparteien dem Schlichtungsspruch eines unabhängigen Gerichtes unterwerfen (Internationaler Gerichtshof).

- *Verhandlungen*, bei denen sich die Konfliktparteien mit oder ohne Vermittler zusammensetzen, um ihre Standpunkte zu klären (siehe dazu den Onlinekurs „Conflict Management and Negotiation" im Rahmen des International Relation and Security Network an der Eidgenössischen Technischen Hochschule Zürich, www.isn.ethz.ch/edu/el_content/all.cfm#confl_mngmnt).
- *Konsultation* umschreibt ein Verfahren, bei dem eine Gruppe mit speziellen Kenntnissen die Konfliktparteien während der Verhandlungen berät.
- *Mediation* (Bush/Folger 2005; Touval/Zartman 2001: 427–444) – hier werden direktive (aktive Rolle des Vermittlers durch inhaltliche Vorschläge oder Drängen auf Lösungsvorschläge) und non-direktive (Mediator bleibt in passiver Rolle und übt formelle Kontrolle über den Mediationsprozess aus) Formen unterschieden.

Konflikttransformation umfasst also die Idee, Konflikte im Zuge ihrer Entwicklungsdynamik so zu verändern, dass sie nicht (mehr) gewaltsam ausgetragen werden. Grundlegend werden fünf Typen der Konflikttransformation unterschieden (Miall 2004: 9-10): *Context transformation* versucht den Gesamtzusammenhang eines Konfliktes zu verändern (z. B. Veränderungen im internationalen oder regionalen Umfeld), *structural transformation* bezieht sich auf Veränderung der Konfliktstruktur (z. B. bei der Zusammensetzung der Akteure), *actors transformation* bezieht sich auf die Veränderung der Ziele und Handlungsgründe der beteiligten Akteure, *issue transformation* schließt sich hieran durch die Neuformulierung der Positionen der Konfliktparteien und damit auch die Veränderung der Streitfragen an, *personal changes* bezieht sich auf kognitive Transformation (Bewusstseinsveränderung) bei den Konfliktanführern/-anführerinnen. Hierbei versuchen externe Akteure, eine direkte Veränderung der führenden Konfliktpersönlichkeiten zu erreichen. Gesten der Versöhnung zum Beispiel sind Ausdruck einer solchen Veränderung (Mitchell 2000). Konflikttransformation involviert eine Breite an Akteuren des internationalen Systems: Staaten, internationale Organisationen, Entwicklungsorganisationen, Nichtregierungsorganisationen u. a. m.

Konflikttransformation kann darüber hinaus durch Veränderungen im *Beziehungszusammenhang* der Streitparteien herbeigeführt werden, und zwar immer dann, wenn ein Konflikt in seinem Sachkern nicht lösbar ist oder lösbar scheint. Hier lassen sich idealtypisch vier Prozessmuster unterscheiden, die Link (2004b: 371, zuerst 1980) aus dem Regelungswissen über die bipolarisierte Konfliktkonstellation des Kalten Krieges abgeleitet hat: Verdichtung der Beziehungen (Kooperation und Integration), Verminderung der Beziehungen (Regression und Abgrenzung), kämpferische Sprengung des Beziehungszusammenhanges zwecks Neugestaltung (Konfrontation, Revolution, Krieg) und Rückzug aus dem Beziehungszusammenhang (Isolation).

Eine besondere Bedeutung im Rahmen der Bewältigung regionaler Konflikte, Bürgerkriege und terroristischer Bedrohungen hat zu Beginn des 21. Jahrhunderts das Konzept
der *humanitären Intervention* erlangt (Abiew 1999; Fischer 2004; Hoffman 2001; Pape
1997). Im Grundsatz wird unter einer humanitären Intervention ein auf Gewaltmittel
gestütztes Eingreifen eines oder mehrerer Staaten in einem anderen Staat verstanden,
mit dem Ziel, dort Bevölkerungsteilen zu helfen, die durch besonders brutale Gewalt
in ihrer Existenz bedroht werden (Zangl 2004: 134). Dabei gibt es unterschiedliche In-
terventionsformen: Hilfslieferungen, die gegebenenfalls mit Gewalt zu schützen sind,
Embargomaßnahmen (z. B. Waffen-, Erdöl-, Luftverkehrs- oder Handelsembargo), Flug-
verbotszonen, Sicherheitszonen, um die Zivilbevölkerung vor Gewalthandlungen durch
die Konfliktparteien zu schützen, Luftschläge, um eine Konfliktpartei gegenüber einer
anderen zu schwächen, Besetzungen, bei denen Truppen unter anderem ein durch die
Konfliktparteien akzeptiertes Friedensabkommen gegebenenfalls mit Gewalt durchsetzen, und Invasionen, bei denen Truppen mit Gewalt in einen Staat eindringen, um dort
einen Konflikt gewaltsam zu beenden. Wichtig ist, den Begriff *Intervention* nicht von
vornherein mit militärischer Intervention (Invasion) gleichzusetzen; denn diese ist ein spezieller Fall von Intervention.

Humanitäre Interventionen gelten unter bestimmten Bedingungen – v. a. Vorliegen
massiver Gewalt, Erfolgsaussichten des Gewalteinsatzes gegen die Gewalt, Verhältnismäßigkeit der angewandten Gewaltmittel gegen die Gewalt und der möglichen Eskalati-
onsgefahren gegenüber den erstrebten humanitären Zielen – im Sinne einer Ultima Ratio
als moralisch zu rechtfertigen. Bezogen auf einzelne Interventionsfälle wird diskutiert,
inwieweit diese Bedingungen vorliegen und ob sie nach Würdigung aller Umstände eine
Intervention rechtfertigen (Crocker 2001: 229–248; Hoffmann 2001: 273–284). Eine moralische Rechtfertigung impliziert freilich keine völkerrechtliche Rechtfertigung. So sind
nach der klassischen Rechtsposition humanitäre Interventionen wegen des allgemeinen
Gewaltverbotes nach Artikel 2 Absatz 4 der UN-Satzung nicht zulässig. Die Lage hat
sich allerdings seit Beginn der 1990er-Jahre verändert (Pape 1997): Der Sicherheitsrat
der Vereinten Nationen sieht schwere Menschenrechtsverletzungen und humanitäre
Notlagen innerhalb von Staaten zunehmend als Bedrohung des Weltfriedens und der
internationalen Sicherheit an (Abiew 1999: 99; Hansen 2004: 135; Mills 1998: 131).
Richtungsweisend ist hier die sogenannte „Kurdenresolution" (Sicherheitsratsresolution
688 aus dem Jahr 1991), durch welche die Unterdrückung der kurdischen Bevölkerung
im Irak aufgrund wachsender Flüchtlingsströme in die Nachbarstaaten als Bedrohung
des Weltfriedens klassifiziert wurde. In den Fällen Ruanda und Haiti wurden militärische
Interventionen aufgrund innerstaatlicher Ereignisse im Ausmaß eines Völkermordes vom
UN-Sicherheitsrat autorisiert (Hobe/Kimminich 2004: 273). Die Autorisierung dieser Inter-

ventionen durch den Sicherheitsrat unter Verweis auf eine Bedrohung des Weltfriedens stellen eine qualitative Ausweitung des Handlungsbereiches der Friedenssicherung durch die Vereinten Nationen dar (Hansen 2004: 135).

Eine weitere Dimension humanitärer Interventionen ist infolge der Terroranschläge des 11. September 2001 entstanden (dazu: Conte 2005): Vom UN-Sicherheitsrat wurde das Recht der USA auf individuelle und kollektive Selbstverteidigung gemäß Artikel 51 UN-Satzung in Reaktion auf die Terroranschläge (die, völkerrechtlich nicht unstrittigerweise, vom Sicherheitsrat als „bewaffneter Angriff" im Sinne dieses Artikel 51 bewertet wurden) als Interventionsgrund in Afghanistan und als juristische Grundlage für die Ausnahme vom allgemeinen Gewaltverbot bestätigt. Problematisch ist jedoch die militärische Intervention im Rahmen von Prävention, die völkerrechtlich nach wie vor nicht gedeckt ist. So hat der Irakkrieg (2003), der von den USA und ihren Verbündeten ohne Sicherheitsratsmandat geführt wurde, zu Kontroversen und einem Neuaufflammen der Debatten um das Konzept der Konfliktprävention geführt.

5.3 Internationale Wirtschaftsbeziehungen

5.3.1 Definition und Einleitung

Die internationalen Wirtschaftsbeziehungen (Überblicke aus politologischer Sicht: Gilpin 1987; Schirm 2007), oftmals auch als Außenwirtschaftslehre bezeichnet, sind ein Teilgebiet der Volkswirtschaftslehre und befassen sich unter Anwendung von Aussagen, Theorien und Modellen der Mikro- und Makroökonomie mit dem grenzüberschreitenden Verkehr von Waren, Dienstleistungen, Personen und Kapital. Die heute in modernen Lehrbüchern (z. B. Koch 2006; Krugman/Obstfeld 2006) gängige Einteilung unterscheidet drei Teilbereiche der internationalen Wirtschaftsbeziehungen: die *reale (güterwirtschaftliche) Theorie*, die *monetäre Theorie* und die *Theorie wirtschaftlicher Integration*. Während ursprünglich die reale Außenwirtschaft, welche sich mit dem Außenhandelsmarkt (Import und Export) befasst, den Kern der internationalen Wirtschaftsbeziehungen bildete, gewannen die monetären Aspekte (Devisenmärkte, Wechselkurse usw.) in den vergangenen fünf Jahrzehnten stark an Bedeutung. Hauptgrund dafür sind die nach dem Zusammenbruch des Bretton-Woods-Währungssystems und der damit verbundenen Neuausrichtung der internationalen Wechselkurse immer bedeutender gewordenen Weltfinanzmärkte.

Bedingt durch die Anforderungen der Globalisierung und der damit verbundenen Intensivierung internationaler Wirtschaftsbeziehungen wird seit den 1990er-Jahren verstärkt nach einer Integration der Bereiche reale Außenwirtschaft und monetäre Außenwirtschaft gesucht. Diesem Ansinnen trägt die Theorie der wirtschaftlichen Integration Rechnung; denn sie verknüpft diese beiden ineinandergreifenden Aspekte internationaler Wirtschaftsbeziehungen.

5.3.2 Reale (güterwirtschaftliche) Außenwirtschaftstheorie

Die reale (güterwirtschaftliche) Theorie versucht die Gründe für Außenhandel zu erklären. Diese liegen einerseits in der Nichtverfügbarkeit von Gütern (beispielsweise importieren viele mitteleuropäische Staaten exotische Früchte, die hierzulande nicht gedeihen), andererseits in besonderen gesellschaftlichen Präferenzen (beispielsweise Parmesan aus Italien) oder aber in unterschiedlichen Kostenvorteilen. Während Adam Smith annahm, dass Außenhandel nur bei absoluten Kostenvorteilen lohnend sei, revidierte David Ricardo diese Ansicht und sah den Außenhandel auch dann noch als profitabel an, wenn die komparativen Kostenvorteile ausgenützt würden (Schirm 2007: 28f.). All diese Überlegungen folgen der Annahme, dass Außenhandel – sofern ein Güteraustauschverhältnis *(terms of trade)* gefunden wird, von dem sowohl Importeur als auch Exporteur profitieren – durch die zunehmende Spezialisierung die Wohlfahrt aller beteiligten Volkswirtschaften erhöht (Krugman/Obstfeld 2006: 28).

Ein gewichtiger Kritikpunkt an solchen Ansätzen ist, dass sie auf Annahmen beruhen, welche in der wirtschaftlichen Realität nur sehr schwer bzw. gar nicht erfüllbar sind. So sind beispielsweise Produktionsfaktoren wie Arbeit/Arbeitskraft durch ihre Koppelung an bestimmte Fähigkeiten äußerst unflexibel in ihrer Einsetzbarkeit: Ein Landwirt kann nicht ohne Probleme plötzlich als IT-Fachkraft arbeiten, nur weil sein Heimatland im IT-Bereich über Kostenvorteile verfügt. Aus entwicklungspolitischer Sicht stellt auch die stark zunehmende Spezialisierung auf bestimmte Exportgüter ein Problem dar; denn es besteht die Gefahr, dass sich ein Land zu sehr auf ein Produkt beschränkt und dadurch in Abhängigkeit von den Abnehmerländern gerät. In vielen Entwicklungsländern führt Überspezialisierung (zum Beispiel auf Kaffee, Bananen, Baumwolle usw.) zu einer enormen Abhängigkeit vom Weltmarkt.

Aus dem Blickwinkel der internationalen Politik stellen Handelspolitik und protektionistische Maßnahmen ein weiteres Problem dar; denn obwohl der Theorie der komparativen Kostenvorteile zufolge freier globaler Handel zum Wohle aller Staaten beitragen sollte, gibt es immer wieder Beispiele dafür, wie einzelne Nationalstaaten versuchen, mit protektionistischen Maßnahmen den freien Handel zu behindern. Die Gründe liegen oftmals in den nur unbewusst wahrgenommenen Vorteilen (beispielsweise sind Bananen im heimischen Supermarkt selbstverständlich) und den demgegenüber überproportional wahrgenommenen Nachteilen (beispielsweise die Schließung nicht mehr konkurrenzfähiger Industrien und die damit verbundenen Massenentlassungen). Bei den Instrumenten strategischer Handelspolitik unterscheidet man tarifäre Beschränkungen wie Zölle, mengenmäßige Beschränkungen oder Exportsubventionen und nichttarifäre Beschränkungen wie diskriminierende Vorschriften für Ausländer, rechtliche Normen oder bürokratische Regelungen (Gebühren, Zuschläge, Subventionen auf heimische Produkte usw.), welche den freien Handel behindern und so den Import erschweren.

5.3.3 Monetäre Außenwirtschaftstheorie

Im Gegensatz zur realwirtschaftlichen Theorie, welche sich mit dem Austausch von Gütern und Dienstleistungen beschäftigt, stehen in der Theorie der monetären Außenwirtschaft die zugehörigen Geldströme im Mittelpunkt. Die internationalen Geld- und Kapitalströme werden in der Zahlungsbilanz der einzelnen Staaten abgebildet, welche insgesamt stets ausgeglichen ist, da sämtliche entstehenden Ungleichgewichte durch die jeweilige Zentralbank ausgeglichen werden, deren Devisenreserven sich dann entsprechend verändern (Krugman/Obstfeld 2006: 365–398, 573–584). Ändern sich die Devisenreserven nicht, spricht man also von einer ausgeglichenen Zahlungsbilanz. Die Instrumente zum Ausgleich der Zahlungsbilanzen sind Zins und Wechselkurs (ebd.: 437–474).

Die Hauptannahme der monetären Außenwirtschaftstheorie ist, dass der Außenhandel Angebot und Nachfrage auf den Devisenmärkten bestimmt. Durch den Erlös von Devisen können Exporteure diese anbieten, Importeure fragen sie zur Bezahlung der Importe nach. Solange sich die Wechselkurse frei nach Angebot und Nachfrage regeln, haben sie einen Einfluss auf die Zahlungsbilanz und halten so die positiven und negativen Abweichungen in der Zahlungsbilanz in Grenzen. Dieser hier sehr vereinfacht dargestellte Mechanismus war der Grund dafür, dass nach dem Zusammenbruch des Bretton-Woods-Systems der Ruf nach flexiblen Wechselkursen laut wurde.

Dieses System war im Jahr 1944, also noch während des Zweiten Weltkrieges, zur Reorganisation der internationalen Währungsordnung auf der Konferenz von Bretton Woods (New Hampshire, USA) von 44 Staaten beschlossen worden, um ein möglichst stabiles Weltwährungssystem zu begründen. Ziel war die reibungslose und von Handelsbarrieren befreite Abwicklung des Welthandels bei festen Wechselkursen, basierend auf dem US-Dollar als Leitwährung (Gilpin 1987: 160). Der Dollar war gegenüber dem Gold auf 35 US-Dollar je Unze festgelegt (Goldstandard), und die US-Zentralbank verpflichtete sich, Dollar in Gold einzulösen. Während die USA ihre Währungs- und Geldpolitik frei gestalten konnten, hatten die anderen Mitglieder des Systems durch starre Wechselkurse gegenüber dem Dollar keinen Gestaltungsspielraum. Lediglich bei dauerhaften Ungleichgewichten konnten Staaten durch internationale Vereinbarungen *(realignments)* den Wechselkurs gegenüber dem Dollar anpassen. Gleichzeitig wurden auf der Bretton-Woods-Konferenz mit dem Internationalen Währungsfonds (International Monetary Fund, IMF) und seiner Schwesterorganisation, der Internationalen Bank für Wiederaufbau und Entwicklung (International Bank for Reconstruction and Development, IBRD) – oder kurz Weltbank – die wichtigsten weltfinanzpolitischen Institutionen gegründet.

Als die USA begannen, den Vietnamkrieg durch Erhöhung der Geldmenge zu finanzieren und dadurch zu viele Dollar in Umlauf gebracht wurden, konnten sie die Goldeinlösegarantie nicht mehr halten und waren zahlungsunfähig, als Frankreich im Jahr 1969 seine Dollarreserven in Gold einlösen wollte. Daraufhin kündigten die USA im Jahr 1971 ihre Verpflichtung, Dollar in Gold einzulösen, und im Jahr 1973 brach das Bretton-Woods-System schließlich zusammen (Gilpin 1987: 3). Als Reaktion darauf wurden alle Wechselkurse freigegeben und es kam in den 1980er-Jahren zur Dollarkrise. Infolgedessen wurden vermehrt andere Konzepte wie die Kaufkraftparität zur Festlegung der internationalen Wechselkurse herangezogen. In Europa entwickelte sich das bis zur Einführung des Euro am 1. Januar 1999 bestehende Europäische Währungssystem (EWS), in dem die damaligen EG-Staaten untereinander feste Wechselkurse vereinbarten. Die in Bretton Woods gegründeten Institutionen Internationaler Währungsfonds und Weltbank blieben jedoch erhalten.

5.3.4 Internationale wirtschaftliche Integration

Zur Erklärung der weltweiten Integration im Sinne einer verstärkten güterwirtschaftlichen und monetären Interaktion zwischen Staaten hat sich die sogenannte *Integrationstheorie* herausgebildet, welche die reale mit der monetären Außenwirtschaftslehre verbindet. Grundlegende Elemente der internationalen wirtschaftlichen Integration sind die Prozesse der Globalisierung an sich, die immer lauter werdende Kritik an dieser globalen Entwicklung sowie die Institutionalisierung der Wirtschaftsintegration durch die Gründung internationaler Organisationen. Die Globalisierung wird eigens behandelt (→ Kapitel 3.5: 68–77), daher werden hier lediglich die für die internationalen Wirtschaftsbeziehungen relevanten Institutionen erläutert. Die Ausprägung dieser Institutionen reicht von reinen Zollunionen und Freihandelszonen über Währungsunionen und Organisationen bis hin zu gemeinsamen Märkten.

Die 1994 gegründete *Welthandelsorganisation* (World Trade Organization, WTO, www.wto.org) ist eine internationale Organisation mit Sitz in Genf, die sich mit der Regelung von Handels- und Wirtschaftsbeziehungen beschäftigt. Ihr höchstes Organ ist die Ministerkonferenz der Wirtschafts- und Handelsminister, die mindestens alle zwei Jahre zusammentritt. Sie ist die Dachorganisation der Verträge *GATT* (General Agreement on Tariffs and Trade), *GATS* (General Agreement on Trade in Services) und *TRIPS* (Agreement on Trade-Related Aspects of Intellectual Property Rights). Die WTO verfolgt insgesamt gesagt eine Politik des Abbaus von Handelshemmnissen und des Aufbaus einer „umfassenden Welthandelsordnung" (Schirm 2007: 274). Ihr langfristiges Ziel ist der internationale Freihandel zur Erhöhung der Wohlfahrt aller teilnehmenden Volkswirtschaften.

Dafür vorrangig notwendig ist der Abbau von Handelshemmnissen und somit die Liberalisierung des internationalen Handels. Den Kern dieser Anstrengungen bilden die WTO-Verträge, die durch die wichtigsten Handelsnationen ausgearbeitet und unterzeichnet wurden. Der GATT-Vertrag selbst wurde am 30. Oktober 1947 abgeschlossen, als der Plan für eine Internationale Handelsorganisation (International Trade Organisation, ITO) nicht realisiert werden konnte, und trat am 1. Januar 1948 in Kraft. Das GATT von 1947 begründete somit keine internationale Organisation, sondern eine multilaterale völkerrechtliche Vertragsbeziehung, weshalb seine 23 Gründungsmitglieder als Vertragsparteien angesprochen wurden und nicht als Mitgliedstaaten. Alle derzeitigen 150 Mitglieder der Welthandelsorganisation sind automatisch Mitglied des GATT. Die gegenwärtig gültigen Verträge sind das Resultat der sogenannten Uruguay-Runde (1986-1994), in welcher auch der GATT-Vertrag überarbeitet wurde.

Rund zwei Drittel der 150 WTO-Mitglieder sind Entwicklungsländer, wobei die Einordnung in diese Kategorie auf Erklärungen der betreffenden Staaten beruht, die Teil der Beitrittsverhandlungen sind. Im Moment gelten darüber hinaus 32 WTO-Mitglieder nach der UNO-Definition als *least developed countries* (LDCs). Den Entwicklungsländern räumt die WTO besondere Rechte ein, so finanziert sie für deren Personalanteil beispielsweise Fortbildungsprogramme.

Allen im Rahmen der WTO geschlossenen Abkommen liegt eine Reihe gemeinsamer Prinzipien zugrunde:

- *Meistbegünstigung (Nichtdiskriminierung):* Handelsvorteile, die ein WTO-Mitgliedstaat einem anderen Staat gewährt, muss er allen anderen WTO-Mitgliedstaaten ebenfalls gewähren.
- *Inländerbehandlung:* Ausländische Waren sowie deren Anbieter dürfen nicht schlechter behandelt werden als inländische. Für Dienstleistungen gilt dies nur, so-

fern die Staaten ihren Markt für den betreffenden Dienstleistungssektor geöffnet haben.

- *Transparenz:* Regelungen und Beschränkungen des Außenhandels müssen veröffentlicht werden.
- *Verschärfungsverbot:* Die Verschärfung von Handelshemmnissen ist unzulässig.
- *Liberalisierungsgebot:* Der Abbau von Handelshemmnissen wie Zöllen, bestimmten Kontingenten und bürokratischen Hürden muss vorangetrieben werden.
- *Verbot mengenmäßiger Beschränkungen:* Heimische Produzenten dürfen durch Zölle geschützt werden, aber nicht durch Importquoten oder völligen Ausschluss von Importen.

Kritisiert werden kann einerseits, dass die WTO beim Aufbau einer umfassenden Welthandelsordnung Menschenrechten, Sozialstandards und globalen Gerechtigkeitsideen keinen Eigenwert beimisst, sowie andererseits, dass sie keine kontrollierende Einbettung zum Beispiel in das System der Vereinten Nationen aufweist. Ein weiterer scharf kritisierter Aspekt ist, dass WTO-Mitglieder wie die EU (genauer gesagt die EG, die neben den EU-Staaten eine eigene WTO-Mitgliedschaft besitzt) oder die USA zwar von anderen Staaten Freihandel fordern, jedoch in Bezug auf ihre eigene Volkswirtschaft stark protektionistisch agieren, beispielsweise in Form von Agrarsubventionen. Globalisierungskritische NGOs brandmarken vor allem den gegenwärtigen ungerechten Handel, der Entwicklungsländern Liberalisierungen und Marktöffnungen vorschreibt. Die generelle Kritik ist jedoch, dass es die WTO bzw. das GATT-Abkommen nicht geschafft haben, weltweiten Freihandel zu etablieren, sondern dass asymmetrische Handelsbeziehungen zwischen den Industrienationen und den Entwicklungsländern nach wie vor auf der Tagesordnung stehen (exemplarisch für die fundamentale WTO-Kritik ist www.globalexchange.org/campaigns/wto).

Der *Internationale Währungsfonds (IWF)* (International Monetary Fund, IMF, www.imf.org) ist eine 1944 gegründete Sonderorganisation der Vereinten Nationen mit Sitz in Washington, D.C., zu deren Aufgaben die Förderung internationaler Zusammenarbeit in der Währungspolitik, die Förderung nachhaltiger Entwicklungshilfeprojekte durch *grants* (Darlehen) und *liabilities* (Haftungsübernahmen), die Ausweitung des Welthandels, die Stabilisierung von Wechselkursen (internationalen Finanzmärkten), die Kreditvergabe (auch kurzfristiger Natur, um Zahlungsdefizite auszugleichen), die Überwachung der Geldpolitik und die Bereitstellung technischer Hilfe zählen (Zanker 2006: 8). Dem IWF gehören 184 Staaten an, deren Stimmrecht vom Kapitalanteil abhängt. Die fünf einflussreichsten Mitglieder sind die USA, Japan, Deutschland, Frankreich und Großbritannien mit Nordirland. Mehrfach ist aus diesem Grund der Ruf nach einer Neuverteilung der Stimmrechte zugunsten der Entwicklungs- und Schwellenländer laut geworden (Zanker

2006: 8). Rund 2 700 Mitarbeiterinnen und Mitarbeiter aus 141 Ländern arbeiten beim IWF. Die Rechnungslegungseinheit des IWF ist das Sonderziehungsrecht (SZR), eine Art „Weltgeld" im Zahlungsverkehr der Zentralbanken.

Kommt ein Mitglied in Zahlungsschwierigkeiten, kann es beim IWF Hilfe in Form von Krediten in Anspruch nehmen. Diese sind jedoch an Bedingungen wie Kürzung der Staatsausgaben, niedrige Inflation, Steigerung des Exports oder Liberalisierung des Bankenwesens gekoppelt. Darüber hinaus können den Kreditnehmern Strukturanpassungsprogramme auferlegt werden, welche beispielsweise die Privatisierung von öffentlichen Einrichtungen, Elektrizitäts- und Wasserversorgung, Telekommunikation oder sogar die Entlassung von bestimmten Gruppen von Mitarbeitern vorsehen.

Waren bis zum Jahr 1977 Industrie- und Entwicklungsländer gleichermaßen Kreditnehmer des IWF, änderte sich dies schlagartig, als Großbritannien nach mehrfacher Abwertung des Sterling bestimmte Auflagen zur Inanspruchnahme eines IWF-Kredites (v. a. Verringerung der Sozialleistungen, Abschaffung von Importkontrollen) erfüllen sollte. Seit diesem Zeitpunkt hat keine Industrienation mehr einen Antrag auf IWF-Kredite gestellt; denn diese Einmischung in nationale (Wirtschafts-)Politik durch Regierungen anderer Staaten (insbesondere der USA) wird als sehr unangenehm betrachtet. Die zumindest teilweise verfehlte Kreditvergabepolitik, insbesondere auch während der Asienkrise 1997, und die damit verbundenen Eingriffe in die Souveränitätsrechte der Kreditnehmerländer haben das Vertrauen in den IWF in weiten Teilen seiner Mitgliedstaaten erschüttert (Zanker 2006: 8). Heutzutage hat der IWF den Ruf, die letzte Instanz zu sein, an die sich ein Staat wegen eines Kredites wenden sollte. Mehrfach wurde aus diesem Grund darauf hingewiesen, dass sich der IWF durch die Politik der Auflagen zur Kreditvergabe zu einer Kontrollinstanz der Wirtschaftspolitik der „Dritten Welt" durch die „Erste Welt" gewandelt habe. Für die langfristige Sicherung der Weltfinanzmärkte ist eine Reform des IWF von außerordentlicher Bedeutung. Schrumpft nämlich die Einfluss-Sphäre des IWF weiter, verliert die internationale Staatengemeinschaft ihr wirkungsvollstes Instrument zur Sicherung der Stabilität der Finanzmärkte (Zanker 2006: 26).

Die Kritik am IWF (dazu zusammenfassend: Schirm 2007: 271–273) bezieht sich darüber hinaus auf seine eben erwähnte Rolle in der Asienkrise 1997, wo seine Programme nicht zur Lösung, sondern zur Verschärfung der Probleme beigetragen haben. In den vergangenen Jahren ist deshalb eine Politik der Anhäufung von Währungsreserven in den asiatischen Ländern zu beobachten gewesen, da sie sich nach Kräften bemühen, vom IWF und dessen Art des finanzpolitischen Krisenmanagements unabhängig zu werden. In Bezug auf die Entwicklungsländer, die von den Krediten abhängig sind, wird der IWF wegen seiner Einflussnahme auf nationale Politik ebenfalls stark kritisiert. Die Forderung des IWF nach Privatisierungen und nach Liberalisierung des Kapitalverkehrs als Auflage für dringend benötigte Kredite ist vor allem auch Globalisierungsgegnern oder NGOs wie Attac Grund zur Fundamentalkritik an dieser Finanzinstitution: Da die Schuldnerländer meist nicht über Eigenkapital verfügen, um die Privatisierungen auf nationaler Ebene halten zu können, werden sensible Bereiche (z. B. Wasserversorgung, Bildungswesen) oftmals an internationale Investoren ausverkauft, die mehr Augenmerk auf ihre Rendite als auf die Bedürfnisse ihres Gastlandes legen.

Ebenfalls Washington, D.C. ist der Sitz der *Weltbankgruppe* (www.worldbank.org), einem Konsortium aus fünf Organisationen, die jeweils über eine eigene Rechtspersönlichkeit verfügen, jedoch einen gemeinsamen Präsidenten haben und – ebenso wie der IWF – Sonderorganisationen der Vereinten Nationen sind. Die Hauptorganisationen der Weltbankgruppe sind die Internationale Bank für Wiederaufbau und Entwicklung und die Internationale Entwicklungsorganisation. Der häufig gebrauchte Begriff „Weltbank" bezeichnet nur diese ersten beiden der fünf folgenden Organisationen der Weltbankgruppe:

- Internationale Bank für Wiederaufbau und Entwicklung, auch Weltbank (International Bank for Reconstruction and Development, IBRD, auch World Bank)
- Internationale Entwicklungsorganisation (International Development Association, IDA)
- Internationale Finanz-Corporation (International Finance Corporation, IFC)
- Multilaterale Investitionsgarantie-Agentur (Multilateral Investment Guarantee Agency, MIGA)
- Internationales Zentrum für die Beilegung von Investitionsstreitigkeiten (International Center for Settlement of Investment Disputes, ICSID)

Mitglieder bei der IBRD können nur Staaten werden, die bereits dem IWF angehören und alle damit verbundenen Verpflichtungen übernommen haben. Die Mitgliedschaft bei der IBRD ist wiederum Voraussetzung für den Beitritt zu den anderen vier Organisationen der Weltbankgruppe. Die Stimmrechte bei der IBRD (auch bei der IFC) sind wie beim IWF nach Anteilseigentum (finanzieller Beteiligung) verteilt, und ebenso wie beim IWF sind die USA, Japan, Deutschland, Frankreich und Großbritannien die fünf einflussreichsten Staaten. Die Organstruktur umfasst den Gouverneursrat, das Exekutivdirektorium und den Präsidenten. Seit 1974 besteht auf Wunsch der Entwicklungsländer ein gemeinsamer Ministerausschuss, das Development Committee, welches zweimal pro Jahr tagt und die Institutionen in wichtigen Entscheidungsfragen über die wirtschaftliche und soziale Situation in den Entwicklungsländern berät. Mittlerweile hat das Development Committee auch Fragen des Handels und des globalen Umweltschutzes in sein Beratungsspektrum aufgenommen.

Die Kernaufgabe der Weltbankgruppe ist es ihrem Selbstverständnis nach (www.worldbank.org/aboutus), weniger entwickelte Mitgliedstaaten durch finanzielle Hilfen, Beratung und technische Hilfe in ihrer wirtschaftlichen Entwicklung zu fördern und so zur Umsetzung der sogenannten Millenniums-Entwicklungsziele der Vereinten Nationen (z. B. der Halbierung des Anteils der Armen an der Weltbevölkerung bis zum Jahr 2015) beizutragen. Hauptsächlich geschieht dies durch die Vergabe langfristiger Darlehen zu marktnahen Konditionen (IBRD), durch die Übernahme von Garantien gegenüber Investoren (MIGA), durch zinslose, langfristige Kredite für Investitionsprojekte (IDA) und durch umfassende Reformprogramme und technische Hilfe sowie zunehmend auch durch Förderung privatwirtschaftlicher Entwicklungen in Form der Beteiligung an Firmen (IFC) (Gilpin 1987: 313). Eine Hauptstrategie der Weltbankgruppe ist das Vorantreiben der Privatisierung in Entwicklungsländern, das sogenannte *private sector development*, wobei auch die Vergabe von Krediten an grundlegende Reformen im Sinne eines *private sector development* gekoppelt wird. Diese private Herstellung von Infrastruktur wird aus dem Argument heraus gefördert, dass die öffentliche Hand in ihrer Vergabepolitik öffentliche Unternehmen begünstige und dadurch einen Wettbewerb verhindere.

Wie im Fall des IWF sollten auch hier die Privatisierungsbestrebungen in sensiblen Bereichen kritisch hinterfragt werden, da sich der Verkauf nationaler Infrastruktur für Wasser-, Energieversorgung und Bildung an ausländische Investoren negativ auf die Entwicklung auswirken kann. Die Weltbankgruppe sieht sich somit ebenfalls harter Kritik gegenüber (dazu v. a. Stiglitz 2002): Ihre Förderpraxis wird von Umweltschutzorganisationen und globalisierungskritischen Gruppen angegriffen, da oft Großprojekte wie Staudämme oder Pipelines gefördert werden, welche Umweltschäden und Nachteile für die ansässige Bevölkerung zur Folge haben und aus Sicht der Kritikerinnen und Kritiker eher Konzernen aus den Industrienationen sowie den Eliten in den Entwicklungsländern dienen als der gesellschaftlichen Entwicklung zugute kommen.

5.3.5 Regionale wirtschaftliche Integration

Das globale wirtschaftliche Potenzial der *Europäischen Union* (EU, www.europa.eu.int) – rund ein Fünftel des internationalen Welthandels – macht ihre Handels- und Außenwirtschaftspolitik zu einem zentralen Politikfeld. Im Jahr 1970 sind sämtliche handelspolitischen Kompetenzen der EG-Mitgliedstaaten auf die Gemeinschaft übergegangen, die sich schon damals eine auf den Gemeinsamen Zolltarif gestützte gemeinsame Außenhandelspolitik, die Vertretung gemeinsamer außenwirtschaftlicher Interessen gegenüber Drittstaaten und in internationalen Handelsorganisationen wie der WTO, die fortschreitende Liberalisierung der internationalen Wirtschaftsbeziehungen sowie die Entwicklung wirtschaftlicher und handelspolitischer Beziehungen zu Drittstaaten oder Staatengruppen zum Ziel gesetzt hatte. Selbst dort, wo die EG, die heutige sogenannte erste Säule der Europäischen Union, keine ausdrücklichen außenwirtschaftlichen Zuständigkeiten besitzt, kann die Europäische Kommission aufgrund der sogenannten impliziten Vertragsschlusskompetenzen *(implied powers)* internationale Verträge abschließen, sofern sie in den betreffenden Bereichen gemeinschaftsinterne Regelungskompetenzen besitzt. Bei internationalen Handelsverhandlungen werden die EU-Mitgliedstaaten sogar ausschließlich von der Europäischen Kommission vertreten, die vom Rat ein Verhandlungsmandat mit detaillierten Vorgaben erhält. Aufgrund der starken Abhängigkeit des europäischen Exportsystems von einem funktionierenden Welthandelssystem ist die EU eine der treibenden Kräfte bei den GATT-/WTO-Verhandlungsrunden, insbesondere bei der 2001 begonnenen und 2003 für gescheitert erklärten Doha-Welthandelsrunde (Monar 2003: 229; Schmalz 2004: 124f.).

In Osteuropa war nach dem Zweiten Weltkrieg als Gegenpol zur *Marshallplanhilfe* (European Recovery Programme, ERP) der *Rat für Gegenseitige Wirtschaftshilfe* (RGW oder COMECON) entstanden, der sich 1991 mit dem Ende des planwirtschaftlichen Systems auflöste. Als Nachfolgeorganisation hat sich durch die formale Gründung im Jahr 2001 die *Eurasische Wirtschaftsgemeinschaft* (Eurasian Economic Community, EURASEC, www.evrazes.com), ein wirtschaftliches Bündnis europäischer und asiatischer Staaten, herauskristallisiert. Die Mitgliedstaaten verpflichten sich zum Abbau von Handelsschranken und Zöllen und zu wirtschaftlicher Zusammenarbeit untereinander. Derzeit gehören Belarus, Kasachstan, Kirgisistan, Russland und Tadschikistan sowie seit Januar 2006 auch Usbekistan der EURASEC an. Beobachterstatus haben Armenien, Moldawien und die Ukraine.

Eine nicht zu unterschätzende Bedeutung hat die 2001 gegründete *Schanghaier Organisation für Zusammenarbeit (SOZ)* (Shanghai Cooperation Organisation, SCO, www.sectsco.org). Dieser internationalen Organisation mit Sitz in Peking gehören die Volksrepublik (VR) China, Kasachstan, Kirgisistan, Russland, Tadschikistan und Usbekistan an. Indien, der Iran, die Mongolei und Pakistan haben Beobachterstatus. Obwohl der Einfluss der vier kleinen Mitgliedstaaten im Vergleich zu den Giganten Russland und VR China verschwindend gering ist, hat die SOZ ein großes weltsicherheitspolitisches Potenzial, da sich auf ihrem Territorium nicht nur immense Ressourcen, sondern auch viele der wichtigen Konfliktherde dieser Welt befinden. Mangels einer gemeinsamen und abgestimmten Strategie hat es die SOZ noch nicht geschafft, dieses Potenzial auszuschöpfen.

In Nordamerika wurde aus der US-kanadischen Freihandelszone 1994 durch den Beitritt Mexikos die *NAFTA* (North American Free Trade Agreement). In Südamerika gründeten Argentinien, Brasilien, Paraguay und Uruguay, 1991 den *MERCOSUR* (Mercado Común del Sur), einen gemeinsamen Markt, dem 2006 auch Venezuela beitrat. Assoziierte Mitglieder sind Bolivien, Chile, Ecuador, Kolumbien und Peru, auch Mexiko bemüht sich um den Status eines assoziierten Mitgliedes. Durch die Verschmelzung des MERCOSUR mit der *Andengemeinschaft* (Comunidad Andina de Naciones, CAN) – bestehend aus Bolivien, Chile, Ecuador, Guyana, Kolumbien, Peru und Suriname – zur *Südamerikanischen Staatengemeinschaft* (Comunidad Sudamericana de Naciones, CSN, www. comunidadsudamericana.com) entsteht der mit über 380 Millionen Einwohnern in zwölf Staaten nach der EU und der NAFTA künftig drittgrößte Staatenverbund. In Planung ist seit 1994 auch eine panamerikanische Freihandelszone *FTAA* (Free Trade Area of the Americas), eine ausgedehnte Variante der NATFA über Nord- und Südamerika. Einer der Hauptkritiker dieser Freihandelszone ist Venezuela, das in der FTAA einen Annexionsplan und ein imperialistisches Werkzeug zur Ausbeutung Lateinamerikas sieht.

In Südostasien existiert mit der *ASEAN* (Association of Southeast Asian Nations, www. aseansec.org) schon seit 1967 eine politische und wirtschaftliche Gemeinschaft. Eine weitere bedeutende Rolle im asiatischen Raum nimmt die *SAARC* (South Asian Association for Regional Cooperation, www.saarc-sec.org) ein, die Südasiatische Vereinigung für regionale Zusammenarbeit, oft auch Südasiatische Wirtschaftsgemeinschaft genannt. Sie wurde 1985 gegründet und zählt neben Bangladesch, Bhutan, den Malediven, Nepal, Sri Lanka und den beiden Atommächten Indien und Pakistan neuerdings auch Afghanistan zu ihren Mitgliedern. Seit Anfang 2006 ist die von den SAARC-Mitgliedern gegründete Südasiatische Freihandelszone *SAFTA* (South Asian Free Trade Area) in Kraft.

5.4 Entwicklung und Nachhaltigkeit

Internationaler Handel verknüpfte die Weltfinanzsysteme, Informations- und Kommunikationstechnologien revolutionierten die Kommunikation und ließen Raum- und Zeitdimensionen schwinden. Durch die Globalisierung entstanden auch wechselseitige Sensibilitäten und Probleme, welche nicht mehr durch die einzelnen Nationalstaaten lösbar sind (→ Kapitel 3.5: 68–77). Diese Problemfelder umfassen neben Armut, weiterbestehender Unterentwicklung vieler Nationen und Bevölkerungswachstum auch Ressourcenknappheit (insbesondere Erdöl und Erdgas, aber auch Trinkwasser) sowie globalen Klimawandel (Erwärmung der Erde und der Ozeane, Treibhauseffekt, Ozonloch).

Diese Probleme sind nur durch globale Zusammenarbeit lösbar. Daher wurden vermehrt Forderungen nach globalen Steuerungsmechanismen laut: *Global governance*, Weltkonferenzen, globale Umwelt- und Entwicklungspolitik u. a. (→ Kapitel 3.5.3:

72–75, 3.5.4: 75–77). Zusammengefasst werden können diese Einzelbemühungen unter der Forderung nach *sustainable development*, also nach nachhaltiger Entwicklung. Nachhaltige Politik als Konzept soll jene Rahmenbedingungen schaffen, die gleichzeitig die natürlichen Lebensgrundlagen erhalten, wirtschaftlichen Wohlstand ermöglichen und für sozialen Ausgleich sorgen. Nachhaltigkeit bedeutet wesentlich das Miteinander von Mensch, Natur und Wirtschaft zum Nutzen aller Beteiligten (Steger u. a. 2002). Damit verbunden ist die internationale Entwicklungspolitik:

> „Von internationaler Entwicklungspolitik wird dann gesprochen, wenn ausländische Staaten ('Geberländer'), internationale Organisationen (wie die Weltbank oder EG) oder transnationale Akteure (wie die Kirchen oder multinationale Unternehmen) am Transfer von Ressourcen beteiligt sind, sofern dieser Ressourcentransfer zu marktabweichenden ('konzessionären') Bedingungen erfolgt und zu Entwicklungszwecken verwendet wird. [...] Diese 'Entwicklungshilfe' wird wieder in bi- und multilaterale Leistungen von Einzelstaaten bzw. von internationalen Organisationen, die von den Staaten finanziert werden oder sich teilweise (wie die Weltbank und die regionalen Entwicklungsbanken) über den Kapitalmarkt finanzieren, unterschieden. [...] Der international gebräuchliche Oberbegriff für bi- und multilaterale Transfers mit einem konzessionären Zuschußelement (von mindestens 25 %) ist 'Official Development Assistance (ODA)'." (Nuscheler/Klingebiel 1994: 109)

Wie der Westen unterstützte auch der Osten während des Kalten Krieges Entwicklungsländer durch Wirtschafts- und Militärhilfe, um so den Einflussbereich des „Antiimperialismus" zu vergrößern und eine „nichtkapitalistische Entwicklung" zu fördern. Als sich die Dritte Welt in den 1960er/70er-Jahren emanzipierte, zum großen Teil der Blockfreienbewegung anschloss und außerdem die Forderung der Gruppe der 77 (→ Kapitel 4.3: 95) nach einer neuen Weltwirtschaftsordnung (Betz 1994) laut wurde, wurde Entwicklungshilfe als Mittel der Bündnispolitik mehr und mehr wirkungslos. Die Annäherung von Ost und West Ende der 1980er-Jahre stürzte die Entwicklungshilfe erst recht in eine Art Sinnkrise. In der gleichzeitig akuten Verschuldungskrise vieler Entwicklungsländer nutzte der Westen den „Politikdialog" und die Disziplinierungsinstrumentarien der Weltbank und des Internationalen Währungsfonds (→ Kapitel 5.3.4: 133–136), um den handlungsunfähigen Schuldnerländern marktwirtschaftliche Reformen (beispielsweise im Rahmen der Strukturanpassungsprogramme) unter Androhung der Kreditverweigerung mehr oder minder aufzuzwingen. Nuscheler und Klingebiel (1994: 109–112) sprechen in diesem Zusammenhang von einer Art neuer Kolonialisierung zahlreicher Entwicklungsländer. Angesichts dessen ist die Kritik der Entwicklungsländer gegenüber der herrschenden „Entwicklungspolitik" umfangreich:

> „Die herrschende Weltwirtschaftsordnung beruhe im Wesentlichen auf der Fortsetzung der kolonialen Arbeitsteilung, also des Austausches von Rohstoffen (die durch westliche Konzerne ausgebeutet und verarbeitet würden) gegen Fertigwaren der Industrieländer [...], bei ständig sich zuungunsten verschlechternden Austauschbedingungen. Die fallenden ‚terms of trade' und die Begünstigung der Produktion von Synthetika wurden verantwortlich gemacht für den rückläufigen Exportanteil der Dritten Welt [...], steigende Leistungsbilanzdefizite und zunehmende externe Verschuldung." (Betz 1994: 323)

Die von den Entwicklungsländern stark kritisierten Vergabepolitiken der UN-Sonderorganisationen IWF und Weltbank sowie deren Auflagen, die Entwicklungsländer zu Liberalisierungen und Privatisierungen von oft sensiblen Bereichen wie Wasserversorgung, Elektrizität, Gesundheitswesen oder Bildungssektor zwingen, sind im Kapitel „Internationale Wirtschaftsbeziehungen" eingehend erläutert (→ Kapitel 5.3: 128–138). Auch die OECD und die UNO selbst werden in Bezug auf ihre Bestrebungen zur Entwicklungshilfe heftig angegriffen.

Die *Organisation für Wirtschaftliche Zusammenarbeit und Entwicklung* (Organisation for Economic Co-operation and Development, OECD, www.oecd.org), von Entwicklungsländern als „Club der Reichen" kritisiert, ist eine der wichtigsten wirtschaftspolitischen Organisationen der westlichen Industrienationen, unterhält intensive Beziehungen zu IWF und Weltbank und hat somit wesentlichen Einfluss auf die Gestaltung des Weltwirtschaftssystems. Konkrete Kritikpunkte an ihrer Entwicklungspolitik betreffen vor allem den Ausschuss für Entwicklungshilfe (Development Assistance Committee, DAC), welcher seit Beginn der 1990er-Jahre den Schwerpunkt seiner Arbeit auf die Problembereiche Umwelt, Bevölkerung und Entwicklung verlagert und eine Arbeitsgruppe eingesetzt hat, die den Entwurf einer „grünen Entwicklungsstrategie" zur Ermöglichung von Nachhaltigkeit im Sinne von *„sustainable development"* ausarbeiten sollte (Klenk 1994: 359). Diesem Entwicklungshilfeausschuss wird jedoch von den Entwicklungsländern unterstellt,

> „ein Ausschuß zur Stärkung der Verhandlungsmacht der Industrieländer gegenüber den Entwicklungsländern zu sein. Auf dieser Grundlage konnte die OECD zwar den Wohlstand der industrialisierten Welt erhöhen, nicht aber die wirtschaftliche Rückständigkeit der Länder der Dritten Welt beseitigen." (Klenk 1994: 361)

Auch die *Vereinten Nationen* (www.un.org) und ihre rund 50 Fonds, Programme und Sonderorganisationen, welche mit Fragen der internationalen Entwicklungszusammenarbeit befasst sind, stehen in der Kritik, sind jedoch differenziert zu betrachten. Unterschiede gibt es insbesondere bei den UN-Sonderorganisationen wie Weltbank, FAO (Food and Agriculture Organization), WHO (World Health Organization), ILO (International Labour Organization) und UNESCO (United Nations Educational, Scientific and Cultural Organization) hinsichtlich ihrer sektoralen Schwerpunkte. Die wichtigsten Fonds und Programme umfassen UNICEF (United Nations Children's Fund), WFP (World Food Programme), UNFPA (United Nations Fund for Population Activities) und UNDP (United Nations Development Programme). Der UNDP obliegt auch die Koordinierung der Entwicklungszusammenarbeit zwischen den einzelnen Fonds, Programmen und Sonderorganisationen.

Kritikerinnen und Kritiker sehen bei der Betrachtung der Entwicklungszusammenarbeit vor allem Überbürokratisierung und Ineffizienz als wesentliche Merkmale. Während der FAO „project shopping" vorgeworfen wird, hat UNDP den Ruf, „donor of last resort" zu sein. Des Weiteren wird UNDP vorgeworfen, seine Koordinierungsfunktion zwischen den einzelnen Unterorganisationen zu vernachlässigen und dadurch zuzulassen, dass jede Organisation ihre Eigeninteressen verfolgt. Nicht zuletzt in Reaktion auf derartige Kritik wurde im Rahmen von UNDP die Strategie „prevision–prevention–preparation" entwickelt. Zudem wurde der Fokus stärker auf gesellschaftlich-politische Rahmenbedingungen für Entwicklungsprozesse gelegt, so auf die zivile Kontrolle von Militär und Polizei, die Förderung von Demokratie und Rechtsstaatlichkeit, die Unterstützung friedensbereiter Akteure beim Aufbau eines politischen und sozialen Institutionengefüges sowie die Unterstützung zivilgesellschaftlicher Akteure (Anderson 2001; Peck 2001). Das Hauptproblem der Entwicklungspolitik der UNO bleibt jedoch bestehen. Es liegt paradoxerweise in ihrem größten Vorteil: der Universalität und der gleichberechtigten Mitwirkung aller beteiligten Nationen (Nuscheler/Klingebiel 1994: 113–122); denn „solange aus Sicht der Geber eine ‚Mehrheit der Nichtzahler' die UN-Entwicklungspolitik wesentlich beeinflußt, werden sie nicht von ihrer bisherigen Haltung abweichen, die UN-Stellen als wenig geeignet für ihre Ziele zu betrachten." (ebd.: 122f.)

Entwicklung erfordert auch Energieressourcen. Die *internationale Energiepolitik* in ihrer heutigen Form nahm ihren Ausgangspunkt in der Energiekrise der 1970er-Jahre. Damals brachte der bis zu diesem Zeitpunkt rasch gestiegene Energiekonsum Erschöpfungserscheinungen bei den wichtigsten Energieträgern Erdöl und Erdgas mit sich, welche nicht mehr durch eine ihnen entgegenwirkende Produktivitätsentwicklung des Kapitals aufgefangen werden konnte. Als Antwort auf das internationale Ölkartell war schon in den 1960er-Jahren die OPEC mit Sitz in Wien entstanden, die Organisation der Erdöl exportierenden

Länder (Organization of the Petroleum Exporting Countries, www.opec.org), welche im Jahr 1973 das zuvor preisangebende Kartell zerschlug. Als Reaktion der entwickelten Konsumentenländer auf die Zerschlagung des Kartells wurde 1974 von den OECD-Staaten (mit Ausnahme Frankreichs) die Internationale Energieagentur (IEA) gegründet.

Gerade der Sektor Energiepolitik steht am Beginn des dritten Jahrtausends vor enormen Herausforderungen. Während die Energieressourcen der Erde sich mehr und mehr zu Ende neigen, steigt der Energieverbrauch insbesondere in den hoch entwickelten Industrienationen stetig. Der Energiebedarf der Erde wird heute überwiegend durch die Nutzung umweltschädlicher fossiler Brennstoffe wie Erdöl, Erdgas und Kohle gedeckt, wobei spätestens im Jahr 2030 das Angebot an Öl die Nachfrage nicht mehr decken können wird; bei Erdgas steht dieser Punkt in rund 60 Jahren bevor. Es ist daher essenziell, den bisher noch nicht stark genug forcierten Wechsel hin zu erneuerbaren Energiequellen und nachwachsenden Rohstoffen voranzutreiben.

Energiegewinnung hat auch mit *Umweltschutz* zu tun. Trotz der im Zuge des globalen Klimawandels festgelegten Verpflichtungen innerhalb der seit 1995 regelmäßig stattfindenden UN-Klimarahmenkonvention steigen die Kohlendioxid-Ausstöße weltweit weiter an. Innerhalb der EU gibt es ebenfalls einige Staaten, die die im Kyoto-Protokoll festgelegten Reduzierungsziele nicht erreichen. Auch ihr selbst gesetztes Ziel einer Erhöhung des Anteils alternativer Energiequellen von rund 13 Prozent (2004) auf rund 21 Prozent bis 2010 wird die EU vermutlich nicht erreichen können. Mit dem Problem der Energieressourcen verbunden ist zudem das stetig steigende *Bevölkerungswachstum*. So werden im Jahr 2030 rund acht Milliarden Menschen auf der Erde leben, rund ein Drittel mehr als heute, wobei gerade in Schwellenländern mit starkem Wirtschaftswachstum wie der VR China oder Indien der Energiekonsum noch rapide ansteigen wird, laut Schätzungen sogar um ein Drittel bis 2030.

Der mehrschichtige Zielkonflikt zwischen stetigem Wirtschaftswachstum und nachhaltigem Umgang mit knappen Ressourcen ist also offensichtlich (Überblick: Turton/Barreto 2006). Um eine nachhaltige Energiepolitik auf globaler Ebene betreiben zu können, muss neben einer effizienteren Nutzung der vorhandenen Energiequellen auch die verstärkte Nutzung alternativer, erneuerbarer Energiequellen wie Wasserkraft, Windkraft, Gezeitenkraft, Solarenergie, Geothermik oder Biomasse forciert werden. Um den globalen Klimawandel einzudämmen, ist deshalb nicht zuletzt eine Verbesserung der Koordinierung internationaler Energiepolitik notwendig.

Europa als rohstoffarmer Kontinent wird sich dem internationalen Wettbewerb um die knappen Energieressourcen verstärkt ausgesetzt sehen. Gerade die Abhängigkeit von politisch instabilen, autokratisch regierten Energieliefernationen stellt ein großes Risiko für Europa dar, das heute rund 50 Prozent seiner Energie importiert und voraussichtlich im Jahr 2030 70 Prozent seiner Energie wird importieren müssen. Energieexporteure wie der Iran, der Irak oder Russland (welches rund 30 Prozent der in der EU genutzten Energie liefert) stellen ein hohes Sicherheitsrisiko für die langfristige Versorgung mit Energie dar (Godement/Nicolas/Yakushiji 2004). Doch nicht nur die hoch entwickelten reichen Industrienationen sind von der Abhängigkeit im Energiesektor betroffen, sondern auch rohstoffarme Entwicklungsländer. Wird der Ölpreis aufgrund der erhöhten Nachfrage steigen, so sind sie es, welche sich durch den erhöhten Devisenbedarf zum Kauf von Erdöl noch weiter verschulden werden. Beispielhaft sei die Situation Kenias genannt, laut Weltbank eines der rund 30 „highly indebted poor countries": Steigt der Ölpreis von 30 Dollar pro Barrel auf rund 50 Dollar, so werden Kenia Devisen-Mehrausgaben von rund 400 Millionen Dollar pro Jahr aufgebürdet. Fast genau diese Summe floss 2004 als westliche Entwicklungshilfe in das Land, was deutlich macht, dass Ressourcenpolitik zu einem guten Teil *Entwicklungshilfepolitik* ist.

Klimawandel und Umweltzerstörung sind darüber hinaus ein Thema für die *internationale Sicherheitspolitik* (Überblicke: Carius/Lietzmann 1998; Hough 2004: 133–152). Gewaltsame Auseinandersetzungen um durch Umweltzerstörung knapp werdende Ressourcen sind vermehrt festzustellen. Klimawandel mit seinen Folgen wie Dürre, Überschwemmungen u. a. wird die Produktivität in bestimmten Weltregionen spürbar beeinflussen und Überlebenskonflikte um bebaubares Land schüren. Bereits der sogenannte Brundtlandt-Bericht (World Commission on Environment and Development 1987) machte „Umweltstress" für wachsenden innerstaatlichen Gewaltaustrag verantwortlich. Aufgrund seiner im wahrsten Sinne des Wortes Grenzen durchfließenden Eigenschaft hat speziell Wasserknappheit großes Potenzial für internationale Konflikte (Barandat 1997).

5.5 Kultur

Unter Kultur versteht man im zunächst unanalytischen, alltagsweltlichen Sinne „[a]n awareness of a common language, ethnicity, history, religion, customs and institutions, and reference to a landscape" (Murden 1997: 376). Das breiteste Kulturkonstrukt ist die Zivilisation: „Civilizations represent transnational tendencies that imbue underlying characteristics to certain peoples and areas of the world." (ebd.) Die meisten Kulturen (besser: Kulturkreise) weltweit sind religiös geprägt. Nach Huntington (2002) ist die ganze Welt in unterschiedliche Kulturräume mit jeweiligen „Kernstaaten" gegliedert: die westlich-christliche, die konfuzianische, die (shintoistisch)-japanische, die islamische, die hinduistische, die slawisch-orthodoxe, die (katholisch/gegenreformatorisch)-lateinamerikanische und die (animistisch)-afrikanische.

Der Fokus in der internationalen Politik richtet sich spätestens seit dem 11. September 2001 auf den islamischen Kulturkreis bzw. den Islam als Religion im Besonderen. Die Zunahme des islamischen Fundamentalismus, die Expansion des Islam (z. B. in Afrika) sowie der islamistische oder sich auf den Islam berufende Terrorismus verweisen auf die Bedeutung des religiösen Faktors in der internationalen Politik. „Kultur" (zur sozialwissenschaftlichen Begriffskarriere: Hauck 2006) ist nicht zuletzt infolge dieser neuen politischen und öffentlichen Aufmerksamkeit zu einem populären Schlagwort und angeblichem Erklärungsfaktor für viele Phänomene der Politik und speziell auch der internationalen Politik geworden. Um einen überzogenen Kulturalismus in politikwissenschaftlichen Modellen und Erklärungsversuchen zu vermeiden, ist es wichtig, von einem so klar wie möglichen analytischen Kulturbegriff auszugehen. Insbesondere dürfen Kulturen nicht als schlechthin gegeben betrachtet werden, sondern sie sind in ihrer historischen Entwicklung zu sehen. Die abendländische Kultur beispielsweise ist am besten durch die Säkularisierung und deren Folgen erklärbar. Westeuropa gelang als Hochkultur keine kontinentale Zentralstaatsbildung. Die Konkurrenz zwischen einzelnen Nationalstaaten auf engstem Raum bedingte in Europa eine dauerhafte religiöse Spaltung (verfestigt im Westfälischen Frieden 1648 bzw. noch davor im Augsburger Religionsfrieden 1555). Dies bildete die Grundlage für die moderne Konkurrenzgesellschaft. In der Politik drückt sich dies bis heute durch die Gewaltenteilung und den Parteienwettbewerb aus, im Bereich des Handels durch die liberale Marktwirtschaft.

Folgt man Huntington (2002), sind die heute aktuellen Konflikte im Wesentlichen religiös und kulturell bedingt. Konflikte treten demnach vor allem an den Bruchlinien auf, an denen verschiedene Kulturräume aufeinandertreffen. Die These Huntingtons mündet daher in die Aussage, dass der größte zukünftige Konflikt aus einem Zusammenprall der westlichen Zivilisation mit dem Rest der Welt erfolgen wird. Die häufige Zuspitzung dieses Argumentes auf „Islam" vs. „Westen" ist jedoch nicht haltbar: Erstens ist „der Islam" kein kohärenter Akteur oder zusammenhängendes Gebilde, zweitens sind islamische (aber auch islamistische, also radikal fundamentalistische) Bewegungen im Wesentlichen auf den jeweiligen Staat beschränkt geblieben, in dem sie entstanden sind. Insbesondere seit den 1970er-Jahren ist allerdings ein verstärktes Aufkommen des politischen/politisierten Islams zu beobachten (z. B. durch die iranische Revolution von 1979). Dies hat durchaus Herausforderungen an die westliche Hegemonie in den internationalen Beziehungen mit sich gebracht, alles in allem aber bleibt der politische Islam zu diffus und zu gespalten, um eine panislamische Revolution bewirken zu können (Murden 1997: 387f.).

Statt einer Weltzivilisation bzw. einer Weltkultur wird weiterhin eine zivilisatorisch-kulturelle Differenzierung bestehen (Link 2001: 38). Das unterstützt Huntingtons (1993: 25) frühere Beobachtung, derzufolge Zivilisationen bzw. Kulturkreise verstärkt als Akteure in der internationalen Politik auftreten werden. Ein Kulturkreis ist laut Huntington (2002: 54) die „höchste kulturelle Gruppierung von Menschen und die allgemeinste Ebene kultureller Identität des Menschen unterhalb der Ebene, die den Menschen von anderen Lebewesen unterscheidet". Kultur definiert sich in diesem Sinne „sowohl durch gemeinsame objektive Elemente wie Sprache, Geschichte, Religion, Sitten, Institutionen als auch durch die subjektive Identifikation der Menschen mit ihr." (ebd.) Anhand dieser Kriterien kann nachvollzogen werden, dass die viel zitierte einheitliche Zivilisation bzw. Kultur nicht existiert und somit auch kein zivilisatorischer Homogenisierungseffekt (z. B. durch die Globalisierung) zu erwarten ist. Modernisierung ist nicht gleich Verwestlichung. Im Gegenteil, in den modernisierten und sich modernisierenden staatlichen Gesellschaften ist eine starke Betonung hin zu ihrer kulturellen Eigenart zu beobachten (v. a. in der arabischen und asiatischen Welt).

In Bezug auf die Methodik einer *kulturellen Analyse* internationaler Politik ist zunächst festzuhalten: Obwohl Kultur lange Zeit als eine unabhängige oder erklärende Variable internationaler Politik angesehen wurde, die dem Fortschritt, der wirtschaftlichen Entwicklung und der Demokratie zuträglich ist, wird neuerdings Kultur auch als abhängige Variable untersucht: „Wie kann politisches oder anderes Handeln kulturbedingte Hindernisse für den Fortschritt beseitigen oder verändern?" (Huntington 2004: 12) Dabei muss man analytisch beachten, dass Kultur immer *pfadabhängig* ist: Jede Gesellschaft hat eine spezifisch kulturelle und religiöse Geschichte. Es entstehen daher unbezweifelbar kulturelle Zonen (bzw. Kulturräume und in ihrem Gefolge kulturelle „Kernstaaten") mit spezifischen Wertesystemen, die sich auch abseits der wirtschaftlichen Entwicklung erhalten. Speziell religiöse Traditionen haben eine große Auswirkung auf das gesellschaftliche Wertesystem und das politische System (in der westlichen Welt am besten in den USA durch die protestantische Prägung nachzuvollziehen).

Kultur ist jedoch mehr als Religion und steht unter anderem für diverse sozialhistorische Pfadabhängigkeiten. So hat etwa der Kommunismus deutliche Spuren in gesellschaftlichen Wertesystemen hinterlassen. Gleiches gilt für den Kolonialismus, speziell wenn er mit einer starken Einwanderung aus der kolonisierenden Gesellschaft verbunden war. Heute trifft das umgekehrt auf die Migration zu (Inglehart 2004). In Frankreich, dem bis heute säkularsten Staat in Europa, manifestieren sich die Ideale der Aufklärung am stärksten. Der „Frankreich-Mythos" ist ersatzreligiös aufgeladen: eine spezifische nationale Identität, gepaart mit einer menschenrechtlichen Universalitätsmission, welche die Ideale der Revolution als „réligion civile", als Zivilreligion (Rousseau 1986), bis heute in der Welt (vor allem in Afrika) vermitteln will. Die kulturell geprägte Idee, den „Fortschritt" in die Welt hinauszutragen, ist allerdings nicht ausschließlich im westlichen Kulturkreis anzutreffen (Harrison 2004: 28).

Angesichts der unterschiedlichen Bedeutung und Interpretation von Kultur in der internationalen Politik ergibt sich ein zweifaches, paradoxes Fazit: Einerseits lässt sich der Trend der Globalisierung beobachten, der nahezu alle Bereiche des gesellschaftlichen, politischen und religiösen Lebens erfasst sowie zu einer Enträumlichung, Entstaatlichung, Auflösung nationaler, kultureller und religiöser Identitäten führt und somit den Thesen Huntingtons entgegenläuft. Andererseits besteht ein Trend zur Fragmentierung aller Lebensbereiche (Menzel 2001: 236–239). Die Folgen sind vermehrte ethnonationale Konflikte, Verfall staatlicher Ordnung, Spaltung der westlichen Gesellschaft, kurzum das Wiederaufleben von Nation, Ethnizität, Religion und Kultur – eine Entwicklung, welche die Thesen des „Zusammenpralls der Kulturen" letztlich plausibel erscheinen lässt (Menzel 1997: 154f.). Die beiden gegenläufigen Trends schließen sich nicht gegenseitig aus, so dass sich die zivilisatorisch-kulturellen Bruchlinien nicht unbedingt mit den ökonomischen decken. Dadurch wird Huntingtons (2002: Kapitel 12) Fazit verständlich und relativiert: Der „Westen" muss den kulturellen Pluralismus anerkennen und – bei gleichzeitigem Bewusstsein für seine eigenen Werte – seinen eigenen Universalitätsanspruch aufgeben.

Von diesen normativen Kulturkonzepten sind die *sozialwissenschaftlich-analytischen* zu unterscheiden. Sie stehen in der Tradition des von Clifford Geertz (1973) geprägten Begriffes von Kultur als Grundlage für das Wissensmanagement einer sozialen Gemeinschaft und die daraus abgeleitete Einstellung gegenüber der Realität mit der Funktion, Wissen über die Welt zu ordnen, zu speichern und von Generation zu Generation weiterzugeben. Kultur ist Geertz (1973: 89) zufolge ein „historically transmitted pattern of meanings embodied in symbols, a system of inherited conceptions expressed in symbolic form by means of which men communicate, perpetuate, and develop their knowledge about and attitudes towards life." Während diese Definition der Ausgangspunkt für – gleich anzusprechende – Konzepte ist, die auf den kulturellen Faktor als Analysekategorie setzen, gehen die Ansätze *auswärtiger Kulturpolitik* (Maaß 2005) von einem artefaktbasierten Kulturbegriff aus: Es gibt „die" Kultur eines Staates, die sich in exportierbaren Kulturgütern niederschlägt, und damit kann Politik gemacht werden: Präventionspolitik in Krisen und Konflikten (durch Dialog, Förderung demokratischer Entwicklungsprozesse und Verwirklichung der Menschenrechte) ebenso wie Macht- und Interessenpolitik zum Beispiel in Form subtiler Beeinflussung der Bevölkerungen anderer Staaten.

Im Fach Internationale Politik gibt es eine ausdifferenzierte und methodisch ausgearbeitete *Kulturforschung* (z. B. Jacquin-Berdal/Oros/Verweij 1988; Katzenstein 1996; Lapid/Kratochwil 1996), während sich die Anfänge von Kulturanalyse im Fach Internationale Politik auf Ideologiekritik konzentriert hatten (z. B. Chay 1990). Ein wichtiger Forschungsstrang ist die *außenpolitische Kulturanalyse* (z. B. Hudson 1997), innerhalb derer der Frage nachgegangen wird, wie der kulturelle Kontext Wahrnehmungsmuster prägt, durch die politische Entscheidungssysteme ihre komplexe internationale Umwelt bedeutungsvoll kognitiv organisieren und internationale Herausforderungen interpretieren. Zudem geht es darum, unter welchen Bedingungen und auf welche Art und Weise kultureller Wandel ein Kausalfaktor für außenpolitischen Wandel ist und wie sich die (außenpolitische) Macht von Ideen erklären lässt.

Einschlägig ist auch die *strategische Kulturforschung* (Überblicke: Lantis 2002; Siedschlag 2006a). Sie wendet sich strikt gegen das Modell des rationalen Akteurs, wie es sicherheitspolitische Analysen lange geprägt hat, und geht davon aus, dass Staaten weder einheitliche kollektive Akteure darstellen, noch dass Eliten die sicherheitspolitischen Interessen von Staaten „konstruieren" und sich deswegen nationaler Strategiewandel sozusagen über einen Bewusstseinswandel der Eliten vollzieht. Vielmehr sei die strategische Kultur eines Landes fest in der öffentlichen Meinung verwurzelt und gerade deshalb keine soziale, sondern beinahe eine materielle, strukturelle Größe. Die Leitfrage strategischer Kulturforschung lautet: Welche Vorstellungen von Sicherheit (z. B. welche Sicherheitsideen und welche spezifische Art, Bedrohungen wahrzunehmen und zu interpretieren) bilden die Grundlage der Sicherheitspolitik eines bestimmten Staates? Kultur im sozialwissenschaftlichen Verständnis beinhaltet vor allem Komplexität reduzierende und überschaubare Entscheidungsalternativen schaffende kollektive Vorstellungen über die Wirklichkeit: Leitbilder der Daseinsgestaltung, welche die Handlungsorientierungen und die Inbezugsetzung zur Umwelt bestimmen, aber auch definieren, wann es welche Probleme geben „darf" (vgl. Elkins/Simeon 1979: 127f.).

Im Fach Internationale Politik ist das Konzept *Kultur* in den 1990er-Jahren außerdem zu einem Analyserahmen für die innenpolitisch-gesellschaftlichen Voraussetzungen der Herausbildung (oder „Konstruktion") einer nationalen Sicherheitsstrategie ausgearbeitet worden. Katzenstein (1996) prägte in diesem Zusammenhang das Konzept „nationale Sicherheitskultur" als Alternative zum Konzept der nationalen Sicherheit, verstanden als Streben nach Wahrung der eigenen internationalen Position im Sinne des strukturellen Realismus von Waltz (1979). „Kultur" bezieht sich dabei auf die Rolle von innenpolitischen sozialen Praktiken für das internationale Handeln von Staaten, für die Herausbildung ihrer internationalen Identität und für die Definition ihrer Sicherheitsinteressen. Das systematische Problem derartiger Forschungsansätze ist mithin, dass sie den Kulturbegriff nicht ganz richtig verwenden. Kultur als sozialwissenschaftliches Analysekonzept ist nicht darauf ausgerichtet, eine Aussage darüber zu treffen, wie sicherheitspolitische Handlungsentscheidungen innenpolitisch „konstruiert" werden oder wie Legitimation für diese Entscheidungen „konstruiert" wird (das wäre ein *diskursanalytischer* oder *poststrukturalistischer* Ansatz), sondern darauf, die sich von Menschen immer wieder selbst geschaffenen Handlungsgrundlagen zu erklären, d. h. das Bezugssystem, durch das eine

Gesellschaft ihre Umwelt erfährt, ihr gemeinsam eine bestimmte Bedeutung zuschreibt und mit dessen Hilfe sie versucht, einerseits strukturelle Umwelteinflüsse zu bewältigen und andererseits angesichts einer sich ständig wandelnden, komplexen Umwelt anpassungsfähig und handlungsfähig zu bleiben (siehe Thompson/Ellis/Wildavski 1990: 218f.). Sozialwissenschaftlich unakzeptabel ist es deswegen, wie etwa Lapid und Kratochwil (1996) „Kultur" als Metonymie für das neue Forschungsinteresse an „nichtmateriellen" Kräften in der internationalen Politik als Bestimmungsmaß der internationalen Position eines Staates, wenn sie offenbar nicht durchgängig „strukturell" bestimmt ist, zu verwenden.

6 Regionen der internationalen Politik

6.1 Regionale Integration außerhalb Europas als Gegenstand der Politikwissenschaft

In der Politikwissenschaft existiert keine einheitliche Definition von *Region* oder *regionaler Integration*. Wichtig und nahezu allen verschiedenen Ansätzen gemeinsam ist, dass formale Organisation nicht mehr als eine Voraussetzung für Regionenbildung gilt: Regionale Zusammenschlüsse werden von der Politikwissenschaft auch dann als solche gewertet, wenn sie informell sind und sich zum Beispiel in gemeinsamen Identitätsvorstellungen (Adler/Barnett 1998b) oder praxisrelevanten Diskursen (Haas 1976: 175), also nicht unbedingt in gemeinsamem Handeln nach außen niederschlagen.

Nur die althergebrachten *essenzialistischen Konzepte* nehmen an, dass es einen wesenhaften materiellen Zusammenhang zwischen den Staaten gibt, die eine Region bilden, und dass regionale Integration deshalb keiner politischen Entscheidung bedarf, sondern automatisch aus zum Beispiel politischen, sicherheitspolitischen, ökonomischen, religiösen, kulturellen usw. Sachgesetzlichkeiten erwächst (z. B. Fawcett/Hurrel 1995). *Funktionalistische Konzepte* definieren eine Region als bewusst vereinbarte, nachhaltige formelle oder informelle Kooperation mit dem Ziel gegenseitigen Nutzens oder der gemeinsamen Wahrung bzw. Herstellung eines Machtgleichgewichtssystems, und zwar nicht nur zwischen Staaten, sondern auch unter Einschluss nichtstaatlicher Akteure (z. B. Alagappa 2003). Die derzeit vorherrschenden *konstruktivistischen Konzepte* gehen davon aus, dass eine Region eine nach vorwiegend sozialen Gesetzmäßigkeiten aus der Interaktion der beteiligten Akteure gewachsene Einheit darstellt, die schließlich mit der Zeit in das politische Alltagsbewusstsein eingegangen ist und zur Ausprägung von politischen Identitätsvorstellungen sowie zu Wir-Gefühl und Grenzziehungen zu den „Anderen" geführt hat, die politisch möglicherweise gar nicht zu schaffen beabsichtigt waren (z. B. Acharya 2001).

Nicht alle internationalen Zusammenhänge, die sich in einer bestimmten Weltregion verdichten, führen auch zu regionaler Integration. Zur Erklärung dafür, warum sich in den einen Fällen ein Regionalismus entwickelt, in den anderen aber nicht, muss man deshalb zusätzliche Faktoren heranziehen. Zunächst wurden in der Forschung ökonomische Faktoren besonders berücksichtigt. Neuere Studien haben aber gezeigt, dass es weltweit gesehen keinen klaren Zusammenhang zwischen dem Niveau der gegenseitigen Abhängigkeit von Volkswirtschaften und der Entwicklung regionaler Integration gibt (Ravenhill 2001). Insbesondere in Asien ging der Entwicklung regionaler Integration keine Interdependenz voraus, vielmehr entwickelte sich die spezifisch asiatische Form des offenen Regionalismus vor allem auch aufgrund gemeinsamer externer wirtschaftlicher Abhängigkeiten und weniger aufgrund einer speziellen asiatischen Kooperationskultur (Solingen 1998). Obwohl der innerregionale Handel in Asien in den letzten zwei Jahrzehnten exponentiell gewachsen ist, hängen die meisten asiatischen Länder außenwirtschaftlich weiterhin von den nordamerikanischen Exportmärkten ab und haben deshalb das vitale Interesse, ihre regionalen Kooperationsarrangements nach außen offen zu halten. Dies ist ein wichtiger Unterschied im Vergleich zu EU, NAFTA oder MERCOSUR (→ Kapitel 5.3.5: 136–138). Zugleich ist zu berücksichtigen, dass ökonomische Faktoren allein in der Regel niemals genügen, um regionale Kooperation und Integration zu initiieren. In der Mehrzahl der Fälle ist ökonomische Interaktion sogar eine abgeleitete Funktion aus übergeordneten, zum Beispiel sicherheitspolitischen Zielsetzungen – wie vor allem im Fall der westeuropäischen Integration der 1950er-Jahre als Vorläufer der heutigen Europäischen Union.

Nicht nur die Analytik, sondern auch die politische Phänomenologie des Regionalismus hat sich im Laufe der Jahre gewandelt. Die *erste Welle des Regionalismus* in den *1950er- und 1960er-Jahren* bestand typischerweise in gemeinsamen ökonomischen Integrationsschritten zwischen benachbarten Staaten mit relativ gleichen innenpolitischen und wirtschaftspolitischen Ausgangsbedingungen. Zumeist wurde bewusst dem Muster der westeuropäischen Integration im Rahmen der Europäischen Gemeinschaft für Kohle und Stahl (EGKS) (1951) und der darauf aufbauenden Europäischen Wirtschaftsgemeinschaft (EWG) (1957), dem Vorläufer der heutigen EU, gefolgt. Vor dem Hintergrund des Kalten Krieges war die erste Welle des Regionalismus eher darauf angelegt, die beteiligten Staaten in ihren Gemeinsamkeiten zusammenzubinden und gegenüber dem jeweils anderen weltpolitischen Lager (dem „Kapitalismus" bzw. dem „Kommunismus") kollektiv abzugrenzen als gleichwohl bestehende Unterschiede zwischen ihnen abzubauen. Einschlägige Beispiele sind auf „westlicher" Seite die NATO sowie die entsprechenden Bündnisorganisationen im Nahen und Mittleren Osten (CENTO, 1955/58) bzw. in Südostasien (ANZUS, seit 1951 und SEATO, 1954–1977) (→ Kapitel 2.8: 33–37).

Das Typische an der vor allem in den *1980er- und 1990er-Jahren* zu verzeichnenden *zweiten Welle des Regionalismus* war die Eigenschaft, entweder regionale Spaltungen zu überbrücken und/oder Länder zu umspannen, die unterschiedliche ökonomische Entwicklungsstände und politische Bedingungen aufwiesen. Einschlägige Beispiele sind die North American Free Trade Association (NAFTA), die Asia-Pacific Economic Cooperation (APEC), der Gulf Cooperation Council (GCC), die Economic Community of West African States (ECOWAS) sowie die Erweiterung der Association of South-East Asian Nations (ASEAN) um Kambodscha, Laos, Myanmar und Vietnam.

Die daran anschließende *dritte Welle* des Regionalismus zeichnet sich durch das Knüpfen strategischer Beziehungen zwischen Regionen aus, wie zum Beispiel im Rahmen der Asia-Europe-Meetings (ASEM), der NATO-Partnerschaftsinstitutionen, insbesondere dem Euro-Atlantischen Partnerschaftsrat (Euro-Atlantic Partnership Council, EAPC), dessen Mitgliederstruktur bis nach Zentralasien reicht und auch der Schanghaier Organisation für Zusammenarbeit (→ Kapitel 5.3.5: 136–138) angehörende Staaten umfasst. Hier stehen funktionale Aspekte der Kooperation im Vordergrund, ganz unterschiedliche Politikfelder sind innerhalb eines Rahmenwerkes abgedeckt und die Grenzen von Regionen verschwimmen bzw. sind nicht mehr in erster Linie territorial-geographisch, sondern politisch und teils auch wertebasiert-kulturell definiert.

Es folgt ein orientierender Überblick über regionale Problemkonstellationen der Weltpolitik und regionale Integration außerhalb Europas. Die Europaforschung selbst ist als ein eigener Bereich der Politikwissenschaft zu verstehen, der vom Fach Internationale Politik abgegrenzt werden kann. Die Rolle der Europäischen Union in der internationalen Politik wiederum fällt klar in das Fach Internationale Politik; denn als Staatenverbund ist die EU auch ein globaler Akteur (vertiefend dazu: Brotherton/Vogler 2006; Hill/Smith 2005). Die Beziehungen der EU zu den im Folgenden behandelten Weltregionen sind in Hill/Smith (2005: 317-342) gut im Überblick dargestellt.

Es wird auffallen, dass *Afrika* kein eigener Abschnitt gewidmet ist. Dies hat mehrere Gründe. Erstens wird der größte Teil Afrikas nördlich der Sahara und mitunter auch südlich davon (z. B. Somalia) durch das Konzept des *Greater Middle East* abgedeckt und somit vom Abschnitt Naher und Mittlerer Osten mit erfasst. Außerdem befindet sich Afrika nach wie vor auf dem Weg zu einer Regionenbildung auf weltpolitischer Ebene. Bis auf weiteres ist die Regionenbildung Afrikas noch vom afrikanischen Transnationalismus bestimmt (Callaghy/Kassimir/Latham 2001), was auch für die *Afrikanische Union* (African Union, AU, www.africa-union.org) gilt. Sie verfolgt unter anderem das Ziel, Afrika, das mit lediglich zwei Prozent zum Welthandel beiträgt, im Zeitalter der Globalisierung bessere weltweite Sichtbarkeit und Stimme zu verleihen. Unter Schlagworten wie „empowerment" und „afrikanische Lösungen für afrikanische Probleme" beabsichtigen andere Organisationen regionaler Integration wie die EU jedoch, afrikanische Organisationen wie die Afrikanische Union und die *Westafrikanische Wirtschaftsgemeinschaft* (Economic Community of West African States, ECOWAS, www.ecowas.int) bei der Entwicklung zunächst innenwirksamer regionaler Integration zu unterstützen. Dies entspricht auch den selbst gesetzten Zielen; denn Gründungsabsicht der ECOWAS war Autonomie durch kollektive Selbstversorgung. Dieses Ziel ist inzwischen um politische Integrationsschritte ergänzt worden, zum Beispiel gemeinsame sicherheitspolitische Maßnahmen bei innerstaatlichen Konflikten, ein westafrikanisches Parlament und einen gemeinsamen westafrikanischen Gerichtshof.

6.2 Postsowjetischer Raum[3]

Das Gebiet der ehemaligen Sowjetunion (Union der Sozialistischen Sowjetrepubliken, UdSSR) wird in der internationalen Politik vielfach als postsowjetischer Raum bezeichnet, wobei beachtet werden muss, dass die *Gemeinschaft Unabhängiger Staaten (GUS)* (Community of Independent States, CIS, www.eccis.org) und der postsowjetische Raum begrifflich nur begrenzt miteinander gleichgesetzt werden können, da die baltischen Staaten (Estland, Lettland und Litauen) zwar auf dem Gebiet der ehemaligen Sowjetunion liegen, aber der GUS nicht beigetreten sind.

Die Rolle als zentraler Akteur in der Region hat aufgrund des bedeutenden Einflusses sowohl auf politischer, als auch wirtschaftlicher und militärischer Ebene Russland (Russländische Föderation) inne. In der politischen Realität der 1980er-Jahre gab es auf dem Gebiet der damaligen UdSSR zwei mögliche Strategien eines dringend benötigten Reformprozesses: Einerseits stand die Möglichkeit, wirtschaftliche und politische Reformen gleichzeitig durchzuführen, andererseits eine Marktreform nach chinesischem Vorbild ohne politische Reform bzw. ohne Demokratisierungsprozess zur Auswahl. Als Staats- und Parteichef Michail Gorbatschow die *Perestroika* (Umbau, Umgestaltung) auf den Weg brachte, wollte die sowjetische Führung die Strategie der „autoritären Modernisierung" durchsetzen (Gordon 1997: 50). In der ersten Phase konzentrierten sich die Reformer ganz nach chinesischem Vorbild ausschließlich auf die Ökonomie. Ende der 1980er-Jahre stellte man jedoch fest, dass der chinesische Weg in der UdSSR nicht umsetzbar war. Gorbatschow und mehr noch Boris Jelzin, später erster Staatspräsident der Russischen Föderation, erkannten diesen Strukturdefekt und entschieden sich für eine Demokratisierung des politischen Systems des Staatssozialismus.

Nach dem Zerfall der Sowjetunion im Dezember 1991 begann die neue Staatsführung sich verstärkt pro-westlich zu orientieren. Parallel dazu wollte man radikal den Umbau des Wirtschaftssystems weg von der Planwirtschaft hin zur Marktwirtschaft vollziehen, mit den kommunistischen Strukturen brechen und demokratische Grundzüge einführen. Doch 1996 begann sich ein Wandel in der russischen Reform- und Außenpolitik zu vollziehen. Die Regierung war nun der Auffassung, dass man zuvorderst mit der unipolaren

---

3   Wir danken Sebastian Reinhart für seine Mitarbeit an diesem Kapitel.

Weltordnung (der Vorherrschaft der USA in wirtschaftlichen, politischen und militärischen Belangen) brechen sollte, und begann sich verstärkt um eine multipolare Ordnung des internationalen Systems zu bemühen. Diese Veränderung wurde deutlich durch die politische Annäherung an autoritäre Staaten im Nahen Osten wie Iran und Irak auf der einen Seite, Nordkorea und insbesondere die VR China auf der anderen Seite (Macków 2003: 31). Mit Ausnahme des nuklearen Potenzials seiner Streitkräfte ist Russland jedoch weder im militärischen noch im wirtschaftlichen Bereich die Verwirklichung der eigenen Weltmachtansprüche gelungen. Immer häufiger ist die Lücke zwischen Anspruch und Wirklichkeit im Handeln Russlands als regionaler Führungsmacht mit Weltmachtanspruch deutlich zu erkennen. Daran konnte auch die von Präsident Wladimir Putin nach den Terroranschlägen auf die USA am 11. September 2001 initiierte Wende zurück in Richtung westlicher Wertegemeinschaft wenig ändern, da diese Wende besonders im Hinblick auf die fragwürdigen militärischen Operationen Russlands in Tschetschenien eher wie ein „taktisches Manöver" wirkt (Macków 2003: 31).

Nach der anfänglichen großen Euphorie in der Bevölkerung über die gewonnene Freiheit setzte bald eine begründete Angst vor den Gefahren ein, die mit dem Zusammenbruch der staatlichen Ordnung verbunden waren (Gordon 1997: 60). Dieser Situation entsprechend war die Präsidentschaft Boris Jelzins (1991–1999) von Bedrohungen der nationalen Sicherheit von innen heraus geprägt. Im Unterschied zu den wirtschaftlichen Reformbemühungen Gorbatschows, die vor allem eine große internationale Wirkung entfalteten, wiesen die Maßnahmen einen fast „revolutionär" anmutenden Charakter auf (Meissner 1995: 28).

Die Regierungszeit Wladimir Putins (seit 2000) hat gezeigt, dass die von Jelzin kreierte „hybride Macht" nicht von Dauer war. Es gab zwei Möglichkeiten, in welche sie sich entwickeln und ihren Einfluss auch auf die internationale Politik ausüben konnte: entweder in Richtung einer liberalen, von Rechtsstaatlichkeit geprägten Demokratie oder in Richtung eines strikteren bürokratischen Autoritarismus. Putin hat sich schließlich für die letztere entschieden und schaffte es in den Jahren nach 2000, den Zerfall des russischen Staates mit einer „Strategie der Rezentralisierung" von Kompetenzen und politischer Disziplinierung zu stoppen (Shevtsova 2006: 6). Außenpolitisch hat Russland unter der Präsidentschaft Putins ein großes Interesse an der Bekämpfung des internationalen Terrorismus entwickelt, was einer Neuorientierung bzw. einer massiven Westorientierung der Außenpolitik gleichkommt. Doch werden die Hoffnungen einer dauerhaften Orientierung Russlands an westlichen Wertvorstellungen durch die andauernde militärische Intervention in Tschetschenien, die Unterdrückung kritischer Medienberichterstattung und von der OSZE als bedenklich eingestufte Wahlpraktiken stark gedämpft.

Ein nach wie vor wichtiger und in den Anfangsjahren wesentlicher Bestandteil in den

Außenbeziehungen Russlands ist das in russischen Strategiepapieren sogenannte „nahe Ausland", welches sich aus dem „slawischen Kern" der ehemaligen Sowjetunion, bestehend aus Russland, Ukraine und Belarus (Weißrussland) zusammensetzt. Besondere Bedeutung kommt diesen Staaten nach wie vor primär aus geopolitischen Gründen zu, wie die Streitigkeiten in Fragen des Gastransportes in die und durch die Ukraine Anfang 2006 erneut zum Ausdruck brachten. Die Ukraine ist seit dem Zusammenbruch der Sowjetherrschaft bemüht, das Integrationsstreben der Russländischen Föderation zu unterbinden, was sich unter anderem auch daran erkennen lässt, dass das Land weder der *Collective Security Treaty Organization* (CSTO, www.dkb.gov.ru, Website demonstrativ nur in russischer Sprache) noch der *Eurasischen Wirtschaftsgemeinschaft* (EURASEC → Kapitel 5.3.5: 137) beigetreten ist (Macków 2003: 33). Daher versucht Russland, diejenigen Kräfte in der Ukraine wirtschaftlich zu fördern, welche die verstärkte Zusammenarbeit mit dem Westen, insbesondere mit der Europäischen Union, unterbinden möchten, was besonders durch die Unterstützung der Oligarchen im Osten und Süden der Ukraine gelingt. Während die Ukraine seit der „Orangen Revolution" im Jahr 2004 (friedlicher Protest gegen Wahlmanipulationen) einen verstärkten prowestlichen Kurs verfolgt, hat sich Belarus seit 1994 weiter von der europäischen Staatengemeinschaft abgegrenzt. Die Beziehungen zu Russland wurden auf einem zu Sowjetzeiten gebildeten Grundstock weiter vertieft, im wirtschaftlichen Bereich speziell den Öl- und Gastransport nach Europa betreffend, und im militärischen Sektor insbesondere durch die Stationierung von russischen Truppen und Waffensystemen auf belarussischem Territorium.

Die militärischen Interventionen Russlands in der Provinz Tschetschenien und im Nordkaukasus verstärken aus europäischer Sicht das Eskalationspotenzial von gewaltsamen Konflikten in ohnehin instabilen Regionen. Der nördliche Kaukasus war schon zu Sowjetzeiten von Abwehrhaltung gegen die antireligiöse Staatspolitik geprägt, da dort mit der islamischen die zweitgrößte Glaubensgemeinschaft Russlands beheimatet ist. Häufig werden in der staatlichen Medienwelt Russlands Islam und islamistischer Terrorismus miteinander gleichgesetzt, was eine Islamisierung des Tschetschenienkonfliktes fördert (Halbach 2003: 39).

Der „Anti-Terror-Kampf" der Regierung Putin in Tschetschenien wird vom Westen heftig kritisiert, da auch die Zivilbevölkerung in diesem Gebiet in die Auseinandersetzungen miteinbezogen wird. Russland wiederum wirft dem Westen in diesem Zusammenhang Doppelmoral vor; denn die Mitglieder islamistischer Gruppierungen wie der Al-Quaida und der Hamas würden vom Westen als Terroristen bezeichnet, aber im Tschetschenienkonflikt werde westlicherseits von Widerstandskämpfern gesprochen. Präsident Putins Schulterschluss mit den großen Staaten der Welt im Kampf gegen den „internationalen Terrorismus" hat die westliche Kritik am Vorgehen Russlands im Tschetschenienkonflikt nicht überdeckt, sondern aus westlicher Sicht schafft die militärische Intervention in Tschetschenien Nährboden für den internationalen Terrorismus.

Die Position der Russländischen Föderation auf der Weltbühne (dazu: Motyl/Ruble/ Shevtsova 2005) ergibt sich nach wie vor primär aus ihrem Verhältnis zu den *USA*. Dabei sind zwei unterschiedliche Linien erkennbar. Einerseits arbeitet man seit dem 11. September 2001 im „Kampf gegen den Terrorismus" Seite an Seite, andererseits klafft die Vorstellung von demokratischen Normen und Werten zwischen den Vereinigten Staaten und Russland deutlich auseinander. Auch mehr als eine Dekade nach dem Zusammenbruch der Sowjetunion ist die strategische Konkurrenz auf beiden Seiten nach wie vor tief verwurzelt, was besonders durch die Modernisierung des russischen Nuklearwaffenbzw. Raketenarsenals zum Ausdruck kommt. Im Umgang mit den USA ist die russische Regierung bisweilen trotzdem sehr vorsichtig und kompromissbreit, im Verhältnis zur *Europäischen Union* jedoch geht sie mit demonstrativ viel Selbstbewusstsein vor (zu den EU-Russland-Beziehungen: Knudsen 2006). Die EU ist aus Sicht Russlands wirtschaftlich gesehen ein interessanter Partner, aber in politischen Belangen sucht man eher die Nähe der USA und der NATO. Insgesamt ist in den Beziehungen zwischen Russland und der Europäischen Union aus europäischer Sicht eine zweigleisige Strategie Russlands feststellbar: Einerseits möchte Russland aus wirtschaftlichen Gründen am europäischen Integrationsprozess teilhaben, andererseits sieht es in der Europäischen Nachbarschaftspolitik eine Bedrohung für seine Einfluss-Sphäre speziell im postsowjetischen Raum (de Wilde/Pellon 2006).

Seit zehn Jahren sucht die EU nämlich ihre *Nachbarschaftspolitik* in Bezug auf den postsowjetischen Raum strategisch neu auszurichten. Die hochgesteckten Ziele umfassen neben einer modifizierten Energieallianz auch neue Lösungsansätze für die ethnisch-territorialen Konflikte sowie den Transfer westeuropäischer Rechtsstandards und demokratischer Werte (de Wilde/Pellon 2006). Dem gegenüber stehen Bestrebungen Russlands, neben den sogenannten „Gemeinsamen Räumen" mit der Europäischen Union (einem Instrument der Russlandstrategie der EU) eigene strategische Räume aufzubauen, vor allem den *Gemeinsamen Wirtschaftsraum (GWR)* mit Belarus und Kasachstan, dem sich inzwischen auch die Ukraine angeschlossen hat. Angesichts neuerer Spannungen mit seinen westlichen Nachbarstaaten (insbesondere mit der Ukraine, z. B. infolge der „Organgen Revolution" von 2004 und des Streites über Gaslieferungen 2006) richtet Russland seinen Blick zugleich verstärkt nach Asien, um dort strategische Wirtschaftsbündnisse zu schaffen. Aus Sicht der EU und der USA muss im Zuge dessen auch mit einer wachsenden Bedeutung der *Schanghaier Organisation für Zusammenarbeit* (→ Kapitel 5.3.5: 137) gerechnet werden – einer Institution unter russischer und chinesischer Führung, der bald auch Indien und Pakistan angehören könnten.

6.3 Asien-Pazifik[4]

Mit Kindermann (2001) kann man den „Aufstieg Ostasiens in der Weltpolitik" in vier Phasen einteilen: Die *erste Phase*, von den Opiumkriegen (1839ff.) bis zum Boxeraufstand (1900), mit der „Übermächtigung" ostasiatischer Staats-, Kultur- und Gesellschaftssysteme durch die „Weiße Gefahr" und den unterschiedlichen Reformen in Reaktion darauf. Die *zweite Phase*, vom russisch-japanischen Krieg 1904/05 und dem Beginn der chinesischen Revolution 1911/12 bis zum Zweiten Weltkrieg im Pazifik 1941-45, gekennzeichnet wie schon zuvor durch vielgestaltiges Ringen der chinesischen Politik um den wirksamsten Weg zur nationalen Selbsterneuerung und durch Japans Streben, die weiße Kolonialherrschaft durch eine von ihm selbst gewaltsam vorgenommene „Neuordnung Ostasiens" zu ersetzen. Die *dritte Phase*, vom Sieg des Kommunismus in China (1949) bis zur Desintegration der Sowjetunion Anfang der 1990er-Jahre, gekennzeichnet durch den Aufbau eines Fächers bilateraler Bündnissysteme im Westpazifik unter Führung der USA und die entstehenden, teils explodierenden Spannungsherde in den geteilten Ländern der Region: Korea, VR China/Taiwan, Vietnam, Laos und später Kambodscha. Die Annäherung zwischen der VR China und den USA in der Nixon-Kissinger-Ära Anfang der 1970er-Jahre und den Aufstieg Japans zur Weltwirtschaftsmacht bringt Kindermann in derselben Phase unter. Die gegenwärtige *vierte Phase* sieht Kindermann (2001: 652)

> „strukturell einerseits von der Beibehaltung des Fächers bilateraler Bündnisverhält
> nisse der USA mit einzelnen Staaten Nordost- und Südostasiens gekennzeichnet
> und andererseits vom gegen die USA gerichteten Aneinanderrücken der großen
> Einzelakteure China und Rußland. Hinzu tritt die nun ganz Südostasien vereini
> gende Gemeinschaft Südostasiatischer Staaten (ASEAN) mitsamt der von ihnen
> ausgehenden Institutionalisierung sicherheits- und wirtschaftspolitischer Dialoge
> der Staaten der ostasiatisch-pazifischen Region. Doch die bisher primär konsulta
> tive Wirkungsweise dieser viel versprechenden Organisationen kann nicht mit der
> ungleich größeren und institutionalisierten Kohäsion der NATO oder der Europä
> ischen Union verglichen werden."

Als Region trat Asien-Pazifik verspätet und verhältnismäßig begrenzt in der Weltpolitik auf (Überblicke: Chee 1995; McGrew 1998; Yahuda 1996; Umbach 2002). Das Fortbestehen der aus dem Kalten Krieg stammenden Teilung Koreas, die Fortexistenz kommunistischer Systeme in der VR China, in Vietnam und in Nordkorea, die kulturelle

---

4   Wir danken Alexandra Klausner für ihre Mitarbeit an diesem Kapitel.

Mannigfaltigkeit und die unterschiedlichen volkswirtschaftlichen und demokratischen Entwicklungsstände werden dafür ebenso als Ursachen genannt wie mangelnde historische Erfahrung mit regionaler Kooperation jenseits von Bilateralismus, Dialog und Konsultation, die postkoloniale Pfandabhängigkeit mit ausgeprägten nationalen Ideen der Staatssouveränität und, verbunden mit der Erfahrung des japanischen Imperialismus in der ersten Hälfte des 20. Jahrhunderts, die Antidominanzpolitik. Dazu kommt die Konkurrenzrolle zwischen der VR China und Japan um potenzielle regionale Vormacht sowie die, auch aus sicherheitspolitischen Gründen, starke Rolle der externen Supermacht USA, die anders als in Europa in der Region Asien-Pazifik nie regionale Integration gefördert hat, sondern einen auf einem Netzwerk bilateraler Beziehungen aufbauenden *Multilateralismus* begünstigt (Hemmer/Katzenstein 2002).

Um dieser Entwicklung entgegenzusteuern, gründeten Indonesien, Malaysia, Singapur, Thailand und die Philippinen bereits 1967 die *Association of Southeast Asian Nations* (ASEAN, www.aseansec.org). Diese Organisation sollte zur Befreiung von externen Mächten dienen und eine Stärkung der Beziehungen in der Region bewirken. In den 1990er-Jahren wurde die Mitgliederzahl durch Brunei, Kambodscha, Laos, Myanmar und Vietnam auf zehn erhöht. Die ASEAN (politologischer Überblick: Acharya 2001) wird von den Kernprinzipien der Nichteinmischung in die inneren Angelegenheiten der anderen Mitgliedstaaten sowie der Nichtpaktgebundenheit getragen. Zu ihren Aufgaben gehören regionale Stabilisierung bzw. regionales Konfliktmanagement, wirtschaftliche Zusammenarbeit mit dem Ziel einer Freihandelszone sowie praktisch alle Felder des öffentlichen Handelns, einschließlich Menschenrechten und Umwelt. Seit ihrem Bestehen hat sich die ASEAN im Sinne ihres Grundsatzes der Nichtpaktgebundenheit nie als eine Allianz oder ein kollektives Sicherheitsarrangement betrachtet, und es gibt auch weder eine Form einer Beistandspflicht im Fall eines Angriffes von außen noch einen Konsens über ein Bedrohungsbild.

Mit ihrem Selbstverständnis knüpft die ASEAN an die auf der afrikanisch-asiatischen Konferenz blockfreier Staaten in Bandung (1955) verkündeten Prinzipien an (→ Kapitel 2.10: 40f.). Daraus ergab sich die als *ASEAN Way* bekannt gewordene spezifische sanfte Art regionaler Kooperation. Diese stützt sich auf informelle Konsultation anstatt rational gesatzter Arbeit in gemeinsamen ständigen Gremien und auf Konsensentscheidungen anstatt Mehrheitsentscheidungen. Trotzdem fußt die ASEAN auf gewissen formalen Strukturen: einem permanenten Sekretariat in Jakarta in Indonesien, einem Generalsekretär und regelmäßigen Gipfeltreffen der Regierungschefs sowie einem dichten Abstimmungsprozess im Rahmen diverser – häufig informeller – Ministertreffen. Dieser gemeinsame Abstimmungsprozess an sich ist wichtiger als das dabei erzielte gemeinsame politische Ergebnis (Acharya 2001).

In den ersten zwanzig Jahren ihres Bestehens konzentrierte sich die ASEAN auf regionale Stabilisierung und die friedliche Beilegung von Streitigkeiten. In der Erklärung von Manila (1989) gaben sich die ASEAN-Staaten einen gemeinsamen Plan für wirtschaftliche Zusammenarbeit mit dem Ziel einer Freihandelszone. Im Jahr 1994 schuf die ASEAN ein sicherheitspolitisches Forum (das ASEAN Regional Forum) und etablierte 1995 mit dem Vertrag von Bangkok eine atomwaffenfreie Zone in Südostasien. Parallel zur Entwicklung ihrer Rolle im regionalen Konfliktmanagement und dem dadurch mitgeebneten Weg zur Erweiterung ihrer Mitgliedschaft in den 1990er-Jahren weitete die ASEAN ihre Agenda auf praktisch alle Felder öffentlichen Handelns aus. Gleichwohl möchte die ASEAN nach wie vor kein regionales Integrationsprojekt werden, obwohl seit einigen Jahren über eine Freihandelszone hinaus die Schaffung eines gemeinsamen Marktes als Vorschlag im Raum steht.

Das *ASEAN Regional Forum* (ARF, www.aseanregionalforum.org) soll einen multilateralen, regionenübergreifenden Sicherheitsdialog gewährleisten. Es umfasst 23 Staaten: Australien, Brunei, die VR China, die Europäische Union, Indien, Indonesien, Japan, Kambodscha, Kanada, Laos, Malaysia, die Mongolei, Myanmar, Neuseeland, Nordkorea, Papua-Neuguinea, die Philippinen, Russland, Singapur, Südkorea, Thailand, die USA und Vietnam. Innerhalb der Treffen im Rahmen des ARF werden verschiedene *„tracks"* unterschieden (Capie/Evans 2002: 209):

(1) Der *track one* repräsentiert die Regierungen, ist sozusagen die offizielle Schiene und wird aus ASEAN, ARF sowie ASEAN Plus Three gebildet. Letzteres Gremium wurde 1997 gegründet und dient zur regionalen Konsultation der ASEAN-Staaten mit der VR China, Japan und Südkorea sowie mit der APEC (s. u.).

(2) Informelle Treffen, die keiner *track*-Diplomatie zugerechnet werden können, werden als *track one and a half* bezeichnet und stellen eine Besonderheit des ASEAN Regional Forum dar. Zu den Aufgaben dieses Dialoges gehören neben der Anwendung des Multilateralismus die Erhöhung der Identitäts- und Gemeinschaftsbildung, Konfliktprävention, Regelung der bestehenden Grenz- und Territorialkonflikte sowie Bekämpfung von Piraterie, Schmuggel und illegaler Migration. ARF-Teilnehmerstaaten wie die USA, Australien, Japan und Kanada drängen auf eine Formalisierung und auf die Schaffung von rechtsverbindlichen Instrumenten zur Regelung der bestehenden zwischenstaatlichen Regionalkonflikte.

(3) *Track two diplomacy* ist eine Methode, die außerhalb von Regierungssystemen angesiedelt ist, d. h. sie bezieht sich auf informelle oder inoffizielle Kontakte und Aktivitäten zwischen privaten oder nichtstaatlichen Akteuren (Capie/Evans 2002: 213). Im speziellen Fall der Region Asien und Pazifik bedeutet das die Existenz eines inoffi-

ziellen Dialoges für Politik, Wirtschaft und Sicherheit. Hierfür werden die Fähigkeiten von Universitäten, Journalisten/Journalistinnen, Zivilpersonen aber auch des Militärs und gelegentlich von Politikerinnen und Politikern genutzt.

(4) *Track three diplomacy* bezieht sich auf die Aktivitäten von NGOs und transnationalen Netzwerken (Capie/Evans 2002: 217). Das Alternative ASEAN Netzwerk für Burma (Alt-ASEAN), das Asien Forum für Menschenrechte und Entwicklung (FORUM ASIA), der Rat für Alternative Sicherheit in der Region Asien-Pazifik (Council for Alternative Security in Asia-Pacific, CASAP) oder das Forum für Alternative Sicherheit stellen Beispiele für *track three* dar.

Durch die diplomatischen Bemühungen der ASEAN, mit Nichtmitgliedstaaten einen Dialog sowohl auf wirtschaftlicher als auch auf politischer Ebene zu führen, konnte das Format der *Postministerial Conference* geschaffen werden (Sarawnamuttu 1999: 103). Dies stellte einen der wichtigsten Entwicklungen nach dem Ende des Kalten Krieges auf politischer Ebene dar. Abgehalten werden diese Konferenzen jährlich im Anschluss an das ASEAN-Außenministertreffen.

Mit ihrer Entscheidung, an der *Asia-Pacific Economic Cooperation* (APEC, www. apec.org) teilzunehmen, knüpfte die ASEAN weitere regionenübergreifende Kontakte. Die APEC wurde 1989 zur Förderung wirtschaftlichen Wachstums und wirtschaftlicher Entwicklung durch zwischenstaatlichen Dialog gegründet (zusammenfassend Ravenhill 2001). Sie umfasst heute 21 „Mitglieds(volks)wirtschaften" *(member economies)* – diese Formulierung kommt daher, dass zu den Teilnehmern auch Wirtschaftseinheiten zählen, die nicht zugleich Staaten sind (Hongkong) oder deren Staatlichkeit nicht von allen anderen Teilnehmern anerkannt wird (Republik China/Taiwan): Australien, Brunei, Chile, Hongkong, Indonesien, Japan, Kanada, Malaysia, Mexiko, Neuseeland, Papua-Neuguinea, Peru, Philippinen, Russland, Singapur, Südkorea, Taiwan, Thailand, die USA, Vietnam und die VR China. Die Gründung der APEC folgte nicht funktionalistischen Erfordernissen internationaler Wirtschaftspolitik, sondern geht auf einen Reißbrettentwurf zurück, der von Vertretern und Vertreterinnen aus Wissenschaft, Regierung und Wirtschaft erarbeitet wurde (Wrong 1999). Sie ist vor allem auf das Interesse ihrer *member economies* zurückzuführen, ein Forum zu schaffen, das die Diskussion über die regionale wirtschaftliche Kooperation fördert und es erleichtert, Lösungen für auftauchende Probleme im Zusammenhang mit der Liberalisierung des Handels zu finden, aber keine bindenden Resolutionen beschließt. Die APEC hat sich in diesem Sinne zum Ziel gesetzt, eine multilaterale, offene Handelsorganisation zu sein.

Vor diesem Hintergrund ist es auch verständlich, dass der APEC während der Asienkrisen Ende der 1990er-Jahre wirtschaftspolitisch die Hände gebunden waren: Sie verfügte über keine Mechanismen, um finanzielle und monetäre Beziehungen in der Region zu koordinieren. Genau diese Schwierigkeiten führten indes dazu, dass es im Rahmen der APEC gelang, ein asiatisch-pazifisches politisches regionales Bewusstsein zu entwickeln – während sich zeigte, dass die ASEAN über keine entsprechenden Entwicklungspotenziale verfügte (Narine 1999). Dieses Bewusstsein entwickelte sich vor allem aus der Abgrenzung gegen die vor Ort nicht geteilte Analyse der westlichen Staaten und des Internationalen Währungsfonds (→ Kapitel 5.3.4: 134) zu den Ursachen der asiatischen Finanzkrise (mangelnde Handelsliberalisierung), führte aber auch dazu, dass sich die beteiligten westlichen Staaten stark aus dem Kooperationsrahmen zurückzogen (Thompson 1998).

Die Zukunft der internationalen Politik des asiatisch-pazifischen Raumes wird aber nicht so hochgradig von der weiteren ökonomischen Entwicklung abhängen wie von der Frage, ob und inwieweit diese Methode des konstruktiven Engagements der *USA* in der Region Aufgaben der Vertrauensbildung und der präventiven Krisenbewältigung dienstbar gemacht werden kann und sich die zwischen den Gegenspielern entwickelte Dialogkultur des ASEAN Way auch über neue Spannungen (zum Beispiel infolge des nordkoreanischen Nukleartests im Jahr 2006) hinweg fortpflanzt. Falls nicht, könnte die Zukunft der Region von neuen Formen eines Kalten Krieges, einer drohpolitischen Konfrontation und eines von gegenseitiger Furcht veranlassten Rüstungswettlaufes bestimmt sein (Kindermann 2001: 653).

In diesem Zusammenhang ist es wichtig, die Rolle der *VR China* realistisch zu bewerten. Durch das Fehlen einer konkreten sicherheitspolitischen Bedrohung seit Beginn der 1980er-Jahre hatte China die Möglichkeit, die Priorität auf die Modernisierung seiner Wirtschaft zu legen, und konzentrierte sich auf eine sozialistische Marktwirtschaft. Auch in den 1990er-Jahren hielt das dynamische Wirtschaftswachstum an (Umbach 2002: 19). Durch das Wirtschaftswachstum steigt auch der Ressourcenbedarf der Volksrepublik enorm an. Sie ist der drittgrößte Ölverbraucher und der zweitgrößte Ölimporteur weltweit. Zur Deckung dieses enormen Bedarfes kooperiert China zum Teil mit sogenannten Problemstaaten wie beispielsweise dem Iran (Riemer 2005: 5). Bis auf einige unbewältigte Grenz- und Territorialkonflikte ist China jedoch in keine größeren militärischen Konflikte verwickelt. Zwar zeigte das Land immer wieder die Bereitschaft zu drohen, aber die tatsächliche Anwendung von Gewalt blieb aus. So wird China oft fälschlich als unberechenbare, aggressive Großmacht wahrgenommen, tatsächlich zeigt die Volksrepublik aber wenig globale Ambitionen: Das gesamte chinesische Sicherheitskonzept konzentriert sich auf den asiatischen Raum (Riemer 2005; Umbach 2002).

6.4 Naher und Mittlerer Osten

Die besondere Problematik dieser Region spiegelt sich schon in der Frage der Nomenklatur wider. Vom Nahen (und Mittleren) Osten zu sprechen, bezeichnet im Deutschen die Region um Israel, ist oft im direkten Zusammenhang mit dem Israel-Palästina-Konflikt gemeint und blendet für die regionale Konstellation entscheidende Akteure wie die Türkei oder die Golfstaaten aus. Ebenso problematisch ist aber ein terminologischer Anschluss an den Begriff *Greater* oder *Broader Middle East*, der nicht nur eine bestimmte politische Initiative der USA bezeichnet, sondern auch eine spezifische modernisierungstheoretische Auffassung, nämlich die des sogenannten „Orientalismus", wonach die Araber sozioökonomisch und technisch-wissenschaftlich rückständig, fanatisiert und wesenhaft undemokratisch seien (vgl. die kritische Darstellung bei Little 2002). Dieser Auffassung nach muss der Ansatz der internationalen Politik gegenüber dieser Region ein wirtschaftlicher sein, um über nachholende Entwicklung schließlich auch gesellschaftliche und politische Reformen im Sinne des Westens sozusagen automatisch auszulösen. Pearcy (1964: 1–12) zufolge umfasst die Region „Broader Middle East" den ganzen arabischen Sprachraum, von Nordafrika bis zum Golf von Arabien, inklusive weiterer angrenzender Staaten wie Iran, Afghanistan und Pakistan.

Der Nahe und Mittlere Osten, verstanden als Kern des so definierten *Broader Middle East* (Überblicke: Ehrhart/Johannsen 2005b; Janssen 2005; Massarrat 1996), ist nicht nur wegen seiner nachhaltigen, weltpolitisch virulenten Konfliktdichte eine besondere Region, sondern auch wegen der niedrigen Integrationsdichte (zu den bestehenden Regionalorganisationen: Neuhoff 2005). Gleichwohl ist die älteste internationale Organisation in der Region, die *Arabische Liga* (www.arableagueonline.org, dazu: Emig 2004), sogar ein wenig älter als die UNO: Sie wurde im März 1945 gegründet und sollte gegenüber den damaligen Großmächten die Unabhängigkeit der souverän gewordenen arabischen Staaten garantieren. Ihre Mitgliedschaft ist umfassend: Ägypten, Algerien, Bahrain, Dschibuti, Irak, Jemen, Jordanien, Katar, Komoren, Kuwait, Libanon, Libyen, Marokko, Mauretanien, Oman, Palästinensische Autonomiegebiete, Saudi-Arabien, Somalia, Sudan, Syrien, Tunesien und Vereinigte Arabische Emirate. Der Iran und die Türkei haben Beobachterstatus.

Die Arabische Liga wird von einem zweimal jährlich tagenden Außenministerrat geleitet, der auch auf Ebene der Staats- und Regierungschefs zusammentreten kann. In den meisten Fällen gilt das Entscheidungsprinzip der einfachen Mehrheit. Die Liga verfügt über einen Generalsekretär, einen Wirtschaftsrat, einen Verteidigungsrat und mehrere ständige Ausschüsse wie zum Beispiel einen Militärausschuss. Mittlerweile besteht auch Zusammenarbeit in kulturellen Angelegenheiten, und mit der Schaffung der Arabischen Entwicklungsbank sowie dem Projekt eines gemeinsamen Marktes (Arabische Wirtschaftsunion) hat die Arabische Liga einen Anlauf zur jedenfalls ökonomischen Regionenbildung genommen.

Die Organisation der Arabischen Liga hat sich dennoch nicht aus einem Interesse ihrer Mitgliedstaaten ergeben, gemeinsam als Region in der internationalen Politik aufzutreten, sondern ist auf den Prioritätenkonflikt zwischen ihren Mitgliedstaaten zurückzuführen, einerseits ihre Souveränität und Unabhängigkeit wahren, sich aber zugleich gemeinsam gegen internationale Beeinflussung wehren zu wollen. Die Arabische Liga hat anders als zum Beispiel die ASEAN im Laufe ihres Bestehens nicht zur Entwicklung eines gewissen gemeinsamen Identitätsbewusstseins beigetragen. Vielmehr stützte sie sich zu Beginn auf den seinerzeit vorhandenen, dann aber abflauenden arabischen Nationalismus. Zwar sprechen die Mitgliedstaaten in der Regel in ihrer Feindschaft gegenüber dem Staat Israel und in ihrer Unterstützung für einen souveränen palästinensischen Staat mit einer Stimme, zum Beispiel in der UNO. Infolge interner Streitigkeiten gelang es ihnen jedoch nicht, die Arabische Liga zur Koordinierung der Kriege mit Israel 1948, 1967 und 1973 zu nutzen. Allerdings konnte die Arabische Liga im Jahr 1961 ihre Mitgliedstaaten zu einer militärischen Aktion koordinieren, mit der dem damaligen Streben des Irak entgegengewirkt wurde, das gerade unabhängig gewordene Kuwait zu annektieren. In den weiteren regionalen militärischen Konflikten erwies sich die Arabische Liga jedoch als weitgehend handlungsunfähig. Zu den besonderen Misserfolgen zählt, dass sich die Mitgliedstaaten Algerien und Marokko nicht an die Arabische Liga wandten, um ihre Grenzstreitigkeiten zu regeln, sondern an die Organisation für Afrikanische Einheit (die heutige Afrikanische Union), ebenso wie die Handlungsunfähigkeit der Liga im Bürgerkrieg im Jemen oder in der Irakkrise 2003. Die Arabische Liga versteht sich nach wie vor als eine Institution der arabischen Einheit, wird jedoch in erster Linie durch ihren hohen Organisationsgrad zusammengehalten; denn die Mitgliedstaaten stoßen immer wieder auf große Meinungsverschiedenheiten untereinander.

Demgegenüber ist der *Golf-Kooperationsrat* (Gulf Cooperation Council, GCC, www. gcc-sg.org) mit den Mitgliedstaaten Bahrain, Katar, Kuwait, Oman, Saudi-Arabien und Vereinigte Arabische Emirate in wirtschaftlicher, politischer und kultureller Hinsicht eine der homogensten Regionalorganisationen weltweit. Allerdings entbehrt er bei seiner Tätigkeit einer Finalitätsidee: Unter den Mitgliedstaaten gehen die Vorstellungen, wohin der Integrationsweg gehen soll, weit auseinander. Sie reichen von einem gemeinsamen Markt über eine Militärallianz bis zu einer regionalen Organisation kollektiver Sicherheit (Hudson 1998). Zwar wurde der Rat 1981 als Reaktion auf neue Sicherheitsbedrohungen in der Region (iranische Revolution 1979, sowjetische Afghanistaninvasion 1979 und Iran-Irak-Krieg 1980–1988) gegründet, doch sein Mandat umfasst nicht das Politikfeld Sicherheit, sondern erstreckt sich auf Wirtschaft, Finanzen, Handel, Zoll, Tourismus, Gesetzgebung,

Auslandsinvestitionen und wissenschaftlichen Fortschritt. Neben einer Freihandelszone (jedoch ohne gemeinsame Außenzölle) wurde – dem Modell der EU entsprechend – eine gemeinsame Staatsbürgerschaft mit Freizügigkeit und Niederlassungsfreiheit geschaffen. Ein weiterer wichtiger regionaler Integrationserfolg liegt außerhalb des Mandates: Die Mitgliedstaaten des Golf-Kooperationsrates schufen eine 7 000 Soldaten starke Verteidigungseinheit für die arabische Halbinsel. Die Golfstaaten haben den Golf-Kooperationsrat auch schon im Kalten Krieg de facto als Instrument ihrer nicht bündnisgebundenen Verteidigung angesehen, obgleich sie sich für den Ernstfall auf Verteidigungsgarantien der USA verließen. Anders als bei der Arabischen Liga und so wie zum Beispiel bei der ASEAN basiert die Entscheidungsbildung im Golf-Kooperationsrat auf dem Einstimmigkeitsprinzip. Die Staats- und Regierungschefs der Mitgliedstaaten bilden den einmal im Jahr zusammentretenden Supreme Council, während der vierteljährlich zusammenkommende Rat der Außenminister in Zusammenarbeit mit dem Generalsekretariat die laufenden Angelegenheiten koordiniert.

Gerade im Nahen und Mittleren Osten spielen neben den formalen Institutionen Werte und Ideen oder auch Ideologien eine besondere Rolle und machen die Region zu einer der sensibelsten in der internationalen Politik. Bis auf Israel sind alle Staaten des Nahen und Mittleren Ostens durch den Islam geprägt. In Ägypten, im Irak, im Iran, im Jemen sowie in Katar, Libyen, Oman und Saudi-Arabien ist der Islam Staatsreligion. Bereits daran lässt sich die kulturelle Sprengkraft des *israelisch-palästinensischen Konfliktes* (Überblick: Johannsen 2006; Schäfer 2005) ablesen, der bis ins ausgehende 19. Jahrhundert zurückreicht, als sich die Zionistische Bewegung das Ziel setzte, das damals zum Osmanischen Reich gehörende Palästina zu einem jüdischen Nationalstaat zu machen. Im Jahr 1917 griff der britische Balfour-Plan dieses Ziel auf, und 1920 wurde Palästina Mandatsgebiet des Völkerbundes, 1945 ein Treuhandgebiet der UNO. Als Reaktion auf Terroraktivitäten jüdischer Organisationen gegen arabische und britische Organe wurden mehrere Teilungspläne entwickelt, die aber den Ausbruch eines Bürgerkrieges 1947 nicht verhindern konnten. Dieser setzte sich 1948 als Krieg zwischen dem selbst proklamierten Staat Israel und den Staaten der Arabischen Liga (v. a. Ägypten, Jordanien und Syrien) fort. Jordanien besetzte die West-Bank, Jerusalem wurde geteilt und der Gazastreifen kam unter ägyptische Verwaltung. Im Zuge dessen wurden mehr als 750 000 Palästinenser heimatlos (heute sind ca. 2,6 Millionen als Flüchtlinge registriert). Im Sechstagekrieg 1967 besetzte Israel die West-Bank einschließlich Ost-Jerusalems und eroberte den Gazastreifen, die Sinaihalbinsel und die Golanhöhen. Dem andauernden Konflikt mit friedlichen Instrumenten der internationalen Staatengemeinschaft beizukommen, ist schwierig. Einerseits folgen Staaten wie die USA und Deutschland konsequent dem Souveränitätsgrundsatz, aus dem sich das bedingungslose Existenzrecht Israels ableiten lässt. Andererseits untergräbt die israelische Politik bisweilen selbst die völkerrechtlichen Grundlagen des Daseins des Staates Israel, indem sie besonders strikt dem Grundsatz folgt, zum Beispiel Resolutionen des UN-Sicherheitsrates nach Gutdünken zur Kenntnis zu nehmen und zu befolgen.

Im Rahmen eines Analysekonzeptes von *Broader Middle East* muss auch die *Türkei* und die Frage ihres Verhältnisses oder ihrer Zugehörigkeit zu Europa betrachtet werden. Unabhängig davon, wie man einem türkischen EU-Beitritt gegenübersteht: Sicherheitspolitisch gehört die Türkei schon seit einem halben Jahrhundert zu Europa. Zugleich steht sie seit jeher an der Brücke zum Mittleren Osten und zu Vorderasien. Nicht von ungefähr wurde das Osmanische Reich seinerzeit als die „Hohe Pforte" bezeichnet. Zunächst galt das Osmanische Reich den alten europäischen Mächten wegen seiner Vorstöße bis vor Wien (1529 und 1683) als Versinnbildlichung der orientalischen Gefahr. Seit der machtpolitischen Formierung des russischen Zarenreichs und dessen Griff nach einem Zugang zum Mittelmeer (1774) wurde es jedoch als Bollwerk gegen den Panslawismus betrachtet. Nach dem Zweiten Weltkrieg wurde das Land sowohl zur Schlüsselmacht an der Südostflanke des freien Europa als auch zum Mitglied zahlreicher europäischer Institutionen. Der Weg begann 1947 mit der Truman-Doktrin (amerikanische Zusage von Wirtschaftshilfe und Schutz gegen die Expansion des sowjetischen Machtbereiches). 1948 wurde die Türkei dann Gründungsmitglied der OEEC (→ Kapitel 2.8: 35f.). Im Jahr 1952 wurde sie gemeinsam mit Griechenland NATO-Mitglied. Im Jahr 1955 folgte die Mitgliedschaft im Bagdad-Pakt und in dessen Nachfolgeorganisation, der CENTO, dessen Hauptquartier sie beheimatete (→ Kapitel 2.8: 35).

Die heutige Türkei sieht sich mit äußerst unterschiedlichen Erwartungen der westlichen Staaten konfrontiert. Teils wird ihre Bedeutung als Brücke zur islamischen Welt in den Mittelpunkt gerückt, teils die Rolle als Stabilitätsinsel am Rande Europas und in einer unsicheren Region, die das Potenzial hat, die Weltpolitik zu destabilisieren. Erwartungen richten sich, insbesondere nach dem 11. September 2001, teils auch auf eine mögliche politische und soziokulturelle Vorbildfunktion der Türkei für die gemäßigten islamischen Staaten (Altunışık 2001). Nicht zu vernachlässigen sind geopolitische Faktoren wie die gemeinsamen Grenzen mit Syrien, dem Iran und dem Irak sowie die militärische und wirtschaftliche Allianz mit Israel. Die Scharnierfunktion der Türkei betrifft jedoch ebenso die europäische Energiesicherheit sowie regionale Ressourcenkonflikte, zum Beispiel um Wasser.

Im Zuge der Fertigstellung des Südostanatolien-Projektes, eines Großvorhabens zur Bewässerung und Energieerzeugung, kann die Türkei zum Beispiel kontrollieren, wie viel Wasser des Euphrat nach Syrien weiterfließt. In Verbindung mit dem türkischen Vorwurf, Syrien gewähre dem Kurdenführer Öçalan Unterschlupf, führte die Krise bis zum Jahr 2000 sogar zu gegenseitigen Kriegsdrohungen. Der Konflikt konnte aber durch gemeinsame Bemühungen Ägyptens und des Iran geschlichtet werden. Wasser ist auch in anderer Hinsicht ein Konfliktfaktor: Nach dem Abschluss eines Vertrages über Wasserlieferungen an Israel steht zu befürchten, dass dies von palästinensischer und allgemein von arabischer Seite als eine generelle Parteinahme für Israel verstanden werden könnte. Wegen der Islamisten im eigenen Land könnte dies außerdem innenpolitisch destabilisierend wirken.

Die türkische Außen- und Sicherheitspolitik und die Ausgestaltung der strategischen Scharnierfunktion des Landes hängen natürlich auch von innenpolitischen Faktoren ab (Axt 2003). Die Irakkrise des Jahres 2003 zum Beispiel, die dann in die Invasion des Landes durch eine internationale Koalition unter Führung der USA mündete, traf die damalige türkische Regierung, die ihr Amt im November 2002 angetreten hatte, in einer schwierigen Situation. Innenpolitisch bestanden drängende Legitimitätsprobleme. Allein daraus wird die türkische Zurückhaltung verständlich, die USA bei einem Angriff auf einen islamischen Staat deutlich zu unterstützen. Auf der anderen Seite war und ist die Regierung bzw. die sie tragende Partei für Gerechtigkeit und Entwicklung (AKP) am Schulterschluss mit den USA nicht zuletzt deshalb interessiert, weil sie sich davon ihre innenpolitische Stärkung verspricht und weil die USA eine türkische Mitgliedschaft in der EU – insbesondere eine türkische Beteiligung an der Europäischen Sicherheits- und Verteidigungspolitik (ESVP) der Europäischen Union – massiv befürworten. Überdies wird Sicherheitspolitik in der Türkei immer mehr von einer Aufgabe, die bisher vorwiegend das Militär und der Nationale Sicherheitsrat übernommen haben, zu einer grundlegenden Aufgabe der Politik.

Die türkische Politik jedoch muss ihre Interessen im Mittleren Osten erst noch genauer bestimmen und sich mit möglichen Interessenkonflikten auseinandersetzen (Larrabee/Lesser 2003). Das Verhältnis zu den NATO-Partnern, insbesondere den USA, ist deswegen nicht konfliktfrei. Durch einen möglichen kurdischen Staat zum Beispiel, der unter US-Besatzung im Nordirak entstehen könnte, sähe die türkische Politik ihre grundlegenden Interessen verletzt und ihre innenpolitische Legitimität beschädigt. Die Türkei liegt somit in einer Schnittmenge multidimensionaler Konfliktbögen. Das heißt, dass Lösungsansätze für den einen Konflikt negativ auf andere Konflikte wirken können. Die Türkei kann durch ihre Scharnierfunktion teils zur Bewältigung der Konflikte beitragen. Weil sie aber oftmals selber Konfliktpartei ist, könnte die Scharnierfunktion jedoch auch derart wirken, dass sich die regionalen Konflikte verstärken oder mehr auf Kerneuropa zubewegen.

Die *Europäische Union* ist auf vielfältige Weise um einen nachhaltigen Beitrag zur Stabilisierung der Region bemüht (Janssen 2005; Schäfer 2005) und verfolgt dabei neben ihrem typischen *soft-power*-basierten Gesamtansatz durchaus länderspezifische Strategien (Nonneman 2005). So hat die Iranstrategie der EU den Bestandteil, das Land in die internationale Staatengemeinschaft und ebenso in die internationale Zivilgesellschaft einzubetten und als aktiven Unterstützer für den Nahost-Friedensprozess zu gewinnen. Im Irak sind die Prioritäten der EU-Politik der Wiederaufbau der Schlüsselbereiche des öffentlichen Dienstes, Arbeitsbeschaffung und Armutsbekämpfung sowie an den Leitprinzipien Zivilgesellschaft und Menschenrechte orientierte Staatstätigkeit. In Bezug auf die palästinensischen Autonomiegebiete legt die EU ihre Schwerpunkte auf die Reform der Verwaltung, die Reform des Sicherheitssektors und die Grundlegung einer ökonomischen Infrastruktur. In Afghanistan legt die EU besonderen Wert auf die Reintegration von Flüchtlingen und Binnenvertriebenen, auf ländliche Entwicklung und Lebensmittelsicherheit, auf die Einbindung von Frauen in das öffentliche Leben und die Bekämpfung des illegalen Drogenanbaus.

Wie in den typischen Krisen- und Konfliktszenarien des 21. Jahrhunderts insgesamt, so ist auch die Stabilisierung des Nahen und Mittleren Ostens in letzter Konsequenz eine Herausforderung für nachhaltige Konfliktprävention. Welche Präventionsstrategien schlussendlich am meisten Nachhaltigkeit garantieren, darüber hat auch die Konfliktforschung noch keine endgültigen Erkenntnisse (Beck 2005). Was auf jeden Fall unerlässlich ist, ist eine multidimensionale Präventionsstrategie, die nicht versucht, über einige wenige Kanäle (sei es nun die Demokratisierung des Regierungssystems, das Setzen ökonomischer Anreize, die Eindämmung durch militärische Interventionsdrohungen oder die militärische Intervention selbst) eine ganze Weltregion zu befrieden. Vielmehr wird man all diese Aspekte in eine Präventionsordnung einbetten müssen, die darüber hinaus Rechtsstaatlichkeit, Menschenrechte, Sicherheitssektorreform, freie Medien, Kulturpolitik, Bildungspolitik, Umweltpolitik und andere mehr beinhaltet. Hier erscheint der Ansatz der EU in der Tat besonders mehrwertträchtig.

6.5 Lateinamerika

Es existiert eine ganze Reihe von Typologien, anhand derer Lateinamerika unterteilt und analysiert werden kann, sowohl geographisch als auch historisch und politisch (Überblicke: Barton 1997; König 2006). Beispiele sind etwa die Unterteilung in die verschiedenen Klimazonen oder die Siedlungsräume der ethnischen Gruppen. Eine Mischtypologie, die Geographie, Klimazonen und im Besonderen auch historisch-politische Entwicklungen berücksichtigt, geht von fünf Teilregionen aus: Cono Sur (südlicher Kegel mit Argentinien, Chile, Paraguay und Uruguay), Brasilien, die Andenstaaten (Bolivien, Ecuador, Kolumbien, Peru und Venezuela), Zentralamerika (Panama, Costa Rica, Nicaragua, El Salvador, Honduras, Guatemala und Mexiko) sowie die Karibik einschließlich der Guayanas.

Lange Zeit herrschte in Lateinamerika das politische Prinzip des *Caudillismo* vor (Lynch 1992). Die idealtypische Person des Caudillo verkörperte sowohl den militärischen als auch den politischen Führer und gewann dadurch eine überdimensionale Autorität. Machtkämpfe zwischen den Caudillos führten meist zur Errichtung autokratischer Regime, die nicht selten die Grundlage für heutige lateinamerikanische Staaten bildeten. Das Prinzip des Caudillismo ist somit grundlegend für die spätere Bildung der Nationalstaaten und stellte eine Art Übergang bzw. Brücke zwischen der vormodernen und der modernen politischen Organisation dar. Die Nationalstaatsgründung setzte in Lateinamerika zu Beginn des 19. Jahrhunderts, während des Niederganges des Caudillismo, ein. Zu jener Zeit zerbrachen die großen, von den Caudillos beherrschten Regionen, was unter anderem zur Bildung dauerhafter Kleinstaaten (z. B. Uruguay) führte (Lynch 1992).

Aus seiner Unabhängigkeit im Zuge der Dekolonisation im 20. Jahrhundert konnte Lateinamerika keine allgemeinen Vorteile ziehen; denn die politische Abhängigkeit (insbesondere von Spanien) wurde lediglich durch eine ökonomische ersetzt: zunächst noch von Großbritannien, dann aber primär von den USA. Der ausländische Einfluss auf die lateinamerikanische Wirtschaft brachte große Hindernisse für eine eigenständige wirtschaftspolitische Entwicklung mit sich, wurde aber von den Eliten als Lösung der wirtschaftlichen Probleme angesehen. Die Monroe-Doktrin von 1823, die den Einfluss der USA und zugleich damit das Fernhalten europäischer Mächte vom südamerikanischen Kontinent festschrieb, ist gleichsam zum Programm der US-Hegemonie über den Kontinent geworden. Die neuen politischen und staatlichen Strukturen orientierten sich im Wesentlichen aber an den USA: „So zeigte sich in Südamerika der aus den USA ‚importierte' Präsidentialismus, der der lateinamerikanischen politischen Kultur (Klientelismus und Personalisierung der politischen Funktionen) am meisten entspricht" (Röhrich 2003: 63). Der Systemwechsel vollzog sich in Südamerika im Wesentlichen nur auf der politisch-institutionellen, nicht aber auf der gesellschaftspolitischen Ebene (Hofmeister/Thesing 1996). Das heißt, die staatspolitische Erneuerung wurde nicht von einer gesellschaftspolitischen Erneuerung (wie zum Beispiel dem Entstehen einer demokratischen Kultur) begleitet (Tangermann 1998). Betrachtet man die politische Geschichte Lateinamerikas, ist es nicht erstaunlich, dass in diesen präsidentiellen Systemen bis heute vielfach noch immer eine Machtteilung zwischen den zivilen Führungsschichten und dem Militär besteht (Röhrich 2003: 64; zum Überblick über die Demokratie in Lateinamerika: Linz/Valenzuela 1994).

Im Laufe des 20. Jahrhunderts haben die USA ihren Einfluss (v. a. wegen der in Lateinamerika vorhandenen Rohstoffe) deutlich ausgeweitet. Exemplarisch kann das in Bezug auf Kuba nachvollzogen werden: Bis zur Revolution von 1959, die Fidel Castro an die Macht brachte, stützten die USA die kubanische Regierung, um die Ausbreitung des Kommunismus zu verhindern. Der schließliche „Verlust" von Kuba motivierte die USA dazu, andere lateinamerikanische Regime im eigenen Interesse entweder mit Militärhilfe und Ausbildungsprogrammen zu stützen oder sie zum Beispiel durch die Finanzierung von Widerstandsbewegungen zu schwächen. Dies begünstigte und motivierte zu einem wesentlichen Teil die jeweiligen Armeen, die sich in Lateinamerika traditionell als politische Macht verstehen. Politische Spannungen wurden primär durch Militärputsche „gelöst", und das Militär regierte für eine gewisse Zeit, um die Macht dann wieder an die Zivilisten abzugeben (Lauga 2000; Tobler/Waldmann 1991).

Insbesondere die 1970er-Jahre in Lateinamerika waren daher von einem ambivalenten Gleichgewicht von Diktatur und politischer Stabilität gekennzeichnet. Seit Mitte der 1990er-Jahre ist jedoch die Demokratie vorherrschend. Auch die USA unterstützten primär demokratische Staaten, je nach Interessenlage (vor allem im Hinblick auf ihre eigene Sicherheit) aber auch Diktaturen. Lateinamerikas Demokratien sind durchweg junge und teils noch unkonsolidierte Gebilde und daher sehr störanfällig. Noch immer nimmt das Militär die Stellung eines Staates im Staate ein. Es fehlt ihm heute jedoch die zivile Unterstützung für Putsche. Das Militär stellt sich heute somit als ein gewisser Ordnungsfaktor für eine eingeschränkte Demokratie dar (Lauga 2000; Ossendorff 2000).

Der südamerikanische Kontinent wird in den internationalen Beziehungen kaum wahrgenommen. Dies ist im Besonderen auf die Beschaffenheit der Gesellschaften zurückzuführen. Die Außenpolitik der lateinamerikanischen Staaten (Überblicke: Bodemer/Gratius 2003; Mora 2003) ist in eine gemeinsame Kultur und (mit der Ausnahme von Brasilien) eine gemeinsame Sprache eingebettet, was den Staaten auch eine gewisse internationale Berechenbarkeit gebracht hat – nicht zuletzt, weil die Eliten größtenteils in den USA ausgebildet worden sind. Ansonsten jedoch sind die politischen Identitäten als amorph zu bezeichnen: Homogenitäten und Wir-Gefühle sind selten, sie werden von den sozialen Unterschieden verdrängt. Die Abgrenzung von den USA fällt demgegenüber durchweg leicht; denn sie wird vor allem als Bekräftigung der eigenen Identität verstanden. Die USA sind jedoch nach wie vor die insbesondere wirtschaftspolitisch beherrschende Macht in der Region, wenn auch nicht mehr so deutlich sichtbar wie im 19. und 20. Jahrhundert (zur Lateinamerikaagenda der USA: Bulmer-Thomas/Dunkerley 1999). Nach wie vor veranlasst aber die florierende Drogenwirtschaft die USA zu massiver Einflussnahme, insbesondere durch Militärhilfe. Die südamerikanische Drogenwirtschaft, die den gesamtamerikanischen Markt beliefert, stellt einen der wichtigsten Wirtschaftszweige dar und wird vielerorts von Guerillas und Paramilitärs kontrolliert (Lessmann 1996). Der zweitgrößte Handelspartner Lateinamerikas nach den USA ist heute die EU.

Die Beziehungen Lateinamerikas mit der EU vertiefen sich kontinuierlich, sowohl in wirtschaftlicher als auch in politischer Hinsicht (Kernic 2006), die historische Konstante einer ökonomischen Dauermalaise Lateinamerikas bleibt jedoch bestehen.

Trotz der Heterogenität der Region und der staatlichen Instabilitäten, die neben vielen innerstaatlichen oft auch zu zwischenstaatlichen Konflikten führen, haben sich in oder zumindest unter Einschluss von Lateinamerika mehrere Zusammenschlüsse regionaler Kooperation und Integration herausgebildet (Kurtenbach 2000).

Die *NAFTA*, die Freihandelszone zwischen Kanada, den USA und Mexiko (→ Kapitel 5.3.5: 137f.), hat in Lateinamerika das (nord-)amerikanische wirtschaftliche Übergewicht noch vergrößert und wirft die Frage nach den Reaktionen auf. Es spricht einiges dafür, dass ein Ausbalancieren dieser Übermacht durch den Zusammenschluss von Schwächeren nicht Erfolg versprechend wäre. So kennt etwa der südamerikanische Wirtschaftsraum *MERCOSUR* (→ Kapitel 5.3.5: 138) keinerlei gemeinsame Institutionen oder Souveränitätsverzichte der Mitgliedstaaten, die jedoch notwendig wären, um eine effektive (wirtschaftspolitische) Gegenmacht zu den USA zu bilden. Angesichts dieser Voraussetzungen kann argumentiert werden, dass die außenpolitische Ausrichtung (primär wirtschaftlicher Natur) der lateinamerikanischen Staaten einem *bandwagoning* gemäß Walt (1987) entspricht, also der Möglichkeit kleiner Staaten, sich mit einer hegemonialen Macht zu arrangieren, um von deren Kurs mitzuprofitieren. Bestes Beispiel dafür ist Mexiko, das einen sehr pro-amerikanischen Kurs verfolgt und dadurch ein *bandwagoning* mit den USA betreibt (Hurrell 1995: z. B. 264).

Es spricht aber auch einiges für die These des *balancing*, der Politik der Machtgleichgewichtsbildung, in Lateinamerika (vgl. Link 2001: 92f.). Durch die geo-ökonomische Triade Nordamerika-Europa-Asien sieht sich Lateinamerika in seiner ökonomischen Stellung marginalisiert. Die Folge ist ein verstärkter Regionalismus, ausgedrückt etwa durch den MERCOSUR und die Andengemeinschaft. Dies ist auch als Gegenmachtbildung zu den USA zu verstehen; allerdings in Form einer kooperativen, nicht konfrontativen Balance. Gleiches gilt für die Zusammenarbeit mit der EU (auch sicherheitspolitischer Natur), die einen Ausgleich zu den USA und der NAFTA schaffen soll (zu den EU-Lateinamerika-Beziehungen: Kernic/Feichtinger 2006).

Seit 1990 wird insbesondere von den USA die Ausdehnung der NAFTA auf den südamerikanischen Kontinent vorangetrieben. Die *Free Trade Area of the Americas (FTAA)*, eine abgeschwächte Version der NAFTA in Form einer Freihandelszone (mit dem Ziel, ganz Südamerika zusammenzuschließen), konnte den geplanten Termin für die Aufnahme ihrer Tätigkeit im Jahr 2005 jedoch nicht einhalten, zu groß erscheinen die Gräben zwischen den Vorstellungen der USA und der lateinamerikanischen Mitgliedstaaten. Die FTAA ist sowohl unter geopolitischen, wie auch geoökonomischen Gesichtspunkten zu betrachten: geopolitisch, weil sich insbesondere die USA durch die FTAA mehr Einfluss in Lateinamerika erhoffen; geoökonomisch, weil eine – wenn auch abgeschwächte – Erweiterung der NAFTA (in Form der FTAA) nach Süden zur Bildung eines asiatischen Gegenblockes führen könnte. Darüber hinaus würde eine handlungsfähige FTAA regionale Organisationen wie etwa den MERCOSUR tendenziell schwächen und dadurch wiederum den Einfluss der USA stärken. Dies ist deshalb hervorzuheben, weil der MERCOSUR als eine Alternative zu einer Anlehnung an die USA interpretiert wird.

Als Streitschlichtungsinstitution ohne militärische Intervention hat sich vor allem die 1948 in Bogota, Kolumbien gegründete *Organisation Amerikanischer Staaten* (OAS, www.oas.org) mit Sitz in Washington, D.C. hervorgetan, die als regionale Abmachung gemäß Kapitel VIII der Satzung der Vereinten Nationen agiert. Dies speziell im Vorfeld von Konflikten, da die OAS, ähnlich der ASEAN, der Souveränität ihrer Mitgliedstaaten einen großen Stellenwert einräumt (Gerold 1971; Kurtenbach 2002). Da die Geschichte Südamerikas vor allem dadurch bekannt ist, dass innerstaatliche Probleme auf der Tagesordnung stehen, sah sich die OAS von Anfang an mit großen Spannungen konfrontiert, vor allem mit der Spannung zwischen der Achtung der Souveränität auf der einen Seite und der Einmischung in innere Angelegenheiten auf der anderen. Man berief sich aber meist doch auf die Gefahr eines Übergriffes von innerstaatlichen Konflikten auf Nachbarstaaten und wurde als Organisation tätig, entschied sich also auch gegen das Souveränitätsprinzip (Kurtenbach 2002). Auch heute noch stehen in Lateinamerika als einer der gewaltträchtigsten Regionen der Welt nach wie vor die staateninternen sicherheitspolitischen Themen ganz oben auf der Tagesordnung. Daneben gibt es eine starke Zuwendung zu anderen Problemen im Bereich Wirtschaft und Soziales. Dies rührt primär daher, dass Probleme wie soziale Ungerechtigkeiten die Wurzeln vieler innerstaatlicher Schwierigkeiten in Lateinamerika sind.

Im Verhältnis zu anderen regionalen Organisationen verfolgt die OAS einen äußerst umfassenden Anspruch. Ihre Ziele reichen von friedlicher Streitbeilegung über Stärkung der repräsentativen Demokratie bis zu einer Beistandsklausel gegenüber Aggressionen von außerhalb des Kontinentes. Auch im Umfang der Mitglieder erreicht sie eine sonst nirgends zu findende Dichte. Von Alaska im Norden, über Kanada, Zentralamerika, die Karibik bis nach Feuerland im Süden gehören der OAS nahezu alle Staaten der beiden Amerikas an. Die Mitgliedschaft Kubas ist seit 1962 im Zusammenhang mit der Kubakrise aufgrund eines Beschlusses der Außenminister der restlichen OAS-Staaten suspendiert. Die Mitgliederlandschaft der OAS ist also äußerst heterogen, wobei sie den Anspruch erhebt, nur demokratische Staaten (zumindest nach formaler Auffassung) zu umfassen.

Die Betätigungsfelder der OAS im Bereich der Sicherheit haben sich seit dem Ende des Kalten Krieges tendenziell weg von der klassischen Sicherheitsauffassung, d. h. der zwischenstaatlichen Sicherheit, hin zum Bereich der inneren Sicherheit verschoben. Dies ist insofern bedeutend, als darunter auch die Einhaltung von Menschenrechten und demokratischen Spielregeln fällt, über ein bloßes Lippenbekenntnis hinausgehend. Der entsprechende Handlungsbedarf der OAS ergibt sich insbesondere daraus, dass es sich im Wesentlichen um Aufgaben zur Stabilisierung von Nach(bürger)kriegsgesellschaften handelt. Die dabei typischen Probleme sind die Demilitarisierung der Gesellschaft, die Aufarbeitung von Menschenrechtsverletzungen und die Neustrukturierung der zivil-militärischen Beziehungen.

Zusammenfassend ist festzuhalten, dass die OAS als regionale Organisation an Bedeutung gewonnen hat. Es muss aber dazugesagt werden, dass jegliche internationale Organisation in den beiden Amerikas vom Willen der USA abhängig ist. Daraus lässt sich auch die stärker werdende Präferenz vieler der lateinamerikanischen Mitgliedstaaten der OAS für eine nicht institutionalisierte Gipfeldiplomatie erklären. Zudem gilt für die OAS mehr als für andere Organisationen, dass die Problemlagen in ihrem Zuständigkeitsbereich vor allem auf große soziale Schwierigkeiten und Ungleichheiten innerhalb ebenso wie zwischen ihren Mitgliedstaaten zurückzuführen sind und langfristige Lösungen ebendort ansetzen müssen.

7 Wissenschaft der internationalen Politik

7.1 Fachgeschichte und „große Debatten"

7.1.1 Entstehung der Internationalen Politik als wissenschaftliche Disziplin

Wissenschaft beginnt damit, den für die interessierende Fragestellung einschlägigen gegenwärtigen Forschungsstand *(state of the art)* seines Fachgebietes zu identifizieren und daran anzuknüpfen – das ist das Prinzip des *kumulativen* wissenschaftlichen Fortschrittes. Wie in jedem Fach insbesondere der Sozialwissenschaften ist dieser Forschungsstand auch im Fachgebiet Internationale Politik in der Regel nicht selbstredend, sondern es kommt darauf an, wie er jeweils gelesen wird (Schmidt 2002). Allein schon, um die verschiedenen Lesarten im Verhältnis zueinander verstehen und bewerten zu können, ist es wichtig, über Grundkenntnisse der Fachgeschichte zu verfügen (Überblicke: Menzel/Varga 1999; Meyers 1981; Olson/Groom 1991; ein Lesebuch mit einer Auswahl klassischer Texte zur internationalen Politik bietet Vasquez 1996; eine Kritik der Fachgeschichtsschreibung liefert Schmidt 1994, 2002). Dies umso mehr, als die Politikwissenschaft genau so wie ihr Gegenstand, die Politik selbst, zu einem besonderen Teil „das Ensemble der historisch bestimmten gesellschaftlichen Verhältnisse" ist und deshalb „in ihrem konkreten Inhalt (und auch in ihrer logischen Formulierung) als ein in Entwicklung befindlicher Organismus aufgefaßt werden" muss (Gramsci 1967: 288).

Obwohl die Lehre von der internationalen Politik eine noch vergleichsweise junge (ca. 100-jährige) Tradition als eigenes Fachgebiet hat, kann sie sich dennoch auf einen umfassenden Fundus an Fachliteratur stützen, bis hin zu „antiker" Fachliteratur (zur Theoriegeschichte des Faches: Boucher 1998; Knutsen 1997). Dies beginnt bei den historischen Werken der Politischen Philosophie und der Staatslehre, wobei im europäischen Zusammenhang Thukydides (ca. 460–395 v. Chr.) zu nennen ist, der mit seiner Geschichte des Peloponnesischen Krieges (→ Kapitel 2.1: 16f.) als früher Vertreter des Realismus gilt. Diese Liste der mit der realistischen Schule verbundenen klassischen Namen setzt sich unter anderem fort mit Niccolò Machiavelli (1469–1527), Thomas Hobbes (1588–1679), Edmund Burke (1729–1797) und Carl von Clausewitz (1780–1831). Auch die idealistische Schule kann sich auf frühe prominente Vertreter berufen. John Locke (1632–1704), William Penn (1644–1718), Abbé de St. Pierre (1658–1743) und schließlich Immanuel Kant (1724–1804) mit seinem Text *Zum ewigen Frieden* stellen die intellektuelle Grundlage dieser Denkrichtung dar. Hugo Grotius (1583–1645) gilt mit seinem Hauptwerk *Vom Recht des Krieges* als Stammvater des institutionalistischen Denkens, während Karl Marx (1818–1883) mit seinen Schriften den Strukturalismus begründete.

Ein weiterer Vorläufer liegt in der *Kolonialwissenschaft* (dazu: Gantzel 1983), die nicht ganz frei von imperialistischem und nationalistischem Beigeschmack den Erwerb und die effiziente Verwaltung von Kolonien wissenschaftlich begleiten sollte. Den ebenfalls in diesem Zusammenhang stehenden Arbeiten von Paul S. Reinsch (1900, 1911) ist jedenfalls der Charakter des Faches Internationale Politik auch als *Auslandskunde* zu verdanken. Neben der Kolonialwissenschaft entwickelte sich aber Ende des 19. Jahrhunderts – gerade auch in Deutschland – eine *Friedenswissenschaft*. Im Jahr 1899 wurde die bis heute bestehende *Friedens-Warte* (www.friedens-warte.de) begründet, die älteste deutsche Fachzeitschrift zur internationalen Friedens- und Konfliktforschung, die zugleich die Verwandtschaftsbeziehungen des Faches Internationale Politik zum Völkerrecht pflegt.

Die eigentliche Etablierung des Faches Internationale Politik als eigenständige Disziplin fand nach Ende des Ersten Weltkrieges statt, als im Zuge der Gründung des Völkerbundes auch intensive akademische Forschung über die Ursachen von Krieg und Frieden betrieben wurde und es zur Einrichtung erster Lehrstühle und Institute auf diesem Gebiet kam: „Die Absicht, der Politik bei der Realisierung des Friedens zu helfen, machte geradezu das Lebenselixier dieser Disziplin aus." (Czempiel 1965: 277) Speziell Angehörige von Außen- und Verteidigungsministerien zumal im deutschsprachigen Raum blicken nach wie vor mit einer gewissen Unbelehrbarkeit und einer mitunter betont zurückhaltenden Wertschätzung auf die „theoretischen" Politikwissenschaftlerinnen und Politikwissenschaftler. Dagegenzuhalten ist, worauf schon Czempiel (1965: 274) ausdrücklich hingewiesen hat, dass unser Fach gerade auf den nach dem Ersten Weltkrieg allgemein empfundenen politisch-praktischen Bedarf zurückgeht, die offenbare Unfähigkeit (oder jedenfalls Unwilligkeit) der Diplomatie am Vorabend dieses Weltkrieges durch eine auf fachwissenschaftlichen Kriterien basierte Information der Öffentlichkeit und Beratung der Politik zu heilen.

Möchte man einen Geburtstag des Faches Internationale Politik finden, so eignet sich der 30. Mai 1919, an dem im Rahmen der Pariser Friedenskonferenzen vereinbart wurde, in den USA und in Großbritannien wissenschaftliche Institute zur Erforschung der internationalen Politik und der Beziehungen zwischen Völkern zu gründen. Im gleichen Jahr schreiben wir im Zuge dessen die Geburt des Faches Internationale Politik, symbolisiert durch die Etablierung des weltweit ersten entsprechend gewidmeten Lehrstuhls: der Woodrow-Wilson-Stiftungsprofessur an der University of Wales in Aberystwyth (zu deren Geschichte: John/Wright/Garnet 1972). Erster Lehrstuhlinhaber war bis 1921 der Vertreter des klassischen Idealismus und Völkerbundexperte Alfred Zimmern. Späterer Inhaber war von 1936 bis 1947 der englische Historiker Edward H. Carr. Carr war federführend bei der Ablösung des in der Zwischenkriegszeit dominierenden idealistischen Dogmas unter dem Eindruck des Zweiten Weltkrieges. In seinem Buch *The Twenty Years' Crisis*, das kurz vor dem Krieg zum ersten Mal (Carr 1939) und ab 1946 mehrmals in erweiterter zweiter Ausgabe erschien (Nachdruck der Ausgabe von 1946: Carr 1993), übte er scharfe Kritik an der Appeasementpolitik am Vorabend des Zweiten Weltkrieges und am Völkerbundsystem.

Dies spiegelt zugleich die erste der sogenannten *großen Debatten* wider, anhand derer die Entwicklung des Faches in der Regel nachvollzogen wird (Überblicke: Maghroori 1982; Menzel/Varga 1999). Ab der dritten Debatte ist die Zählweise allerdings strittig, und die neue Fachgeschichtsschreibung ist außerdem der Meinung, dass die Debatten weitgehend wissenschaftssoziologisch konstruiert sind, zum Beispiel aus Karrieregründen der Selbstverstandortung (siehe Schmidt 2002). Gleichwohl markieren die Debatten ein gutes Stück weit grundlegende Umschwünge im *state of the art* oder im Selbstverständnis des Faches, so dass sie nach wie vor als Eckpunkte der Orientierung in der Fach-, Theorie-, Methoden- und Gegenstandsgeschichte dienen und Studierenden bekannt sein müssen.

7.1.2 Erste große Debatte: Realismus vs. Idealismus

Das Argument der Realisten gegen die Idealisten in der ersten großen Debatte im Fach Internationale Politik – der *Realismus-Idealismus-Debatte* (dazu v. a. Carr 1993: 22–94; Morgenthau 1946: 1–40, 204–223) – war nicht, in der Politik keine Ideale haben zu sollen. Doch die Realisten – die sich übrigens genauso als Friedenswissenschaftler verstanden – warfen den Idealisten vor, bestimmte epochengebundene Ideen als Ideale zu präsentieren, die angeblich zeit- und kontextunabhängig seien. Utopismus dürfe zu keinem Idealismus werden: einer Verknüpfung zwischen Idealen und politisch zu bewältigenden Sachverhalten – denn es ist immer gefährlich und verantwortungslos, Ideale in der konkreten Wirklichkeit zu realisieren versuchen, wie das Herz (1951: 33) später auf den Punkt brachte. Schon Hans J. Morgenthau (1948, deutsche Ausgabe 1963), einer der Exponenten des Realismus, hatte das Argument deutlich gemacht: Aus seiner Sicht basierten Ideen wie der Völkerbund, Interessenharmonie, kollektive Sicherheit und altruistische Außenpolitik auf der utopischen Überhöhung begrenzter Erfahrungen und Interessen zu scheinbar universal anwendbaren allgemeinen Prinzipien internationaler Friedenssicherung. Darüber hinaus warnte Morgenthau vor der ständigen Versuchung aller Nationen, die Verwirklichung ihrer Eigeninteressen in den Schein des Verfolgens universeller sittlicher Ziele zu setzen. Durch den Einfluss von Morgenthau gestaltete sich der Mainstream des damaligen Faches als Außenpolitikforschung.

Zwar hatte Parker T. Moon (1925) in seinem paradigmatischen Werk *Syllabus on International Relations* den Grundstein für das *synoptische Analyseprinzip* (→ Kapitel 1: 11f., 7.1.6: 185f., 7.4.9: 211f.) im Fach Internationale Politik gelegt, doch war die erste große Debatte kein politologischer Diskurs, sondern vor allem eine intellektuelle Auseinandersetzung über außenpolitische Alternativen der USA, die sich zeitlich von den 1920er-Jahren bis in die späten 1940er-Jahre erstreckte. Jedenfalls zeigt dies, dass die Entwicklung des Faches Internationale Politik seit Anbeginn von Praxisrelevanz geprägt gewesen ist, insbesondere von der Frage nach der Bewertung politischer Handlungsalternativen bzw. nach systematischen Maßstäben für solch eine Bewertung.

Aus Sicht der Realisten hatten sich schon vor dem Zweiten Weltkrieg die Bemühungen der Idealisten um eine „Popularisierung der internationalen Politik" als Misserfolg erwiesen (Carr 1993: 2): Das Zeitalter der Ideologien lasse es nutzlos erscheinen, Frieden durch Völkerverständigung und öffentliche Bewusstseinsbildung erzielen zu wollen. Vielmehr sei kluges staatsmännisches Handeln gefragt, das sich nicht von vornherein dem Beifall der Massen unterwerfe, sondern an vernunftgemäßen nationalen Interessen orientiere. Frieden sei am besten dadurch zu wahren, dass man eine internationale Gleichgewichtsordnung schaffe, innerhalb derer ein Interessenausgleich zwischen den einzelnen Staaten stattfinde. Internationale Politik im idealistischen Sinne als „moralisch orientierte Problemlösung" zu betreiben, hielten die Realisten für gefährlich; denn dann werde statt der zu erwartenden faktischen Wirkung der „Glaube an die moralische Mission" bestimmend für außenpolitische Entscheidungen – und das begünstige, wie die außenpolitische Entwicklung der USA zeige, sowohl moralisch fragwürdigen Interventionismus als auch moralisch fragwürdigen Isolationismus (Gebhardt 1991: 89f.). Ebenso, so die Realisten weiter, könne Idealismus jedoch leicht in Legalismus ausarten und dazu führen, politische Fragen nach festen Verfahrensregeln als nur scheinbar moralexterne formale Probleme abzuarbeiten (Kissinger 1983: 287f.; Morgenthau 1946).

7.1.3 Zweite große Debatte: Traditionalismus vs. Szientismus

Mitte der 1950er-Jahre knüpfte das Fach dann unter Einbezug vor allem auch sozialpsychologischer Ansätze an seine über Fragen der Außenpolitik hinausgehenden Traditionen systemischer, auf die Gesamtheit der internationalen Beziehungen gerichteter Friedensforschung an. Marksteine waren die Begründung des heutigen, interdisziplinär orientierten *Journal of Conflict Resolution* (1957, jcr.sagepub.com) und der von Herbert

Kelman (1965) herausgegebene Sammelband *International Behavior*. Das Fach ließ sich damals am besten als eine „synthetic discipline" (Wright 1955: 59) beschreiben, in der multimethodisch und paradigmenüberbrückend gearbeitet wurde.

Mit dem Aufkommen des Szientismus in den 1960er-Jahren, der im Rahmen des damals in den Sozialwissenschaften vorherrschenden Behaviorismus und Positivismus versuchte, das Fach Politikwissenschaft am Vorbild naturwissenschaftlicher Laborforschung (d. h. *science*, deshalb der Ausdruck *Szientismus*) auszurichten, wurde diese Entwicklung zunächst von der zweiten großen Debatte, der *Traditionalismus-Szientismus-Debatte* (dazu v. a. Kaplan 1966; Ogley 1981), abgelöst, die sich um methodologische Fragestellungen drehte. Die Traditionalisten wollten internationale Politik in der Art von Diplomatie- und Universalgeschichte analysieren und orientierten sich an Gegenstandsadäquanz und verstehender Methode (Hermeneutik). Die Szientisten hielten dies für unwissenschaftlich und orientierten sich am Ziel quasiexperimenteller Erklärungsleistungen, an quantitativen Modellen oder an ökonomischer Modell-Logik: Internationale Politik als Marktplatz und gewinnorientierter Austauschprozess. Im Sammelband *Contending Approaches to International Politics* von Klaus Knorr und James N. Rosenau (1969) ist die damalige Auseinandersetzung gut abgebildet, die in einem etwas weiteren wissenschaftstheoretischen Rahmen in den Sozialwissenschaften insgesamt geführt wurde und vor allem im Sammelwerk *Der Positivismusstreit in der deutschen Soziologie* von Theodor Adorno (1969) paradigmatisch dokumentiert ist.

In den 1970er-Jahren erlebte das Fach Internationale Politik eine Epoche der tatsachengetriebenen Innovation. Theoretisch thematisiert wurden die erlebte zunehmende Interdependenz zwischen den Staaten, die Bedeutung nichtstaatlicher Akteure und internationaler Institutionen sowie die Dominanz der ökonomischen Wohlfahrtssteigerung gegenüber Sicherheitsinteressen. Für Versuche, die interdisziplinäre Forschungstradition und die synoptische Methodologie stärker zu beleben (Kindermann 1977) oder auf der Konfliktforschungstradition des Faches aufzubauen (Link 1980), bestand wenig Aufnahmebereitschaft – dies auch, da sich Interdisziplinarität und Konfliktanalyse vor allem innerhalb der aufstrebenden Friedens- und Konfliktforschung, die sich als eigenes Fach etablierte (z. B. Kaiser 1970; Krippendorff 1974), ihren Platz sichern wollten und konnten. In dieser Zeit bekannt gewordene und seitdem maßgebliche internationale Fachvertreter sind unter anderem Robert O. Keohane und Joseph S. Nye mit ihren Sammelbänden *Transnational Relations and World Politics* (1972) sowie *Power and Interdependence* (1977), welche damals die *Interdependenztheorie* begründeten.

Der vor allem von Kenneth N. Waltz (1975, 1979) unternommene „Gegenangriff" ist in diesem fachgeschichtlichen Kontext zu begreifen. Internationale Politik drohte damals, zudem unter dem realpolitisch drängenden Einfluss der ersten Ölkrise, ganz zu Wirtschaftspolitik umdefiniert zu werden – auch in der Theoriebildung. Demgegenüber ging es Waltz mit seiner strukturell-realistischen Theorie internationaler Politik (oft als Neorealismus bezeichnet, obwohl es diverse weitere, sich von Waltz unterscheidende Neorealismen gibt, dazu Siedschlag 1997: 66–150) vor allem um drei Dinge: die Rechtfertigung der Analyse internationaler Politik eben als internationale Politik und nicht als Außenwirtschaftspolitik oder Ähnliches; die Relativierung der überzogenen Hoffnungen auf eine Linderung der Bipolarisierung (des Kalten Krieges) durch ökonomische Interdependenz: Weltpolitik wird nach wie vor von Staaten gemacht, für die in erster Linie militärische Sicherheit politisch entscheidend ist (und nicht das Außenhandelsvolumen); die Betonung unabänderlicher Grundgegebenheiten internationaler Politik – vor allem Anarchie, Selbsthilfeprinzip und nationales Sicherheitsstreben im Sinne von Positionswahrung –, die als gegeben anzuerkennen sind. Diese Grundgegebenheiten lassen sich Waltz zufolge durch weltpolitische Interdependenz nicht beseitigen, sondern höchstens verschärfen, insofern die neue Interdependenz nämlich die eingespielten Machtbalancierungs-Mechanismen zwischen den Staaten unterläuft.

Dagegen wandte sich wiederum die sogenannte *Englische Schule*. Einer deren Hauptvertreter, Hedley Bull (1977: 101–126), argumentierte (→ Kapitel 2.1: 15), das Machtgleichgewicht sei kein historisches Prinzip oder gar eine objektive Gesetzmäßigkeit des internationalen Systems, sondern eine Ideologie – ein Ausfluss von herrschenden Ideen über gute und stabile internationale Beziehungen.

7.1.4 Dritte große Debatte: Realismus vs. Globalismus und Neorealismus vs. Neoliberalismus

Diese Entwicklungen und Diskussionen mündeten Anfang der 1980er-Jahre in die dritte große Debatte zwischen *Realisten und Globalisten* (Maghroori/Ramberg 1982). Realismuskritiker glaubten damals erneut, die kapitalistische Weltwirtschaft würde die Macht der Staaten ebenso wie die wachsende Zahl nichtstaatlicher Akteure in der internationalen Politik gleichermaßen einfangen und ein geordnetes, integriertes globales Weltsystem schaffen. Internationale Organisationen würden darin eine den Nationalstaaten vergleichbare souveräne Rolle spielen und Routine in die internationale Politik bringen, sie bürokratisieren, vorhersagbar machen und sozusagen zu einer aktenkundlichen Lösung der Weltprobleme führen. Die Essenz der Macht als Motor internationaler Politik würde so der Essenz der rational verwalteten Interdependenz weichen.

Infolgedessen sind Staaten aus der Sicht des *Globalismus* (nicht zu verwechseln mit Globalisierung oder *global governance* → Kapitel 3.5: 68–77) nicht die einzigen bedeutenden Akteure. Manche internationalen Strukturen und Prozesse könnten nur unter Berücksichtigung internationaler Organisationen, multinationaler Konzerne, staatenübergreifender Koalitionen von Entscheidungsträgern und gesellschaftlichen Gruppierungen erklärt werden. Internationaler Einfluss resultierte daher nicht in erster Linie aus strukturbedingten Positionen oder aus Machtressourcen, sondern aus Überzeugungsarbeit und aus dem gekonnten Umgang mit den Restriktionen und den Möglichkeiten, die der Zustand komplexer internationaler Interdependenz mit sich bringe. Deshalb gehe es weniger um internationale Politik als um internationale Beziehungen, und diese seien, anders als der Realismus und vor allem der Waltz'sche Neorealismus das annehme, kein Nullsummenspiel: Der Gewinn des einen Akteurs gehe nicht zu Lasten der anderen Akteure, sondern trage zur kontinuierlichen Entwicklung der Gesamtmenge gesellschaftlicher Ressourcen bei und schaffe Kooperationsanreize. Allerdings gab es – vor allem mit Gilpin (1987) – auch Beiträge aus der Schule des Realismus, die die Relevanz internationaler Wirtschaftsbeziehungen für die staatenweltliche internationale Politik umfassend aufarbeiteten.

Diese Realismus-Globalismus-Debatte ging wegen des daraus folgenden Verlustes der Friktionslinien und auch wegen ihres Schwerpunktes auf der Frage der Organisation und Struktur internationaler Kooperation relativ nahtlos in die nächste große Debatte über, die *Neorealismus-Neoliberalismus-Debatte*, die konventionsgemäß auch noch als dritte Debatte bezeichnet wird und nach wie vor mitprägend ist (z. B. Brecher/Harvey 2002). Die Positionen sind vor allem in Keohane (1986), Baldwin (1993) und Kegley (1995b) einander gegenübergestellt, eine Zusammenfassung bietet Jervis (1999). In dieser Debatte ging und geht es um die Möglichkeit und Beständigkeit von Kooperation zwischen Staaten und die Bedeutung internationaler „Institutionen" dabei. Auf Neorealismus und Neoliberalismus als Theoriegebäude wird unten genauer eingegangen (→ Kapitel 7.2.2: 190–193, 7.2.3: 193f.). Neoliberalismus ist dabei nicht zu verwechseln mit der zufällig gleichnamigen Wirtschaftstheorie, sondern ist die Kurzbezeichnung für eine spezifische Theorie internationaler Politik, den sogenannten neoliberalen Institutionalismus, der „neoliberal" heißt, weil er Werten, Normen usw. besonderes Gewicht im Gegensatz zu nationalen Interessen zuschreibt.

Was die Neorealismus-Neoliberalismus-Debatte als ganze für die Frage internationaler Konfliktregelung fruchtbar macht, ist, dass sie auf eingängige, generalisierbare Alternativhypothesen hinausläuft – über die Möglichkeit der Institutionalisierung von Kooperation zwischen rationalen Egoisten, auch und gerade was die Voraussetzungen nachhaltig stabiler Konfliktlösungsmodi anbelangt. Typische gegensätzliche Hypothesen sind die folgenden (Grieco 1993; Kegley 1995a; Milner 1992):

(1)   Kooperationswillige Staaten bevorzugen nach dem Neoliberalismus ein möglichst festes und beharrliches *institutionelles Rahmenwerk*, das durch einen Interessenmix und zugleich relativ gut abgesicherte Dauerhaftigkeit (zum Beispiel in Form hoher Austrittskosten) gekennzeichnet ist. So würden für jeden einzelnen Staat die jeweils anderen besser kontrollierbar und in ihrer allgemeinen Politik beeinflussbar. Dagegen ist mit dem Neorealismus zu sagen, dass dies möglicherweise Konflikt fördert, wenn es nämlich Akteure auch über veränderte Interessen hinweg aneinander bindet.

(2)   Staaten bevorzugen dem Neoliberalismus zufolge eher kooperative Arrangements geringer *Mitgliederzahl*, weil nur so die Transaktionskosten niedrig gehalten werden könnten und sonst politisches Marktversagen drohe. Dagegen ist neorealistisch zu sagen, dass das der Institutionalisierung stabiler Beziehungen und kooperativer Konfliktregelung nicht unbedingt zuträglich sein muss. Der aus institutioneller Schließung resultierende sogenannte Verschluss der *exit*-Option muss Ausreißer nicht unbedingt einpeitschen, sondern kann sie zu Fundamentalopposition, Protest- und Blockadeverhalten motivieren. Das ist bei kleinen institutionellen Arrangements besonders kritisch. Demgegenüber besitzen Kooperationsformen mit möglichst vielen Teilnehmern typischerweise zahlreiche interne Vermittlungs- und Balancierungsmechanismen, so dass ein gütlicher Ausgleich zwischen entstehenden Verlierern und sich abzeichnenden Gewinnern eher möglich ist.

(3)   Dichte *Problemverknüpfungen (issue linkages)* fördern gemäß dem Neoliberalismus künftige Kooperation, weil die beteiligten Staaten öfter miteinander in Kontakt treten müssen, was langfristig zu einer Abschwächung von Interessengegensätzen führe. Das stützt sich auf die Annahme des konfliktverregelnden Effektes „komplexer Interdependenz" (Keohane/Nye 1977: 23–37): Multiple, nichthierarchische Problemverknüpfungen führten zu gleichsam objektiven funktionalen Erfordernissen institutionalisierter Problemverarbeitung. Dem ist neorealistisch entgegenzuhalten, dass man in Problemverknüpfungen auch eine Gefahr für die Kooperation sehen kann; denn herrschen nationale Eigeninteressen vor, dann werden gleichzeitig mit Problemverknüpfungen vielfältige Verknüpfungen von Konfliktanlässen geschaffen.

Diese Gegenüberstellung zeigt: Was für die einen Theorierichtungen zum Beispiel günstige Transformation und prozedurale Verregelung von Konflikt fördert, ist für die anderen ein gefährlicher Konfliktauslöser. Immerhin werden im Neorealismus und im Neoliberalismus die gleichen Faktoren unterstellt, jedoch in jeweils unterschiedlichen Ausprägungen für konfliktregelnd bzw. kooperationsfördernd gehalten. Diese Faktoren bilden die *PRiME*-Faktoren bzw. Gestaltungsrichtlinien für institutionelle Arrangements internatio-

Abbildung 4:   PRiME-Faktoren – Neorealistische und neoliberale Gestaltungsrichtlinien
für internationale Kooperation.

Wie wirken Problemverknüpfungen (sogenannte *issue linkages*) auf die Effektivität und Stabilität
von Kooperation?
Neorealismus: Problemverknüpfungen stören, sie führen zu einem zu starken Schatten der
Zukunft.
Neoliberalismus: Problemverknüpfungen fördern die Selbstbindungsbereitschaft der Akteure.

Ist die Organisation der Beziehungen auf der Grundlage direkter oder diffuser Reziprozität zu
empfehlen?
Neorealismus: Diffuse Reziprozität (z. B. zeitverzögertes oder problembereichsübergreifendes
„Geben und Nehmen") ist, vor allem am Anfang, vorzuziehen; denn damit
wird es Abweichlern ermöglicht, später in den Kooperationsrahmen zurückzukehren.
Neoliberalismus: Nur direkte Reziprozität kann, vor allem am Anfang, die Evolution von Kooperation ermöglichen.

Wie dicht soll das institutionelle Rahmenwerk für die Kooperation sein?
Neorealismus: Lockerer Multilateralismus, Prinzipienwechsel ermöglichen.
Neoliberalismus: Feste Kooperations- und Sanktionsregeln schaffen.

Wie soll die Mitgliederstruktur aussehen?
Neorealismus: Eher größere Mitgliederzahl, heterogene Mitgliederstruktur, viele Interaktions-
und Kompensationsgelegenheiten für Verluste/relativ schlechte Gewinne
schaffen.
Neoliberalismus: Eher homogene Mitgliederstruktur, Klubbildung, selektive Anreize.

Wie sind zu erwartende Ausstrahlungseffekte der Kooperation zu bewerten? Was ist die allgemeine politische Effektivität der Kooperation und der erzielten Konfliktregelungen jenseits des
ursprünglichen Problembereiches?
Neorealismus: Die Ausstrahlungseffekte sind positiv: Es entstehen Bausteine internationaler
Kooperation, die je nach Eigeninteresse aufgegriffen werden können oder
nicht.
Neoliberalismus: Die Ausstrahlungseffekte sind problematisch, weil damit z.B. Prinzipien in
Bereiche übertragen werden können, in denen sie keinen Gewinn versprechen
und damit riskieren, sich zu entwerten. Außerdem wird unklar, wer zum Spiel
gehört und welche Regeln wann gelten.

naler Kooperation (siehe *Abbildung 4)*: die zu erwartenden Effekte von Problemverknüpfungen *(P)*, die Organisation der Beziehungen auf der Grundlage direkter oder diffuser Reziprozität *(R)*, die Dichte des institutionellen *(i)* Rahmenwerks für die Kooperation, die Mitgliederstruktur *(M)* und die zu erwartenden Ausstrahlungseffekte, d. h. die allgemeine politische Effektivität *(E)* der Kooperation und der etablierten Konfliktregelungen jenseits ihrer unmittelbaren Problembindung.

Neorealismus und Neoliberalismus als sogenannte staatenweltliche Theorien wiederum stehen seit Mitte der 1980er-Jahre infolge der Realismus-Globalismus-Debatte in zunehmender Auseinandersetzung mit sogenannten gesellschaftsweltlichen Theorien. Der Globalismus hat sich zu einem Paradigma *postinternationaler Politik* vertieft und ausgeweitet (z. B. Czempiel/Rosenau 1989, darin v. a. Rosenau 1989; George 1994; Rosenau/Czempiel 1992). Er will die gesellschaftlichen Bedingungsfaktoren auswärtiger und internationaler Politik systematisch in der Theoriebildung berücksichtigen und die Entstehung staatlicher Identitäten und Interessen erklären. Teils strebt er eine umfassende Theorie systemischen (Rosenau 1990) und sozialen (Scholte 1993) Wandels in den internationalen Beziehungen an. Dies markiert bereits den Übergang zur vierten großen Debatte.

7.1.5 Vierte große Debatte: Rationalismus vs. Reflektivismus

Nach dem Ende des Kalten Krieges begannen mehrere groß angelegte Unternehmungen der, vor allem auch theorieorientierten, Bestandsaufnahme und Evaluierung (z. B. Allan/Goldmann 1992; Bowker/Brown 1993; Gaddis 1992/93; Siedschlag 1997). Es ging dabei vor allem auch um die Frage der Praxisrelevanz von Theoriebildung, da „die Theorie" ja offenbar dabei versagt habe, das Ende des Kalten Krieges vorherzusagen. Diese Auffassung muss jedoch relativiert werden, weil die Prognose in der Regel keine vorrangige Zielsetzung von Theorien internationaler Politik ist und auch allgemein gesehen der Wert sozialwissenschaftlicher Theoriebildung an weiteren Kriterien als speziell der Prognosefähigkeit gemessen werden muss (→ Kapitel 7.2.1: 187–190). Heute häufig übersehen werden die systematischen Beiträge zur Überbrückung der „Theorie-Praxis-Lücke" in der Außenpolitikforschung (George 1993; auch Girard/Eberwein/Webb 1994) und die Renaissance der Außenpolitikforschung überhaupt (v. a. Hudson 2005; Neack/Hay/Haney 1995), einem Resultat des intellektuellen ebenso wie politischen Orientierungsbedarfs nach dem Ende der Bipolarisierung der Weltpolitik während des Kalten Krieges.

In den 1990er-Jahren kam es außerdem unter einem neuen Vorzeichen zum Wiederaufleben der zweiten großen Debatte (während sich auf der anderen Seite die Neorealismus-Neoliberalismus-Debatte weiterentwickelte). Unter dem Begriff *Postpositivismus* erlebte, auch anderswo in den Sozialwissenschaften (Rosenau 1992), antiszientistische, den typischen Wissenschaftsstil der Moderne hinter sich lassende Methodologie eine Renaissance (z. B. Alker 1996; Rengger/Hoffman 1992). Neben insgesamt zu wenig beachteten neoidealistischen Beiträgen und Anschlussmöglichkeiten an die erste Debatte (wie etwa Falk 1995; Frost 1996; Graham 1997) kam in diesem Zusammenhang vor allem die Fachrichtung des *Konstruktivismus* auf, welche die Handlungsbezogenheit (im Gegensatz zur Strukturdeterminiertheit) sozialer Realität betont und die axiomatische Anarchie der Staatenwelt in Frage stellt. Die für die Fachentwicklung einschlägigsten Werke hierbei sind das schon früher erschienene *World of Our Making* von Nicolas Onuf (1989) sowie *Social Theory of International Politics* von Alexander Wendt (1999). Unter der zugehörigen metatheoretischen Rubrik *Reflektivismus* (von engl. *reflectivism* im Sinne auch der Selbstbezüglichkeit des Denkens, des sich selbst und die eigene Theorie zum Gegenstand kritischer Analyse Machens, anstatt quasi laborwissenschaftlich Theorien fließbandartig zu produzieren und solange es geht auf die Realität schematisch anzuwenden; Überblick: Hopf/Kratochwil/Lebow 2001) werden vermehrt auch Beiträge aus dem Gebiet der kritischen Theorie der internationalen Beziehungen (z. B. Cox 1987) ebenso wie etwa aus der *gender*-Forschung (z. B. Tickner 2001) und dem Postkolonialismus (z. B. Darby 1997) verbucht, was fachgeschichtlich aber nicht korrekt ist und auch dem emanzipatorischen Erkenntnisinteresse der meisten dieser kritischen Beiträge nicht entspricht, da der Mainstream-Reflektivismus ein theoretisches und streckenweise sehr selbstbezügliches Unternehmen darstellt.

Auf eine Faustformel gebracht, sagen Vertreter und Vertreterinnen der metatheoretischen Positionen des *Reflektivismus* (exemplifiziert vor allem durch konstruktivistische Ansätze) gegen die metatheoretische Position des *Rationalismus* (exemplifiziert vor allem durch den Neorealismus, vornehmlich in Form des strukturellen Realismus von Waltz, und den neoliberalen Institutionalismus): Man darf die Theorie internationaler Politik nicht bei der Verteilung von nationalen Machtquanten und bei der Frage nach den Voraussetzungen für statische Stabilität des internationalen Systems beginnen, sondern muss vielmehr bei der Verteilung von Ideen, bei der politischen Kultur und der Frage nach den Möglichkeiten des sozialen Wandels des internationalen Systems anfangen (z. B. Kubálková/Onuf/Kowert 1998; Sjolander/Cox 1994; Wendt 1999).

Ein Kernpunkt dieser bis heute geführten *Rationalismus-Reflektivismus-Debatte* (siehe *Abbildung 5*) ist das Akteur-Struktur-Problem (z. B. Dessler 1989; Wight 2006). Dabei geht es darum, ob die Akteure die Struktur ihres Handlungsraumes prägen, oder ob umgekehrt die Struktur die Akteure prägt. Eine Ebene konkreter gedacht handelt es sich um die Frage, ob und inwieweit die Wirkung von Institutionen akteursabhängig ist – inwieweit also Institutionen an sich und allein schon durch ihr Vorhandensein

Abbildung 5:   Rationalismus und Reflektivismus – Metatheoretische Grundpositionen im Fach Internationale Politik.

	Rationalismus	Reflektivismus
Ontologie (Seinslehre)	Internationale Beziehungen sind materielle Tatsachen, von denen Akteure betroffen sind, ob sie wollen oder nicht	Internationale Beziehungen sind soziale Tatsachen, die erst durch Interaktion und Kommunikation zwischen Akteuren zu Tatsachen werden
Epistemologie (Wissenslehre)	Internationale Beziehungen sind analytisch zugänglich und unvermittelt erkennbar Strikte Trennung Subjekt/Objekt (z.B. Wie schaffen es Staaten, ihre Interessen durchzusetzen?)	Internationale Beziehungen sind hermeneutisch zugänglich und können über Interpretationen erschlossen werden Die soziale Welt ist kulturell vermittelt (z. B. Welche Vorstellungsbilder liegen dem Handeln zugrunde?)
Akteurskonzept	*Homo oeconomicus:* Konzept des zweckrationalen Akteurs mit fixen Interessen und Zielen	*Homo sociologicus:* Konzept des wert-, norm- und regelgeleiteten Akteurs auf der Grundlage sozial vermittelter Erfahrungen
Handlungslogik	Logik der Konsequenzialität Nutzenmaximierung bei festen Zielen Betonung materieller Faktoren	Logik der Angemessenheit Welche Norm ist in welcher Situation angemessen? Betonung ideeller Faktoren
Interessenverständnis	Exogen bestimmte, statische Präferenzen	Endogen bestimmte, veränderbare Präferenzen
Institutionenverständnis	Institutionen als Vermittlungsagenturen zwischen Akteursinteressen und Handlungsergebnissen	Institutionen als Sozialisierungsinstanzen für Akteure Institutionen schaffen und prägen Interessen
Konfliktverständnis und Konfliktregelungsmodell	Konflikt = Interaktionszusammenhang eigener Art Natur von Konflikten = materiell Konfliktregelung = Konfliktlösung Verhandlungstische als Weg der Konfliktlösung	Keine Trennung zwischen Konflikt und Restsystem Natur von Konflikten = ideell Konfliktregelung = Konflikttransformation Gegenseitige Weltbildaufklärung oder sanfte Mediation als Wege der Konflikttransformation

wirken, oder ob sie doch darauf angewiesen sind, dass ihre Leitideen und Normen sich mit den Interessen der einflussreichsten Akteure decken. Dem systemischen Konstruktivismus von Wendt (1999: 370f.) zufolge lässt sich diese Frage nur auf der Grundlage einer holistischen (ganzheitlichen) und „konstruktivistischen" Sichtweise beantworten: Es sei unangemessen, internationale Politik in erster Linie durch materielle Faktoren (Macht und nationale Interessen) zu erklären und auf die Bedeutung von subjektiven Faktoren (Ideen und Identitätsvorstellungen) nur so weit einzugehen, wie es nötig ist, um die verbleibenden Lücken der Erklärung zu füllen. Vielmehr seien kollektive Vorstellungen und gemeinsame Ideen ein Schlüsselmechanismus in der Reproduktion und Transformation der international-politischen Struktur. Diese Sichtweise bezeichnet man auch als *konstitutive Theorie (constitutive theory)* (z. B. Frost 1996; Wendt 1999: 83-88). Deswegen bestehe die Anarchie als das grundlegende Ordnungsprinzip nur so lange wie die Staaten sie in ihrem Handeln immer wieder rekonstruieren. Auch dürfe man nationale Interessen nicht als gegeben hinnehmen, sondern müsse sie selbst in die Analyse und Erklärung mit einbeziehen: Wie werden nationale Interessen gebildet? Wie entsteht überhaupt eine international handlungsfähige kollektive nationale Identität?

7.1.6 Aktuell: Renaissance der Synopse und Suche nach progressiven Forschungsprogrammen

Die aktuelle Fachentwicklung ist durch den Versuch gekennzeichnet, progressive Forschungsprogramme (dazu Elman/Elman 2003) zu entwickeln, die nicht mehr dazu führen, althergebrachte Debatten zu reproduzieren. Vor allem wird kritisiert, dass das Fach gleichsam zwischen einer Überzahl hermetischer intellektueller Sprachgruppen versinkt und somit eher eine Holdinggesellschaft verkörpert als einen Wissenschaftszweig oder eine Wissen(schaft)sgemeinschaft:

> „Metaphorically, those studying international affairs now speak a variety of languages with distinct kinds of grammatical structures based on what they believe should be studied, how they believe it should be studied, and even whether or not they believe it can be studied. The field of international relations has become a little like the Tower of Babel, filled with a cacophony of different voices – or, as some have implied, a set of tribes that are very territorial, sniping at those who come too close and preferring to be with those like them. As a result, the field has become an administrative holding company rather than an intellectual coherent area of inquiry or a community of scholars." (Hermann 2002: 2)

Derartige Diagnosen haben zu einer Renaissance der Fachtradition des integrativen und synoptischen Arbeitens geführt, begleitet von dem Bestreben, Grenzen zwischen Paradigmen, Sub-Fachgruppen usw. bewusst gemeinsam zu überschreiten (z. B. Puchala 2002; Siedschlag 2006b; Sil/Doherty 2000; Sprinz/Wolinsky-Nahmias 2004b). Ein wichtiger Schritt bei alldem ist die Auseinandersetzung mit und die Bestimmung von Kriterien für Fortschritt in der fachbezogenen Theoriebildung und Methodenentwicklung (dazu: Elman/Elman 2003). Im Zusammenhang damit gibt es auch wieder eine gewisse Entamerikanisierung des Faches zu verzeichnen, in deren Zuge Bestandsaufnahmen speziell zum Fach Internationale Politik/Beziehungen in Europa vorgelegt worden sind (Friedrichs 2004; Jørgensen/Knudsen 2006).

Allerdings besteht auch die Meinung, wissenschaftstheoretische Konzepte seien in Bezug auf die Erklärung und Bewertung der Theorieentwicklung im Fach Internationale Politik nicht sinnvoll heranzuziehen; denn die theoretische Entwicklung folge eng dem jeweiligen Zeitgeist und den praktischen normativen Fragen der internationalen Beziehungen der jeweiligen Epoche (Ferguson/Mansbach 1988: 217). Zum Beispiel ist sicher etwas Wahres daran anzuführen, die von den Realisten gegenüber den Idealisten erreichte progressive Problemverschiebung verdanke sich vor allem dem Erfolg der Realisten, die großen außenpolitischen Diskurse jener Zeit (wie etwa „Weltstaat oder Anarchie") zumindest sprachlich in ihr Theoriegebäude zu inkorporieren (Thies 2002). Sogenannte *kontextualistische* Erklärungen der Theorieentwicklung im Fach Internationale Politik, wonach die wissenschaftliche Entwicklung unmittelbar aus dem politischen Umfeld und den politischen Fragen der jeweiligen Zeit zu begründen sei (z. B. Olson/Onuf 1985), sind zwar verbreitet, aber nicht unbedingt schlüssig – auch wenn sich Fachgeschichte wie gesehen sehr gut und sehr sinnvoll in diesem Rahmen erzählen lässt. Den für eine wissenschaftliche Erklärung fachwissenschaftlicher Entwicklung notwendigen nächsten Schritt haben jedoch insbesondere die Realisten, die sich seit jeher auf den politikrelevanten Entwicklungsvorsprung gegenüber anderen Schulen berufen, nicht geleistet: Die tatsächliche Verbindung der realen Entwicklung der internationalen Politik und der intellektuellen (Weiter-)Entwicklung der theoretischen Analysekonzepte methodisch nachzuweisen (Schmidt 1994: 362–364).

7.2 Theorie

7.2.1 Über Wesen, Ziel und Reichweite von Theorien internationaler Politik

Die Fähigkeit, einen theorieorientierten Zugang zu verfolgen, ist gerade auch für das Studium des Faches Internationale Politik unerlässlich; denn zumindest muss man sich darüber klar werden, dass der Gegenstand, die Aufgaben und die Methoden des Faches Internationale Politik in jeder Denkschule anders akzentuiert werden. Um überhaupt systematisch irgendeine Analyse betreiben zu können, muss man sich erst einmal die Brille einer dieser Denkschulen aufsetzen. Dann wird man bemerken, dass man damit einige Dinge schärfer sieht, andere Faktoren aber verschwimmen oder ganz aus dem Gesichtsfeld verschwinden. Also wird man lernen, dass es darauf ankommt, je nach Sachverhalt und forschungsleitender Fragestellung besonders angemessen erscheinende Theorien als Analyseleitfäden auszuwählen. Dies ist das klassische Kriterium der *Gegenstandsadäquanz*. Die Wissenschaftstheorie (z. B. Seiffert 1997: 174f.) weiß seit jeher, dass Theorien als solche nicht bereits Analyseinstrumente sind. Theorie ist im klassischen Sinne von Aristoteles und der griechischen Wortbedeutung nach (*theôreîn* = beobachten, betrachten) zunächst einmal das „Anschauen", ist durch Denken gewonnene Erkenntnis im Gegensatz zu dem durch Erfahrung gewonnenen Wissen (Bien 1980: 164). Wenn man Theorie darüber hinaus logisch-empirisch auffasst (z. B. Opp 2005), dann ist sie eine – jedenfalls bis zu ihrer systematischen Widerlegung – gesicherte Wissensordnung, die induktiv, aus dem Zusammenwirken von Erfahrung und Denken entsteht. In diesem Sinne ist Theorie ebenfalls nicht schon ein Analyseinstrument, sondern die abschließende Stufe eines Erkenntnisweges, der sich aus Beobachtung, (Gesetzes-)Hypothese, Gesetz und eben Theorie zusammensetzt.

Die Entstehungsphase internationaler Kooperation zum Beispiel betrachtet man in der euro-atlantischen Welt erfahrungsgemäß am besten durch die neoliberal-institutionalisitische und auch die postinternationale Theorieoptik: Gemeinsame Wertideen und Gewinnerwartungen sind in dieser Phase entwicklungsbestimmend und sollten politisch gefördert werden. Sobald es jedoch darum geht, einen einmal erreichten Integrationsstand zu wahren und weiterzuentwickeln, oder darum, in unerwarteten Problem- und Konfliktsituationen gemeinsam zu bestehen, ist die neorealistische Anschauung angemessener. In dieser Phase kommt es darauf an, fallweise Ausstiegsmöglichkeiten aus dem Kooperationsrahmen, aber ebenso Rückkehrmöglichkeiten zu eröffnen. Paradebeispiel dafür sind die Flexibilisierungsklauseln im Vertrag von Amsterdam (1997) über die Weiterentwicklung der Europäischen Union. Jedoch sind die Anwendungsfelder für die Theorieoptik des Neorealismus und für diejenige des neoliberalen Institutionalismus zum Beispiel im Raum Asien-Pazifik ganz anders gelagert. Dort sieht es so aus, als ob der Neorealismus die Entstehung kooperativer Arrangements erklärt, vor allem ihren niedrigen Institutionalisierungsgrad, und der neoliberale Institutionalismus ihren Bestand und Wandel (zur Theorieentwicklung anhand der politischen Empirie des asiatisch-pazifischen Raumes: Ikenberry/Mastanduno 2003).

Somit wird klar, dass nie irgendeine „Theorie" oder „theoretische Perspektive" als solche empirisch überprüfbar oder widerlegbar sein kann. Die Theorie kann dümmer oder schlauer sein oder auf das zur Debatte stehende politische Problem besser passen oder nicht. Als richtig oder falsch erweisen können sich jedoch nur die Hypothesen, die eine Theorie beinhaltet, oder die aus ihnen abgeleiteten Prognosen, sofern man sie wagt. Das systematische Problem dabei ist, dass sich in der Regel aber nie alle Hypothesen, die eine Theorie beinhaltet, verwerfen lassen, sondern immer nur einige, während man mit anderen durchaus sehr gut arbeiten kann. Deshalb gibt es nicht nur in den von der Praxis abgeschotteten, sondern gerade in den nach praktischer Relevanz strebenden Bereichen der Politikwissenschaft so viele nebeneinanderstehende Theorien: Man kann die relativ schlechteren nicht einfach beiseite legen, weil damit immer Informationsverlust verbunden wäre. Theorien selbst analysieren jedenfalls nichts, sondern sind Gebäude von Hypothesen („wenn-dann"-Aussagen), oder besser noch Systeme von Gesetzen, d. h. von empirisch gut bestätigten Hypothesen, die sich gleichwohl grundsätzlich widerlegen lassen können müssen (Opp 2005: 32-38). Ohne eigene Denkarbeit und das Hinzuziehen eines methodologischen Bezugsrahmens lässt sich mit einer Theorie praktisch und prognostisch entweder nichts anfangen oder man landet bei krassen Fehlvorhersagen, wie wir das in Bezug auf das Ende des Kalten Krieges erlebt haben.

Allgemein auf die anschauliche Funktion von Theorien bezogen prägte Karl Popper (1971: 31) die Metapher von der „Theorie" als einem „Netz, das wir auswerfen, um die Welt einzufangen – sie zu rationalisieren, zu erklären und zu beherrschen. Wir arbeiten daran, die Maschen des Netzes immer enger zu machen". Bezogen auf die Theorie internationaler Politik hat Waltz (1975: 8) zu Recht betont:

> „Eine Theorie bleibt, wenngleich sie mit der Welt, über die die Erklärungen gesucht werden, verbunden ist, immer von dieser Welt unterschieden. Theorien sind keine Beschreibungen der wirklichen Welt; sie sind Instrumente, die wir uns formen, um einen Teil von ihr zu begreifen. Die ‚Wirklichkeit' wird daher weder mit der Theorie noch mit einem Modell […] übereinstimmen."

Wohlgemerkt formuliert Waltz, als Vertreter eines als rationalistisch bezeichneten metatheoretischen Ansatzes, hier eine *konstruktivistische Epistemologie* (d. h. Lehre des Wissens bzw. des Wissbaren). Konstruktivismus in diesem Sinne einer Art des Nachdenkens über Wissen basiert auf der Auffassung, dass man nur das erkennen und verstehen kann, was man mit Instrumenten, die man selbst entwickelt hat, selbst konstruiert oder wahrgenommen hat (siehe z. B. Rusch/Schmidt 1992). Epistemologisch verstandener Konstruktivismus ist dann die Art und Weise, wie ein Akteur (z. B. auch ein Wissenschaftler oder eine Wissenschaftlerin) im Rahmen bestimmter allgemeiner Gesetze seine Erfahrungswelt konstruiert. Dass Waltz als „Rationalist" und „Realist" genau davon schreibt, zeigt, dass die üblichen Lehrbuchkategorisierungen nur Groborientierungen sind und nicht absolut verstanden werden dürfen. In Bezug auf die wahrnehmungssteuernde und die Welt überhaupt erst mit unseren begrenzten kognitiven Kapazitäten systematisch und intersubjektiv beobachtbare Funktion von Theorien unterscheidet man im Fach Internationale Politik üblicherweise die Selektions-, Ordnungs-, Erklärungs- und die instrumentelle Funktion (Frei 1973: 11–21; Haftendorn 1975):

- *Selektion* insofern, als theoretische Raster uns helfen, tragende Bestandteile der beobachteten Wirklichkeit systematisch und intersubjektiv nachvollziehbar für eine tiefer gehende Analyse auszuwählen.
- *Ordnung* insofern, als Theorien dafür notwendig sind, nachvollziehbar und überprüfbar bestimmte Zusammenhänge zwischen diesen ausgewählten Bestandteilen zu vermuten und zu prüfen.
- *Erklärung* im Sinne der Ermittlung und Prüfung von Hypothesen über ursächliche Zusammenhänge.
- *Instrumentalität* im Sinne der Ausarbeitung, Bewertung und Kritik von politisch relevanten Handlungsmaßstäben oder Handlungsalternativen. Wie Max Weber herausgearbeitet hat, fußt diese instrumentelle Funktion auf dem Prinzip der „technischen Kritik" (Weber 1904: 149f.), die auf der Differenzierung von Werturteilen, Tatsachenurteilen und typologischen Entwicklungserwartungen aufbaut. Technische Kritik erläutert Entscheidungsoptionen und arbeitet die Konsequenzen von Entscheidungsoptionen heraus, aber sie fällt keine Werturteile, d. h. sie trifft keine Aussagen über das sogenannte Sein-Sollende, das politisch für Erstrebenswert zu Haltende.

Dass Theorie und Methodik eng miteinander verknüpft sind, wird unter anderem in der Selektionsfunktion deutlich: Um keinem *selection bias* (dazu z. B. Sprinz/Wolinsky-Nahmias 2004a) zu erliegen – zum Beispiel die Empirie nur so weit zu durchdringen, ja nur so weit als real anzunehmen, wie unsere Theorien sie auch zu erfassen erlauben –, bedarf es einer systematischen multiperspektivischen Methodenwahl.

Die Theoriebildung im Fachgebiet Internationale Politik ist inzwischen völlig un-
überschaubar geworden, und das Bild wird noch verworrener, wenn man zum Beispiel
die Europäische Integrationsforschung dazuzählt, die über ihren eigenen – aber teils an
spezifische Theorien internationaler Politik anschließenden – Theoriebestand verfügt
(Überblicke: Bieling/Lerch 2006; Kelstrup/Williams 2000). Empfehlenswerte neuere Überblicke zum Theoriebestand im speziellen Fachgebiet der Internationalen Politik liefen Krell
(2004), Menzel (2001) und Schieder/Spindler (2006). Im angelsächsischen Bereich maßgeblich sind Einführungen wie diejenigen von Burchill und Linklater (2005), Dougherty
und Pfaltzgraff (2001) sowie Jackson und Sørensen (2003).

Im Folgenden wird auf die Theoriegebäude des Realismus/Neorealismus, des neoliberalen Institutionalismus und des Konstruktivismus vertiefend eingegangen, um anhand
dieser einschlägigen Beispiele basales theoriebezogenes Strukturierungswissen und ein
Gefühl für die Spezifika der Theoriebildung in unserem Fach zu vermitteln.

7.2.2 Beispiel Realismus und Neorealismus

Realismus (Überblick: Brown/Lynn-Jones/Miller 1995; Donnelly 2000; Frankel 1996a,
1996b) ist nicht mit Realpolitik zu verwechseln. Im Gegensatz zum Denken der Realpolitik verhält sich der politische Realismus keineswegs machtbejahend, und das gilt schon
für das klassische Werk *Politics among Nations* von Hans J. Morgenthau (1948, deutsche
Ausgabe 1963). Dem Menschenbild des politischen Realismus zufolge besteht ein Selbst-
widerspruch des Geistes zwischen den schöpferischen und den zerstörerischen Möglichkeiten menschlicher Freiheit. Daraus ergibt sich der Einspruch des Realismus gegen jede
Glorifizierung des Staates. Schon dem klassischen Realismus fehlt auch die ihm gleichwohl oft nachgesagte Machtfreudigkeit. Nach seiner Ansicht kann Macht nie absolut gerecht oder unbestreitbar der positiven Entwicklung der Welt dienend ausgeübt werden.
Der politische Realismus stellt sich deswegen gegen jede Ineinssetzung des Interesses
eines Staates oder einer Gruppe von Staaten mit dem universalen Interesse, weil er darin
immer die Gefahr eines eigennutzbestimmten Pseudouniversalismus sieht:

„Politischer Realismus lehnt es ab, das sittliche Streben einer bestimmten Nation
mit den sittlichen Gesetzen, die die Welt beherrschen, gleichzusetzen. [...] Alle
Nationen sind versucht [...], ihr eigenes Streben und Handeln in den Mantel universeller sittlicher Ziele zu hüllen. [...] Es liegen Welten zwischen dem Glauben, daß
alle Nationen dem Urteil Gottes, das der menschliche Geist nicht erforschen kann,
unterworfen sind, und der blasphemischen Einbildung, Gott immer auf seiner Seite

zu haben und zu glauben, daß was immer man selbst will, auch von Gott gewollt sei. Die unbekümmerte Gleichsetzung eines bestimmten Nationalismus mit dem Ratschluß der Vorsehung ist moralisch unhaltbar. Dies wäre gerade jener sündige Hochmut, vor dem die Dichter der griechischen Tragödien und die Propheten der Bibel Herrscher wie Beherrschte warnen. Diese Gleichsetzung ist aber auch politisch verderblich, führt sie doch zu jener Verzerrung des Urteils, die in blindem Kreuzzugseifer Nationen und Zivilisationen zerstört – im Namen sittlicher Grundsätze, Ideale oder Gottes." (Morgenthau 1963: 56)

Die für den Realismus grundlegende Kategorie des Machtgleichgewichtes *(balance of power)* bezeichnet in diesem Zusammenhang nicht nur einen bestimmten Zustand, in dem Macht zwischen mehreren Staaten in etwa gleich verteilt ist, sondern auch ein spezifisches Prinzip politischer Ethik (Sheehan 1996: 2–16): Moralische Grundsätze können niemals voll verwirklicht werden; man kann sich ihnen höchstens dadurch annähern, dass man Interessen gegeneinander ausgleicht – was immer nur zeitweilig gelingen kann – und Konflikte beizulegen, jedoch nicht von Grund auf zu lösen versucht – was immer prekär ist. Der Realismus betrachtet deshalb ein System des Machtgleichgewichtes im Sinne von *checks and balances* als ein universelles Prinzip aller pluralistischen Gesellschaften und Beziehungen zwischen Staaten. Er orientiert sich eher an historischen Präzedenzfällen und der analytischen Durchdringung der Gegenwart als an abstrakten Prinzipien und Entwicklungsideen.

Zudem ging bereits der klassische Realismus von einer komplexen Vielfalt der Quellen und Verwirklichungsbedingungen dessen aus, was man „Macht" und „nationales Interesse" nennt. Morgenthau zufolge definiert sich beispielsweise „nationale Macht" als analytisches Konstrukt aus diversen festen und variablen Elementen. Dazu zählte er nicht nur harte Faktoren wie geographische Lage, natürliche Ressourcen, militärischen Rüstungsstand, Industrieleistung und Bevölkerungsstruktur, sondern auch die politische „Qualität" der Bevölkerung und der Regierung, die Güte der Diplomatie sowie die innenpolitischen Ansprüche und Zwänge, denen eine Regierung in ihrem außenpolitischen Handeln und ihrer Interessenbestimmung stets unterworfen ist, und schließlich den „Nationalcharakter" als historisch konditionierte maßgebliche Bestimmungsgröße der transepochalen außenpolitischen Kultur eines Staates überhaupt (Morgenthau 1963: 124–144).

Der weltweit bekannteste *Neorealismus* im Fach Internationale Politik ist der strukturelle Realismus von Waltz (1979), mit dem er sich zugleich vom klassischen Realismus insbesondere Morgenthau'scher Prägung abgrenzte, dem er vorwarf, allenfalls eine Theorie der Außenpolitik entwickelt und Macht zu einem Erklärungskonzept aufgebauscht zu haben. *Macht* sei aber allenfalls ein deskriptives Konstrukt, die Erklärungsfaktoren lägen auf der systemischen Ebene, zuvorderst im Sicherheitsstreben der Systemeinheiten, d. h. der Staaten, die aufgrund der anarchischen Organisation des internationalen Systems auch zu strukturell gleichartigem Verhalten (nämlich Wahrung ihrer Position im System) gezwungen seien, so dass eine hermeneutische Außenpolitikanalyse nicht notwendig sei (Waltz 1990).

Das betrifft auch das Konzept des Machtgleichgewichtes: Anders als im klassischen Realismus ist es im strukturellen Realismus ebenfalls kein Erklärungsfaktor oder gar moralisches Prinzip. Machtgleichgewicht entsteht für Waltz nicht durch kluges, zielgerichtetes Handeln von Staatsmännern, sondern ist ein *emergentes* (von lat. *emergere* = auftauchen) Phänomen: Es kommt aus der Sicht der Systemeinheiten unvermittelt zustande, weil es seine Ursache in der Struktur des Systems hat und nicht in ihrem eigenen Verhalten – ganz im Sinne des spieltheoretischen Gleichgewichtsgedankens. Ein Gleichgewicht ergibt sich aus der anarchischen Ordnung des internationalen Systems, sofern dieses von Systemeinheiten besiedelt wird, die nach Maximierung ihrer individuellen Sicherheit streben (Waltz 1979: 121). Darüber hinaus gilt das Machtgleichgewicht bei Waltz, ebenfalls im Gegensatz zu Morgenthaus klassischem Realismus, nicht als Garant oder Zeichen für internationale Stabilität. Es ist vielmehr ein strukturbestimmter Zustand des internationalen Systems, der nicht notwendigerweise stabil ist, aber sich immer wieder reproduziert. Waltz (1979: 128) erwartet nicht, dass ein einmal erreichtes internationales Gleichgewicht auf Dauer bestehen bleibt, sondern dass ein gestörtes Gleichgewicht sich in einen neuen Gleichgewichtszustand einpendelt.

Im Rahmen einer gemeinsamen Weltsicht und Auffassung über den Gegenstandsbereich des Faches Internationale Politik haben sich aber neben der Theorie von Waltz unterschiedliche neorealistische Theorien entwickelt, die unterschiedliche Analysebegriffe und -methoden verwenden (Siedschlag 1997: 66–150). Der von Gottfried-Karl Kindermann (1977, 1986a) begründete *synoptische Realismus* (Siedschlag 2001a) beispielsweise geht davon aus, dass man internationale Politik nicht dadurch sinnvoll erklären kann, dass man einen einzelnen Faktor als ewiges Leitmotiv betrachtet. Außenpolitik und internationale Politik finden aus Sicht des synoptischen Realismus in komplexen Konstellationen (→ Kapitel 7.4: 201–212), d. h. in sozial, kulturell und historisch vorgeformten, vielschichtigen Kontexten und Beziehungssystemen statt und lassen sich deswegen – im Gegensatz zur Auffassung von Waltz – nicht in einem formal-strukturellen Rahmen beschreiben oder gar erklären. Werner Link (1988) hat wiederum im Anschluss an Waltz eine neorealistische (im Sinne von strukturalistischer) Konflikttheorie entworfen, die internationale Konfliktanalyse und das Abwägen zwischen strukturell möglichen Konfliktlösungen erlaubt, ohne Konfliktakteure tief greifend untersuchen zu müssen.

Internationale Institutionen und Organisationen sind für den Neorealismus in all seinen Versionen keine Quellen für Problemlösungen oder Macher von Entscheidungen; sie
erfüllen lediglich aus der Souveränität und den Eigeninteressen ihrer Mitglieder abgeleitete Funktionen. Deshalb sind sie in ihrer Zielsetzung und Wirksamkeit klar durch die Handlungsbereitschaft (oder -verweigerung) der Mitglieder determiniert (v. a. Mearsheimer
1994/95). Das heißt aber nicht, dass im Neorealismus internationalen Institutionen gar
keine politische und analytische Bedeutung beigemessen wird, sondern die Bedeutung
von Institutionen gilt als davon abhängig, ob und wie die mächtigen Staaten sie benut-
zen (Link 2004a; Waltz 2000: 24). Ebenso können Institutionen auch aus neorealistischer
Sicht internationale Kooperation fördern, aber es gilt die Annahme, dass die beteiligten
Staaten nicht kollektiven Gewinn erzielen wollen, sondern individuellen (Waltz 2000:
40).

Eine wichtige exemplarische *Kritik* lautet, dass der Realismus und auch die meisten
Versionen des Neorealismus zur *Reifikation* analytischer Konzepte neigen, d. h. dazu,
analytische Beschreibungssysteme zu „verdinglichen", zu Sachen zu machen (deshalb
„Reifikation", von lat. *res* = Sache und *facere* = machen), so als ob sie tatsächlich dinglich
fassbar in der realen Welt vorlägen, wie etwa „die" Macht, „das" nationale Interesse
usw. Nimmt man den im Sinne von Praxisrelevanz grundsätzlich positiv zu bewertenden
normativen Anspruch vieler realistischer Theorien hinzu, wird die Gefahr deutlich, analytische Konzepte zu einem absoluten Bewertungsmaßstab für Politik zu machen.

7.2.3 Beispiel Neoliberalismus (neoliberaler Institutionalismus)

Der neoliberale Institutionalismus (oder Neoliberalismus), hinter dem institutionenökono-
mische Modellannahmen stehen, geht davon aus, dass es durchaus dauerhafte Struktu-
rierungsformen internationaler Interaktion gibt, die zu nachhaltigem qualitativen Wandel
(etwa veränderten Akteursinteressen) führen können, der wiederum insgesamt subtileren
Formen der internationalen Konfliktinteraktion zum Durchbruch verhilft und effektive
gemeinsame Normen schafft. Der neoliberale Institutionalismus fasst die Staaten ebenso
wie der Waltz'sche Neorealismus als rationale Egoisten auf und sieht das Grundproblem
internationaler Politik in der Kooperation solcher rationalen Egoisten unter den Bedingungen der anarchischen Organisation des internationalen Systems (Keohane/Martin
1995: 39). Die konkreten Effekte dieser Anarchie auf das Verhalten von Staaten sind aus
neoliberal-institutionalistischer Sicht allerdings variabel, je nachdem in welchem Grad das
betreffende Handlungsfeld der internationalen Politik „institutionalisiert" ist (Keohane
1989: 1). Diese Institutionalisierungshypothese besagt, dass internationale „Institutio-

nen" (das bedeutet hier alle Formen gesatzter Kooperationsbeziehungen bis hin zu internationalen Organisationen) den Durchschlag der Anarchie auf das Akteurshandeln und die Entwicklung von Konflikten mäßigen und dass demzufolge Intensitätsschwankungen im Institutionalisierungsgrad der internationalen Beziehungen die maßgeblichen Effekte auf das Verhalten der Systemeinheiten (d. h. hier: der Staaten) ausüben (Keohane 1989: 2).

Institutionalisierung bezeichnet dabei gemäß der Gedankenwelt der Institutionenökonomik die intentionale Errichtung von gemeinsamen Funktionsordnungen, die den einzelnen rationalen, nutzenmaximierenden Akteuren bessere Kooperationsgewinne versprechen (Keohane 1989: 103–106). Diese Funktionsordnungen sind nötig, um kollektive Güter zu produzieren, und mit ihnen sind darüber hinaus kollektive Vorteile verbunden: zum Beispiel Erwartungsverlässlichkeit, Information über die Gegenseite, dauerhafte Verhandlungsarenen oder Überwachung von Normeinhaltung *(compliance)* – und darauf aufbauend vor allem die Behebung des „politischen Marktversagens" der Kooperation zwischen rationalen Akteuren und entsprechender Kooperationsdefekte, etwa in Gefangenendilemma-Situationen (Keohane 1989: 106–109). Deswegen müssen aus Sicht des neoliberalen Institutionalismus auch strikt am Eigeninteresse orientierte Akteure früher oder später gerade aus diesem Eigeninteresse heraus ein Interesse am Erhalt und Ausbau internationaler Kooperationsstrukturen entwickeln (Keohane 1984: 85). Staatliches Handeln richtet sich dem neoliberalen Institutionalismus zufolge jedoch nicht nur nach dem Eigeninteresse, sondern auch nach den antizipierten positiven Effekten dauerhafter, institutionalisierter internationaler Kooperation. Daraus wiederum entstehe eine Art Geben und Nehmen (sogenannte *Reziprozität*, vgl. auch das entsprechende völkerrechtliche Prinzip → Kapitel 8.2.1: 223), die Konflikte entweder von vornherein verhindere oder zumindest dazu führe, dass die Staaten ihre Konflikte vermehrt gütlich austragen (siehe bereits Keohane/Nye 1972).

Exemplarische *Kritik* am neoliberalen Institutionalismus kann lauten, dass sein Institutionenbegriff unklar ist, vielmehr werden je nach Bedarf das eine Mal konventionsbasierte Norm- und Regelsysteme als internationale „Institutionen" bezeichnet, das andere Mal verregelmäßigte Interaktionszusammenhänge, und bei Bedarf sind auch regelrechte internationale Organisationen „Institutionen", insofern sie als organisierende Arenen für multilaterale Kooperation dienen. Dazu kommt, dass Institutionen selber keine Rolle in der Analyse spielen, sondern nur als intervenierende Variable zwischen der anarchischen Struktur des internationalen Systems und dem beobachtbaren Handeln von Staaten fungieren. Es wird die Wirkung von Institutionen auf Staaten, nicht aber institutioneller Wandel untersucht – was jedoch dazugehören würde, wenn man den Anspruch erhebt, eine institutionalistische Theorie internationaler Politik zu entwickeln.

7.2.4 Beispiel Konstruktivismus

Im Gegensatz zu Realismus/Neorealismus und neoliberalem Institutionalismus als *rationalistisch* genannten Theorien beschäftigt sich der – demgegenüber zum *Reflektivismus* zu zählende (→ Kapitel 7.1.5: 183f.) – *Konstruktivismus* im Fach Internationale Politik (Überblicke: Adler 1997; Hopf 1998; Onuf 1998; Ulbert/Weller 2005) vor allem damit, wie das internationale System als sozialer Raum beschrieben werden kann, der als überwölbende Sinnwelt den Akteuren (durch „konstitutive Normen") überhaupt erst bestimmte Handlungsmöglichkeiten eröffnet, dadurch aber zugleich (auf der Grundlage „regulativer Normen") ihre Handlungsoptionen beschränkt (Fearon/Wendt 2002). Konstruktivismus verfolgt dabei in der Regel einen sogenannten „ontologischen Agnostizismus" (Hopf 1998: 194): Er bestreitet nicht die Existenz, sondern die unmittelbare Erkennbarkeit einer objektiven Realität. Im Zentrum des Erkenntnisinteresses stehen jedoch nicht „materielle" oder „strukturelle", sondern „ideelle" Faktoren:

> „[C]onstructivism begins its first lesson on international relations with an analysis of speech acts, rules, practices, agents, agencies, and social arrangements. These are the building blocks of society and its institutional structure. States, balances of power, hegemonies, and so forth are specific instances." (Kubálková/Onuf/Kowert 1998: xi).

Alexander Wendt weist vor diesem Hintergrund darauf hin, dass alle Schlussfolgerungen des Waltz'schen strukturellen Neorealismus über die Bewegungsgesetze internationaler Politik problematisch sind, weil ihm eine materialistische und individualistische Ontologie (Seins-Lehre) zugrunde liegt. Um das internationale System und seine Dynamik zu verstehen, sei aber eine *holistische* (ganzheitliche) – man kann auch sagen: methodologisch kollektivistische – und *konstruktivistische* Sichtweise notwendig (Wendt 1999: 1 u. 370f.): Es sei unangemessen, internationale Politik in erster Linie durch materielle Faktoren (Macht und nationale Interessen) zu erklären und auf das reflexive Moment (→ Kapitel 7.1.5: 183–185) nur zur Füllung rationalistischer Erklärungslücken einzugehen. Vielmehr seien kollektive Vorstellungen, gemeinsame Ideen und sozialer Deutungskonsens konstitutive Mechanismen (→ Kapitel 7.1.5: 185) für den Erhalt und die Entwicklung des internationalen Systems, und auch die Anarchie als grundlegendes Ordnungsprinzip sei auf der Grundlage gemeinsamer Sinnzuschreibungen sozial konstruiert.

Die Staaten, im (Neo-)Realismus und im neoliberalen Institutionalismus die Grund-
einheiten des internationalen Systems, werden aus konstruktivistischer Perspektive erst
durch die Norm „Souveränität" konstituiert, die selber ebenfalls eine Konstruktion ist
(nämlich ein Verhandlungsergebnis, wie es zum Beispiel im Westfälischen Frieden 1648
und in Artikel 2 Absatz 1 der UN-Satzung festgeschrieben wurde). Gerade auch um ihre
nationalen Eigeninteressen zu verfolgen, müssen sich die Staaten in diese soziale Welt
einpassen: Sie brauchen deren Normen (z. B. Souveränität, Recht auf Selbstverteidigung
usw.), um überhaupt mit Anspruch auf Geltung handeln zu können. Doch dadurch
schränken sich die Aktionsmöglichkeiten der Staaten von vornherein ein, und sie müssen
nicht nur macht- und interessenorientiert, sondern auch *verständigungsorientiert* kom-
munizieren und handeln. Die Kernaussage des Konstruktivismus ist jedoch nicht: Alles ist
konstruiert oder sozial bedingt. Die Welt kann so sozial konstruiert sein wie sie will, doch
sobald sich die Akteure auf sie einlassen, wird sie objektiviert und verselbstständigt sich
von den Konstruktionsprozessen. Das entspricht der klassischen wissenschaftssoziolo-
gischen Maxime von Berger und Luckmann (1969: 65): „Gesellschaft in ein menschliches
Produkt. Gesellschaft ist eine objektive Wirklichkeit. Der Mensch ist ein gesellschaftliches
Produkt." Konstruktivismus ist deshalb nicht notwendigerweise ein methodologischer
Gegensatz zu rationalistischen Analyseverfahren etwa aus dem Paradigma des (Neo-)Rea-
lismus. Einen Brückenschlag zwischen neorealistischer und konstruktivistischer Forschung
hatte bereits Johnston (1995) mit seinem Ansatz des „kulturellen Realismus" geschaffen,
der davon ausgeht, dass ideelle Faktoren zu epochenübergreifenden politischen Tatsachen werden können.

Insbesondere die deutschen Anhänger des sogenannten „Sozialkonstruktivismus"
(z. B. Risse 2003; Ulbert 2003) scheinen mit diesem Begriff allenfalls sagen zu wollen,
dass zum Beispiel auch internationale Konflikte nicht auf Bruchlinien der internationalen Machtstruktur oder auf real feststellbare Bedrohungspotenziale und Interessenun-
terschiede zurückzuführen sind, sondern auf gesellschaftliche Konstruktionen des An-
ders-Seins, des Gegnertums, auf die weltbildbasierte Wahrnehmung der Wirklichkeit
(Perzeption) usw. Das ist aber nichts Neues und entspricht auch nicht der grundlegenden
wissenschaftstheoretischen Bedeutung des Begriffes Konstruktivismus. Wenn Gesellschaft
im Übrigen eine „objektive Wirklichkeit" im Sinne von Berger und Luckmann (1969) ist,
dann können die Akteure nicht beliebig herumkonstruieren, sondern sie unterliegen bestimmten Regeln, die nicht rein subjektiv, sondern soziale Tatsachen oder sogar biologisch
programmiert (z. B. die Erkenntnisleistung des Gehirns) und als solche wissenschaftlich
feststellbar sind (z. B. Vowinckel 2001). Infolgedessen darf es dem Konstruktivismus nicht
darum gehen, einzelne soziale „Konstruktionen" nationaler Interessen, Identitäten, Vorstellungen von Krieg, von Sicherheit usw. haargenau nachzuzeichnen, sondern er muss

die allgemeinen Regeln und die sozial objektivierten Erfahrungswelten aufdecken, die diesen Konstruktionsprozessen zugrunde liegen (siehe bereits Adler 1997). Daraus ergibt sich die *konstitutive Analyse* als Grundmethode der Politikanalyse (Wendt 1999: 83–88; → Kapitel 7.3: 200).

7.3 Methodik

„Alle künstlerische und alle wissenschaftliche Tätigkeit (technê kai methodos), ebenso wie alles praktische Verhalten (praxis) und jeder Entschluß (prohairesis) hat nach allgemeiner Annahme zum Ziele irgendein zu erlangendes Gut (agathon)", schrieb Aristoteles am Anfang seiner Nikomachischen Ethik (Absatz I 1, in der Übersetzung nach Gigon 1967). Theorie zählte Aristoteles klassischerweise nicht zu den Tätigkeiten, mit denen man nach einem praktischen Gut streben kann, sondern verstand sie als „interessenloses Wissenwollen, wie sich die Dinge an sich verhalten" (Bien 1980: 124). Auch in Bezug auf das Fach Internationale Politik ist der praktische Wert von Theorie wie gesehen nicht unumstritten (→ Kapitel 7.2.1: 187–190). Theorien sollen einen logischen Zugang zur Welt eröffnen, sie müssen sich deshalb erst einmal von der Praxis lösen. Durch die Fülle ihres empirischen Geschehens kann die Realität aus wissenschaftlicher Sicht zunächst nur theoretisch erfasst werden; denn es muss immer abstrahiert werden (Schülein/Reitze 2005: 221f.). Doch genau hierbei kommen die Methoden als Kern wissenschaftlicher Erkenntnisbildung ins Spiel: Sie schneiden die Wirklichkeit zu, sortieren und setzen sie neu zusammen und erzeugen auf diese Weise neue, interpretierbare Daten (Schülein/Reitze 2005: 234).

Eine *Methode* ist der praktische Weg zur Ursachensuche und zur Erkenntnisbildung, der Weg des wissenschaftlichen Vorgehens, das Forschungsverfahren. Methoden sind auch deshalb besonders wichtig, weil unsere eigenen Weltbilder und politischen Auffassungen hier besonders stark zu Buche schlagen und jenen *bias*, d. h. jene intellektuelle und wertgeladene Voreingenommenheit bedingen, die uns Sozialwissenschaftler so oft an einer rationalen Analyse der Welt hindert. Wir alle haben unsere impliziten Alltagstheorien, warum es Krieg gibt, ob Sicherheitspolitik eher militärische Streitlösung oder Friedenspolitik sein soll, wie man überhaupt mit Konflikten umgeht usw. Mit den darin auch enthaltenen Vorurteilen können wir nur dann wissenschaftlich akzeptabel umgehen, wenn wir versuchen, klare, von anderen nachvollziehbare Analysewege zu beschreiten: Mit anderen Worten: Wissenschaft und ihre Methoden müssen *intersubjektiv* sein (Schülein/Reitze 2005: 260). Erst die Verwendung von klaren Methoden ermögliche eine strukturierte Vorgehensweise, mit der sich relevante Erkenntnisse gewinnen, systematisch

verarbeiten und zugleich die Ergebnisse der Forschungsarbeit nachvollziehen und über-
prüfen lassen (Opp 2005: 17).

In diesem Sinne hatte schon Max Weber festgestellt, dass sich in der Moderne wis-
senschaftliche Fachdisziplinen viel weniger durch ihren Erkenntnisgegenstand oder ihre
Fähigkeit zur Letztbegründung definieren als durch ihre Methode, auch verstanden als
Weg ihrer Problemsicht:

> „Nicht die ‚sachlichen' Zusammenhänge der ‚Dinge', sondern die gedanklichen
> Zusammenhänge der Probleme liegen den Arbeitsgebieten der Wissenschaften
> zugrunde: wo mit neuer Methode einem neuen Problem nachgegangen wird und
> dadurch Wahrheiten entdeckt werden, welche neue bedeutsame Gesichtspunkte
> eröffnen, da entsteht eine neue ‚Wissenschaft'." (Weber 1904: 166)

Vor allem die Methodik bestimmt also die Breite des Gegenstandsbereiches – und die Me-
thodenbreite, über die wir verfügen, definiert somit auch, was wir politologisch als Problem analysieren können, ja überhaupt, was wir als sicherheitspolitische Fragestellung zu
entdecken imstande sind. Methoden haben somit einen *epistemologischen* Aspekt, d. h.
einen Bezug zur Theorie des Wissens oder besser gesagt des Wissbaren. Dies wiederum
führt uns zu der Frage, was eigentlich sozialwissenschaftlich überhaupt als internationale
Politik erkennbar ist.

In der praktischen, alltäglichen Analysearbeit vor allem im Bereich der angewandten
Forschung wird man je nach zur Verfügung stehender Zeit und nach dem erforderlichen
Grad an mustergültigem wissenschaftlichen Anspruch Abstriche vom idealen methodischen Vorgehen machen. Dabei gibt es jedoch eine Auffanglinie, die nicht durchbrochen werden sollte, wenn die Arbeit den Anspruch hat, etwas mit wissenschaftlicher
Forschung zu tun zu haben. Methodisches Minimalerfordernis ist es zunächst einmal, die
Perspektivität deutlich zu machen, mit der man an die internationale Politik herangeht,
die paradigmatische Problemsicht; denn auch, wenn internationale Politik vieldimensio-
nal ist, wird man es nicht schaffen, alles auf einmal im Blick zu haben. Zum Beispiel kann
man sich dafür entscheiden, internationale Politik grundsätzlich als Staatensystem, als
Gesellschaftssystem, als Friedensproblem, als Entwicklungsproblem usw. zu betrachten.
Welche spezielle Perspektive jeweils am adäquatesten, d. h. dem in Frage stehenden Problem am angemessensten und ihm gegenüber am erkenntnisträchtigsten ist, ist einerseits
ein Thema für die Theoriedebatte, andererseits lässt es sich letztlich nur erfahrungsmäßig
beurteilen.

Selbst innerhalb der gewählten Perspektive wird man seine Optik abermals einschrän-
ken müssen, gerade um sie auf die nötige Schärfe zu stellen. Man muss den analytischen

Blick fokussieren, und das erfordert eine bewusste *systematische Selektivität* der wissenschaftlichen Aufmerksamkeit. Diese muss man allerdings, allein schon wegen des Intersubjektivitätsprinzips, explizit machen und begründen. Vor allem dabei kommen Methoden im engeren Sinne ins Spiel. Allerdings dienen die begründete Perspektivenwahl und die explizite systematische Selektivität keinem Selbstzweck, sondern zwei weiteren Funktionen methodengeleiteter Analyse. Zum einen dienen sie der *Reproduzierbarkeit* der Analyseergebnisse und damit der Kontrolle, genauer gesagt der *Selbstkontrolle* der Wissenschaft; denn mittels der angegebenen Methoden sollten alle die Analyse nachvollziehenden Fachkollegen und Fachkolleginnen zum gleichen Ergebnis gelangen. Zum anderen dienen sie der elementaren *Kritikfunktion* von Wissenschaft. Wenn Wissenschaftlerinnen und Wissenschaftler ihre Arbeiten gegenseitig kritisieren, so geschieht das nicht, oder sollte jedenfalls nicht geschehen, aus Missgunst und Böswilligkeit, sondern weil die methodisch begründete Kritik des jeweils erreichten Erkenntnisstandes ein wichtiger Grundsatz wissenschaftlichen Arbeitens ist und dem *kumulativen* (stückweise auf dem bereits Erreichten und der kritischen Auseinandersetzung damit aufbauenden) *Erkenntnisfortschritt* dienen soll.

Als weiteres methodisches Minimalerfordernis gilt es, den Entdeckungszusammenhang, den Begründungszusammenhang und den Verwertungszusammenhang der jeweiligen eigenen Arbeit deutlich zu machen. Der *Entdeckungszusammenhang* bezieht sich auf die Frage: Was will ich untersuchen?, also auf das spezifische Erkenntnisinteresse. Der *Begründungszusammenhang* bezieht sich sowohl auf die genaue Vorgehensweise und die einzusetzenden speziellen Methoden als auch auf die Gegenstandsadäquanz sowie auf die Rechtfertigung des Erkenntnisinteresses und die Legitimation des betriebenen analytischen Aufwandes: Die verfolgte Fragestellung muss den jeweiligen Einsatz der Methoden wert sein. Deshalb muss auch der *Verwertungszusammenhang* deutlich gemacht werden: Wie ist es um die Pragmatik der erzielten Ergebnisse bestellt, wozu sind die Ergebnisse dienlich – oder im Fachjargon gesagt, welches theoretische oder empirische „Puzzle" lässt sich mit den Ergebnissen lösen und welche politische Praxisrelevanz besitzen die Ergebnisse möglicherweise?

Nach wie vor aktuell sind René Descartes' Ausführungen über Methoden, die für jegliches wissenschaftliches Denken und Arbeiten grundlegend sind. Eine wissenschaftliche Vorgehensweise besteht demzufolge in vier Schritten (Schlichte 2005: 80):

(1) *Abstraktion* – die Distanzierung von Alltagsvorstellungen, Vorurteilen, also einen gesunden Grundzweifel an allen gängigen Voreinstellungen, die zu einem Gegenstand existieren;

(2) *Analyse* – das Zerlegen komplexer Sachverhalte in einzelne Analysedimensionen;

(3) *Synthese* – das Aneinanderfügen der zunächst einzeln analysierten Sachverhalte;

(4) *Synopse* – die Zusammenschau der erzielten Ergebnisse im Zusammenhang mit anderen Wissensteilen, dabei auch ihre Kontextualisierung: das Stellen in einen größeren wissenschaftlichen Zusammenhang und die Bemessung des Stellenwertes innerhalb dieses Gesamtzusammenhanges.

Neben derartigen allgemeinen Forschungsgrundsätzen verfügt das Fach Internationale Politik über einen ausdifferenzierten Methodenmarkt. Wichtig ist zunächst, sich klar zu machen, dass auch die großen Paradigmen (Realismus/Neorealismus, neoliberaler Institutionalismus, Globalismus, Konstruktivismus usw.) nicht nur Theorieannahmen, sondern auch methodologische Annahmen beinhalten, die man kennen muss, um zu entscheiden, in Bezug auf welche Fragestellung man sich am besten welcher paradigmatischen Herangehensweise bedient. Das beginnt schon bei der Bestimmung des Erkenntnisinteresses; denn Konstruktivismus und (Neo-)Realismus beispielsweise stehen auch für epistemologische Grundpositionen, d. h. Auffassungen darüber, welche Arten und welche Tiefe von Erkenntnis Wissenschaft betreibende Menschen überhaupt erzielen können.

Konstruktivismus als allgemeine, nicht auf das Fach Internationale Politik beschränkte epistemologische Grundposition bestreitet zum Beispiel, dass es der Politik und der Analyse von Politik möglich ist, für ihren Tätigkeitsbereich eine „Ganzheitsformel" zu finden, ebenso wie, dass es einen Beobachtungsstandpunkt gibt, von dem aus man das „Ganze" (Staat, Gesellschaft, internationales System usw.) tatsächlich in seiner Gesamtheit richtig beobachten kann (Luhmann 1984: z. B. 629f.). Konstruktivisten und Konstruktivistinnen halten deshalb eine regelrechte Synopse für letztlich gar nicht wissenschaftlich leistbar und fordern demgegenüber wie gesagt eine „konstitutive Analyse": nicht das Erklären von Wirkungszusammenhängen und das Prüfen von Hypothesen, sondern zuvorderst das Erschließen des kognitiven und auch des sozialen Kontextes, d. h. der Wissensstrukturen und der (auch internationalen) Gemeinschafts- und Gesellschaftsstrukturen, in welche die interessierenden Phänomene hineingehören, und das Feststellen, wie die Akteure nicht nur ihre Umwelt, sondern auch sich selbst sehen (Wendt 1999: 83–88) – Was macht die beobachteten Ereignisse überhaupt möglich und beobachtbar, was ist für sie also *konstitutiv*?

Im komplexen Analysefeld der internationalen Politik ist unserer Auffassung nach jedoch neben der fachspezifischen Methodik eine *Integrationsmethode* erforderlich, die es im Sinne einer synoptischen Analyse ermöglicht, den Untersuchungsgegenstand zunächst in handhabbare Teilbereiche zu differenzieren und nach unterschiedlichen inhaltlichen sowie methodischen Gesichtspunkten zu betrachten, diese Teilergebnisse daraufhin aber in einen Gesamtzusammenhang zu integrieren. Eine entsprechende Integrationsmethode im Fach Internationale Politik ist die *Konstellationsanalyse*, die zugleich einen Bezugsrahmen liefert, um epistemologisch heterogene Ansätze in einem übergreifenden Analysekonzept gemeinsam zu nutzen. Die wesentlichen Schritte einer Konstellationsanalyse werden im Folgenden vorgestellt.

7.4 Konstellationsanalyse als Integrationsmethode

Eine *Konstellation* ist die konkrete Ausgestaltung des Beziehungsgefüges zwischen Staaten oder anderen internationalen Akteuren in einer bestimmten räumlich-zeitlichen Situation, einschließlich der Vorgeschichte. Unter einer Konstellation versteht man zugleich aber auch das Spektrum der inneren und äußeren, materiellen und kognitiven Bestimmungsfaktoren des außenpolitischen Entscheidungsprozesses eines Staates in einer bestimmten räumlich-zeitlichen politischen Herausforderung und Handlungssituation (Kindermann 1986e; Siedschlag 2001a).

Die Konstellationsanalyse geht an die internationale Politik und die Außenpolitik demzufolge nicht als eigengesetzliche Sphäre, sondern als spezifischen Ausschnitt sozialer und politischer Beziehungsstrukturen heran und liefert einen Bezugsrahmen, mittels dessen Konzepte und Hypothesen aus unterschiedlichen Teilbereichen der Politikwissenschaft und weiterer Sozialwissenschaften systematisch auf Probleme und Konfliktpotenziale in den Beziehungen zwischen Staaten (unter Mitberücksichtigung nichtstaatlicher internationaler Akteure) bezogen werden können. Die Konstellationsanalyse wird inzwischen fachlich auch als eine didaktische Methode zur für die „Geschichtlichkeit" internationaler Strukturen und Prozesse sensiblen „synoptischen Fallanalyse" gewürdigt und zur Anwendung empfohlen (Juchler 2005: 181 bzw. 184–187). Ihr Ziel ist neben der Erfassung und Erklärung internationaler Problemkonstellationen die Zukunftsprojektion erwartbarer Entwicklungen gegenwärtiger Konstellationen, die technische Kritik politischer Entscheidungen, die Entwicklung von Handlungsalternativen und die Erläuterung der Voraussetzungen für integrative Konfliktstrategien. Die Konstellationsanalyse kann außerdem zur Untersuchung der Außenpolitik eines einzelnen Staates im Licht einer bestimmten internationalen Konstellation verwendet werden. Die folgende Darstellung bezieht sich auf dieses nicht so komplexe und besser auf knappem Raum erläuterbare Anwendungsfeld.

Die Konstellationsanalyse verbindet die synoptische mit einer graduellen Vorgehensweise: Es wird nicht von transhistorischen, allgegenwärtigen Tiefenfaktoren ausgegangen, die außenpolitisches Handeln und die Vorgänge im internationalen System angeblich essenziell bedingen, sondern die Auseinandersetzung mit den interessierenden

Abbildung 6: Konstellationsanalytischer Untersuchungsplan.

Problemstruktur und Pfadabhängigkeit

einschließlich Vorgeschichte der zu untersuchenden Situation/Konstellation und Vergleich zu ggf. früheren ähnlichen außenpolitischen Herausforderungen und aus ihnen ableitbaren Erfahrungswerten

⟶ Untersuchungshypothesen

System und Strukturierung

Identifikation der in der Situation/Konstellation relevanten Handlungssysteme (auch außenpolitische Infrastruktur, andere Staaten, internationale Organisationen und die Struktur des betreffenden Regionalsystems) und ihrer wechselseitigen Beeinflussungsformen

Spannungsverhältnis zwischen Normexistenz und Normgeltung

Inwieweit finden Normen nachweisbar Eingang in das Entscheidungsverhalten der Akteure? Unterscheidung zwischen rechtlichen, ideologischen, ethischen u.a. Normen; Normenhierarchien

Interesse und Interdependenz

Vor allem: Sind die Interessen diffus oder spezifisch definiert, entsprechen sie den Herausforderungen der Situation oder politischem Wunschdenken? Wie beeinflusst das Verhältnis des Akteurs zu anderen Akteuren dessen Interessendefinition? Wie verläuft der innenpolitische Prozess der Interessenbestimmung und -legitimation? Was ist die Interessenhierarchie?

Perzeption und Kommunikation

Wie nehmen die Entscheidungsträger/-innen – oder, sofern man plausibel entsprechend abstrahieren kann, wie nimmt „der" Staat – Informationen auf und wie werden sie vor dem Hintergrund eigener Weltverständnisse bewertet? Herausarbeitung der interessen- und ideen-/ideologiebedingten Lagebeurteilung

Entscheidung zwischen Willensbildung und Korrektur

Akteursverhalten und Entscheidungshandeln sind nicht vorwiegend Anpassungsleistungen an weltpolitische Strukturtendenzen oder rationales Verhalten auf der Basis von Kosten-Nutzen-Kalkülen. Vielmehr verfügt jedes Aktionssystem unter anderem aufgrund kultureller Faktoren und historischer Erfahrung über eine spezifische Grundmenge international-politischer Verhaltensweisen und -strategien

Implementierung und Strategie

Setzen die Akteure ihren potenziellen Willen in die Tat um, verwirklichen sie also ihre Interessen konkret, und wenn ja, welche Wege wählen sie dabei?
Machtanalyse; auch Frage nach der Fungibilität von Macht
Politikstilanalyse

Kooperation und Konflikt

Entscheidungswirkung
(Neben-)Folgen der Entscheidung und der zu ihrer Umsetzung gewählten Strategien
regionale und funktionale Entscheidungsausstrahlung (über den konkreten Sachverhalt hinaus)
Konfliktanalyse/polemologische Analyse

SYNOPSE

Delimitation
Wechselwirkungen/Rückkopplungen zwischen verschiedenen Aggregationsebenen
Welche Ausgangshypothesen wurden verworfen, welche bestätigt und warum?
Zeitgeschichtlicher Erfahrungsvergleich, Typifizierungen
Gewichtung/Reihung der Ergebnisse, Ursachenhierarchien

Phänomenen findet in verschiedenen Schritten statt. Grob gesagt beginnt eine Konstellationsanalyse damit, in einer konkreten beobachtbaren Situation permanente Analogien zu ermitteln (beispielsweise geschichtlich manifeste Handlungstendenzen eines bestimmten Staates als kollektivem Akteur), gefolgt von der Herausarbeitung epochaler und systemspezifischer Determinanten. Der letzte Schritt besteht in der Erfassung von Elementen des Einmaligen, des Zufalls und des Unwiederholbaren. Innerhalb der Konstellationsanalyse wird es unternommen, die einzelnen Erkenntnisse Schritt für Schritt auf ein höheres Niveau zu heben, um schließlich zu einer Gesamtbeschreibung und -erklärung der jeweils interessierenden außenpolitischen Entscheidungssituation oder internationalen Beziehungsstruktur zu gelangen (siehe *Abbildung 6*). Gleichwohl muss sich die Analyse in all ihren Schritten auf ganze Wirkungszusammenhänge richten und nicht nur auf individuelles Handeln oder auf lineare Handlungsketten: Es geht um typische wiederkehrende Muster und nicht um punktuelle Problemanhäufungen.

7.4.1 Problemstruktur und Pfadabhängigkeit

Den unerlässlichen methodischen Ausgangspunkt jeder Konstellationsanalyse bilden der historisch-strukturell herauszustellende Problemzusammenhang und die konkrete politische Vorgeschichte der Konstellation. Die Problemstruktur wird nicht als Momentaufnahme bzw. quasiphysikalische Größe, sondern als Strukturierungsprozess beschrieben, der bestimmten Pfadabhängigkeiten folgt. Die *Pfadabhängigkeit* politischer Entwicklungen bezeichnet nicht nur die Beharrungstendenz einmal eingeschlagener Entwicklungsrichtungen und geschaffener Kooperationseinrichtungen, sondern die Abhängigkeit aktueller Entscheidungen von vergangenen Entscheidungen und vor allem auch von dem historischen, sozialen und kognitiven Kontext, in dem sie stattfinden (Caporaso 1992: 627f.; March/Olsen 1984, 1995: z. B. 6, 28 u. 30f.). Politik findet somit in sozial, kulturell und historisch präkonstituierten (vorgeformten) Kontexten statt, die am Beginn einer Konstellationsanalyse durch die erwähnte konstitutive Analyse (→ Kapitel 7.2.4: 196f., 7.3: 200) zu ermitteln sind. Auf der Basis dieser Vordiagnosen werden sodann mehrere Untersuchungshypothesen aufgestellt, die beim Durchlaufen der weiteren Untersuchungsstufen je nachdem präzisiert, ergänzt oder verworfen werden.

7.4.2 System und Strukturierung

Auf der zweiten Stufe der Konstellationsanalyse geht es darum, die für die interessierende Konstellation relevanten Handlungssysteme und Bezugssysteme sowie die Hauptkanäle und -prozesse ihrer wechselseitigen Beeinflussung (Strukturierungen bzw. Struktureffekte) herauszustellen. Die Bezugssysteme sind auf jeden Fall das internationale System als solches, das jeweilige Regionalsystem, möglicherweise auch internationale Organisationen und andere Kooperationsformen, Nichtregierungsorganisationen und vor allem die beteiligten Staaten. Je nach der Zielsetzung der Analyse und den zur Verfügung stehenden Materialien können die Staaten entweder als kollektive Aktionssysteme aufgefasst oder analytisch weiter zergliedert werden (Interessen und Handlungen der Spitzenakteure, Ministerien, Parteien, Interessengruppen usw.).

Insbesondere ist die *außenpolitische Infrastruktur* zu berücksichtigen: die komplexe innenpolitische Verwurzelung von Außenpolitik. Bei der Untersuchung der außenpolitischen Infrastruktur eines Staates fragt man zunächst nach konkurrierenden Organisationen außer- bzw. unterhalb des Aktionszentrums (Parteien, Bürokratien, Interessenverbände, Medien und öffentliche Meinung usw.) sowie im Aktionszentrum selbst (u. a. politische und diplomatische Funktionsträger, einzelne Ministerien, spezifische Hierarchien und Rollenverteilungen). Die außenpolitische Infrastruktur beinhaltet darüber hinaus materielle und quasimaterielle, kurzfristig nicht intentional beeinflussbare Begrenzungsnormen *(Kodeterminanten)* des beobachtbaren politischen Verhaltens, wie die geographische Lage, die Wirtschaftskraft oder kulturelle Faktoren. Wichtig ist, gleichwohl die steten Wechselwirkungen zwischen Handlungssystemen und Interaktionsstrukturen oder Handlungsumwelten im Blick zu haben und einerseits Strukturen und Prozesse analytisch zu unterscheiden, sie aber andererseits zugleich als interdependent (wechselseitig voneinander abhängig) zu betrachten:

„Strukturen (Gruppierungen, Arrangements und deren Regeln) [...] setzen den Rahmen für den Interaktionsprozeß; sie beschränken das Handeln, ohne es völlig bestimmen zu können. Vielmehr wirkt der Interaktionsprozeß seinerseits auf die Strukturen modifizierend ein; d. h. es besteht auch zwischen Struktur und Prozeß ein wechselseitiger Einfluß." (Link 1988: 12)

7.4.3 Spannungsverhältnis zwischen Normexistenz und Normgeltung

Aufgrund der anarchischen Organisation des internationalen Systems hat jede Analyse von dem Paradox auszugehen, dass internationalen Normen nur durch die Rechtssubjekte selbst zu politischer Effektivität verholfen werden kann, und selbst dann wirken die Normen nicht als solche, sondern stets in der Form, in der sie von den betroffenen Akteuren selbst interessengeleitet interpretiert werden. Dieser typische Akt der *Autointerpretation* führt zu der Hypothese, dass zum Beispiel der Verpflichtungsgrad von internationalen Verträgen nicht konstant, sondern vom variablen Intensitätsgrad der sie schaffenden und tragenden Interessen der Unterzeichnerstaaten abhängig ist. Doch die Normenanalyse darf sich nicht auf Rechtsnormen beschränken, sondern muss zum Beispiel auch nach ideologischen und ethischen Normen fragen und ihre relative politische Wertigkeit zu bestimmen versuchen.

Man kann vier grundlegende Mechanismen unterschieden, über die internationale Normen in konkrete Handlungsorientierungen einfließen können (Cortell/Davis 1996: 453–457). Erstens *Ideenkongruenz*: Normwirkung über passende Ideen und Wertorientierungen, die im Bewusstsein von politischen Eliten verankert sind. Zweitens die *verfahrensmäßige Einknüpfung* internationaler Normen in die innenpolitische (ministerial-)bürokratische Ebene über Alltagserfordernisse der Konzeption und Umsetzung von Außenpolitik, vor allem über sich dabei einspielende Standardoperationsverfahren. Drittens die bewusste nationale *Einordnung* in bestimmte internationale Normzusammenhänge, gerade um der Durchsetzung nationaler Interessen willen. Viertens können internationale Normen über *rechtliche Kanäle* auf nationale Politikformulierung wirken und mit ihnen konform gehendes außenpolitisches Handeln bewirken, d. h. über ihre formale Einbettung in die nationale Rechtsordnung.

7.4.4 Interesse und Interdependenz

Interessen sind objektgebundene Willensgerichtetheiten des Handelns. In der Analyse zu unterscheiden sind Primärinteressen *(Leitinteressen)* und aus ihnen resultierende Folgeinteressen *(abgeleitete Interessen)*. Außerdem sollten nicht nur Interessen aufgezählt, sondern Interessenhierarchien ermittelt werden. Im Sinne der Konstellationsanalyse sind Interessen stets subjektive und empirische Größen: Das außenpolitische Interesse eines Staates ist das, was seine Politikerinnen und Politiker dazu erklären. Das nationale Interesse bezeichnet in der Konstellationsanalyse also anders als zum Beispiel im klassischen Realismus nicht objektiv feststellbare Grundbedürfnisse eines bestimmten Staates und zugleich den Maßstab, um den Erfolg bei der Verwirklichung dieser Bedürfnisse zu bewerten, sondern nationales Interesse ist das, was die Regierung – mit allen, manchmal tragischen Wahrnehmungsverzerrungen und Verkennungen der Lage – als solches definiert und zur Grundlage ihres außenpolitischen Handelns macht.

Der Begriff nationales Interesse ist in der Konstellationsanalyse wichtig, um langfristig die Orientierungsgrößen der Außen- und Sicherheitspolitik eines Landes darzulegen und damit den Vergleich zu anderen Staaten zu ermöglichen. Die dabei ermittelten Interessenperspektiven anderer Staaten verdeutlichen wiederum die Grenzen der eigenen Interessen und zeigen den Realitätssinn einer spezifischen Politik und ihre praktische Durchführbarkeit auf. Deswegen muss in notwendiger Ergänzung zur Interessenanalyse, die nur die Zielrichtungen politischen Wollens ermittelt, eine Macht- und Strategieanalyse (siehe Schritt 7) erfolgen: Setzen die Akteure ihren potenziellen Willen in die Tat um, verwirklichen sie also ihre Interessen konkret, und wenn ja, welche Wege wählen sie dabei?

Die Definition der nationalen Interessen und die Gewichtung und Umgewichtung der eigenen Politik in internationalen Organisationen sind – ebenso wie die Mitarbeit bei der Weiterentwicklung dieser internationalen Organisationen – nach wie vor wesentlich nationale Entscheidungen, und sie hängen vom Ausmaß des Ausspielens nationaler Souveränität bzw. dem Ausmaß der Bereitschaft ab, Souveränität abzugeben. Deswegen muss man Außenpolitik in ihrem Entstehungs- und Umsetzungsprozess nach wie vor zunächst eben von innen nach außen denken, nicht von außen nach innen. Jenseits der routinemäßigen Verwaltung internationaler Beziehungen stellen nicht internationale Organisationen, sondern quer dazu laufende formelle und informelle Zusammenschlüsse zwischen souveränen Staaten Ordnung her. Die Staaten entscheiden – solange keine festen Konfliktlinien und Konfliktgruppierungen bestehen (wie etwa im Kalten Krieg) – von Fall zu Fall, welche internationalen Organisationen sie zur Durchsetzung ihrer Eigeninteressen und zur Verwirklichung ihrer gemeinsamen Interessen und zum Management der zwischen ihnen bestehenden wechselseitigen Abhängigkeiten *(Interdependenzen)* nutzen.

7.4.5 Perzeption und Kommunikation

Die eben dargestellte vierte Stufe (Interessen und Interdependenz) und die fünfte Stufe (Perzeption und Kommunikation) der Konstellationsanalyse werden gleichzeitig und in wechselseitiger Ergänzung durchgeführt.

Perzeption bezeichnet die Aufnahme und Bewertung von Informationen vor dem Hintergrund eigener Weltverständnisse, die interessenbedingte Lagebeurteilung und die Art, in der ein Akteur die Interessen- und Machtlagen in anderen Systemen (zum Beispiel Staaten und internationalen Organisationen) sieht. Die Diskrepanz zwischen Wahrnehmung und Wirklichkeit ist eine wichtige Quelle internationaler Dynamik. Auf der Grundlage ihres soziokulturell und historisch bedingten Selbstverständnisses können die in einer bestimmten Konstellation relevanten Meinungsführer/-innen und Entscheidungsträger/ -innen die Situation durchaus verschieden beurteilen und auf dieser Grundlage verschiedenartige Zukunftsprojektionen entwickeln, nach denen sich dann die einzelnen Politiken ausrichten. Selbst „objektive" Handlungserfordernisse werden erst entscheidungsmäßig wirksam, wenn sie in das Kalkül konkreter Akteure eingehen.

Demnach kommt es nicht auf die Verteilung internationaler Machtquanten oder Ähnlichem an, sondern auf die *Wirklichkeitskonstrukte*, an denen die relevanten Akteure ihre politische Lagebeurteilung, Interessenbestimmung und Entscheidungsfindung festmachen. Es gibt wie gesagt nicht nur die operative, sondern auch die psychologische Umwelt außenpolitischen Entscheidungshandelns (Sprout/Sprout 1957). Deswegen kommt es nicht nur auf die „realen" Probleme an, sondern auch auf die Problemrepräsentationen und Analogieschlüsse, auf deren Grundlage die Entscheidungsträger/-innen Alternativen abstecken und bewerten, Szenarien entwickeln und schließlich handeln. Zur Politik gehört ihre Prägung durch Persönlichkeiten, deren Lebenserfahrungen und deren Weltbilder (→ Kapitel 4.2: 85–90).

7.4.6 Entscheidung zwischen Willensbildung und Korrektur

Die sechste Stufe der Konstellationsanalyse, die Entscheidungsanalyse, erfolgt durch *Delimitation*, d. h. von höheren analytischen Ebenen nach unten Alternativhypothesen miteinander vergleichend und ausschließend. So wird versucht, wie durch einen Filter aus der Vielzahl denkbarer Entscheidungsgründe die tatsächlichen (oder jedenfalls die kausal adäquaten) zu ermitteln. Am Anfang stehen die auf der ersten Analysestufe identifizierten Pfadabhängigkeiten und die sodann, auf der zweiten Stufe, herausgestellten Systemfaktoren und Struktureffekte. Normen eröffnen oder verschließen, wie auf der dritten Analysestufe herausgearbeitet, oftmals bestimmte Optionen oder zumindest Strategien. Die Frage, wie Entscheidungsträger/-innen eine Situation auffassen und welche Zielbestimmungen im Sinne von Interessen sie entwerfen (bzw. ob sie auf internationale Herausforderungen überhaupt mit konkreten Zielbestimmungen antworten), ergibt weitere Erklärungselemente von Außenpolitik und internationaler Politik.

Grundlegend für die Entscheidungsanalyse ist, Entscheidungen nicht als punktuelle Ereignisse, sondern als *Prozesse* zu betrachten (Schellhorn 1972). Auf dieser Grundlage ergibt sich die folgende Checkliste (W-Fragen) für die Analyse außenpolitischer Entscheidungsprozesse und auch für Entscheidungsprozesse innerhalb internationaler Organisationen:

- Was ist das *Problem*?
- *Wer* entscheidet und handelt gegenüber wem?
- Wer definiert die *Situation*?
- *Wie* wird entschieden?
- *Wann* wurde eine definitive *Entscheidung* gefällt?
- Welche *Handlungsalternativen* wurden entwickelt?
- *Warum* wurde welche *Entscheidungsalternative* den anderen vorgezogen?
- Welche *Unterstützung* gewann die Entscheidung bzw. auf welche *Widerstände* stieß sie?
- In welchem *Zeitablauf* wurde entschieden?
- Welche *Folgen* der Entscheidung wurden *erwartet*?
- Welche *Folgen* hatte die Entscheidung *tatsächlich*?
- Welcher *Rückkopplungsprozess (feedback)* trat ein: Welche Informationen und/oder Erwartungen werden als neuer Input zur Definition der Situation und ggf. zur Entscheidungskorrektur herangezogen?

Politische Entscheidungen müssen nicht nur getroffen, sondern auch umgesetzt und über die Zeit hinweg so gut wie möglich abgesichert werden. Ebenso kann es zu Korrekturerfordernissen kommen, wenn zum Beispiel deutlich wird, dass eine „rationale" außenpolitische Entscheidung innenpolitisch nicht durchsetzbar ist. Außerdem sind politische Entscheidungen nicht linear, sondern aufgefächert zu verstehen, insofern jede Entscheidung eine Facette politisch-historischer Wirklichkeit prägt, die dann ihrerseits ganz neue Entscheidungssituationen und vielfach verästelte Entscheidungsbäume bedingen kann.

Mit dem klassischen *decision-making*-Ansatz von Snyder, Bruck und Sapin (1962) geht die Konstellationsanalyse davon aus, dass nicht nur die Problemstruktur, die verfügbaren Mittel und die subjektiven Wahrnehmungen der Entscheidungssituation durch die Entscheidungsträger/-innen das Ergebnis einer außenpolitischen Entscheidung bedingen, sondern dass der Entscheidungsprozess selbst eine wichtige Kodeterminante des inhaltlichen Entscheidungsergebnisses ebenso wie der Strategiewahl zur Umsetzung der Entscheidung ist. Vor allem gilt: Man darf nicht von vornherein unterstellen, dass die anstehenden Probleme bzw. internationalen Herausforderungen das außenpolitische Handeln und die Richtung bestimmen, in der Entscheidungen getroffen werden. Auch die verfügbaren Strategien und die Nachwirkungen vergangener Entscheidungen und Politiken haben großen Einfluss auf den Inhalt und die Richtung gegenwärtigen Entscheidungshandelns. Bestimmte Probleme „rufen" von vornherein nach bestimmten Lösungen bzw. im Raum stehende Lösungsmodelle „suchen" sich passende Probleme.

7.4.7 Implementierung und Strategie

Auf dieser Stufe der Konstellationsanalyse ist zu untersuchen, auf welchen Wegen und mit welchen Mitteln versucht wird, getroffene Entscheidungen umzusetzen. Dabei geht es auch darum nachzuzeichnen, wie internationale Institutionen die Strategiewahl staatlicher Außenpolitik beeinflussen.

Ein weiterer Schritt auf dieser Stufe ist die *Politikstilanalyse* (z. B. gemäß March/Olsen 1995). Die Leitfrage dabei ist, wie die Strategien zur praktischen Umsetzung politischer Entscheidungen durch den formalen organisatorischen Kontext und durch die Organisationskultur mitgeformt werden, innerhalb derer sie stattfinden. Dabei gibt es diverse Rückkopplungseffekte. Vergangene Politikprogramme *(policies)* bedingen im Sinne von Pfadabhängigkeiten aktuelles politisches Handeln und die Wahl der Mittel *(politics)*. Aktuelle Operationsbedingungen von Politik können aber auch die Zukunft verändern, insofern sie Akteursidentitäten schärfen oder schwächen, Erwartungen hervorrufen oder neuen Handlungsmotiven zum Durchbruch verhelfen.

Des Weiteren sollte eine *Machtanalyse* erfolgen. Wichtig ist dabei die Unterscheidung von potenzieller und aktueller Macht eines Akteurs, also den Machtressourcen und dem jeweiligen tatsächlichen Ausmaß an Machthandeln, das ein Akteur in einer konkreten Situation um der Erreichung seiner Interessen willen auszuüben entschlossen und in der Lage ist. Macht ist im Sinne der Konstellationsanalyse stets situationsgebunden aufzufassen. Auch die zielbezogene Effektivität *(Fungibilität)* von Macht – was man mit ihr „verrichten" (lat. *fungi*) kann – ist immer von der konkreten Situation abhängig. Macht ergibt sich in diesem Sinne erst aus dem Kontext. Die USA zum Beispiel gelten zwar als „mächtigster" Staat, doch die militärischen Machtpotenziale, die maßgeblich zu dieser Einschätzung führen, sind nur begrenzt fungibel: Mit der Androhung des Einsatzes von Atomwaffen kann man keine Benzinpreise senken oder seine Interessen bei der Aushandlung von Zollhandelsabkommen durchsetzen.

7.4.8 Kooperation und Konflikt

Auf der siebten Stufe der Konstellationsanalyse wurde die Entscheidungsumsetzung untersucht, auf der achten Stufe geht es um die Beurteilung oder Abschätzung der *Ent-*

scheidungsfolgen: der Entscheidungswirkung und Entscheidungsausstrahlung über den konkreten Sachverhalt hinaus. Diese Entscheidungsfolgen können intendiert oder nicht intendiert sein (d. h. beabsichtigt oder nicht). Sie ergeben sich nicht nur aus den inhaltlichen Beschlüssen, sondern der Erfolg, der Misserfolg und vor allem die außenpolitische Konflikträchtigkeit einer Entscheidung hängen auch von den jeweils verfügbaren und gewählten Strategien ab. Darüber hinaus sind auf dieser Stufe der Konstellationsanalyse die allgemeinen Annahmen über die strukturellen Voraussetzungen für stabile Kooperation zur Anwendung zu bringen, wie sie vor allem im Rahmen der Neorealismus-Neoliberalismus-Debatte (z. B. *PRiME*-Faktoren → Kapitel 7.1.4: 180–182) präzisiert worden sind.

Die Konstellationsanalyse geht davon aus, dass Konflikte zwar Positionsdifferenzen (zum Beispiel Interessengegensätze) zur Voraussetzung haben, die aber den Akteuren bewusst sein und für sie konkret handlungsbestimmend werden müssen. Konflikt ergibt sich nicht bloß aus irgendwelchen Gegensätzen, egal, ob diese nun Werte oder Interessen betreffen oder subjektiver oder objektiver Natur sind. Er entsteht bestenfalls erst, sobald entsprechende Handlungstendenzen dazugeschaltet sind, d. h. wenn sich die Konfliktpotenziale in manifeste Konfliktprozesse transformiert bzw. aktualisiert haben (Link 1988: 36-38; Sandole 1993: 6f.). Zugleich sind Konflikte aus Sicht der Konstellationsanalyse pfadabhängig, insofern als neue Strukturen und Prozesse – auch konflikthafte – nie aus dem Nichts heraus entstehen, sondern immer an schon bestehende anknüpfen. Für den konstellationsanalytischen Schritt der *Konfliktanalyse* folgt aus diesen Grundannahmen vor allem zweierlei:

- Man muss zwischen dem prinzipiellen Konflikt*potenzial* und den tatsächlichen manifesten Konflikt*prozessen* unterscheiden, aber beides zugleich in Verbindung sehen: Konfliktprozesse sind das Ergebnis durch individuelles oder Gruppenhandeln aktivierter, strukturell bestehender Konfliktmöglichkeiten oder -potenziale, und diese Potenziale wiederum verändern sich im Verlauf und als Rückwirkung des Konfliktprozesses.
- Man sollte insbesondere *differenzielle* Fragen stellen, vor allem in Bezug auf die *Konfliktätiologie*: Wann (unter welchen Bedingungen) und wie (durch welche Eskalationsmechanismen) entstehen Konfliktprozesse, wann und wie also manifestieren sich latente Positionsdifferenzen als manifeste Konfliktbeziehungen? Konflikt sollte analytisch wie gesagt als eine spezifische Handlungs- und Strukturkonfiguration aufgefasst werden, die zwar Positionsdifferenzen (und die daraus resultierende Wettbewerbs- oder Konkurrenzsituation) zur notwendigen Voraussetzung hat, die aber zur Aktivierung bestimmter Bedingungen bedarf: Die Positionsdifferenzen müssen für die Akteure bewusst und handlungsbestimmend werden, und es muss ein *kri-*

tischer, d. h. sich auf die Struktur des Beziehungszusammenhanges auswirkender Spannungszustand bzw. Spannungsprozess dazukommen (Link 1988: 37-39).

Der Gegenstandsbereich internationaler Konfliktforschung hat sich so enorm ausgeweitet, dass gar nicht mehr sinnvollerweise von internationaler Konfliktforschung gesprochen werden kann, sondern eher von interdisziplinär angelegter, ein breites Objekt- und Methodenspektrum integrierender allgemeiner politischer Konfliktanalyse (→ Kapitel 3.3: 57–64, 8.1: 213–218): mithin genau dem, was sich nach dem Ersten Weltkrieg in den USA, allerdings schon bald vor allem mit Blick auf die eigenen innenpolitischen Konfliktpotenziale, und dann unmittelbar nach dem Zweiten Weltkrieg vor allem in Frankreich – wenngleich zeitbedingt mit dem Schwerpunkt auf zwischenstaatlichen Kriegen – unter dem Begriff *Polemologie* zu entwickeln begonnen hatte (siehe Hermant/Bigo 1991; Koppe 2006), sich indes angesichts des aufkommenden Kalten Krieges nie richtig hatte durchsetzen können und erst danach methodologische, auch synoptisch orientierte Anknüpfungen erlebt hat (v. a. Zimmermann/Jacobson 1994). Bei der Konfliktanalyse verfährt die Konstellationsanalyse also polemologisch.

7.4.9 Synopse

Den unverzichtbaren Abschluss und das spezifische Ergebnis einer Konstellationsanalyse bildet die abwägende Integration der Einzelergebnisse in einen Gesamtzusammenhang, der monokausale Zurechnungen und die Überzeichnung von „Interessengegensätzen" vermeidet, sondern stattdessen vor allem die unterschiedlichen Sichtweisen der Beteiligten, insbesondere auch ihre entscheidungs- und handlungsbestimmenden Weltbilder und Moralüberzeugungen herausarbeitet. Diese *Synopse* folgt der erwähnten Methode der *Delimitation* (→ Kapitel 7.4.6: 207). Es ist eine spezifische Vorgehensweise der Konstellationsanalyse, über verschiedene Einzelfallstudien hinweg ein empirisch fundiertes System von Entscheidungs- und Handlungstypen zu gewinnen, das wiederum als Werkzeug für die Befassung mit konkreten Einzelfällen dient.

Zunächst wird in der Synopse angegeben, welche der Ausgangshypothesen auf welcher Stufe der Analyse verworfen, welche bestätigt, welche modifiziert wurden und auf welcher empirischen und theoretischen Grundlage dies erfolgte. Sodann ist es besonders wichtig, Kausalitätshierarchien sowie die Wechselwirkungen und Rückkopplungsprozesse zwischen verschiedenen Aggregations- bzw. Kausalebenen herauszuarbeiten. Wie beeinflusste zum Beispiel die Strategie einer bestimmten internationalen Organisation außenpolitische Entscheidungsprozesse oder die Wahl der Mittel? Daraufhin sollte ver-

sucht werden, die erzielten Erkenntnisse – etwa im Rahmen eines knappen zeitgeschichtlichen Erfahrungsvergleiches – über die untersuchte Situation/Konstellation hinaus zu
verallgemeinern oder zumindest zu abstrahieren. Diese Abstraktion kann bereits dadurch
erfolgen, dass man für den betreffenden Staat typische außenpolitische Handlungssti-
le ermittelt und die erzielten Ergebnisse nach Zeitschienen aufteilt: Inwieweit schlagen
sich im untersuchten Fall zum Beispiel permanente Analogien oder allgemeine Charakteristika der „Staatenwelt" nieder? Inwieweit handelt es sich um epochen- und regio-
nenspezifische Faktoren? Welche Elemente des Einmaligen, des Unwiederholbaren, des
Individuellen und des Zufalls sind beteiligt und erklärungsrelevant (zum Beispiel einzelne
exponierte Entscheidungsträger und ihre persönlichen Weltsichten).

Grundlegend für eine korrekte Synopse sind also die *systematische Aggregation* der
Einzelergebnisse, die *typologische Herausstellung* von Wechselwirkungsprozessen zwischen den Aggregations- bzw. Kausalebenen, der Schritt zur *Abstraktion* und Überlegungen zur *Verallgemeinerbarkeit* der Ergebnisse. Bei einer vollständigen internationalen (nicht nur außenpolitischen) Konstellationsanalyse werden die Analyseschritte 1-8
zuerst für jedes Aktionssystem einzeln und daraufhin in der Summe durchgeführt. Die
Synopse bezieht sich dann auf die Gesamtkonstellation. Umso wichtiger ist es dabei, die
gefundenen Ursache-Wirkungs-Linien, Wechselwirkungen, Entscheidungsbedingungen,
Akteursstrategien usw. nicht lediglich zu verbuchen, sondern in ihrem relativen Gewicht
herauszuarbeiten und empirisch fundierte Vermutungen über die weitere Entwicklung
der Konstellation aufzustellen.

8 Interdisziplinäre Ein- und Ausblicke

8.1 Friedens- und Konfliktforschung

Das heutige Verständnis der Friedens- und Konfliktforschung (Überblicke: Barash/Webel 2002; Eckern/Herwartz-Emden/Schultze 2004; Sahm/Jahn/Fischer 2002; Senghaas 1997) begann sich Ende der 1950er-Jahre im Zuge der Bearbeitung der Folgen des Zweiten Weltkrieges und im Umgang mit den Gefahren des Kalten Krieges sowie der Ausweitung des sowjetischen Machtbereiches in Asien und Europa zu entwickeln (Koppe 2006). Insbesondere die neue Form der Bedrohung durch atomare Massenvernichtungswaffen erforderte wissenschaftliche Analysen, die methodisch und inhaltlich über den klassischen Rahmen des Völkerrechtes und des Faches Internationale Politik hinausgingen (Lutz 2004: 28). Für die Friedensforschung war es geboten, einen multi- und interdisziplinären Ansatz zu verfolgen, auf die grundsätzliche Abschaffung von Gewalt und Krieg als möglichen gesellschaftlichen und zwischenstaatlichen Beziehungen zu drängen sowie sich maßgeblich an der Verbreitung des Friedensgedankens durch verstärkte Öffentlichkeitsarbeit zu beteiligen.

Erste wissenschaftliche Institutionen für die Friedens- und Konfliktforschung wurden nach den Anfängen in der Völkerbundszeit (→ Kapitel 7.1.1: 173–175) ab Mitte der 1950er-Jahre in den USA und Kanada und in den 1960er-Jahren auch in Norwegen, den Niederlanden und in Schweden etabliert. Kennzeichnend für die Friedenswissenschaft in den Vereinigten Staaten sind vor allem ihre Verknüpfung mit der akademischen Lehre sowie der breite, *polemologische* Ansatz, sich nicht auf die Problematik von Krieg und Frieden zu beschränken, sondern gleichermaßen das Phänomen der Gewalt in Gesellschaften zu untersuchen und Konfliktlösungsstrategien auf nationaler, regionaler und globaler Ebene aufzuzeigen (Koppe 2006: 23; → Kapitel 7.4.8: 211).

Im Jahr 1959 gründete der Wirtschaftswissenschaftler Kenneth Boulding das (bis 1971 bestehende) interdisziplinäre Center for Research on Conflict Resolution an der University of Michigan in Ann Arbor. Seine Motivation erwuchs aus der Kritik am Versagen sozialwissenschaftlicher Theorien, die Eskalation des Kalten Krieges einzudämmen und der Gefahr eines dritten Weltkrieges entgegenzuwirken. Sein Ziel war es daher, die Erforschung von Konflikten zu einem fachübergreifenden Anliegen zu machen und durch den Aufbau einer umfassenden Datensammlung Transparenz und Wissen über die Entstehung und Vermeidung der Eskalation von Konflikten zu schaffen. Mit den Arbeiten des Norwegers

Johan Galtung erhielt die Friedens- und Konfliktforschung ab den 1960er-Jahren eine neue breitere Auslegung: die Unterscheidung zwischen positivem und negativem Frieden, sozialer und politischer Gerechtigkeit, struktureller und kultureller Gewalt sowie die Voraussetzungen von Frieden und Toleranz gegenüber anderen Kulturen gehören seither ebenso zu ihren Forschungsinteressen und machen den normativen Charakter der Friedensforschung deutlich (vgl. Galtung 1975, 1996).

Mit der Gründung der International Peace Research Association (IPRA, soc.kuleuven.be/pol/ipra) im Jahr 1964 konnte sich die Friedensforschung international konstituieren. In der Bundesrepublik Deutschland erhielt die Friedens- und Konfliktforschung erst mit Beginn der Entspannungs- und Ostpolitik Ende ab der 1960er-Jahre sowie durch den Einfluss der amerikanischen Friedensforschung Anerkennung in der Öffentlichkeit. In den 1970er-Jahren gelang auch ihr die Institutionalisierung. Richtungsweisend für die Forschung im Bereich der Konflikttransformation ist in Deutschland das in Berlin ansässige Berghof Forschungszentrum für konstruktive Konfliktbearbeitung (www.berghof-center.org). Zu den bekanntesten Forschungseinrichtungen im deutschsprachigen Raum zählen darüber hinaus die heute nicht mehr existierende Deutsche Gesellschaft für Friedens- und Konfliktforschung in Bonn (DGFK), die Hessische Stiftung Friedens- und Konfliktforschung in Hamburg (HSFK, www.hsfk.de), das Institut für Friedensforschung und Sicherheitspolitik an der Universität Frankfurt (IFSH, www.ifsh.de) und die im Jahr 2001 gegründete Deutsche Stiftung Friedensforschung (DSF, www.bundesstiftung-friedensforschung.de) mit Sitz an der Universität Osnabrück, welche die Arbeiten der DGFK weiterführt.

Zentraler Gegenstand der Friedens- und Konfliktforschung ist die wissenschaftliche Auseinandersetzung mit den beiden Begriffen Konflikt und Frieden. Georg Picht hat in einem richtungsweisenden Artikel vermutet, dass es das „Wesen des Friedens [ist], daß er nicht definiert werden kann" (Picht 1975: 46, so auch noch Bonacker/Imbusch 2006: 129). In der Folge entzündete sich an dieser Vermutung eine bis in die Gegenwart andauernde Diskussion über die Definition des Begriffes *Frieden* und dessen normative Bedeutung für die Friedens- und Konfliktforschung.

In Anlehnung an Johan Galtung unterscheidet man zwischen negativem Frieden (Abwesenheit von Krieg) und positivem Frieden (Abwesenheit struktureller und kultureller Gewalt) (→ Kapitel 3.3: 59f.). Eine ursprünglich allein auf den negativen Friedensbegriff ausgerichtete Friedensforschung warf Probleme auf: So ließ die Konzentration auf die Entstehung, Entwicklung und Verhinderung militärischer Auseinandersetzung außer Acht, dass die Abwesenheit von Krieg nicht gleichzusetzen ist mit der Anwesenheit von Frieden (Zoll 2005: 182). Solche primär auf die Stabilisierung der internationalen Beziehungen ausgerichtete Forschung vernachlässigt gesellschaftliche und innenpolitische Komponenten. Aus diesem Grund sind neben den direkten Gewaltformen auch gesellschaftliche Verhältnisse, die nicht durch die Ausübung direkter physischer Gewalt, sondern durch Unterdrückung oder Ausbeutung gekennzeichnet sind (strukturelle Gewalt), zu einer festen Komponente der heutigen Friedens- und Konfliktforschung geworden.

Noch immer wird diesen Fragen jedoch eine ganz unterschiedliche Gewichtung zugrunde gelegt. So ist es das vorrangige Erkenntnisinteresse einiger Konfliktforscherinnen und -forscher, die Mechanismen der Gewalteskalation umfassend zu erklären und neue institutionelle Begrenzungsmöglichkeiten für Gewalteskalation zu finden; die Konfliktursachen werden hier als sekundär betrachtet, vielmehr geht es um das „Management" von Gewaltkonflikten und um ihre *Transformation* in friedliche Austragungsformen (z. B. Crocker/Hampson/Aall 2001; Miall 2004). Demgegenüber beschäftigen sich die Anhängerinnen und Anhänger des *Konfliktlösungsparadigmas* mit den Möglichkeiten, die zugrunde liegenden Konfliktursachen zu bearbeiten (konstruktive Konfliktbearbeitung) und nach Möglichkeit zu beseitigen (z. B. Galtung 1996; Kriesberg 1998). *Konstruktivistische Ansätze* hingegen unterscheiden nicht zwischen faktischer Gewalt und Nicht-Gewalt, sondern erforschen die unterschiedlichen Wirklichkeitskonstruktionen von Gewalt (z. B. Lederach 1995; für einen einführenden Überblick zur konstruktivistischen Friedensforschung: Weller 2005). Ihre Legitimation oder Delegitimation erfolgt dabei durch gesellschaftliche Zuschreibung auf diskursiver Ebene. Handlungsoptionen zur Gewalteindämmung und zur Reduktion selbiger erfolgen auf gleicher Ebene und zielen unter anderem auf die Vermittlung zwischen unterschiedlichen oder widersprüchlichen Wirklichkeits- und Gewaltkonstruktionen ab. Diese Diskussion um die Problematik des Konzeptes der strukturellen Gewalt führte zur Ausbildung des positiven Friedensbegriffes, in dem Sinne, dass Frieden inhaltlich zu bestimmen war: die Menschen können sich entsprechend den gegebenen Möglichkeiten physisch und psychisch selbst verwirklichen (Zoll 2005: 182). Vor diesem Hintergrund wird *Friedenspolitik* nicht als Zustand, sondern als kognitiver und materieller Prozess von Entscheidungen und Aktivitäten verstanden, die vorrangig auf Vorsorge und Prävention ausgerichtet sind, dies sowohl als Ursachenbeseitigung als auch als Eskalationsbekämpfung (Lutz 2004: 26).

Zugleich bleibt der *Konfliktbegriff* umstritten. Je breiter also die Definitionen von Konflikt und Frieden, desto breiter sind das Arbeitsgebiet und die Themenvielfalt der Friedens- und Konfliktforschung: Die Erforschung von Feindbildern, Abrüstung, Unterentwicklung, Armut und Vorurteilen bis hin zum Krieg repräsentiert nur einige der Themengebiete (Lutz 2004: 29). Ziel der Friedens- und Konfliktforschung ist es also, Ergebnisse zu liefern, die Aggressionsanalysen, Vorschläge zur Entwicklungspolitik, Kritiken zur Abschreckung, militärische Kräftevergleiche, Friedenserziehung und auch Kriegsfolgestudien umfassen. Nicht aber sollte sie auf eine universelle Konfliktwissenschaft und „da es überall auf der Welt und in allen gesellschaftlichen Beziehungen Konflikte gibt, heißt das de facto: Universalwissenschaft" (Jahn 1976: 144) hinauslaufen. Die Folge wäre eine Verwässerung der Begrifflichkeiten und eine Entleerung der Werte (Lutz 2004: 30): So würde Frieden zur Demokratie, Demokratie zur Sicherheit sowie Sicherheit zur Freiheit und damit Friedensforschung zur Demokratieforschung.

Der zentrale Aspekt gegenwärtiger Konfliktforschung ist der Versuch der wissenschaftlichen Analyse von Konfliktursachen und Lösungsmöglichkeiten menschlichen Zusammenlebens auf der interpersonalen, innerstaatlichen und interstaatlichen Ebene sowie die gewaltlose Konflikttransformation (Imbusch/Zoll 2006). Dabei ist nicht die Abschaffung von Konflikten das Ziel; denn die friedliche Austragung eines Konfliktes bietet immer auch die Möglichkeit, neue Dynamiken und Veränderungsprozesse zu forcieren und somit als Motor menschlichen Fortschrittes zu fungieren. Vielmehr ist es Aufgabe der Konfliktforschung, Kapazitäten und Strukturen zu schaffen, welche die Möglichkeit für die friedliche Konfliktaustragung bieten oder anders ausgedrückt, die Bedingungen zu schaffen, die für einen stabilen Frieden erfüllt sein müssen (Bonacker/Imbusch 2006; Miall 2004). Insofern grenzt sich die Friedens- und Konfliktforschung vom klassischen Fach Internationale Politik und Sicherheit und auch von neueren Entwicklungen innerhalb der *security studies* (z. B. Hough 2004) ab: Friedensforschung verfolgt einen ausdrücklich normativen Anspruch und stellt Frieden als gesellschaftlichen Wert in den Mittelpunkt (Koppe 2006: 17).

Mit den unterschiedlichen Ansätzen zur Bestimmung ihres Gegenstandes einher geht die Verschiedenheit der theoretischen Grundlagen im Rahmen der Friedens- und Konfliktforschung (Bonacker/Imbusch 2006). Im Rahmen des Diskurses über die Grenzen der Friedens- und Konfliktforschung haben sich unterschiedliche Denkschulen, im Besonderen aber zwei Forschungsansätze herausgebildet: die *realistische Friedensforschung* (sie bemüht sich um eine wissenschaftlich begründete Verbesserung der bestehenden friedens- und sicherheitspolitischen Instrumentarien) und die *kritische Friedensforschung* (sie versucht die strukturellen Voraussetzungen von Gewalt und Krieg über bloße systemimmanente Korrekturen hinaus zu verändern).

Der Friedenstheorie im Allgemeinen liegen drei zentrale Aufgabenstellungen zugrunde: die Klärung der begrifflichen Grundfragen der Friedensforschung, die Entwicklung theoretisch-analytischer Ansätze zum Verständnis von Friedensbedingungen und die Aufarbeitung erkenntnistheoretischer Aspekte friedenswissenschaftlicher Arbeit (Weller 2004a: 60). Die heutige friedenstheoretische Begriffsforschung ist durch *konstruktivistische*, vor allem diskuranalytisch inspirierte Ansätze geprägt (Weller 2004b). Diese gehen davon aus, dass mit jeder Terminologie – ob für ein Ereignis, einen Tatbestand oder ein Ziel – eine Unterscheidung vorgenommen wird (Brücher 2002: 19), die bei normativen Begriffen wie Frieden oder Gewalt immer konfliktiv sein muss, da zum Beispiel mit der Bezeichnung Frieden etwas anderes als „Nicht-Frieden" gekennzeichnet wird (Weller 2004a: 65). Der politische Gegner, wenn nicht gesellschaftliche Feind, ist derjenige, der an diesem „Nicht-Frieden" beteiligt ist oder ihn herbeiführen und stabilisieren will; denn nach gesellschaftlichem Konsens ist der Zustand des „Nicht-Friedens" der, der hinsichtlich des Friedens verändert werden soll. Gleichermaßen bewertet der Begriff Gewalt eine Handlung negativ und verweist zugleich auf eine Handlungsmöglichkeit, die keine Gewalt darstellt. Hier aber wird unterstellt, dass eine Handlung ohne die Anwendung von Gewalt möglich gewesen wäre, womit dem stattgefundenen Handeln mithilfe der Bezeichnung Gewalt die Legitimation entzogen werden kann (Weller 2004a: 65). Es wird deutlich, dass mit der verbindlichen Festlegung einer derartigen Bezeichnung für ein Kollektiv, durch Rechtsetzung, Kommunikationsstrategien oder durch die Anwendung legitimer Gewalt große politische Macht verbunden ist.

Friedensbedingungen wurden vor allem in dem von Dieter Senghaas (1995) geprägten zivilisatorischen Hexagon formuliert. Darin sind sechs Bedingungen für eine Transformation der Konfliktaustragung in friedliche, „zivile" Bahnen formuliert (Bonacker/Imbusch 2006: 135; Senghaas 1995: 196–223): Entprivatisierung von Gewalt (Gewaltmonopol), Kontrolle des Gewaltmonopols und Herausbildung von Rechtsstaatlichkeit (Verfassungsstaat), Interdependenzen und Affektkontrolle, demokratische Beteiligung, soziale Gerechtigkeit und konstruktive politische Konfliktkultur. Senghaas versteht Frieden somit als *Zivilisierungsprozess*, wobei die Ziele des Regierens gleichermaßen die Bedingungen des Friedens sind.

Von aktueller friedenspolitischer Bedeutung ist zudem die Diskussion über das Theorem des *demokratischen Friedens* (Hasenclever 2006: 213–241; Müller 2002), das nicht nur Forschungsgegenstand des Faches Internationale Politik ist (z. B. Russett 1993), sondern Einzug in die Transformationsforschung und die Forschung über Nachkriegsgesellschaften gefunden hat. Dem Theorem des demokratischen Friedens liegt die Annahme zugrunde, dass demokratische Staaten zwar untereinander keinen Krieg führen, wohl aber gegenüber nichtdemokratischen Staaten. Auch im Rahmen dieser Diskussion haben konstruktivistische Ansätze insofern neue Akzente gesetzt, als sie die wechselseitige Perzeption von Staaten als friedliche Demokratien oder als Nichtdemokratien als ein wesentliches Element für die Tendenz zum friedlichen oder zum gewaltsamen Austrag von Konflikten zwischen ihnen ansehen wird (Weller 2004a: 67).

Gleichermaßen wie Theorie und Gegenstand einander beeinflussen, besteht ein Zusammenhang zwischen den Methoden der Friedens- und Konfliktforschung und den ihr zugrunde liegenden Theorien. Ein spezielles methodisches Instrumentarium der Friedens- und Konfliktforschung gibt es daher nicht (Zoll 2005: 185). Kennzeichnend für die heutige Friedens- und Konfliktforschung ist deshalb ihre Interdisziplinarität, wobei sie immer auch

Bedingungen des innerstaatlichen und des internationalen Friedens gemeinsam betrachtet und diese zueinander in Beziehung setzt (Jahn/Fischer/Sahm 2005: 17). Im Besonderen lassen sich folgende interdisziplinäre Linien identifizieren (Schultze/Zinterer 2004: 15–18):

- Die *historische Friedensforschung* untersucht die strukturellen und langfristigen Bedingungen von Kriegen und Konflikten sowie die Möglichkeit der Verhinderung von Kriegen durch die Analyse vergangener Krisen und Konflikte.
- Die *theologische Friedensforschung* ist normativ ausgerichtet und erhält durch das „Projekt Weltethos" (Küng 1990) eine praktisch-handlungsorientierte Komponente, welche die Verständigung der Weltreligionen auf der Basis gemeinsamer Grundwerte zum Ziel hat.
- Die *sozialwissenschaftliche Friedens- und Konfliktforschung* wählt einen breiten Ansatz und befasst sich im deutschsprachigen Raum insbesondere mit interkulturellen und religiösen Konflikten innerhalb von Gesellschaften, mit dem *gender*-Aspekt von Konflikten sowie mit praxisnahen Konzepten für zivile (im Gegensatz zu auf Zwangsmaßnahmen gestützter) Konfliktbearbeitung.
- Die *juristische Friedensforschung* beschäftigt sich mit der völkerrechtlichen Einhegung von Konflikten. Dabei steht die Rechtswissenschaft vor der Aufgabe, das Völkerrecht an die Herausforderungen der „neuen Kriege" anzupassen, ohne dadurch den Bedeutungsverlust der UNO und der kollektiven Friedenssicherung indirekt zu untermauern.
- Die *naturwissenschaftliche Friedensforschung* steht vor der Herausforderung, sich der Technologisierung der Waffen, Aufrüstungsbestrebungen und der Proliferation von Massenvernichtungswaffen zu stellen. Sie ist dabei traditionell normativ auf die Verhinderung von Kriegen ausgelegt und weist eine anwendungsorientierte sowie transdisziplinäre Ausrichtung auf.

8.2 Völkerrecht

8.2.1 Grundlagen: Völkerrecht und internationale Politik

Das Völkerrecht ist seinem Sinn und seiner Entstehung nach nicht ein Recht der Völker, sondern eine Rechtsordnung souveräner Staaten. Es kann definiert werden als

„Prinzipien und Verhaltensregeln, an die sich Staaten gebunden fühlen und die sie deshalb in ihren gegenseitigen Beziehungen beachten, sowie solche Rechtsregeln, die sich auf die Funktionsweise internationaler Institutionen und Organisationen sowie deren Beziehungen zueinander und ihre Beziehungen zu Staaten und Individuen beziehen und schließlich einige Regeln, die auf Individuen und nichtstaatliche Einheiten insoweit Bezug nehmen, als diese Einheiten in den Kreis der internationalen Rechtsgemeinschaft einbezogen sind." (Hobe/Kimminich 2004: 8)

Allgemein gesprochen stellt das Völkerrecht (oder das Internationale Öffentliche Recht, *public international law*) die rechtliche Basis der internationalen Beziehungen dar und hat damit zunächst keine politische, sondern eine rein funktionale Aufgabe (Hobe/Kimminich 2004: 1). Es umfasst die Regelung der Handlungen von Hoheitsträgern untereinander (zwischenstaatliche Beziehungen) sowie die Regelung von Rechtsbeziehungen von Hoheitsträgern zu Privaten, nicht aber die Beziehungen von Privaten untereinander. Das Völkerrecht ist eine in sich geschlossene Rechtsordnung, die auf der Basis der Souveränität gleichrangiger Akteure basiert und damit sogenanntes *Koordinationsrecht* darstellt. Im Unterschied zu nationalen Rechtsordnungen legen die Völkerrechtssubjekte durch Zustimmung *(Konsensgrundsatz)* weitgehend selbst fest, welche Rechte und Pflichten sie grundsätzlich anerkennen und wie diese im Einzelfall zu interpretieren und auszulegen sind. Charakteristikum des Völkerrechtes ist damit das Fehlen einer zentralen Normsetzungsinstanz, und auch die Durchsetzung von Völkerrecht erfolgt dezentral. Das Fehlen gerichtlicher Automatismen und justizieller Zwangsmittel im Völkerrecht verdeutlicht, dass das internationale Recht immer nur so stark sein kann, wie die beteiligten Staaten es wollen (Hobe/Kimminich 2004: 271).

Neben den hier besprochenen Bereichen werden im Völkerrecht weitere Aspekte geregelt, die in unterschiedlicher Intensität Niederschlag in der internationalen Politik finden. Wie bereits angesprochen, wird der Verkehr zwischen den Staaten im Rahmen der diplomatischen Beziehungen abgewickelt. Konsularische Beziehungen umfassen die Entwicklung kommerzieller, wirtschaftlicher, kultureller und wissenschaftlicher Beziehungen. Das internationale Wirtschaftsrecht stellt die rechtliche Ordnung für den internationalen Handel dar. Es erfasst auch das nationale Außenwirtschaftsrecht und wirtschaftsrelevante internationale zivilrechtliche Regelungen. Seit den 1970er-Jahren und im Zuge des Umganges mit den Folgen der Globalisierung nahm das Bewusstsein für die Notwendigkeit des grenzübergreifenden Umweltschutzes zu. Dies führte zur Herausbildung des noch jungen Rechtsgebietes des internationalen Umweltschutzes, welches Ausdruck dafür ist, dass sich die internationale Gemeinschaft zunehmend als Umweltgemeinschaft versteht (Hobe/Kimminich 2004: 472). Das Völkerrecht regelt darüber hinaus internationale Gemeinschaftsräume, die keiner staatlichen Gebietshoheit unterliegen (Seerecht, Weltraumrecht, Internationales Öffentliches Luftrecht).

Das Fach Internationale Politik und die Rechtswissenschaft analysieren das Völkerrecht aus unterschiedlicher Perspektive (Hobe/Kimminich 2004: 5): Aus *politikwissenschaftlicher* Sicht wird das Völkerrecht als Produkt bestehender Kräftekonstellationen zwischen den Akteuren des internationalen Systems betrachtet, und die Analyse zielt auf die Erklärung dieser Machtkonstellationen. Die *Rechtswissenschaft* hingegen hebt den Eigenwert einer rechtlichen Norm hervor, politische Macht potenziell zu begrenzen, und versucht, entsprechende Konsequenzen zu ziehen. Beiden fachwissenschaftlichen Herangehensweisen ist die Annahme gemeinsam, dass politische Machtkonstellationen die völkerrechtliche Normsetzung und -durchsetzung bedingen und deshalb einen wichtigen Aspekt für das Verständnis des konkreten Gehaltes einer Norm darstellen.

Erst mit der Entstehung des modernen Staatsbegriffes kann von einer völkerrechtlichen Ordnung gesprochen werden. Der Westfälische Frieden von 1648 ist das erste völkerrechtliche Dokument, in dem die Souveränität von Staaten ausdrücklich bestätigt wird, und gleichermaßen der Beginn der Epoche des klassischen Völkerrechtes (Neuhold 1997: 15). Im Prinzip war das klassische Völkerrecht europäisches Öffentliches Recht und wurde noch im 19. Jahrhundert in der Regel so bezeichnet (Hobe/Kimminich 2004: 36). Seine tragende Säule war das Prinzip der absoluten Souveränität, aus dem das Recht zum Krieg *(ius ad bellum)* abgeleitet wurde. In der Folge entwickelte sich ein Recht im Krieg *(ius in bello)*: die Summe aller Rechtsnormen, welche Kriegsführung und Neutralität betreffen. Die Betonung der Souveränität und Staatlichkeit schlug sich im Grundsatz der Mediatisierung des Individuums nieder: Da das Völkerrecht die Beziehungen zwischen Völkerrechtssubjekten regelt, werden Menschen in der Regel nicht direkt, sondern durch Vermittlung ihres Staates mit sie betreffenden völkerrechtlichen Rechten versehen. Eine einschlägige Ausnahme bildet der Bereich der Menschenrechte (z. B. Artikel 1 Absatz 3 und Artikel 55 UN-Satzung). Ein weiterer Pfeiler der Völkerrechtsordnung ist neben dem einvernehmlichen Zusammenwirken der Staaten und die Erfüllung der Pflichten nach Treu und Glauben der Grundsatz der Gegenseitigkeit *(Reziprozität)* (Hobe/Kimminich 2004: 350). Der Völkerbund (1919), der Briand-Kellogg-Pakt (1928) und die Satzung der Vereinten Nationen (1945) stellen Etappen hin zu einem allgemeinen Gewaltverbot und damit zur Epoche des *modernen Völkerrechtes* dar. Darüber hinaus ist die Pflicht zur Erhaltung des Friedens jetzt Grundlage der gesamten Völkerrechtsordnung, ebenso wie die Pflicht zur Wahrung der Menschenrechte (internationaler Menschenrechtsschutz, internationaler Flüchtlingsschutz und internationaler Minderheitenschutz).

Die *Völkerrechtsquellen* sind in Artikel 38 Absatz 1 des Statutes des Internationalen Gerichtshofes (IGH) enumeriert (abschließend aufgezählt). Es wird zwischen Hauptrechtsquellen (völkerrechtliche Verträge, Gewohnheitsrecht, allgemeine Rechtsgrundsätze) und Rechtserkenntnisquellen (richterliche Entscheidungen, Lehrmeinungen) unterschieden

(Hobe/Kimminich 2004: 172). Die Hauptrechtsquellen beruhen im Wesentlichen auf einer Willensübereinkunft, deren Bindung sich auf die Staaten bezieht, die Vertragsparteien geworden sind oder die das Gewohnheitsrecht für sich akzeptieren. Einige Rechtssätze, wie das allgemeine Gewaltverbot, sind über diese Willensübereinkunft hinaus als zwingende und für alle Völkerrechtssubjekte geltende Sätze des Völkerrechtes *(ius cogens)* verobjektiviert. Zwingendes Völkerrecht kann weder durch Vertrag noch durch Gewohnheitsrecht beseitigt werden. Bei zwingenden Völkerrechtsnormen ist außerdem grundsätzlich von einer sogenannten *erga-omnes*-Wirkung auszugehen; denn sie begründen derart bedeutsame Rechte, dass alle Staaten ein rechtliches Interesse an ihrem Schutz haben und sich deshalb dazu verpflichten, sie gegenüber allen (lat. *erga omnes*) anderen Staaten zu befolgen. Die Nichterfüllung der *erga-omnes*-Pflichten (v. a. Aggressionsverbot, Schutz der Menschenrechte, Verbot des Völkermordes) kann von jedem anderen Völkerrechtssubjekt ohne Rücksicht auf bestehende Vertragsverhältnisse gerügt werden.

Generell wird von einer *Gleichwertigkeit* der Hauptrechtsquellen ausgegangen. Darüber hinaus kann ein Vertrag Gewohnheitsrecht konkretisieren und ist damit als späteres *(lex posterior)* und konkreteres *(lex specialis)* Recht zwischen den Vertragspartnern vorrangig zu berücksichtigen *(Prioritätsprinzip)*. Vertragsrecht kann also Gewohnheitsrecht *derogieren* (außer Kraft setzen). Ebenso gibt es jedoch Beispiele für eine *Derogation* von Vertragsrecht durch nachfolgendes Völkergewohnheitsrecht. Völkergewohnheitsrecht wird gegenüber einer Völkervertragsnorm mit demselben Anwendungsbereich aber nur dann heranzuziehen sein, wenn es zwingendes allgemeines Völkerrecht ist. Völkerrechtliches *ius cogens* kann hingegen nicht derogiert werden.

Völkergewohnheitsrecht entsteht durch Staatenpraxis (lat. *consuetudo*) von gewisser Dauer und Einheitlichkeit (objektives Element), die darüber hinaus von einer Rechtsüberzeugung (lat. *opinio iuris*) der Staaten (subjektives Element) getragen ist. Fehlt dieses subjektive Element, entsteht durch regelmäßige Übung kein Völkergewohnheitsrecht, sondern nur Courtoisie (Völkersitte). Viele Normen des Gewohnheitsrechtes sind außerdem in völkerrechtlichen Verträgen kodifiziert. Um dies voranzutreiben, wurde durch die Generalversammlung der Vereinten Nationen ein subsidiäres Organ, die International Law Commission (ILC) errichtet.

Allgemeine Rechtsgrundsätze sind allgemeine Prinzipien, die den meisten nationalen Rechtsordnungen gemeinsam sind. Ein Beispiel dafür ist das *Estoppel-Prinzip*: Jeder Staat ist an die Erwartungen gebunden, die er durch sein Verhalten geweckt hat und auf die ein anderer Staat nach Treu und Glauben vertrauen kann.

Nicht zu den Völkerrechtsquellen hingegen gehören Entschließungen der Generalversammlung der Vereinten Nationen (Resolutionen, Deklarationen), da sie lediglich die Rechtsnatur von Empfehlungen besitzen. Akte des *soft law* (*codes of conduct*, Absichtserklärungen und internationale Übereinkünfte wie z. B. die Helsinki-Schlussakte von 1975 → Kapitel 2.10: 40f.) sollen für Staaten eine moralische Verpflichtung schaffen und sind als solche keine Völkerrechtsnormen. Ihnen kann aber eine Tendenz zur Entstehung bestimmter neuer Völkerrechtsnormen (Normen in *statu nascendi*, d. h. im Geburtsvorgang) entnommen werden. Exemplarisch für die Funktion des *soft law* im modernen Völkerrecht ist das Rio-Paket (1992) im Bereich des internationalen Umweltrechtes: Dieses Paket verband verbindliche mit unverbindlichen Dokumenten insofern, als darin die Anzahl rechtlicher Abkommen, die auf das Ziel eines breiten Staatenkonsenses ausgerichtet sind, zugunsten unverbindlicher, aber umfassender Standards möglichst gering gehalten wurde (Hobe/Kimminich 2004: 200). Hieran ist zu erkennen, dass sich die internationale Rechtssetzung (*public international law*) zunehmend des *soft law* bedient, wodurch dieses zu einem Koordinationsinstrument der internationalen Zusammenarbeit wird.

Bei der *Anwendung von Völkerrechtsnormen* stellt sich die Frage nach dem Verhältnis von Völkerrecht zu nationalem Recht und die Frage, welche Norm bei inhaltlicher Kollision Vorrang erhält (Hobe/Kimminich 2004: 223–229). Nach der *monistischen Theorie* werden nationales Recht und Völkerrecht als einheitliche Rechtsordnung betrachtet und die Vorrangfrage richtet sich nach dem jeweiligen Primat. Die *dualistische Theorie* hingegen betrachtet Völkerrecht und nationales Recht als autonome Rechtsordnungen, die auf verschiedenen Ebenen stehen. Pflichtenkollisionen sollen dabei durch die juristische Praxis vermieden werden. Der dualistischen Konzeption entspricht die Transformationslehre, derzufolge völkerrechtliche Normen zum Zwecke ihres innerstaatlichen Vollzuges in das Recht des betreffenden Staates umgewandelt werden müssen.

Im Folgenden werden nun einige für das Fach Internationale Politik besonders relevante Grundaspekte des Völkerrechtes der Gegenwart erläutert.

8.2.2 Völkervertragsrecht

Die Wiener Konvention über das Recht der Verträge (Wiener Vertragsrechtskonvention, WVK) aus dem Jahr 1969 umfasst Bestimmungen über den Abschluss von Verträgen, deren In-Kraft-Treten, Wirksamkeit, Beendigung und Suspendierung. Bei der Auslegung völkerrechtlicher Verträge werden neben dem Grundsatz von *Treu und Glauben* drei Methoden angewandt: wörtliche Auslegung, systematische Auslegung und teleologische Auslegung. Letztere umfasst die *implied-powers*-Lehre: Nach ihr kann zum Beispiel eine internationale Organisation die zur Erreichung des Vertragszweckes notwendigen Rechte aus dem Vertrag herleiten. Das Verfahren zum Abschluss eines völkerrechtlichen Vertrages setzt sich aus den Phasen Vertragsverhandlung, Paraphierung (vorläufige Festlegung eines Vertrages durch die Verhandlungsführenden in Form seiner Abzeichnung mit deren Initialen = Paraphen), Unterzeichnung, innerstaatliche Ratifikation und völkerrechtliche Ratifikation zusammen. Der Fundamentalgrundsatz *pacta sunt servanda* (Artikel 26 WVK) besagt, dass sich eine Partei nicht auf innerstaatliches Recht berufen kann, um die Nichterfüllung eines Vertrages zu rechtfertigen.

Der *Bindungscharakter* völkerrechtlicher Verträge kann durch Beendigung (endgültige Aufhebung) oder Suspendierung (vorübergehende Aufhebung) entfallen. Im Allgemeinen werden völkerrechtliche Verträge durch Zeitablauf oder Erfüllung beendet. Der Wegfall der Geschäftsgrundlage bei Änderung wesentlicher Umstände kann unter bestimmten Voraussetzungen zum Rücktrittsrecht und damit zur Vertragsbeendigung führen *(clausula rebus sic stantibus)*. Der Rücktritt von einem Vertrag ist auch bei Vertragsbruch durch den oder die anderen Vertragspartner (Artikel 60 WVK) möglich, was sich aus dem *Reziprozitätsgrundsatz* (Grundsatz der Wechselseitigkeit) ergibt: Wenn die eine Partei sich nicht an eine Vereinbarung hält, muss es die andere auch nicht. An bestimmte Normen des Völkergewohnheitsrechtes nicht gebunden ist ein Staat, der kontinuierlich gegen deren Entstehung argumentiert *(persistant objection)*.

Weitere Besonderheiten der Rechtsdurchsetzung im Völkerrecht bestehen in den Bereichen der Verantwortlichkeit (Pflicht der Staaten zur Zusammenarbeit, sogenannte *friendly relations*) und im Bereich des Völkerstrafrechtes, das auch Individuen erfasst (vgl. z. B. das Nürnberger Hauptkriegsverbrechertribunal nach dem Zweiten Weltkrieg, den Internationalen Strafgerichtshof oder das Jugoslawientribunal, dazu die politikwissenschaftliche Studie von Leiß 2003).

8.2.3 Völkerrechtssubjektivität

Völkerrechtssubjekt ist, wer Träger völkerrechtlicher Rechte und Pflichten ist, also Völkerrechtssubjektivität besitzt (Hobe/Kimminich 2004: 64). Das klassische Völkerrecht gestand Völkerrechtssubjektivität nur souveränen Staaten zu, mit Ausnahme des Heiligen Stuhls. Durch die Verstärkung institutionalisierter Kooperation in internationalen Organisationen entstand für das moderne Völkerrecht die Notwendigkeit, Akteuren des internationalen Systems, die nicht Staaten sind, Völkerrechtssubjektivität zuzuerkennen. Es wird zwischen *geborenen* (notwendigen, originären) Völkerrechtssubjekten (Staaten) und *gekorenen* (abgeleiteten, sekundären) Völkerrechtssubjekten (internationalen Organisationen) unterschieden. Im Unterschied zum geborenen Völkerrechtssubjekt Staat sind alle anderen Akteure des völkerrechtlichen Verkehrs *partielle* (beschränkte) *Völkerrechtssubjekte*, bei denen sich Umfang und Grenzen der Rechtsfähigkeit aus ihrer Satzung ergeben oder herzuleiten sind. *Partikuläre Völkerrechtssubjekte* beziehen sich auf das Rechtsinstitut der Anerkennung durch einige Staaten und erlangen Völkerrechtssubjektivität nur im Verhältnis zu diesen Staaten. Die Anerkennung eines Staates ist aber nicht zwingend Voraussetzung für seine Völkerrechtssubjektivität. Sonderfälle stellen neben den traditionellen Völkerrechtssubjekten Nichtregierungsorganisationen, transnationale Unternehmen, Individuen und stabilisierte *de-facto*-Regime dar.

Die Völkerrechtssubjektivität des Staates (gemäß der *Drei-Elemente-Lehre* besteht ein Staat aus den konstituierenden Elementen Staatsgewalt, Staatsvolk und Staatsgebiet) ist für die internationale Politik von besonderer Bedeutung; denn das Völkerrecht stellt eine Begrenzung staatlichen Handelns in den internationalen Beziehungen dar, bildet aber zugleich die Ermächtigungs- und Verpflichtungsgrundlage für dieses Handeln. In diesem Zusammenhang sind der Grundsatz der *Effektivität* (die Staatsgewalt muss sich auf dem Staatsgebiet auf Dauer durchgesetzt haben) und die Lehre von der *Kontinuität* der Staaten (weder revolutionäre Umwälzungen innerhalb eines Staates noch territoriale Veränderungen während kriegerischer Auseinandersetzungen berühren die Existenz des Staates als Völkerrechtssubjekt) von Bedeutung. Bei Wegfall des Merkmals des Staatsgebietes können Staaten untergehen, wohingegen bei vorübergehendem Verlust der Staatsgewalt die Staatsqualität eines dann als *failed state* einzustufenden Staates weiterhin bestehen bleibt (Hobe/Kimminich 2004: 104).

Nach dem Ende des Kalten Krieges hat sich die bis dahin meist gewohnheitsrechtlich geregelte Staatennachfolge um viele Fälle der Staatenpraxis – Beispiele sind die Wiedervereinigung Deutschlands oder der Untergang der UdSSR – erweitert: Unter anderem ist für den Fall einer Inkorporation – der Eingliederung eines Staates in einen anderen – im Grundsatz vom Erlöschen der vom untergehenden Staat geschlossenen Verträge auszugehen (Prinzip der *Diskontinuität*); oft wird jedoch dem eingliedernden Staat die Möglichkeit eingeräumt, mit den Vertragspartnern des eingegliederten Staates den Fortbestand bzw. die Modifikation dieser Verträge zu verhandeln (Hobe/Kimminich 2004: 106). Verbandseinheiten, die nicht oder nicht mehr ihre volle Staatsqualität besitzen, jedoch keiner fremden Souveränität unterstehen, werden in der Staatenpraxis als *de-facto*-Regime bezeichnet, die partielle Völkerrechtssubjektivität besitzen (Hobe/Kimminich 2004: 169). Aufständische, die in einem von ihnen besetzten Gebiet über längere Zeit die effektive Herrschaftsgewalt innehaben, erlangen den Status eines stabilisierten *de facto*-Regimes. Im Rahmen der Beziehungen von Staaten zu stabilisierten *de-facto*-Regimen wird aber zum Beispiel der Austausch von Gesandten nicht als Aufnahme normaler diplomatischer Beziehungen gewertet.

Grundsätzlich ist es den Staaten freigestellt, mit welchen Staaten sie diplomatische Beziehungen pflegen, somit basiert auch die *Anerkennung* von Staaten auf einer freien

Entscheidung und ist eine völkerrechtliche Willenserklärung, die *förmlich* (durch das aussprechen der Anerkennung) oder *konkludent* (durch schlüssiges Handeln) erfolgen kann (Hobe/Kimminich 2004: 71). Dies ist dann von besonderer Relevanz, wenn ein Nichtstaat bzw. ein Staat in *statu nascendi* von anderen Staaten anerkannt wird: Erfolgt die Anerkennung zu einem Zeitpunkt, in dem nicht alle Staatselemente ausgeprägt sind, kann dies als Intervention gewertet werden. Nicht anerkannt werden darf gemäß der *Stimson-Doktrin* der gewaltsame Gebietserwerb, die Annexion. Auch ist die Anerkennung von Regierungen im Grundsatz unnötig. Einen Sonderfall bilden hier gemäß der – im lateinamerikanischen Kontext entstandenen – *Tobar-Doktrin* Regierungen, die illegal an die Macht gekommen sind und die deshalb erst nach ihrer demokratischen Bestätigung durch eine Volkswahl international anerkannt werden sollen. Die Tobar-Doktrin konnte sich bislang allerdings nicht zu Völkergewohnheitsrecht entwickeln. Gegen sie wendet sich auch die *Estrada-Doktrin*, deren gewohnheitsrechtlicher Wert jedoch ebenfalls strittig ist: Sie besagt, dass eine Anerkennung grundsätzlich als Einmischung in die inneren Angelegenheiten eines Staates zu werten ist. In der Tat ist die völkerrechtliche Anerkennung eines Staates durch andere Staaten kein *konstitutiver,* sondern ein *deklaratorischer* Akt: Jeder Staat, der die Drei-Elemente-Lehre erfüllt, ist souveränes Mitglied der Staatengemeinschaft und Träger völkerrechtlicher Rechte und Pflichten – unabhängig davon, von wem er anerkannt wird oder nicht.

8.2.4 Grundprinzipien der zwischenstaatlichen Beziehungen

Wesentliches Element der modernen Völkerrechtsordnung sind die institutionellen und diplomatischen Mechanismen der *friedlichen Streitbeilegung*, welche von der internationalen Gemeinschaft als konstitutionelles Element angesehen werden, man spricht sogar von einer Rechtspflicht zur Nutzung friedlicher Mittel zur Streitbeilegung (Schweisfurth 2006: 254-276). Diese Rechtspflicht ist in Artikel 2 Absatz 3 der Satzung der Vereinten Nationen angelegt. Konkrete Instrumentarien zur friedlichen Streitbeilegung werden in Kapitel VI der Satzung genannt: neben den schiedsgerichtlichen und gerichtlichen Entscheidungen sind dies Verhandlungen, Untersuchungen, Vermittlung und Vergleich. Zur internationalen Gerichtsbarkeit gehören der Internationale Gerichtshof (IGH) in Den Haag, der Europäische Gerichtshof für Menschenrechte (EGMR) in Straßburg, der Interamerikanische Menschengerichtshof in San José und der Europäische Gerichtshof (EuGH) in Luxemburg. Der IGH nimmt in der Völkerrechtsgemeinschaft jedoch nicht die gleiche Rolle ein wie die nationale richterliche Gewalt, sondern seine Zuständigkeit beruht immer auf einer anlassbezogenen Vereinbarung der Parteien.

Die Pflicht zur Friedenserhaltung wird im *allgemeinen Gewaltverbot* (Artikel 2 Absatz 4 UN-Satzung) konkretisiert, wonach den Staaten in ihren internationalen Beziehungen jede Androhung oder Anwendung von Gewalt verboten ist, die gegen die territoriale Unversehrtheit oder politische Unabhängigkeit eines anderen Staates gerichtet ist. Damit werden bewaffnete Konflikte innerhalb der Staatsgrenzen nicht erfasst. Das Gewaltverbot gehört über seine Fixierung in der UN-Satzung hinaus zum völkergewohnheitsrechtlichen *ius cogens*. Nach der Satzung der Vereinten Nationen kennt es allerdings drei Ausnahmen: die individuelle und kollektive Selbstverteidigung (Artikel 51), das System kollektiver Sicherheit (Kapitel VII) und die – jedoch *derogierten* – Feindstaatenklauseln (Artikel 53 und 107). Herrschender Auffassung nach ist individuelle und/oder kollektive Selbstverteidigung gemäß Artikel 51 der Satzung der Vereinten Nationen nur als Nothilferecht zulässig, d. h. wenn sie zeitlich in unmittelbarem Zusammenhang mit einem bewaffneten Angriff steht und verhältnismäßig ist (Grundlage dafür ist der sogenannte *Caroline-Fall* von 1837). *Präemptive Verteidigung* (d. h. das Ergreifen militärischer Abwehrmaßnahmen schon kurz vor einem offensichtlich unmittelbar bevorstehenden Angriff) ist in diesem Rahmen zulässig, nicht aber *präventive Verteidigung* (d. h. das Ergreifen militärischer Maßnahmen, um zu verhindern, dass ein Staat Offensivfähigkeiten entwickelt). Das Prinzip der souveränen Staatengleichheit wird durch das Interventionsverbot konkretisiert, welches ebenso Gewohnheitsrecht ist. Hier ist zwischen dem an UN-Organe gerichteten Verbot, sich in die inneren Angelegenheiten der UN-Mitgliedstaaten einzumischen (Artikel 2 Absatz 7 UN-Satzung), und dem im Allgemeinen Völkerrecht geltenden Gebot, dass sich kein Staat in die inneren Angelegenheiten *(domaine reservé)* eines anderen Staates einmischen darf, scharf zu unterscheiden. Völkerrechtlich zulässig ist die Intervention auf Einladung, d. h. auf Bitten und mit ausdrücklicher Zustimmung des Staates, in den interveniert wird.

Vor allem die neuen sicherheitspolitischen Bedrohungen durch den internationalen Terrorismus und schwere ethnische Konflikte (z. B. Bosnien und Herzegowina, Kosovo) stellen die internationale Gemeinschaft und das System kollektiver Friedenssicherung vor neue Herausforderungen und werfen die Frage nach einer möglichen Neuakzentuierung völkerrechtlicher Grundprinzipien auf (dazu: Schweisfurth 2006: 466–525; aus politologischer Sicht: Hauser 2004). Im Rahmen der Diskussion um die internationalen Friedenssicherungsmechanismen wird die Rolle des Sicherheitsrates der Vereinten Nationen, vor allem in Situationen der Handlungsunfähigkeit in akuten Krisen und Konflikten, immer wieder analysiert. Eine Möglichkeit der Einschränkung des sich aus Artikel 24 Absätze 1 und 2 der UN-Satzung ergebenden Vorranges des Sicherheitsrates bei der Wahrung des Weltfriedens und der internationalen Sicherheit geht bereits auf die von der Generalversammlung nach Beginn des Koreakrieges im Jahr 1950 von der Generalversammlung verabschiedete „Uniting for Peace"-Resolution zurück, derzufolge im Fall der Lähmung des Sicherheitsrates durch ein Veto eines ständigen Mitgliedes die Generalversammlung selber den UN-Mitgliedstaaten Maßnahmen zur Friedenssicherung empfehlen kann. Dies greift über die Satzung der Vereinten Nationen hinaus; denn ihr Artikel 12 Absatz 1 legt fest: „Solange der Sicherheitsrat in einer Streitigkeit oder einer Situation die ihm in dieser Charta zugewiesenen Aufgaben wahrnimmt, darf die Generalversammlung zu dieser Streitigkeit oder Situation keine Empfehlung abgeben, es sei denn auf Ersuchen des Sicherheitsrats."

Zwar ist die zentrale Vorschrift des modernen Völkerrechtes das allgemeine Gewaltverbot, dieses darf aber nicht darüber hinwegtäuschen, dass die Völkerrechtsordnung auch Raum für das humanitäre Völkerrecht, welches sich aus dem klassischen *ius in bello* entwickelte, geschaffen hat. Das *humanitäre Völkerrecht* umfasst die Gesamtheit völkerrechtlicher Normen, die während eines bewaffneten Konfliktes (international und innerstaatlich) für die im Konfliktgebiet befindlichen Personen und für die völkerrechtliche Beurteilung der Kampfhandlungen gelten, und liefert damit die rechtlichen Regeln, die den Gebrauch von Gewalt in bewaffneten Konflikten begrenzen (Hobe/Kimminich 2004: 498). Die wichtigsten Kodifikationswerke des humanitären Völkerrechtes sind das Haager Recht (Mittel und Methoden der Kriegsführung) und das Genfer Recht (Schutz der Wehrlosen).

8.2.5 Aktuelle Tendenzen in der Weiterentwicklung des Völkerrechtes

Völkerrecht ist kein geronnenes Recht, sondern es muss sich zu einem großen Teil in Wechselwirkung mit den Entwicklungen des Regelungsbedarfs internationaler Beziehungen bewähren und wird durch Staaten- und Interpretationspraxis weiterentwickelt (Hobe/Kimminich 2004: 14f., 184). So wirft beispielsweise *cyberwarfare* auch politisch und politologisch sehr interessante und relevante Fragen der problembedarfsgerechten Auslegung und Anwendung von Völkerrecht auf (Siedschlag 2002). In der völkerrechtlichen Debatte steht an erster Stelle die Frage, unter welchen Voraussetzungen eine Informationsoperation als „bewaffneter Angriff" im Sinne von Artikel 51 der UN-Satzung gewertet werden kann oder welches Ausmaß eine Informationsoperation erreichen muss, damit der betroffene Staat so auf sie reagieren kann, als wäre er einem bewaffneten Angriff ausgesetzt (Jacobson 1998). In der Diskussion relativ unbestritten ist, dass die bloße Unterbrechung von Kommunikationswegen keinen Einsatz von Gewalt und daher auch keinen bewaffneten Angriff darstellt, ebenso wie minimal-invasive Informationsoperationen, zum Beispiel *port-scanning* (Grove/Goodman/Lukasik 2000). Demgegenüber sind all solche Informationsoperationen als Einsatz von Gewalt und entsprechend im gegebenen Fall als bewaffneter Angriff zu werten, die tödliche Wirkungen einkalkulieren, dem Einsatz militärischer Mitteln vergleichbare Zerstörung bewirken und invasiv sind, d. h. sich gegen die Souveränität und/oder die Unverletzlichkeit der Grenzen eines Staates richten (ebd.).

Einige Autoren nehmen als Kriterium die faktische Wirkung der Cyberattacke: Sie sei dann als bewaffneter Angriff zu werten, wenn der angerichtete Schaden einem herkömmlichen Angriff vergleichbar ist. Da man zum Beispiel die Zündung eines nuklearen Sprengkörpers in größerer Höhe über dem Boden, um durch einen elektromagnetischen Impuls kritische Infrastruktur auszuschalten, fraglos als bewaffneten Angriff ansehen würde, könne es keinen wesentlichen Unterschied bedeuten, wenn dieser Effekt etwa mithilfe eines Computervirus erzielt würde:

> „Es wäre fast absurd, den Abwurf einer Bombe, die begrenzte Zerstörungen anrichtet oder ihr Ziel sogar verfehlt, ob des eingesetzten Mittels als zur Selbstverteidigung berechtigenden Angriff anzusehen, die durch Einsatz von Informationstechnologie bewirkte komplette Ausschaltung der Energieversorgung oder des Finanztransfersystems aber nicht. [...] Im Grundsatz sind daher die Staaten berechtigt, auch gegen ‚Informationsangriffe' ihr Selbstverteidigungsrecht auszuüben, sofern nur die Wirkungen eines solchen Informationsangriffes jenen eines herkömmlichen ‚bewaffneten' Angriffes gleichkommen." (Stein/Marauhn 2000: 7)

Dennoch lässt sich derzeit kaum – und schon gar nicht völkerrechtlich verbindlich – feststellen, ob ein Angriff auf eine entscheidend wichtige Datenbank eine kriegerische oder eine kriminelle Handlung ist und welche Art von Reaktion er erfordert. Das gilt vor allem für Cyberangriffe, die von Privaten (zum Beispiel Hackern oder nicht mit dem Staat, aus dem heraus sie operieren, verbundenen Terrorgruppen) ausgehen; denn „grundsätzlich ist ein Staat für Handlungen, die Private auf oder von seinem Hoheitsgebiet aus begehen, nicht verantwortlich." (Stein/Marauhn 2000: 12) Die Staaten haben für die Informationsinfrastruktur eines anderen Staates keine Schutzpflicht.

Dieser Zustand würde erst durch eine internationale Vertragsregelung geändert, in der der Cyberspace – vergleichbar dem Weltraum und den Himmelskörpern – zum geschützten internationalen Raum erklärt würde (Stein/Marauhn 2000: 12). Darüber hinaus darf sich eine gegen Cyberangriffe gerichtete Selbstverteidigung im Regelfall nur gegen den zweifelsfrei ermittelten Aggressor richten und muss die Gebote der unmittelbaren Notwendigkeit und der Verhältnismäßigkeit beachten. Bei Cyberattacken, die von Privaten ausgehen, ist Selbstverteidigung nach dem derzeitigen Stand des Völkerrechtes nur bei zweifelsfrei nachgewiesener Verantwortlichkeit eines Territorialstaates zulässig (Stein/

Marauhn 2000: 35). Genau dieser Nachweis ist der Natur der Sache nach aber schwierig, wenn nicht unmöglich.

Ein weiterer fundamentaler Bereich ist die Rolle der internationalen Gemeinschaft im Umgang mit massiven Menschenrechtsverletzungen (z. B. in der jugoslawischen Provinz Kosovo im Jahr 1999) und mit Völkermord (vor allem in Ruanda im Jahr 1994). Systematisch gesagt geht es dabei um das Problem des Verhältnisses des *ius-cogens*-Grundsatzes der Nichteinmischung in innere Angelegenheiten und der Verpflichtung der internationalen Gemeinschaft zum Schutz der Menschenrechte, ja zum Schutz des Lebens. Auf Anregung des damaligen UN-Generalsekretärs Kofi Annan wurde im Jahr 2000 die International Commission on Intervention and State Sovereignty (ICISS) eingesetzt, die sich dieses Problems annahm und im Jahr 2001 ihren Abschlussbericht *The Responsibility to Protect* (ICISS 2001) vorlegte. Dieses Konzept wurde auf dem UN-Weltgipfel 2005 (→ Kapitel 3.5.4: 75–77) durch die Staatengemeinschaft anerkannt und verändert das geltende Völkerrecht grundlegend, da es die völkerrechtliche Verankerung internationaler Gemeinschaftspflichten normiert. Die „Schutzverantwortung" relativiert das Souveränitätsprinzip und das Nichteinmischungsgebot in innere Angelegenheiten. Sie besagt, dass jeder Staat dafür verantwortlich ist, seine Bevölkerung vor Genozid, Kriegsverbrechen, ethnischen Säuberungen oder Verbrechen gegen die Menschlichkeit zu schützen. Andernfalls ist die internationale Gemeinschaft (in Gestalt des Sicherheitsrates) aufgerufen, geeignete zivile und militärische Maßnahmen zum Schutz der betroffenen Bevölkerung zu ergreifen. Das Recht bzw. die Pflicht zum Schutz der Bevölkerung, welches auch die militärische Intervention umfassen kann, geht dann auf die internationale Staatengemeinschaft als ganze über, wenn der betreffende Staat bei Vorliegen schwerer Menschenrechtsverletzungen oder humanitären Katastrophen keine entsprechenden Maßnahmen ergreifen kann oder will und der Sicherheitsrat der Vereinten Nationen einen entsprechenden Beschluss fasst.

Die Verantwortung der Staatengemeinschaft im Rahmen der *responsibility to protect* umfasst dabei drei Teilbereiche: „Verantwortung zu verhindern" *(responsibility to prevent)*, „Verantwortung zu reagieren" *(responsibility to react)* und „Verantwortung zum Wiederaufbau" *(responsibility to rebuild)* (ICISS 2001: 22–53). Die Kommission hat für die Rechtfertigung einer militärischen Intervention im Zuge der Wahrnehmung der Schutzverpflichtung der internationalen Staatengemeinschaft sechs Kriterien erarbeitet: Als „Schwellenkriterium" wird ein „gerechter Grund" *(causa iusta)* gefordert, d. h. es muss eine akute Bedrohung des Lebens einer großen Anzahl von Menschen oder der Fall einer umfangreichen ethnischen Säuberung vorliegen (ICISS 2001: 32). Darüber hinaus müssen vorliegen: die aufrichtige Absicht, zum Wohle der Betroffenen zu intervenieren *(intentio recta)*; die militärische Intervention als Mittel der letzten Wahl *(last resort)* nach

dem Scheitern aller anderen Versuche der internationalen Gemeinschaft, ihrer Schutz-
verantwortung gerecht zu werden; die Verhältnismäßigkeit der dabei angewandten
Mittel *(proportional means)* und eine angemessene Zukunftsperspektive für diejenige
Bevölkerung(sgruppe), um derentwillen interveniert wird *(reasonable prospects)*.

8.3 Geschichte

Antworten auf politikwissenschaftliche Forschungsfragen wurden und werden immer
wieder auch von und mithilfe der Geschichtswissenschaft beantwortet. Ohne Kenntnis
des jeweiligen historischen Hintergrundes wären viele (politische) Fragen nicht zu verstehen und nicht zu beantworten. Die Geschichtswissenschaft liefert darüber hinaus einen
entscheidenden Hintergrund für die Wissenschaft von der internationalen Politik. Geschichtliche Zugänge waren lange Zeit derart vorherrschend, dass sich das Fach Internationale Politik erst im frühen 20. Jahrhundert entwickelt hat, speziell in den USA. Davor
war es vorrangig Diplomatiegeschichte (→ Kapitel 5.1: 118–120). Kenntnisse der Geschichte helfen des weiteren, analytische Generalisierungen zu testen. Außerdem kann
aus den Erkenntnissen bestimmter Ereignisse auch auf die Beziehung zwischen den Ereignissen geschlossen werden. Das prominenteste und zugleich älteste Zeugnis dafür liefert
die Geschichte des peloponnesischen Krieges (Thukydides 2005) (→ Kapitel 2.1: 16f.).
Für die Praxis der internationalen Politik kann die Geschichte aber auch ein schlechter
Lehrmeister sein: die Appeasementpolitik (→ Kapitel 2.7: 32) gegenüber Deutschland vor
dem Zweiten Weltkrieg mag als Beispiel hierfür gelten (Mingst 2004: 4f.).

   Die Frage nach den Chancen und Grenzen der Kooperation von Geschichte und Politikwissenschaft stellt sich also durchweg immer wieder aufs Neue. Nach dem Zweiten
Weltkrieg stellte sich insbesondere die Frage, ob die in der Tradition des *Historismus* (der
Herausstellung des geschichtlichen Geschehens in seiner epochengebundenen Einzig-
artigkeit) stehende Geschichtswissenschaft überhaupt in der Lage sei, Phänomene wie
den Totalitarismus rückblickend und auch normativ zu erforschen. Daneben führte die
Entwicklung der Politikwissenschaft und der Soziologie zu einem Statusverlust der Ge-
schichtswissenschaft als Interpretations- und Lösungswissenschaft für gesellschaftliche
Probleme.

   Beeinflusst von der kritischen Theorie der Frankfurter Schule entwickelte sich jedoch
Anfang der 1970er-Jahre ein neues Verständnis von Geschichtswissenschaft: Sie wurde
als eine praktisch engagierte Wissenschaft in emanzipatorischer Absicht verstanden und
dadurch als historische Sozialwissenschaft bzw. Gesellschaftsgeschichte definiert. Die gesellschaftliche Funktion der Geschichtswissenschaft und ihr Praxisbezug wurden dadurch

hervorgehoben. Dennoch hat sich die Geschichtswissenschaft bis heute wenig an der Theorie orientiert:

„Viele Historiker sind gegenüber einer Theorieorientierung in der Geschichtswissenschaft skeptisch geblieben. Sie fürchten, dass die Komplexität historischer Wirklichkeit aus dem Blick geraten könne, weil Geschichtsschreibung aus der Perspektive des ‚Sehschlitzes' von Theorien zur Verkürzung führe." (Süssmuth 1988: 544)

Dessen ungeachtet existieren in der Geschichtswissenschaft Ansätze und Theorien, die spezifisch auf das Fach an sich bezogen sind (z. B. Faber 1971; Rüsen/Süssmuth 1980). Diese Metatheorien beziehen sich auf die Begriffssysteme, die zur Erklärung historischer Ereignisse und Prozesse eingesetzt werden. Sie werden nicht von den historischen Quellen abgeleitet und unterscheiden sich somit von den herkömmlichen gegenstandsbezogenen Theorien der historischen Forschung, die lediglich als Instrument dienen, um die Quellenvielfalt zu ordnen. Kollektive historische Phänomene hingegen lassen sich nur sinnvoll untersuchen, wenn sozialwissenschaftliche Theorien miteinbezogen werden (Süssmuth 1988).

Die für das Fach Internationale Politik relevanteste Teildisziplin der Geschichtswissenschaft ist die Zeitgeschichte, die letztlich auch als Beitrag zur politisch-kulturellen Selbstverortung einer Gesellschaft zu verstehen ist:

„Zeitgeschichte ist etwas jedem geschichtlichen Bewußtsein a priori Inhärentes, insofern der Mensch über seine eigene Zeit unter historischer Perspektive nachdenkt. Zeitgeschichteforschung ist eine wesentliche und unverzichtbare Form der Auseinandersetzung mit vergangener Zeit. Auf das persönliche Miterleben des einzelnen bezogen, konstituiert Zeitgeschichte die individuelle, als Wissenschaft die kollektive gesellschaftliche Erinnerung. Sie steht am Beginn des historisch-wissenschaftlichen Gedächtnisses." (Peter 1994: 20f.)

Die deutsche Zeitgeschichtsschreibung wurde durch die Schrecken des Zweiten Weltkrieges nach 1945 in Ansätzen neu begründet. Dazu trugen insbesondere die Einflüsse und Anregungen aus der Politikwissenschaft bei. Politikwissenschaftlerinnen und Politikwissenschaftler, vor allem deutsche Emigrantinnen wie Hanna Arendt und Emigranten wie Ernst Fraenkel, legten methodisch-analytische Arbeiten zur jüngeren (deutschen) Geschichte vor (insbesondere über den Nationalsozialismus) und gingen damit erkenntnistheoretischen Gesichtspunkten der Geschichte nach. Die Grundlagendebatte über die Geschichtswissenschaft als solche in den 1960er- und 1970er-Jahren überstand die

Zeitgeschichte im Wesentlichen unbeschadet und konnte einen Relevanzverlust vermeiden. „Dabei wurde sie jedoch weitgehend ihrer geschichtswissenschaftlichen Wurzeln entkoppelt, ohne freilich methodisch in den politikwissenschaftlichen und soziologischen Nachbarwissenschaften voll aufgehen zu können." (Peter 1994: 28)

Wichtigstes Element für den Erkenntnisgewinn jeder geschichtswissenschaftlichen Teildisziplin ist die *Quelle*, so auch für die Zeitgeschichte. Quellen sind, grob unterteilt, gegenständliche oder schriftlich überlieferte Überreste aus der Vergangenheit sowie die menschliche Erinnerung. Detaillierter kann man unterscheiden: schriftliche Quellen (die nach wie vor die wichtigste Form von Quellen darstellen), Foto- und Filmdokumente, Tondokumente sowie Zeitzeuginnen und Zeitzeugen *(oral history)* (Schröder 1994). Zeitgeschichte orientiert sich auch an neuen Quellenarten, Quellenquantität und Quellenqualität. Nach wie vor gilt jedoch auch für die Zeitgeschichte das methodische Prinzip der *Quellenkritik*. Darüber hinaus ist Zeitgeschichte zeitlich definiert,

„insofern sie mittels dieser Methode die Geschichte der letzten einhundert Jahre erforscht. Und sie ist nicht zuletzt durch ihre besondere historische Fragestellung charakterisiert, die auf die Erkenntnis des Dynamischen des historischen Prozesses, des „wie und warum es geworden", zielt. Politikwissenschaftlich oder soziologisch angelegte Studien werden nicht deshalb schon zu zeitgeschichtlichen Studien, weil sie den Nationalsozialismus zum Gegenstand haben." (Peter 1994: 35f.)

Bis heute leidet das Fach Internationale Politik darunter, dass es eher dazu tendiert, die fachwissenschaftliche Analyse der Geschichte internationaler Politik gleich mitzuliefern, ohne sich der Spezialmethoden historischer Forschung zu bedienen (siehe die Kritik bei Schroeder 1994b). Dabei kommt es häufig vor, dass Geschichte größtenteils im Dienste der Gegenwart behandelt wird. Dies ist insbesondere deshalb zu kritisieren, weil durch diese Betrachtungsweise gegenwärtige Strukturen, Prozesse und Ereignisse erklärt bzw. legitimiert werden (Schmidt 2002: 8). Andererseits hat die Berücksichtigung des Faktors Geschichte insbesondere in der sicherheitspolitischen Forschung zu wichtigen Erkenntnissen geführt (z. B. Knorr 1976) und ein Gegengewicht dazu gebildet, Sicherheitsprobleme nur macht- und interessenstrukturalistisch oder aus dem militärischen Rüstungsniveau heraus zu erklären.

8.4 Soziologie

Soziologie als Wissenschaft vom sinnhaft aufeinander bezogenen Handeln von Menschen, eingebettet in Interaktionszusammenhänge und Institutionen, vermittelt sozialwissenschaftliche Perspektiven, die für eine synoptische Betrachtung internationaler Politik unerlässlich sind. Vor allem macht eine soziologische Perspektive deutlich, dass es sozialwissenschaftlich unzulänglich ist, internationale Institutionen auf formale Institutionen, letztlich auf internationale Organisationen zu reduzieren. Krieg zum Beispiel ist genauso eine Institution, aber auch die Diplomatie fußt auf institutionalisierten sozialen Beziehungen. Aufgrund des Erfordernisses, die hohe Komplexität internationaler Beziehungen zu reduzieren, prägen sich in der internationalen Politik besonders häufig und nachhaltig eingewöhnte Routinehandlungen und Akteurstypisierungen („Westen", „Freie Welt", „Schurkenstaaten", „Old Europe", „Krieg gegen den Terror" usw.) aus. Eine soziologische Analyse würde solche Typisierungen nicht als Ergebnisse politischer Entscheidungen, nicht als politisch gewollte Differenzachsen oder Argumente für bestimmte Arten von Politik (z. B. militärische Interventionen) analysieren, sondern als systembedingte soziale Prozesse, als nicht einzelnen Akteuren zurechenbare, sondern als kollektive, „gesellschaftliche Konstruktion der Wirklichkeit" (Berger/Luckmann 1969). Daran schloss vor allem McSweeny (1999) an und unterstrich die Erweiterung politikwissenschaftlicher Analyse internationaler Politik und Sicherheit durch die Behandlung der Frage, wie kollektive Wahrnehmungs- und Identitätsmuster durch Akteurshandeln teils reproduziert, teils verändert werden, sowie durch eine stärkere Berücksichtigung wissenssoziologischer Aspekte im Anschluss an Karl Mannheims (1929: 70f.) Konzept der „Standortgebundenheit" des Denkens: Institutionelle Ordnungen liefern auch in der internationalen Politik sozial sedimentierte Kognitionsmuster, und die Staaten interagieren auf der Basis dieser sozial vermittelten Wissenskontexte, nicht auf der Basis selbstreferenzieller nationaler Interessen.

Aus soziologischer Sicht muss man den sozialkonstruktivistischen Mainstream in der deutschsprachigen Fachdiskussion jedoch kulturtheoretisch bändigen: Die Welt kann so sozial konstruiert sein wie sie will, aber sobald sich die Akteure darauf einlassen, in dieser Welt zu handeln und Sinn zu suchen, wird sie objektiviert und verselbstständigt sich von den Konstruktionsprozessen, die sie geschaffen haben. Sie wird zu einer sozialen Tatsache, zu einem handlungssteuernden Element höherer Ordnung. Konstruktion wird zu Kultur, und *Kultur* ist aus soziologischer Sicht die Gesamtheit der in einer Gesellschaft „fraglos" gegebenen „sozial bedingten Ausdrucks- und Bedeutungsschemata", somit ein Grundbestandteil „der uns als selbstverständlich erscheinenden Lebenswelt. Sie ist mitbestimmend für das, was in unserer Kulturwelt als fraglos gegeben, was als fraglich, was als fragwürdig zu gelten hat. Und sie ist auch mitbestimmend [...] für die Bedingungen unter denen [...] ein auftauchendes Problem als gelöst anzusehen ist." (Schütz 1971: 156f.)

Auf dieser Schule baut ein wichtiger Strang soziologischer Analyse internationaler Politik auf: Die Forschung zur *institutionalisierten Struktur* des Weltsystems im Sinne einer „Weltkultur", die sich vor allem auf die globalen Wirkungen von NGO-Aktivitäten sowie mit dem globalen Handlungskontext befasst, in den NGO-Aktivitäten eingebettet sind (Boli/Thomas 1999).

Demgegenüber machte Bühl (1978) den groß angelegten Versuch, nicht nur die gesellschaftsweltlichen Aspekte internationaler Politik soziologisch zu thematisieren, sondern eine soziologische Theorie der internationalen Politik insgesamt zu entwickeln – nämlich eine Theorie der *transnationalen Politik* und eine nach wie vor einschlägige systemtheoretische Alternative zur konstruktivistisch orientierten „Sozialtheorie" internationaler Politik von Wendt (1999), die bereits die „soziale Konstruktion der zwischenstaatlichen Beziehungen" thematisierte und für eine „Blickwendung von der territorialstaatlichen zu einer funktional-interaktionistischen Betrachtung" plädierte (Bühl 1978: 100–106, Zitat: 106).

Im Zuge der konstruktivistischen Wende im Fach Internationale Politik und dessen teilweiser Umdefinition zu einer weltgesellschaftlichen internationalen Beziehungslehre haben soziologische Konzepte Einzug in den Kernbereich der Theoriebildung gehalten. Dies ist grundsätzlich zu begrüßen, weil wir von damit zusammenhängender sozialwissenschaftlicher Begriffsklarheit und -weite profitieren können, zum Beispiel in Bezug auf den Institutionenbegriff. Oft jedoch bleibt die Übernahme soziologischer Ansätze auf der reinen Übernahme von Konzepten (z. B. „soziale Konstruktion") stehen, ohne die soziologischen Theoriehintergründe mit aufzunehmen. Dies führt dazu, dass die faktische Anwendung soziologischer Forschungslogik bei der Analyse historisch und geographisch relativ eng begrenzter Prozesse stecken geblieben ist, ohne den Schritt in Richtung einer empirisch begründeten allgemeinen internationalen oder transnationalen Handlungstheorie zu gehen (Clunan 2000: 110), und sich allenfalls zu einer Theorie kollektiven Lernens hinbewegt hat (ebd.: 88).

Die Konjunktur zumindest soziologisch klingender Begriffe in der aktuellen Fachdiskussion (wie v. a. bei Hellmann/Wolf/Zürn 2003) darf nicht darüber hinwegtäuschen, dass dies keine Innovation, sondern allenfalls eine Rückkehr zu den Ursprüngen ist, wobei damals methodologische im Gegensatz zu jargonhaften Anleihen an der Soziologie gemacht wurden und die sogenannte zweite große Debatte im Fach Internationale Politik zwischen Traditionalisten und Szientisten (→ Kapitel 7.1.3: 176–178) jedenfalls im deutschsprachigen Raum relativ klar soziologischen Vorlagen (v. a. Adorno u. a. 1969) folgte. Umgekehrt förderte die deutsche Emigrantengeneration auch in den USA die Einbindung soziologischer Konzepte in die Fachwissenschaft der Internationalen Politik (z. B. Schwarzenberger 1955, dessen Buch zuerst in amerikanischer Ausgabe unter dem Titel *Power Politics. A Study of International Society* erschienen war). Vor allem die synoptische Methodik wurde damals als eine Anleihe an der Soziologie gesehen:

> „Die Auswahl des wissenschaftlichen Werkzeugs muß sich […] nach dem Gegenstand und dem Zweck der Untersuchung richten, wobei unter Umständen die Verkoppelung mehrerer Methoden notwendig werden kann. Dieses Verfahren ist nicht neu. Es ist das typische Verfahren aller soziologischen Forschungsarbeit […]. Die Wissenschaft der internationalen Beziehungen ist also ein Zweig der Soziologie oder Gesellschaftslehre und befaßt sich mit der internationalen Gesellschaft. Sie kann daher keine ausschließliche Bindung mit irgendeiner anderen Wissenschaft eingehen, sondern es wird auf die besonderen Verhältnisse im Einzelfall ankommen, welche der verschiedenen Spezialwissenschaften – zum Beispiel Geschichte, Rechtswissenschaft, Wirtschaftswissenschaft, Geographie, Psychologie, Anthropologie oder auch die Naturwissenschaften – zu einem ‚Methodenbündel' zusammengefaßt werden müssen." (Schwarzenberger 1955: 5)

Neuere soziologisch orientierte Beiträge zur Theoriebildung und Analyse auf dem Gebiet der internationalen Politik beinhalten unter anderem rollentheoretische Untersuchungen zu Außenpolitik (Kirste 1998), soziolinguistische Studien zur Europafähigkeit bzw. Europäisierung einzelstaatlicher Außenpolitiken (Larsen 1997) und sozialisationstheoretische Analysen (Schimmelpfennig 2000). Dazu kommt die fachspezifische Rezeption der *historischen Soziologie* (Hobden/Hobson 2002): Die Gegenwart der internationalen Politik und das internationale System als solches sollen nicht als autonome Einheit, sondern in ihrer historischen Einbettung und Pfadabhängigkeit untersucht werden. Der Schlüssel dazu wird in der entwicklungsgeschichtlichen Analyse von Akteur-(Staaten)/Struktur-(Weltsystem)-Beziehungen gesehen. Dem verdankt sich die Stärkung interessanter Konzepte vor allem für die Untersuchung institutionellen Wandels, zum Beispiel des Konzeptes der *Pfadabhängigkeit* (dazu bereits Caporaso 1992: 627f.) – nicht nur im Sinne der Beharrungstendenz einmal eingeschlagener Entwicklungsrichtungen und geschaffener institutioneller Formen, sondern vor allem der Abhängigkeit aktueller Entscheidungen von vergangenen. Politik findet in vorgeformten sozialen und kognitiven Kontexten statt und lässt sich deswegen beispielsweise nicht als rationale Wahlhandlung in einem unveränderten Umfeld hinlänglich beschreiben oder erklären.

8.5 Psychologie

Die Erkenntnisse der Psychologie sind in der internationalen Politik ein oft vernachlässigter Aspekt. Trotz psychologischer Fachliteratur, speziell auch für die Politikwissenschaft, gibt es wenig fundierte Forschung, die fachliche psychologische Kenntnisse mit dem Fachgebiet Internationale Politik zusammenführt und gegenseitig fruchtbar macht. Auch wenn die Psychologie keine umfassende Theorie in dieser Hinsicht entwickeln kann, sind Kenntnisse der Psychologie dennoch unverzichtbar für die Analyse internationaler Politik. Das Buch *Perception and Misperception in International Politics* von Robert Jervis (1976) ist eine nach wie vor wegweisende Studie. Jervis beginnt mit der Beschreibung des Prozesses der Perzeption (z. B. wie Entscheidungsträger von der Geschichte lernen) und geht dann auf die geläufigen Ausprägungen der Fehlperzeption *(misperception)* ein (wie z. B. die Überschätzung des eigenen Einflusses), um sie schließlich an historischen Ereignissen zu testen. Damit hat Jervis mittels der Psychologie als einer der Ersten deutlich dargelegt, dass ein politischer Entscheidungsträger, glaubt er erst einmal an etwas Bestimmtes, alle weiteren Informationen in diesem Rahmen aufnimmt. Als ein Beispiel mag die irakische Invasion in Kuwait 1990 gelten: Saddam Hussein war davon überzeugt, dass die USA nicht zugunsten Kuwaits eingreifen würden.

Das Feld der politischen Psychologie ist wie kein anderes mehr als die Summe seiner Teile. Dementsprechend weit angelegt ist auch der Forschungs- und Anwendungsbereich. Die Kombination politischer Psychologie mit dem Fachgebiet Internationale Politik lässt auf breit gefächerten Fortschritt in vielen Forschungsbereichen beider Wissenschaftszweige hoffen. Die Möglichkeiten der Weiterentwicklung auf diesem Gebiet sind weit, vor allem in

> „topics that include the study of political leadership, political judgment and decision making, public opinion and voting behavior, the impact of emotion on behavior, the interaction between individual processes and group behavior, and the transformation and maintenance of dominant values in society." (McDermott 2004: 2)

Nur mittels der Psychologie kann man menschliches Verhalten, und im betreffenden Politikfeld meist irrationale und unverständliche Handlungen, versuchen zu verstehen. Über die (politische) Psychologie tritt vermehrt der subjektive Faktor ins Blickfeld. Politische Psychologie verfolgt vor allem *sozialpsychologische* Ansätze. Individuelle Aspekte hingegen werden oft vernachlässigt, obwohl gerade sie wegen der oft weitreichenden Konsequenzen der Handlungen von Einzelnen sehr bedeutsam sind. Dies ist vor allem in der internationalen Politik relevant, in der Einzelne *(bad leaders)* oft Verheerendes auslösen können.

Das Verhältnis zwischen Psychologie und Politikwissenschaft kann und soll auf Wechselseitigkeit ausgelegt sein: Wie das Individuum auf die Politik – auf die Umwelt – wirkt und umgekehrt, gehört zu den grundlegendsten und spannendsten Forschungsfragen, auch in der internationalen Politik. Fruchtbar ist auch der Versuch, politische Psychologie von einzelnen Fallbeispielen loszulösen und in Verbindung mit Theorien internationaler Politik zu bringen. Dafür ist es wichtig, dass sich die politische Psychologie zum einen an der Empirie und zum anderen multimethodisch orientiert. Von der klassischen Tiefenpsychologie nach Sigmund Freud ist man deshalb auch in den populären und fachfremden (z. B. politikwissenschaftlichen) Anwendungen mehr und mehr abgegangen. So lehnen bedeutende (politische) Psychologinnen und Psychologen heute meist die Annahme eines angeborenen Aggressionstriebes ab. Vielmehr wird auf die aus Frustration herrührende destruktive Aggression Wert gelegt: Für Feindbilder ist insbesondere der Aspekt der Verleugnung eigener Konflikte zentral. Eigene Konflikte werden geleugnet, das Selbst- und Gruppenbild idealisiert, das Fremd- und Feindbild mit Aggression bedacht (Krell 2004: 391–395).

Ein wichtiger Grund dafür, dass Menschen oft zu scheinbar und offensichtlich irrationalen Entscheidungen gelangen, liegt in der psychischen Informationsverarbeitung. Die Flut der Informationen, die der Mensch aufnimmt, wird nicht immer mittels rational-logischer Kriterien verarbeitet. Denn jeder Mensch ist von vielen, teils völlig konträren Faktoren beeinflusst und geprägt. Es geht also nicht nur um rein kognitive, sondern vor allem auch um emotionale Vorgänge. Zu den emotionalen Faktoren kommt der Informationsüberfluss hinzu. Aufgrund der Fülle von Informationen muss jeder mit seinen eigenen Kategorien zu Vereinfachungen gelangen, die es ihm ermöglichen, den Überblick zu behalten (z. B. Vertzberger 1990).

In der *politischen Psychologie* werden grundsätzlich vier Analysekonzepte menschlicher Informationsverarbeitung unterschieden: *operational code*, *cognitive mapping*, *image theory* und *conceptual complexity*.

Das schon erwähnte Konzept *operational code* (→ Kapitel 4.2: 87f.) konzentriert sich auf die politisch-praktischen Grundauffassungen. Leites (1973) analysierte damit die im Politbüro entwickelten Grundlagen für sowjetische Militärstrategie. George (1969, 1979) fasste das Konzept weiter. Ein *operational code* besteht demzufolge aus einem Geflecht grundlegender (politischer) Überzeugungen *(beliefs)*. Mittels eines zweigeteilten Fragenkataloges von Denkbildern lässt sich der o*perational code* rekonstruieren: „Philosophische" Denkbilder (wie z. B. „Was ist die essenzielle Natur des politischen Lebens?") werden durch „instrumentelle" (wie z. B. „Wie werden politische Ziele am effektivsten erreicht?") ergänzt. Die Auswertung erfolgt grundsätzlich qualitativ. Das heißt, es werden die Antworten auf den Fragenkatalog kodiert und schließlich Kongruenzen zwischen den *operational codes* und den von der Person getroffenen Entscheidungen gesucht.

Axelrod (1976) ging davon aus, dass Menschen oft in Kausalzusammenhängen denken. Das *cognitive mapping* versucht daher, die Kausalstruktur eines Weltbildes (entweder allgemein oder auf einen bestimmten Bereich hin) abzugrenzen und zu erfassen. Eine *cognitive map* (was letztlich eine grafische Darstellung ist) besteht aus zwei Elementen: Zunächst wird eine Konzeptvariable (die verschiedene Werte annehmen kann, z. B. Verteidigungsausgaben) in Form eines Punktes dargestellt. Unterschieden werden Strategie-, Ziel-, Nutzen und Residualvariablen. Davon ausgehend verdeutlicht ein Pfeil die Wirkung einer Konzeptvariablen auf eine andere. Der Vorteil dabei ist, dass damit etwa das Weltbild eines Entscheidungsträgers detailliert strukturiert und verdeutlicht werden kann. Mit dem *cognitive mapping* sind aber einige gewichtige Schwierigkeiten verbunden. Zum einen führt eine hohe Komplexität der Kausalbeziehungen zu sehr komplizierten *cognitive maps*. Zum anderen ist die Intersubjektivität durch die große Möglichkeit der Interpretation nur teilweise gegeben. Zusätzlich beschränkt die reine Analyse qualitativer Aussagen die Aussagekraft.

Die *conceptual complexity theory* wurde Anfang der 1960er-Jahre entwickelt (Harvey/Hunt/Schroder 1961). Sie beschreibt ein von Objekten und Ereignissen abstrahiertes Schema, welches für die Bewertung konkreter Objekte und Ereignisse verwendet wird. Dies ermöglicht es dem Individuum, die auf es einwirkenden (Sinnes-)Eindrücke aus der Umwelt zu kategorisieren und letztlich zu verarbeiten. Das Endresultat dieses Verarbeitungsprozesses, der aus einer Differenzierung und anschließenden Integration besteht, produziert die kognitionsstrukturelle Dimension der Persönlichkeit, genannt *conceptual complexity*.

Die *image theory* ist ein Ansatz, um Entscheidungsprozesse im Rahmen verhaltenspsychologischer Erklärungsmuster zu untersuchen (Beach 1990; Beach/Mitchell 1990; Herrmann 2003). Die Ursprünge reichen ebenfalls in die 1960er-Jahre zurück (Miller/Galanter/Pribram 1960; klassisch für den Bereich der internationalen Politik: Jervis 1970). Die *image theory* geht davon aus, dass Entscheidungen im Wesentlichen unter dreierlei Gesichtspunkten *(images)* getroffen werden. Das erste *image* betrachtet die Dinge, wie sie sein sollten (moralische Wertvorstellungen, Glaube, etc.), d. h. dieses *image* prägt das Verhalten des Entscheidungsträgers. Das zweite *image* beschreibt, wie sich der Entscheidungsträger seine Zukunft vorstellt und das dritte *image* beschreibt, wie der Entscheidungsträger diese Zukunft erreichen und bewahren will. Anders ausgedrückt: Das zweite *image* ist die Agenda der Ziele des Entscheidungsträgers und das dritte *image* der Plan, um diese Ziele zu erreichen.

Von besonderer Relevanz und Aktualität ist politische Psychologie für die Erklärung von Identitäten und Feindbildern sowie dem Zusammenhang zwischen beiden: „Wir wissen, wer wir sind, wenn wir wissen wer wir nicht sind und gegen wen wir sind", meint

Huntington (2002: 21). Die Bildung der eigenen (Gruppen-)Identität hängt ebenfalls mit psychologischen Prozessen der Informationsverarbeitung zusammen. Kategorisierungen und Vereinfachungen der Informationen helfen, eine Identität zu schaffen, die wiederum die Informationsverarbeitung erleichtert. Typischerweise wird die eigene Identität gegenüber anderen Identitäten abgegrenzt. Dadurch kann es sehr rasch zu unterschiedlichen Maßstäben und Standards kommen und daraufhin zu Diskriminierungen, wenn inkompatible Differenzierungen (z. B. Ethnie, Religion) aufeinandertreffen (Krell 2004: 386–389).

Für die Analyse von Außenpolitik wird zum Teil auch die Unterscheidung von *Selbst-* und *Fremdbild(ern)* verwendet. Der Extremfall ist das Feindbild, das neben den klassischen Funktionen wie Identitätsstiftung und Vereinfachung zudem Funktionen für den Gruppenzusammenhalt und die Kanalisierung von Aggression erfüllt (dazu: Weller 2002). Das Feinbild ist totalisierend, man sieht im Anderen den fundamental Anderen, und das ist somit wiederum stark identitätsstiftend. Insbesondere bei ethnonationalen Konflikten hat dies große Bedeutung (z. B. Rouhana/Bar-Tal 1998). Die Konstruktion von Ethnizität, verstanden als Identifizierung bzw. als Ausdruck einer Zugehörigkeit, findet ihre Auswirkung als erstes in einem verstärkten Sicherheitsgefühl. „Man" definiert nicht nur seine eigene Identität aufgrund seiner Herkunft, Ethnie usw., sondern grenzt sich auch gleichzeitig von anderen, nicht diesem Muster entsprechenden Menschen ab (Helmerich 2004: 20; Huntington 2002: 200). Gleichzeitig werden damit die Unvereinbarkeiten zwischen dem Selbst, d. h. der (ethnischen) Gruppe, und dem Anderen bewusst (Marfurt Gerber 1998: 35). Dadurch wird die Frage nach der eigenen Sicherheit bzw. der Sicherheit der eigenen Gruppe akut.

Was künftige Schnittflächen in der politikwissenschaftlichen und psychologischen Erforschung internationaler Politik angeht, darf speziell der Bereich der Emotionen in Entscheidungsprozessen nicht vernachlässigt werden, gerade auch angesichts der weiter zunehmenden Relevanz von konflikthaften Gruppenprozessen in der internationalen Politik und den internationalen Beziehungen allgemein.

9 Alternative Lehr- und Lernformen im Fach Internationale Politik

9.1 E-Learning und blended learning

E-learning ist inzwischen ein Sammelbegriff für unterschiedliche Konzepte computer- und internetgestützter Wissensvermittlung. Die Grundidee von *e-learning* ist, mithilfe moderner Informations- und Kommunikationstechnologien Wissen und Bildung schneller, effektiver und weitgreifender zu verbreiten und zu vermitteln als mit konventionellen didaktischen Methoden. Zugleich gilt *e-learning* als eine Form von *Aktionslernen*, in dessen Zuge Wissensvermittlung über geographische Grenzen hinweg funktioniert und gemeinsames Lernen zur Entstehung von Friedenswissen, Toleranz und Konfliktfähigkeit beitragen soll. Darüber hinaus beinhaltet *e-learning* ein neues Paradigma der Wissensvermittlung: nämlich eine sogenannte *konstruktivistische Didaktik*, die die Lernenden aktiv in den Prozess der Auswahl, der Kanonisierung und der Weitergabe von Wissen sowie der Erschließung von realen Anwendungsformen des Erlernten einbezieht. Die Konzeption computer- und internetgestützten Lehrens und Lernens geht über *e-learning* im engeren Sinne hinaus in Richtung auf *advanced distributed learning* (ADL). Hinter ADL steht die Idee, einen auf individuelles Lernverhalten und individuelle Lernbedürfnisse zugeschnittenen effektiven, trainingsorientierten Prozess der Wissensvermittlung zu schaffen, der sowohl Interaktion der Lernenden untereinander als auch die virtuelle Supervision durch die Lehrenden beinhaltet. Hingegen bezeichnet reines *distance learning* lediglich die Verlagerung der Kommunikation zwischen Lehrenden und Lernenden auf den Computer- und Internetkanal. Neue Modelle des Lernens und der sozialen Zusammenhänge des Lernprozesses spielen dabei keine besondere Rolle.

Demgegenüber steht hinter *e-learning* und *advanced distributed learning* auch eine spezifische, ebenfalls *konstruktivisitsche Lerntheorie* (die von den gleichen epistemologischen Grundannahmen ausgeht wie das konstruktivistische Paradigma im Fach Internationale Politik). Lernen wird dabei als aktiver Konstruktionsprozess aufgefasst: Wissen wird nicht als Ergebnis eines Wissenstransfers während eines Lernprozesses verstanden, sondern als Konstruktion der Lernenden. Im Gegensatz zu Kognitivisten verstehen Konstruktivisten unter Wissen „das Ergebnis von Konstruktionsprozessen einzelner Individuen" (Arnold 2005: 5), welches nicht von einer Person zur anderen weitergegeben werden kann. Konstruktivistische Lerntheorien brechen also mit der Annahme, Lernen sei ein von außen steuerbarer Prozess. Bahnbrechend am konstruktivistischen Instruktionsdesign ist außerdem, dass die Lehrangebote nicht mehr nur der Vermittlung vordefinierter Inhalte dienen, sondern den Lernenden eine Lernumgebung zur Verfügung stellen, in der sie selbst gesteuert und eigenverantwortlich handelnd lernen und in darauf aufbauender Interaktion mit Lernumwelten und/oder anderen Lernenden Wissen generieren. Die Lehrenden übernehmen in diesen Szenarien beratende und unterstützende Rollen (Arnold 2005: 10f.).

Speziell im sich schnell weiterentwickelnden Fach Internationale Politik ist die Nutzung von *e-learning*-Komponenten (im Sinne eines weiten Oberbegriffes, der ADL einschließt) und Internetressourcen unerlässlich, um auf *up-to-date*-Informationen, Dokumente und Arbeitspapiere zugreifen zu können. Einige exemplarische Klassen fachrelevanter Internetquellen sind:

- Webseiten von Institutionen wie NATO (www.nato.int) oder EU (www.europa. eu.int), auf denen nicht nur regelmäßige Updates zu aktuellen Entwicklungen und Dokumente bereitstehen, sondern sich auch ein Einblick in die Gliederung und Funktionsweise der Institutionen gewinnen lässt.
- Fachspezifische Wissensportale wie www.weltpolitik.net oder www.euobserver. com.
- Digitale Lehrbücher, wie sie etwa durch das Projekt PolitikON (www.politikon.org) bereitgestellt werden.

Nicht nur aus fachinhaltlicher, sondern auch aus didaktischer Sicht bestehen bedenkenswerte Vorteile von *e-learning*: Die Lernenden können ihr Lerntempo selbst bestimmen, und durch die Flexibilität der diversen Medien (Audio, Video, Text, Animation, Grafik) können unterschiedliche Lerntypen angesprochen werden. Die Lernenden, deren Arbeitsverhalten durch den Einsatz elektronischer Medien transparenter wird, haben auch die Gelegenheit, neben den Zielen des Fachunterrichtes diverse Medienkompetenzen zu erwerben und ihre Lern- und Denkstrukturen weg von monomedial-linearen, hin zu multimedial-nichtlinearen Strukturen zu entwickeln. Dennoch muss vor der übermäßigen Nutzung der neuen Technologien gewarnt werden: Zu kritisieren ist unter anderem die fehlende Integration von praktischen und sozialen Fähigkeiten sowie die fehlende individuelle Betreuung der Lernenden. Durch die Leichtigkeit, zu inhaltlich fundierten Ergebnissen zu kommen, kann der Lernprozess oberflächlich werden und es besteht die Gefahr, dass *e-learning* die Wiedergabe von Inhalten ohne selbstständige Auseinandersetzung erleichtert. Durch die Bereitstellung elektronischer Lernmaterialien kann die Bereitschaft zur Auseinandersetzung mit elementaren Quellen der Wissensvermittlung und der wissenschaftlichen Arbeit (z. B. Umgang mit Print-Fachliteratur) schwinden, gleichzeitig kann die Flut an elektronischen Informationen aber auch zu einem demotivierenden Gefühl der Überforderung führen. Des Weiteren kann die Konkurrenz von Lerninhalt und Lernmethode die Lernenden in ihrer Aufmerksamkeit und in ihrem Erfolg beeinträchtigen.

Vor diesem Hintergrund wendet sich die fachdidaktische Welt vermehrt dem *blended learning* zu. Dieses Konzept beruht auf der Kombination von Elementen des herkömmlichen *e-learning* mit Präsenzphasen, in denen die Lernenden in direkten Kontakt untereinander sowie mit ihren Lehrenden treten und so die soziale Komponente des Lernprozesses gefördert wird. *Blended learning* verbindet somit verschiedene konventionelle und virtuelle Lernumwelten und Ansätze der Wissensvermittlung ebenso miteinander wie Online- mit Offline-Selbststudium oder *real-life*-Lernen mit virtuellem Gruppenlernen. „Vermischtes Lernen", wie *blended learning* direkt übersetzt heißt (Reinmann-Rothmeier 2003: 19), wird deshalb oft auch als „integriertes Lernen" oder „hybrides Lernen" bezeichnet. Durch die Mischung sollen die Vorteile der einzelnen Aspekte (beispielsweise das selbstbestimmte, flexible Lernen bei elektronischem Lernen oder die sozialen Aspekte der *face-to-face*-Kommunikation bei realem Gruppenlernen) verstärkt und ihre Nachteile verringert werden. Wichtig beim *blended learning* ist die sinnvolle Abstimmung der Präsenzeinheiten mit den *e-learning*-Einheiten; denn gerade im Zusammenhang mit wissenschaftlichen Fragestellungen wäre eine Konzentration auf eine Universität mit beliebiger Anwesenheit der Lernenden didaktisch nicht tragfähig. *E-learning* funktioniert eben nicht ausschließlich von zu Hause aus: Es kann und muss die üblichen Lehr- und Lernformen ergänzen und aufbessern, statt sie abzuwerten oder zu ersetzen. Gleichwohl stellt sich speziell im Bereich Internationale Politik die didaktische Entscheidung, inwieweit man auf *e-learning* im weiteren Sinne zurückgreift, in der Kurspraxis oft gar nicht. Vielmehr erfordert es der Gegenstand in der Regel, die Onlinekomponente der Wissensvermittlung von vornherein einzubeziehen. Ganz besonders gilt dies, wenn die Lehre sich auch das Ziel setzt, Fertigkeiten in der Gegenwartsanalyse und der politikbegleitenden Forschung zu vermitteln. Ohne regelmäßigen Rückgriff auf Internetressourcen kann man heute zum Beispiel kein sinnvolles sicherheitspolitisches Seminar mehr gestalten.

Das Internet sollte aber keine eigene soziale Lernwelt bilden, da vor allem die jüngeren Nutzerinnen und Nutzer dazu neigen, ihre alltagsweltlichen internetbezogenen Informations- und Kommunikationsstrategien unreflektiert als studienbezogene Lern- und Forschungsstrategien zu verwenden. Solch eine Übernahme entspricht nicht den Zielen einer akademischen Ausbildung; denn zuallererst verdirbt die nicht lehrkraftgeleitete Internetnutzung die Zitierdisziplin der Studierenden und führt zum allenfalls verwässerten Annehmen facheinschlägiger Zitierregeln (Davis 2003). Für fachwissenschaftlich gültige Recherche im Internet müssen sich die Studierenden aber bewusst von ihrem alltagsweltlichen Umgang mit dem World Wide Web distanzieren: schmale Aufmerksamkeitsspanne, Nutzung der ersten erscheinenden Treffer, keine problembewusste, themenbezogene Entscheidung über Suchstrategien (z. B. tief gehende, vertikale Suche oder Überblick schaffende breite, horizontale Suche) und das Hängenbleiben an animiertem bunten „eye candy", mit dem wissenschaftlich orientierte Websites ebenso wenig konkurrieren können wie mit kommerziellen Platzierungsstrategien in den Suchergebnishierarchien von Suchmaschinen wie Google oder Yahoo (Selcher 2005: 176). Fachspezifische Datenbanken und Suchtools werden ohnehin meist nicht genutzt, da die nicht besonders unterwiesenen studentischen Nutzerinnen und Nutzer dazu tendieren, das studienbezogene Surfen in ihr Freizeitsurfverhalten einzubauen und auch fachspezifische Onlinestudienhilfen und -ressourcensammlungen kaum verwenden (Selcher 2005: 176f.). Dies kann zu einer wachsenden studentischen Aversion gegen Schriftstücke führen, verwässert die Fähigkeit, Textarten zu unterscheiden und differenziell zu bewerten (nicht alle PDFs stehen für dieselbe Textart, sondern es gibt z. B. Quellentexte, Analysen usw.), und führt zu der Tendenz, Informationen nicht nach fachwissenschaftlichen Kriterien auszuwählen und zu bewerten – also nicht danach, ob sie adäquat und relevant, sondern ob sie unterhaltsam und interessant sind bzw. (er)scheinen (Selcher 2005: 177).

Sofern man sich von *e-learning* auch eine Stärkung der Individualität der Lernenden erwartet und sie an der Konstruktion des zu vermittelnden Wissens aktiv teilhaben lassen möchte, sind angesichts der hyperkomplexen Informations- und Programmvielfalt, die das Internet bietet, die Grenzen schnell erreicht. Aber es gibt erprobte methodische Ansätze, um einerseits die Lernenden die Möglichkeiten des Internets voll ausloten und ausschöpfen zu lassen, ohne sie dabei entweder zu überfordern oder ein derart komplexes Inhalts- und Zusammenhangwissen zu erzeugen, das auch konstruktivistisch nicht mehr zu vermitteln ist. Ein solcher Ansatz ist das *WebQuest-Verfahren* (z. B. www.sowi-online.de/methoden/lexikon/webquests-meeh.htm): das halbgesteuerte Durchsurfen des Internets vor dem Hintergrund eines vorstrukturierten Frageschemas. WebQuest kann man natürlich internetbasiert lernen. Ein guter Einstieg dazu ist die *Virtuelle Fachbibliothek Politikwissenschaft* (www.vifapol.de). Es handelt sich dabei um eine komplette Zusammenstellung aller relevanten Informationen, Tricks und Kniffe für ein zeitgemäß „informiertes" Studium. Besonders wird außerdem auf die fachspezifischen Probleme bei Online- und Offlinerecherchen in der Politikwissenschaft eingegangen.

Solche verifizierten professionellen Angebote machen deutlich, dass es unzeitgemäß und auch ungerechtfertigt ist, das Internet zu einer grundsätzlich unwissenschaftlichen Ressource zu stigmatisieren. Das gilt insbesondere für die Frage von Internet-Plagiaten. Gängigen Regeln wissenschaftlichen Arbeitens nach werden aus Konversationslexika (Enzyklopädien) entnommene Sachinformationen nicht besonders belegt. Unserer fachmethodischen Lehrmeinung nach ist diese Regel auch auf die *freie Enzyklopädie Wikipedia* anzuwenden.

Allerdings sind in jedem Falle zudem traditionelle Literaturrecherche und eigenverantwortlicher Umgang mit Rechercheergebnissen und bezogenen Informationen unerlässlich. Sich im Studium die positiven Potenziale von *e-learning* zu erschließen, funktioniert sicher dann sehr gut, wenn man sich nicht von Angebot zu Angebot durchklickt (wie es dem alltäglichen Internet-Nutzungsverhalten allerdings am ehesten entspricht), sondern auf einschlägigen Portalen – wie im Bereich der Sicherheitspolitik dem International Security Network (www.isn.ethz.ch) – beginnt und einem klaren Bezugsrahmen folgt: zum Beispiel Lehrbuchangaben online upzudaten oder in Lehrveranstaltungen nur gestreifte Aspekte selbstständig durch zertifizierte Onlinekurse zu vertiefen. Nur sollte man in den Relevanzkriterien den Vorgaben des Offlinelehrmaterials und der eigenen Lehrenden folgen; denn die Onlineangebote bilden selber keinen Syllabus, sondern sind einzelne Produkte zu einzelnen Themenbereichen, die sich derzeit noch nicht im Rahmen einer fachlichen Lehrsystematik weiterentwickeln. Doch genau das ist eine Einladung zur aktiven Teilnahme an einer konstruktivistischen Wissensbildung.

9.2 Fachzeitschriften[5]

Die zunehmende Nutzung des Internets in der Lehre, im Lernen und in der wissenschaftlichen Arbeit führt zu einer drastisch sinkenden Bereitschaft und auch Fähigkeit, sich mit traditionellen, fachlich nicht weniger wichtig gewordenen Literaturquellen auseinanderzusetzen. Dies ist schon deshalb nicht hinnehmbar, weil zum wissenschaftlichen Arbeiten Quellenvielfalt gehört. Wichtige Fachbücher wurden im Kapitel zur Fachgeschichte (→ Kapitel 7.1: 173–186) angesprochen; eine weitere unverzichtbare Quelle für das wissenschaftliche Arbeiten und genauso für das Studium sind Fachzeitschriften, in denen sich in der Regel der Schwerpunkt der fachwissenschaftlichen Debatte und Weiterentwicklung findet. Außerdem müssen in Fachzeitschriften gelangende Aufsätze in der Regel ein aufwendiges Begutachtungsverfahren und einen sorgfältigen Redaktionsprozess durchlaufen. Dadurch werden sie nicht immer inhaltlich wirklich hervorragend und nicht wenig ihres innovativen Potenzials wird im Zuge dieser Prozesse gleichgeschliffen, aber immerhin repräsentieren sie am Ende in einer gewissen zertifizierten Weise den *state of the art* und haben ein nachvollziehbares Qualitätssicherungsverfahren durchlaufen, während Bücher heutzutage im Grunde jeder veröffentlichen kann, hier bieten nur die Top-Verlage eine

5   Wir danken Thomas Tannheimer für seine Mitarbeit an diesem Kapitel.

gewisse allgemeine, aber auch nicht unbedingt fachspezifische Qualitätsgarantie. Den Zugriff auf Fachzeitschriften hat das Internet enorm vereinfacht. Die meisten Universitäts- bibliotheken besitzen die einschlägigen Lizenzen für die *Elektronische Zeitschriftenbiblio- thek* (rzblx1.uni-regensburg.de/ezeit).

Die folgende kurze Rundschau über einige wichtige Fachzeitschriften aus dem Gebiet der internationalen Politik (oder jedenfalls mit einem der Schwerpunkte auf diesem Ge- biet) rundet dieses Lehrbuch ab. Die Auswahl beschränkt sich bewusst auf Mainstream- organe, die jedenfalls jeder Student und jede Studentin des Faches Internationale Politik kennen muss und mit einer gewissen Regelmäßigkeit rezipieren sollte.

Das *European Journal of International Relations* (ejt.sagepub.com) ist eines der eu- ropäischen Flaggschiffe der akademischen Erforschung internationaler Beziehungen. Die Zeitschrift gehört keiner speziellen Schule an und vertritt auch keinen spezifischen Ansatz, wenn auch konstruktivistisch orientierte Beiträge überwiegen. Dem *European Journal of International Relations* geht es jedoch vor allem darum, ein Bewusstsein für methodische und epistemologische Heterogenität zu schaffen. Zudem wird versucht, möglichst interdisziplinäre Artikel zu publizieren, was zu interessanten Verschmelzungen mit Ökonomie, Geschichte und Rechtswissenschaften führt. Im Jahr 2006 beschäftigte sich die Zeitschrift sehr oft mit den Themen Identität und soziales Lernen in der interna- tionalen Politik. Außerdem stehen regelmäßig die ideellen Grundlagen von Sicherheits- gemeinschaften *(security communities)* auf dem Programm, was gute Einblicke in das Zustandekommen von Kooperation in der internationalen Politik liefert. Zudem findet häufig eine eingehende Beleuchtung des transatlantischen Verhältnisses statt. Der ei- gentliche Mehrwert des *European Journal of International Relations* liegt darin, dass ab- seits von plakativen Gemeinplätzen theoretisch und methodisch schwierige Sachverhalte diszipliniert aufgearbeitet werden, ohne zu viel Bedacht auf akademische Eitelkeiten zu nehmen. Das bringt jedoch die Gefahr mit sich, sich bei fehlendem Überblickswissen in – jedoch zweifellos wichtigen – Einzelheiten zu verlieren.

Die *Zeitschrift für Internationale Beziehungen* (ZIB) wird im Auftrag der Sektion In- ternationale Politik der Deutschen Vereinigung für Politische Wissenschaft (DVPW) her- ausgegeben. Die ZIB ist die renommierteste und zugleich aber auch jargonträchtigste deutschsprachige Zeitschrift auf dem Gebiet der politikwissenschaftlichen Betrachtung internationaler Beziehungen – wobei das Konzept „internationale Beziehungen" als pa- radigmatisches Gegenprogramm zur „internationalen Politik" geführt wird. Die Aufsätze sind häufig an einer Verknüpfung von Theorie und Empirie interessiert. Die ZIB pflegt einen inhaltlich sehr weitgefassten Zugang zu der Thematik. Die Grobausrichtung ist je- doch ziemlich klar *global governance* und Konstruktivismus. Zum Informationswert der ZIB tragen Buchrezensionen und Berichte bei.

Der von der International Studies Association (ISA, www.isanet.org), dem weltweit wichtigsten Fachverband im Bereich Internationale Politik, herausgegebene *International Studies Review* (www.blackwellpublishing.com/journal.asp?ref=1521-9488&site=1) bereitet aktuelle Trends und Forschungsbeiträge für ein breites Publikum verständlich auf. Die Zeitschrift erscheint erst seit 1999 und ist somit noch relativ jung, aber dennoch schon ein wichtiges Forum der akademischen Diskussion. Diesem Zweck dient der erste Teil eines jeden Heftes: „Reflection, Evaluation, Integration". Regelmäßig werden dort strittige methodische und theoretische Fragen behandelt. Meist wird versucht, zu ähnlichen Themenstellungen renommierte Autorinnen und Autoren mit unterschiedlichen Zugängen nebeneinanderzustellen. Dadurch wird ein systematischer Vergleich der relativen Stärken und Schwächen erleichtert. Daneben gibt es in jedem Heft ein eigenes Forum, das es ermöglicht, strittige Punkte der letzten Hefte erneut multiperspektivisch aufzuarbeiten. Dadurch kommt es mitunter zu spezifischen Debatten, die sich über etliche Ausgaben hinziehen können und dementsprechend gut beleuchtet werden. Allerdings führt diese Vorgehensweise manchmal auch zu Scheindiskussionen, in denen nur gängige Phrasen wiederholt werden, ohne von übermäßigem Interesse an originärem Erkenntnisgewinn geleitet zu sein. Doch auch diesem Umstand kann man durchaus etwas Positives abgewinnen: Interessierte Studierende können dadurch fragwürdige Frontstellungen in der akademischen Diskussion einfacher erkennen. Abgesehen davon werden in jeder Ausgabe zahlreiche interessante Bücher rezensiert, was die eigene Lektüreauswahl sehr vereinfachen kann.

Der *Review of International Studies* (journals.cambridge.org/action/displayJournal?jid =RIS) richtet sich vor allem an Wissenschaftlerinnen und Wissenschaftler in den Bereichen Politikwissenschaften, Rechtswissenschaften, Geschichte und Soziologie. Vor allem diese interdisziplinäre Ausrichtung macht die Artikel spannend, auch wenn dadurch eine schwache Spezialisierung auf internationale Politik im engeren Sinne des Faches einhergeht. Herausgegeben wird der *Review of International Studies* von der British International Studies Association, und das schon seit über 30 Jahren, was ihn zu einer der beständigsten europäischen Zeitschriften im Fach Internationale Politik macht. Durch den systematischen Vergleich geschichtlicher Problemkonstellationen heben sich die einzelnen Hefte von anderen, häufig auf möglichst aktuelle und trendgerechte Problemstellungen konzentrierten Fachperiodika ab. Viele Streitfragen des Faches erscheinen nach der genauen Lektüre des *Review of International Studies* weitaus weniger einzigartig als dies tagesaktuelle Analysen mitunter vermuten lassen würden. Außerdem gibt es unregelmäßig spezielle Schwerpunkthefte, die durch umfangreiche Dokumentation zu bestimmten Themen herausragen. Beispielsweise erschien im Jahr 2005 ein Supplement zum Thema „Force and Legitimacy in World Politics". Zusammenfassend ist der *Review of Internati-*

*onal Studie*s vor allem für interdisziplinär Orientierte interessant, was ihn in der gegenwärtigen Zeit zunehmender Spezialisierung und häufig damit verbundener intellektueller Isolierung höchst relevant und erfrischend zu lesen macht.

Neben diesen explizit dem Fachgebiet Internationale Politik oder „Internationale Beziehungen" gewidmeten Fachzeitschriften gibt es bestimmte allgemein politikwissenschaftliche Periodika, die wichtig zu kennen sind, da in ihnen regelmäßig für das Teilgebiet Internationale Politik relevante Artikel erscheinen. Es handelt sich dabei zunächst um die *Politische Vierteljahresschrift* (PVS, www.vs-verlag.de/pvs). Sie besteht seit 1960 und ist seit langen Jahren auch das Fachorgan der Deutschen Vereinigung für Politische Wissenschaft (DVPW, www.dvpw.de). Was die PVS für Studierende, die sich auf das Fach Internationale Politik spezialisieren, interessant macht, ist die verknüpfende und integrative Betrachtung verschiedener Teildisziplinen der Politikwissenschaft. Gegliedert ist das Heft normalerweise in die Punkte „Abhandlungen", „Forum" und „(Buch-)Besprechungen". Im Teil „Abhandlungen" kommen Aufsätze aus allen Teilbereichen vor, während im Forum eine bestimmte aktuelle politische Problemkonstellation schwerpunktmäßig behandelt wird. Besonders interessant sind die zahlreichen Buchbesprechungen, die wesentliche Neuerscheinungen übersichtlich vorstellen und bewerten. Die PVS stellt außerdem eine Gewinn bringende Lektüre für alle dar, die neben der spezialisierten Fachdiskussion zur internationalen Politik nicht den Anschluss an allgemeinere Entwicklungen in der deutschsprachigen Politikwissenschaft verpassen möchten.

Ähnliches gilt für die *Österreichische Zeitschrift für Politikwissenschaft* (ÖZP, www.oezp.at), die auf eine internationale Autorinnen- und Autorenschaft Wert legt. Die ÖZP wird im Auftrag der Österreichischen Gesellschaft für Politikwissenschaft (ÖGPW) herausgegeben. Sie beschäftigt sich mit allgemeiner Politikwissenschaft, ohne einen speziellen methodischen, epistemologischen oder theoretischen Ansatz sichtbar zu bevorzugen. In jedem Heft wird ein spezieller Themenschwerpunkt behandelt, darüber hinaus gibt es in der Regel freie Beiträge außerhalb des jeweiligen Schwerpunktes. Daneben erscheinen in jedem Heft Buchrezensionen oder Tagungsberichte. Die ÖZP ist aus Sicht vornehmlich an internationaler Politik interessierter Leserinnen und Leser vor allem im Hinblick auf ihre Abdeckung verschiedener politologischer Teilbereiche interessant, auch wenn dieser Vorzug nicht ganz so stark wiegt wie bei der PVS.

Die hier vorgestellten Zeitschriften sind keinesfalls als Syllabus zu verstehen. Ganz im Gegenteil soll die Auswahl interessierten Leserinnen und Lesern Anregungen liefern, die es ermöglichen, ihren Studien- und Forschungsinteressen entsprechend weiterführende Literatur ausfindig zu machen. In dieser Hinsicht sind insbesondere Rezensionen in Fachzeitschriften sehr hilfreich, auch wenn keine Zusammenfassung (im Übrigen auch keine aus dem Internet) je die zumindest kursorische Lektüre eines Buches ersetzen kann.

Literatur

Abiew, Francis Kofi (1999): The Evolution of the Doctrine and Practice of Humanitarian Intervention. Den Haag: Uitgeverij Pax Nederland.

Acham, Karl (1983): Philosophie der Sozialwissenschaften. Freiburg/München: Alber.

Acharya, Amitav (2001): Constructing a Security Community in Southeast Asia. ASEAN and the Problem of Regional Order. New York u. a.: Routledge.

Adenauer, Konrad (1967): Erinnerungen 1955–1959. Stuttgart: Deutsche Verlags-Anstalt.

Adler, Emanuel (1997): Seizing the Middle Ground: Constructivism in World Politics, in: European Journal of International Relations 3(3): 319–363.

Adler, Emanuel/Michael Barnett (1998a): A Framework for the Study on Security Communities, in: dies. (Hg.): Security Communities. Cambridge: Cambridge University Press, 29 65.

Adler, Emanuel/Michael Barnett (Hg.) (1998b): Security Communities. Cambridge u. a.: Cambridge University Press.

Adorno, Theodor W./Hans Albert/Ralf Dahrendorf/Jürgen Habermas/Harald Pilot/Karl R. Popper (1969): Der Positivismusstreit in der deutschen Soziologie. Neuwied/Berlin: Luchterhand.

Alagappa, Muthiah (Hg.) (2003): Asian Security Order. Instrumental and Normative Features. Stanford, CA: Stanford University Press.

Alker, Hayward (1996): Rediscoveries and Reformulations. Humanistic Methodologies for International Studies. Cambridge: Cambridge University Press.

Allan, Pierre/Kjell Goldmann (Hg.) (1992): The End of the Cold War. Evaluating Theories of International Relations. Dordrecht u. a.: Nijhoff.

Allison, Graham T. (1971): Essence of Decision. Explaining the Cuban Missile Crisis. Boston, MA: Little, Brown and Company.

Allison, Graham T./Philip Zelikow (1999): Essence of Decision. Explaining the Cuban Missile Crisis. 2. Ausgabe. New York: Longman.

Altunışık, Meliha B. (2001): The Middle East in the Aftermath of September 11 Attacks, in: Foreign Policy 12(3): 21–29.

Altvater, Elmar/Birgit Mahnkopf (2002): Grenzen der Globalisierung. Ökonomie, Ökologie und Politik in der Weltgesellschaft. 5. Auflage. Münster: Westfälisches Dampfboot.

Anderson, Mary B. (2001): Humanitarian NGOs in Conflict Intervention, in: Chester A. Crocker/Fen Osler Hampson/Pamela Aall (Hg.): Turbulent Peace. The Challenges of Managing International Conflict. Washington, D.C.: United States Institute of Peace, 637–648.

Anderson, Matthew S. (1993): The Rise of Modern Diplomacy 1450–1919. London: Longman.

Annan, Kofi (2005): In größerer Freiheit. Auf dem Weg zu Entwicklung, Sicherheit und Menschenrechten für alle. Bericht des Generalsekretärs, http://www.un.org/Depts/german/gs_sonst/a-59-2005-ger.pdf.

Archer, Clive (1992): International Organizations. 2. Ausgabe. London/New York: Routledge.

Armstrong, David/Lorna Lloyd/John Redmond (1996): From Versailles to Maastricht. International Organisation in the Twentieth Century. London: Macmillan.

Arnold, Patricia (2005): Einsatz digitaler Medien in der Hochschullehre aus lerntheoretischer Sicht, http://www.e-teaching.org/didaktik/theorie/lerntheorie/arnold.pdf.

Aron, Raymond (1953): Der permanente Krieg. Frankfurt/M.: Fischer (Originalausgabe: Les Guerres en chaîne. Paris: Gallimard, 1951).

Aron, Raymond (1986): Frieden und Krieg. Eine Theorie der Staatenwelt. Frankfurt/M.: Fischer (Originalausgabe: Paix et guerre entre les nations. Paris: Calmann-Lévy, 1962).

Arts, Bas/Math Noortmann/Bob Reinalda (Hg.) (2001): Non-State Actors in International Relations. Aldershot: Ashgate.

Assmann, Aleida (2001): Frieden als kulturelles Konstrukt. Über Hoffen, Erinnern und Vergessen, in: Klaus Gerber (Hg.): Der Frieden. Rekonstruktion einer Europäischen Vision. Band 1: Erfahrung und Deutung von Krieg und Frieden: Religion – Geschlechter – Natur und Kultur. München: Fink, 655-665.

Austin, Alex/Martina Fischer/Norbert Ropers (Hg.) (2004): Transforming Ethnopolitical Conflict. The Berghof Handbook. Wiesbaden: VS Verlag für Sozialwissenschaften.

Austin, John L. (2002): Zur Theorie der Sprechakte. How to Do Things with Words. Stuttgart: Reclam (Originalausgabe: How to Do Things with Words. Cambridge, MA: Harvard University Press, 1975).

Axelrod, Robert (1976): Structure of Decision. The Cognitive Maps of Political Elites. Princeton, NJ: Princeton University Press.

Axt, Heinz-Jürgen (2003): Die Sicherheitskonzeption der Türkei. Aktuelle Entwicklungen, in: Reader Sicherheitspolitik. Ergänzungslieferung 04, http://www.reader-sipo.de/artikel/0304_AVI1.pdf.

Bahr, Egon/Dieter S. Lutz (Hg.) (1986–1991): Gemeinsame Sicherheit. 6 Bände. Baden-Baden: Nomos.

Bailey, Kathleen C. (1994): Die Verbreitung von Massenvernichtungswaffen. Die rüstungskontrollpolitische Herausforderung der 90er Jahre. Frankfurt/M.: Report-Verlag.

Baldwin, David A. (Hg.) (1993): Neorealism and Neoliberalism. The Contemporary Debate. New York: Columbia University Press.

Barandat, Jörg (1997): Wasser – Konfrontation oder Kooperation. Ökologische Aspekte von Sicherheit am Beispiel eines weltweit begehrten Rohstoffs. Baden-Baden: Nomos.

Barash, David P./Charles P. Webel (2002): Peace and Conflict Studies. Thousand Oaks, CA u. a.: Sage.

Barry, Christian (2003): Aims, Arrangements, and Responsibilities, in: Toni Erskine (Hg.): Can Institutions Have Responsibilities? Collective Moral Agency and International Relations. New York u. a.: Palgrave Macmillian, 218–237.

Barton, Jonathan R. (1997): A Political Geography of Latin America. London u. a.: Routledge.

Beach, Lee Roy (1990): Image Theory. Decision Making in Personal and Organizational Contexts. New York: Wiley.

Beach, Lee Roy/Terence R. Mitchell (1990): Image Theory. A Behavioural Theory of Decisions in Organizations, in: Barry M. Staw/Larry L. Cummings (Hg.): Research in Organizational Behaviour. Band 12. Greenwich, CT: JAT Press, 1–41.

Beck, Martin (2005): Chancen und Probleme einer externen Demokratieförderung im Vorderen Orient aus sozialwissenschaftlicher Sicht, in: Orient 46(2): 198–225.

Beck, Ulrich (1998): Perspektiven der Weltgesellschaft. Frankfurt/M.: Suhrkamp.

Becker, Jörg (2004): Contributions by the Media to Crisis Prevention and Conflict Settlement, in: Conflict & Communication Online 3(1–2), http://www.cco.regener-online.de/2004/pdf_2004/becker.pdf.

Behrens, Maria (2005a): Global Governance – eine Einführung, in: dies. (Hg.): Globalisierung als politische Herausforderung. Global Governance zwischen Utopie und Realität. Wiesbaden: VS Verlag für Sozialwissenschaften, 11–23.

Behrens, Maria (Hg.) (2005b): Globalisierung als politische Herausforderung. Global Governance zwischen Utopie und Realität. Wiesbaden: VS Verlag für Sozialwissenschaften.

Bender, Peter (1986): Neue Ostpolitik: Vom Mauerbau zum Moskauer Vertrag. München: Deutscher Taschenbuch Verlag.

Benner, Thorsten/Wolfgang H. Reinicke (1999): Politik im globalen Netz, in: Internationale Politik 54(8): 25–32.

Bercovitch, Jacob (1984): Social Conflicts and Third Parties. Strategies of Conflict Resolution. Boulder, CO: Westview.

Berger, Peter L./Thomas Luckmann (1969): Die gesellschaftliche Konstruktion der Wirklichkeit. Eine Theorie der Wissenssoziologie. Frankfurt/M. u. a.: S. Fischer (Originalausgabe: The Social Construction of Reality. Garden City, NY: Anchor Books, 1966).

Bergstraesser, Arnold (1965): Weltpolitik als Wissenschaft. Geschichtliches Bewußtsein
und politische Entscheidung. Köln u. a.: Westdeutscher Verlag.

Betts, Richard K. (Hg.) (2005): Conflict after the Cold War. Arguments on Causes of War
and Peace. Aktualisierte Ausgabe. New York u. a.: Palgrave Macmillan.

Betz, Joachim (1994): Neue Weltwirtschaftsordnung, in: Dieter Nohlen (Hg.): Lexikon der
Politik. Band 6: Internationale Beziehungen. Hg. Andreas Boeckh. München: Beck,
322–328.

Bieling, Hans-Jürgen/Marika Lerch (2006): Theorien der europäischen Integration. 2. Auflage. Wiesbaden: VS Verlag für Sozialwissenschaften.

Bien, Günther (1980): Die Grundlegung der politischen Philosophie bei Aristoteles. München: Alber.

Bilgeri, Alexander/Alexander Wolf (Hg.) (2004): Diplomatie digital. Neue Kommunikati-
onswege der internationalen Politik. Opladen: Barbara Budrich.

Biscop, Sven (2005): The European Security Strategy. A Global Agenda for Positive Power.
Aldershot: Ashgate.

Blanck, Kathrin (2005): Die europäische Sicherheits- und Verteidigungspolitik im Rahmen
der europäischen Sicherheitsarchitektur. Wien/New York: Springer.

Blondel, Jean (1987): Political Leadership. Towards a General Analysis. London u. a.:
Sage.

Bodemer, Klaus/Susanne Gratius (2003): Lateinamerika im internationalen System. Zwischen Regionalismus und Globalisierung. Wiesbaden: VS Verlag für Sozialwissenschaften.

Boin, Arjen/Paul 't Hart/Eric Stern/Bengt Sundelius (2005): The Politics of Crisis Management. Public Leadership under Pressure. Cambridge u. a.: Cambridge University Press.

Boli, John/George M. Thomas (1999): Constructing World Culture. International Nongo-
vernmental Organizations since 1875. Stanford, CA: Stanford University Press.

Bonacker, Thorsten/Jan Bernhardt (2006): Von der security community zur securitized
community: Zur Diskursanalyse von Versicherheitlichungsprozessen am Beispiel der
Konstruktion einer europäischen Identität, in: Alexander Siedschlag (Hg.): Methoden
der sicherheitspolitischen Analyse. Eine Einführung. Wiesbaden: VS Verlag für Sozialwissenschaften, 219–242.

Bonacker, Thorsten/Peter Imbusch (1999): Begriffe der Friedens- und Konfliktforschung:
Konflikt, Gewalt, Krieg, Frieden, in: Peter Imbusch/Ralf Zoll (Hg.): Friedens- und Konfliktforschung. Eine Einführung mit Quellen. Opladen: Leske + Budrich, 73–116.

Bonacker, Thorsten/Peter Imbusch (2006): Zentrale Begriffe der Friedens- und Konfliktforschung: Konflikt, Gewalt, Krieg, Frieden, in: Peter Imbusch/Ralf Zoll (Hg.): Friedens- und Konfliktforschung. Eine Einführung. Wiesbaden: VS Verlag für Sozialwissenschaften, 67–142.

Borchert, Heiko (Hg.) (2004): Vernetzte Sicherheit. Hamburg: Mittler.

Boucher, David (1998): Political Theories of International Relations. From Thucydides to the Present. Oxford: Oxford University Press.

Boutros-Ghali, Boutros (1992): Agenda für den Frieden. Vorbeugende Diplomatie, Friedensschaffung und Friedenssicherung. Bericht des Generalsekretärs gemäß der am 31. Januar 1992 von dem Gipfeltreffen des Sicherheitsrats verabschiedeten Erklärung. UN-Dokument A/47/277-S/24111, http://www.un.org/Depts/german/friesi/afried/afried-1.htm.

Bowker, Mike/Robin Brown (1993): From Cold War to Collapse. Theory and World Politics in the 1980s. Cambridge u. a.: Cambridge University Press.

Braudel, Fernand (1977): Geschichte und Sozialwissenschaften. Die longue durée, in: Claudia Honegger (Hg.): Schrift und Materie der Geschichte. Vorschläge zu einer systematischen Aneignung historischer Prozesse. Frankfurt/M.: Suhrkamp, 47–85.

Brecher, Michael/Frank P. Harvey (Hg.) (2002): Realism and Institutionalism in International Studies. Ann Arbor, MI: University of Michigan Press.

Bretherton, Charlotte/John Vogler (2006): The European Union as a Global Actor. 2. Ausgabe. London u. a.: Routledge.

Brock, Ditmar (1997): Wirtschaft und Staat im Zeitalter der Globalisierung. Von nationalen Volkswirtschaften zur globalisierten Weltwirtschaft, in: Aus Politik und Zeitgeschichte, B 33–34: 12–19.

Brodie, Bernard (1959): Strategy in the Missile Age. Princeton, NJ: Princeton University Press.

Brown, Michael E. (Hg.) (1999): Theories of War and Peace. 2. Auflage. Cambridge, MA: MIT Press.

Brown, Michael E./Sean Lynn-Jones/Steven E. Miller (Hg.) (1995): The Perils of Anarchy. Contemporary Realism and International Security. Cambridge, MA: MIT Press.

Brown, Seyom (1994): World Interests and the Changing Dimension of Security, in: Michael T. Clare/Daniel C. Thomas (Hg.): World Security. Challenges for a New Century. New York: St. Martin's Press, 10–26.

Brücher, Gertrud (2002): Frieden als Form. Zwischen Säkularisierung und Fundamentalismus. Opladen: Leske + Budrich.

Brühl, Tanja/Heidi Feldt/Brigitte Hamm/Hartwig Hummel/Jens Martens (2004): Unternehmen in der Weltpolitik. Politiknetzwerke, Unternehmensregeln und die Zukunft des Multilateralismus. Bonn: Dietz.

Brummer, Klaus (2005): Konfliktbearbeitung durch internationale Organisationen. Wiesbaden: VS Verlag für Sozialwissenschaften.

Brummer, Klaus (2007): Der Europarat als europäische Sicherheitsinstitution, in: Alexander Siedschlag (Hg.): Jahrbuch für europäische Sicherheitspolitik 2006/2007. Baden-Baden: Nomos, 177–188.

Brzezinski, Zbigniew (2004): Die einzige Weltmacht. Amerikas Strategie der Vorherrschaft. Frankfurt/M.: Fischer Taschenbuch Verlag.

Buck, Christian Friedrich (2006): Die Interaktion von Regierung und Medien bei Geiselnahmen untersucht am Beispiel der Entführung der Familie Wallert auf die Insel Jolo (23.4.-9.9.2000). Berlin: Humboldt Universität zu Berlin, Philosophische Fakultät III, Dissertation.

Bühl, Walter L. (1978): Transnationale Politik. Stuttgart: Klett-Cotta.

Bull, Hedley (1977): The Anarchical Society. A Study of Order in World Politics. London/New York: Columbia University Press.

Bulmer-Thomas, Victor/James Dunkerley (Hg.) (1999): The United States and Latin America: The New Agenda. London: Institute of Latin American Studies.

Burchill, Scott/Andrew Linklater (Hg.) (2005): Theories of International Relations. 3. Ausgabe. Houndmills/Basingstoke: Palgrave Macmillan.

Burton, John W. (1972): World Society. Cambridge: Cambridge University Press.

Bush, Robert A. Baruch/Joseph Folger (2005): The Promise of Mediation: The Transformative Approach to Conflict. Überarbeitete Neuausgabe. San Francisco, CA: Jossey-Bass.

Buzan, Barry/Ole Waever/Jaap de Wilde (1998): Security. A New Framework for Analysis Boulder, CO: Lynne Rienner.

Callaghy, Thomas/Ronald Kassimir/Robert Latham (Hg.) (2001): Intervention and Transnationalism in Africa: Global-Local Networks of Power. Cambridge: Cambridge University Press.

Campbell, David (1998): Writing Security. United States Foreign Policy and the Politics of Identity. Minneapolis, MN: University of Minnesota Press.

Capie, David/Paul Evans (2002): The Asia-Pacific Security Lexicon. Singapur: Institute of Southeast Asian Studies.

Caporaso, James A. (1992): International Relations Theory and Multilateralism. The Search for Foundations, in: International Organization 46(3): 599–632.

Carius, Alexander/Kurt M. Lietzmann (Hg.) (1998): Umwelt und Sicherheit. Herausforderungen für die internationale Politik. Berlin: Springer.

Carlsnaes, Walter/Brian White/Helene Sjursen (Hg.) (2004): Contemporary European Foreign Policy. London u. a.: Sage.

Carnegie Commission on Preventing Deadly Conflict (1997): Preventing Deadly Conflict. Final Report with Executive Summary. Washington, D.C.: Carnegie Cooperation of New York.

Carr, Edward H. (1939): The Twenty Year's Crisis, 1919–1939: An Introduction to the Study of International Relations. London/New York: Macmillan.

Carr, Edward H. (1993): The Twenty Years' Crisis 1919–1939. An Introduction to the Study of International Relations. Nachdruck der 2. Auflage 1946. London u. a.: Macmillan and Papermac.

Chay, Jongsuk (1990): Culture and International Relations. New York u. a.: Praeger.

Chee, Chan Heng (Hg.) (1995): The New Asia-Pacific Order. Singapur: Institute for Southeast Asian Studies.

Chesterman, Simon/Michael Ignatieff/Ramesh Thakur (2005): Making States Work. State Failure and the Crisis of Governance. New York: United Nations University Press.

Clapham, Christopher (2004): The Global Politics of State Decay, in: Robert I. Rotberg (Hg.): When States Fail. Causes and Consequences. Princeton, NJ: Princeton University Press, 77–93.

Clark, Anne Mary (1995): Non-governmental Organisations and Their Influence on International Society, in: Journal of International Affairs 48(2): 507–525.

Clausewitz, Carl v. (1991): Vom Kriege. Hinterlassenes Werk des Generals Carl von Clausewitz; drei Teile in einem Band. Vollständige Ausgabe im Urtext. 19. Auflage. Jubiläumsausgabe, mit erneut erweiterter historisch-kritischer Würdigung. Hg. Werner Hahlweg. Bonn: Dümmler (Originalausgabe: 1832–1834).

Clawson, Patrick (1987): Why We Need More but Better Coverage of Terrorism, in: Orbis 30(4): 701–710

Clunan, Anne L. (2000): Constructing Concepts of Identity. Prospects and Pitfalls of a Sociological Approach to World Politics, in: Rudra Sil/Eileen M. Doherty (Hg.): Beyond Boundaries? Disciplines, Paradigms, and Theoretical Integration in International Studies. Albany, NJ: State University of New York Press, 87–116.

Collier, Paul/David Dollar (2002): Globalization, Growth and Poverty. Building an Inclusive World Economy. Oxford: Oxford University Press.

Commission on Global Governance (1995): Our Global Neighbourhood. Oxford: Oxford University Press.

Connelly, Owen (2005): The Wars of the French Revolution and Napoleon. 1792–1815. London: Routledge.

Conte, Alex (2005): Security in the 21st Century. The United Nations, Afghanistan and Iraq. Aldershot u. a.: Ashgate.

Cortell, Andrew/James W. Davis (1996): How Do International Institutions Matter? The Domestic Impact of International Rules and Norms, in: International Studies Quarterly 40(4): 451–478.

Cox, Robert W. (1987): Production, Power, and World Order. Social Forces in the Making of History. New York: Columbia University Press.

Craig, Gordon A./Alexander L. George (1988): Zwischen Krieg und Frieden. Konfliktlösung in Geschichte und Gegenwart. München: Beck.

Crocker, Chester A. (2001): Intervention: Toward Best Practices and a Holistic View, in: ders./Fen Osler Hampson/Pamela Aall (Hg.): Turbulent Peace. The Challenges of Managing International Conflict. Washington, D.C.: United States Institute of Peace, 229–248.

Crocker, Chester A./Fen Osler Hampson/Pamela Aall (Hg.) (2001): Turbulent Peace. The Challenges of Managing International Conflict. Washington, D.C.: United States Institute of Peace.

Czempiel, Ernst-Otto (1965): Die Entwicklung der Lehre von den Internationalen Beziehungen, in: Politische Vierteljahresschrift 6(3): 270–290.

Czempiel, Ernst-Otto (1986): Friedensstrategien. Systemwandel durch Internationale Organisationen, Demokratisierung und Wirtschaft. Paderborn: Schöningh.

Czempiel, Ernst-Otto/James N. Rosenau (Hg.) (1989): Global Changes and Theoretical Challenges: Approaches to World Politics for the 1990s. Lexington, MA: Lexington Books.

Dalacoura, Katerina (2001): Islamist Movements as Non-state Actors and Their Relevance to International Relations, in: Daphné Josselin/William Wallace (Hg.): Non-State Actors in World Politics. Houndmills/Basingstoke u. a.: Palgrave, 235–248.

Darby, Philipp (Hg.) (1997): At the Edge of International Relations: Postcolonialism, Gender and Dependency. London: Cassell.

Davis, Philip M. (2003): Effect of the Web on Undergraduate Citation Behavior: Guiding Student Scholarship in a Networked Age, in: Portal: Libraries and the Academy 3(1): 41–51.

Dehio, Ludwig (1948): Gleichgewicht oder Hegemonie. Betrachtungen über ein Grundproblem der neueren Staatengeschichte. Krefeld: Scherpe.

Dessler, David (1989): What's at Stake in the Agent-Structure Debate?, in: International Organization 43(3): 441–473.

Dettke, Dieter (2004): Begriffe I. Der Sicherheitsbegriff, in: Manfred Knapp/Gert Krell (Hg.): Einführung in die Internationale Politik. München u. a.: Oldenburg, 9–24.

Deutsch, Karl W. (1953): Nationalism and Social Communication. An Inquiry into the Foundations of Nationality. New York: John Wiley & Sons.

Deutsch, Karl W. (1954): Political Community at the International Level. Garden City, NY: Doubleday.

Deutsch, Karl W. (1957): Political Community and the North Atlantic Area. Princeton, NJ: Princeton University Press.

Deutsch, Karl W. (1973): Politische Kybernetik. Modelle und Perspektiven. Freiburg: Rombach.

de Wilde, Tanguy/Gaelle Pellon (2006): The Implications of the European Neighbourhood Policy (ENP) on the EU-Russian „Strategic Partnership", in: Helsinki Monitor 17(2): 119–132.

Dicke, Klaus/Manuel Fröhlich (Hg.) (2005): Wege multilateraler Diplomatie. Politik, Handlungsmöglichkeiten und Entscheidungsstrukturen im UN-System. Baden-Baden: Nomos.

Dilp, Susanne/Alexander Siedschlag (2007): Mittelfristige Herausforderungen des Systems der Europäischen Sicherheits- und Verteidigungspolitik, in: Alexander Siedschlag (Hg.): Jahrbuch für europäische Sicherheitspolitik 2006/2007. Baden-Baden: Nomos, 113–130.

Doering-Manteuffel, Anselm (2000): Internationale Geschichte als Systemgeschichte. Strukturen und Handlungsmuster im europäischen Staatensystem des 19. und 20. Jahrhunderts, in: Wilfried Loth/Jürgen Osterhammel (Hg.): Internationale Geschichte. Themen – Ergebnisse – Aussichten. München: Oldenbourg, 93–115.

Donnelly, Jack (2000): Realism and International Relations. Cambridge u. a.: Cambridge University Press.

Doornbos, Martin (2003): Good Governance: The Metamorphosis of a Policy Metaphor, in: Journal of International Affairs 57(1): 3–17.

Dougherty, James E./Robert L. Pfaltzgraff, Jr. (2001): Contending Theories of International Relations. A Comprehensive Survey. 5. Ausgabe. New York: Longman.

Duchhardt, Heinz (1976): Gleichgewicht der Kräfte, Convenance, Europäisches Konzert. Friedenskongresse und Friedensschlüsse vom Zeitalter Ludwigs XIV. bis zum Wiener Kongreß. Darmstadt: Wissenschaftliche Buchgesellschaft.

Duchhardt, Heinz (1997): Balance of Power. Internationale Beziehungen 1700–1785. Paderborn: Schöningh.

Dülffer, Jost (2004): Europa im Ost-West-Konflikt 1945–1991. München: Oldenbourg.

Durkheim, Emile (1961): Die Regeln der soziologischen Methode. Neuwied: Luchterhand (Originalausgabe: Les Règles de la Méthode Sociologique. Paris: Alcan, 1895).

Duwendag, Dieter (2006): Globalisierung im Kreuzfeuer der Kritik. Gewinner und Verlierer – Globale Finanzmärkte – Supranationale Organisationen – Job-Exporte. Baden-Baden: Nomos.

Eckern, Ulrich/Leonie Herwartz-Emden/Rainer-Olaf Schultze (Hg.) (2004): Friedens- und Konfliktforschung in Deutschland. Eine Bestandsaufnahme. Wiesbaden: VS Verlag für Sozialwissenschaften.

Eco, Umberto (1988): Wie man eine wissenschaftliche Abschlußarbeit schreibt. Doktor-, Diplom- und Magisterarbeit in den Geistes- und Sozialwissenschaften. Heidelberg: Müller.

Ehrhart, Hans-Georg/Margret Johannsen (2005a): Herausforderung Mittelost. Übernimmt sich der Westen? Thesen, Optionen und Empfehlungen, in: Hamburger Informationen zur Friedensforschung und Sicherheitspolitik, Nr. 36, http://www.ifsh.de/pdf/publikationen/hifs/HI36.pdf.

Ehrhart, Hans-Georg/Margret Johannsen (Hg.) (2005b): Herausforderung Mittelost. Übernimmt sich der Westen? Baden-Baden: Nomos.

Elkins, David J./Richard E.B. Simeon (1979): A Cause in Search of Its Effect, or What Does Political Culture Explain?, in: Comparative Politics 11(2): 127–145

Elman, Colin/Miriam Fendius Elman (2003): Progress in International Relations Theory. Appraising the Field. Cambridge, MA: MIT Press.

Emig, Julia (2004): Die Liga der arabischen Staaten. Eine Bilanz unter besonderer Berücksichtigung der arabischen Kultur. Edingen-Neckarhausen: Deux Mondes.

Eppler, Erhard (2005): Auslaufmodell Staat? Frankfurt/M.: Suhrkamp.

Europäische Union (2003): Europäische Sicherheitsstrategie. Ein sicheres Europa in einer besseren Welt. Brüssel, 12. Dezember, http://ue.eu.int/uedocs/cmsUpload/031208ESSIIDE.pdf.

Evans, Gareth (1993): Cooperating for Peace. The Global Agenda for the 1990s and Beyond. St. Leonards: Allen & Unwin.

Faber, Karl-Georg (1971): Theorie der Geschichtswissenschaft. München: Beck.

Falk, Richard A. (1995): On Humane Governance. Toward a New Global Politics. Cambridge: Polity.

Fawcett, Louise/Andrew Hurrell (Hg.) (1995): Regionalism in World Politics. Regional Organization and International Order. Oxford u. a.: Oxford University Press.

Fearon, James/Alexander Wendt (2002): Rationalism vs. Constructivism: A Skeptical View, in: Walter Carlsnaes/Thomas Risse/Beth A. Simmons (Hg.): Handbook of International Relations. Thousand Oaks u. a.: Sage, 52–72.

Featherstone, Mike (1995): Undoing Culture. Globalization, Postmodernism and Identity. London u. a.: Sage.

Ferguson, Yale H./Richard W. Mansbach (1988): Elusive Quest. Theory and International Politics. Columbia, SC: University of South Carolina Press.

Fischer, Martina (2004): Konfliktregelung und Friedenssicherung III. Humanitäre Intervention und Prävention, in: Bernhard Rinke/Wichard Woyke (Hg.): Frieden und Sicherheit im 21. Jahrhundert. Eine Einführung. Opladen: Leske + Budrich, 173–200.

Fisher, Julie (1998): Nongovernments. NGOs and the Political Development of the Third World. West Hartford, CT: Kumarian Press.

Forndran, Erhard (1981): Abrüstung und Rüstungskontrolle. Historische Erfahrungen und theoretische Probleme. Berlin: Colloquium.

Fraenkel, Ernst (1973): Die Wissenschaft von der Politik und die Gesellschaft, in: ders.: Reformismus und Pluralismus. Hamburg: Verlag Hoffmann und Campe, 337–353 (zuerst 1963).

Frankel, Benjamin (Hg.) (1996a): Realism. Restatement and Renewal. London: Cass.

Frankel, Benjamin (Hg.) (1996b): Roots of Realism. London: Cass.

Franken, Mark (2007): Primäre und sekundäre Prävention – Eine kriminologische Sicht auf Maßnahmen internationaler Gewaltprävention, in: Alexander Siedschlag (Hg.): Jahrbuch für europäische Sicherheitspolitik 2006/2007. Baden-Baden: Nomos, 59–70.

Frantz, Christiane/Kerstin Martens (2006): Nichtregierungsorganisationen (NGOs). Wiesbaden: VS Verlag für Sozialwissenschaften.

Freedman, Lawrence (1989): The Evolution of Nuclear Strategy. 2. Ausgabe. New York: St. Martin's Press.

Freedman, Lawrence (2004): Deterrence. Cambridge u. a.: Polity.

Frei, Daniel (1973): Wozu Theorien der Internationalen Politik, in: ders. (Hg.): Theorien der internationalen Beziehungen. München: Piper, 11–21.

Friedrich, Carl J. (1968): Trends of Federalism in Theory and Practice. New York: Frederick A. Praeger.

Friedrichs, Jörg (2004): European Approaches to International Relations Theory. A House with Many Mansions. London/New York: Routledge.

Frost, Mervin (1996): Ethics in International Theory. A Constitutive Theory. Cambridge: Cambridge University Press.

Fues, Thomas/Brigitte I. Hamm (2001): Die Weltkonferenzen und ihre Folgeprozesse: Umsetzung in die deutsche Politik, in: dies. (Hg.): Die Weltkonferenzen der 90er Jahre: Baustellen für Global Governance. Bonn: Dietz, 44–125.

Fukuyama, Francis (1992): The End of History and the Last Man. London: Hamilton (deutsche Ausgabe: Das Ende der Geschichte. Wo stehen wir? München: Kindler, 1992).

Fukuyama, Francis (2004): State Building. Governance and World Order in the 21st Century. New York: Cornell University Press.

Gaddis, John L. (1972): The United States and the Origins of the Cold War 1941–1947. New York: Columbia University Press.

Gaddis, John L. (1992/93): International Relations Theory and the End of the Cold War, in: International Security 17(3): 5–58.

Galtung, Johan (1975): Strukturelle Gewalt. Beiträge zur Friedens- und Konfliktforschung. Hamburg: Reinbek.

Galtung, Johan (1996): Peace by Peaceful Means. Peace and Conflict, Development and Civilization. London u. a.: Sage.

Gantzel, Klaus-Jürgen (1972): System und Akteur. Beiträge zur vergleichenden Kriegsursachenforschung. Düsseldorf: Bertelsmann Universitätsverlag.

Gantzel, Klaus-Jürgen (Hg.) (1983): Kolonialwissenschaft, Kriegsursachenforschung, Internationale Angelegenheiten. Baden-Baden: Nomos.

Gardner, Anne-Marie (2002): Diagnosting Conflict: What Do We Know?, in: Fen Osler Hampson/David M. Malone (Hg.): From Reaction to Conflict Prevention: Opportunities for the UN System. London: Rienner, 15–40.

Gärtner, Heinz (2005): Internationale Sicherheit. Definitionen von A-Z. Baden-Baden: Nomos.

Gasteyger, Curt (1994): Europa zwischen Spaltung und Einigung 1945–1990. Bonn: Bundeszentrale für politische Bildung.

Gebhardt, Jürgen (1991): Macht und Maß: Morgenthau und Kissinger, in: Michael Th. Greven (Hg.): Macht in der Demokratie. Denkanstöße zur Wiederbelebung einer klassischen Frage in der zeitgenössischen Politischen Theorie. Baden-Baden: Nomos, 87–105.

Geertz, Clifford (1973): The Interpretation of Cultures. New York: Basic Books.

George, Alexander L. (1969): The Operational Code: A Neglected Approach to the Study of Political Leaders and Decision-Making, in: International Studies Quarterly 13(2): 190–222.

George, Alexander L. (1979): The Causal Nexus between Cognitive Beliefs and Decision-Making Behavior. The Operational Code, in: Lawrence S. Falkowski (Hg.): Psychological Models in International Politics. Boulder, CO: Westview, 95–124.

George, Alexander L. (1993): Bridging the Gap. Theory and Practice in Foreign Policy. Washington, D.C.: U.S. Institute of Peace.

George, Alexander L./Juliette L. George (1998): Presidential Personality and Performance. Boulder, CO u. a.: Westview.

George, Jim (1994): Discourses of Global Politics. A Critical (Re)introduction to International Relations. London u. a.: Macmillan.

Gerold, Rainer (1971): Die Sicherung des Friedens durch die Organisation Amerikanischer Staaten (OAS). Berlin: Duncker & Humblot.

Giddens, Anthony (2001): Entfesselte Welt. Wie die Globalisierung unser Leben verändert. Frankfurt/M.: Suhrkamp.

Gigon, Olof (1967): Aristoteles: Die Nikomachische Ethik, aus dem Griechischen und mit einer Einführung und Erläuterungen versehen von Olof Gigon. Zürich: Artemis.

Gilpin, Robert (1981): War and Change in World Politics. New York u. a.: Cambridge University Press.

Gilpin, Robert (1987): The Political Economy of International Relations. Princeton, NJ: Princeton University Press.

Gilpin, Robert (2001): Global Political Economy. Understanding the International Economic Order. Princeton, NJ: Princeton University Press.

Girard, Michel/Wolf-Dieter Eberwein/Keith Webb (Hg.) (1994): Theory and Practice in Foreign Policy-Making. National Perspectives on Academics and Professionals in International Relations. London u. a.: Pinter.

Gjelstad, Jørn/Olav Njølstad (Hg.) (1996): Nuclear Rivalry and International Order. London u. a.: Sage.

Godement, Francois/Françoise Nicolas/Taizo Yakushiji (Hg.) (2004): Asia and Europe – Cooperating for Energy Security. A CAEC Task Force Report. Paris: Japan Center for International Exchange.

Gordon, Leonid (1997): Weggabelungen auf der Straße der Transition. Rückblick und Perspektiven der russischen Entwicklung, in: Gert-Joachim Glaeßner/Michael Reimann (Hg.): Systemwechsel und Demokratisierung. Russland und Mittel-Osteuropa nach dem Zerfall der Sowjetunion. Opladen: Westdeutscher Verlag, 45–71.

Graham, Gordon (1997): Ethics and International Relations. Oxford: Blackwell.

Gramsci, Antonio (1967): Philosophie der Praxis. Eine Auswahl. Frankfurt/M.: Fischer.

Greiner, Christian/Klaus A. Maier/Heinz Rebhan (2003): Die Nato als Militärallianz. Strategie, Organisation und nukleare Kontrolle im Bündnis 1949 bis 1959. München: Oldenbourg.

Grieco, Joseph M. (1993): Understanding the Problem of International Cooperation: The Limits of Neoliberal Institutionalism and the Future of Realist Theory, in: David A. Baldwin (Hg.): Neorealism and Neoliberalism. The Contemporary Debate. New York: Columbia University Press, 301–338.

Griewank, Karl (1942): Der Wiener Kongreß und die Neuordnung Europas 1814/1815. Leipzig: Koehler & Amelang.

Grove, Gregory/Seymour E. Goodman/Stephen J. Lukasik (2000): Cyber-Attacks and International Law, in: Survival 42(3): 89–103.

Gruner, Wolf D. (Hg.) (1989): Gleichgewicht in Geschichte und Gegenwart. Hamburg: Krämer.

Haas, Ernst B. (1964): Beyond the Nation State. Stanford, CA: Stanford University Press.

Haas, Ernst B. (1976): Turbulent Fields and the Theory of Regional Integration, in: International Organization 46(2): 173–212.

Haas, Peter (1992): Introduction: Epistemic Communities and International Policy Coordination, in: International Organization 46(1): 1–35.

Haftendorn, Helga (1975): Bemühungen um eine Theorie internationaler Beziehungen. Eine wissenschaftstheoretische Einführung, in: dies. (Hg.): Theorie der Internationalen Politik: Gegenstand und Methoden der Internationalen Beziehungen. Hamburg: Hoffmann und Campe, 9–36.

Haftendorn, Helga (1994): Kernwaffen und die Glaubwürdigkeit der Allianz. Die NATO-Krise von 1966/67. Baden-Baden: Nomos.

Haftendorn, Helga/Robert O. Keohane/Celeste A. Wallander (Hg.) (1990): Imperfect Unions. Security Institutions over Time and Space. Oxford: Oxford University Press.

Haftendorn, Helga/Otto Keck (Hg.) (1997): Kooperation jenseits von Hegemonie und Bedrohung. Sicherheitsinstitutionen in den internationalen Beziehungen. Baden-Baden: Nomos.

Halbach, Uwe (2003): Russlands muslimische Ethnien und Nachbarn, in: Aus Politik und Zeitgeschichte, B 16: 39–44.

Hall, Rodney Bruce (1999): National Collective Identity. Social Constructs and International Systems. New York: Columbia University Press.

Hansen, Wibke (2004): Konfliktregelung und Friedenssicherung I. Die Vereinten Nationen, in: Bernhard Rinke/Wichard Woyke (Hg.): Frieden und Sicherheit im 21. Jahrhundert. Eine Einführung. Opladen: Leske + Budrich, 126–149.

Harrison, Lawrence E. (2004): Warum Kultur wichtig ist, in: ders./Samuel P. Huntington (Hg.): Streit um Werte. Wie Kulturen den Fortschritt prägen. München: Goldmann, 15–40.

Hartmann, Jürgen (2001): Internationale Beziehungen. Opladen: Leske + Budrich.

Harvey, O.J./David E. Hunt/Harold M. Schroder (1961): Conceptual Systems and Personality Organization. New York: Wiley.

Hasenclever, Andreas (2002): The Democratic Peace Meets International Institutions. Überlegungen zur internationalen Organisation des demokratischen Friedens, in: Zeitschrift für Internationale Beziehungen 9(1): 75–111.

Hasenclever, Andreas (2006): Liberale Ansätze zum „demokratischen Frieden", in: Siegfried Schieder/Manuela Spindler (Hg.): Theorien der Internationalen Beziehungen. Opladen: Barbara Budrich, 213–241.

Hauck, Gerhard (2006): Kultur. Zur Karriere eines sozialwissenschaftlichen Begriffs. Münster: Westfälisches Dampfboot.

Hauser, Gunther (2004): Sicherheitspolitik und Völkerrecht. Frankfurt/M. u. a.: Peter Lang.

Haussig, Hans-Wilhelm (Hg.) (1971): Herodot: Historien. Gesamtausgabe (Buch I–IX). Stuttgart: Kröner.

Held, David/Davod Goldblatt/Jonathan Perraton (1999): Global Transformations. Stanford, CA: Stanford University Press.

Held, David/Anthony McGrew (2002): Governing Globalization. Power, Authority and Global Governance. Oxford: Blackwell.

Heller, Francis H./John R. Gillingham (Hg.) (1992): NATO. The Founding of the Atlantic Alliance and the Integration of Europe. New York: St. Martin's Press.

Hellmann, Gunther/Klaus-Dieter Wolf/Michael Zürn (Hg.) (2003): Die neuen Internationalen Beziehungen. Forschungsstand und Perspektiven in Deutschland. Baden-Baden: Nomos.

Helmerich, Antje (2004): Ethnonationalismus und das politische Potential nationalistischer Bewegungen, in: Aus Politik und Zeitgeschichte, B 39: 19–24.

Hemmer, Christopher/Peter J. Katzenstein (2002): Why Is There No NATO in Asia? Collective Identity, Regionalism and the Origins of Multilateralism, in: International Organization 56(3): 575–607.

Hermann, Margaret G. (2002): One Field, Many Perspectives. Shifting from Debate to Dialogue, in: Donald J. Puchala (Hg.): Visions of International Relations. Assessing an Academic Field. Columbia, SC: University of South Carolina Press, 2–18.

Hermant, Daniel/Didier Bigo (Hg.) (1991): Approches polémologiques. Paris: FEDN.

Herrmann, Richard K. (2003): Image Theory and Strategic Interaction in International Relations, in: David Sears/Leonie Huddy/Robert Jervis (Hg.): Oxford Handbook of Political Psychology. Oxford: Oxford University Press, 285–314.

Herz, John H. (1951): Political Realism and Political Idealism. Chicago: University of Chicago Press.

Herz, John H. (1961): Weltpolitik im Atomzeitalter. Stuttgart: Kohlhammer (Originalausgabe: International Politics in the Atomic Age. New York: Columbia University Press, 1959).

Hill, Christopher/Michael Smith (Hg.) (2005): International Relations and the European Union. Oxford: Oxford University Press.

Hinde, Robert A. (1992): The Institution of War. New York: St. Martin's Press.

Hirst, Paul/Grahame Thompson (1996): Globalization in Question. Cambridge: Polity.

Hobden, Stephen/John M. Hobson (2002): Historical Sociology of International Relations. Cambridge u. a.: Cambridge University Press.

Hobe, Stephan/Otto Kimminich (2004): Einführung in das Völkerrecht. 8., vollständig überarbeitete und erweiterte Auflage. Tübingen: Francke.

Hoch, Martin (2002): Die Rückkehr des Mittelalters in die Sicherheitspolitik, in: Welt-Trends. Zeitschrift für internationale Politik und vergleichende Studien, Nr. 35: 17–34.

Hochleitner, Erich P. (Hg.) (2000): Das europäische Sicherheitssystem zu Beginn des 21. Jahrhunderts. Wien u. a.: Böhlau.

Hoffmann, Stanley (2001): The Debate about Intervention, in: Chester A. Crocker/Fen Osler Hampson/Pamela Aall (Hg.): Turbulent Peace. The Challenges of Managing International Conflict. Washington, D.C.: United States Institute of Peace, 273–284.

Hofmeister, Wilhelm/Josef Thesing (Hg.) (1996): Der Wandel politischer Systeme in Lateinamerika. Frankfurt/M.: Vervuert.

Hopf, Ted (1998): The Promise of Constructivism in International Relations Theory, in: International Security 23(1): 171–200.

Hopf, Ted/Friedrich V. Kratochwil/Richard Ned Lebow (2001): Reflexivity: Method and Evidence, in: International Encyclopedia of the Social and Behavioral Sciences. Amsterdam u. a.: Pergamon, 12884–12888.

Hough, Peter (2004): Understanding Global Security. London/New York: Routledge.

Howard, Michael (2001): Die Erfindung des Friedens. Über den Krieg und die Ordnung der Welt. Lüneburg: Klampen.

Hudson, Michael C. (1998): Middle East Dilemmas. Politics & Economics of Arab Integration. New York: Columbia University Press.

Hudson, Valerie M. (Hg.) (1997): Culture and Foreign Policy. Boulder, CO u. a.: Rienner.

Hudson, Valerie M. (2005): Foreign Policy Analysis: Actor-Specific Theory and the Ground of International Relations, in: Foreign Policy Analysis 1(1): 1–30.

Hudson, Valerie M./Christopher S. Vore (1995): Foreign Policy Analysis Yesterday, Today and Tomorrow, in: Mershon International Studies Review 39(2): 209–238.

Huntington, Samuel P. (1957): The Soldier and the State. The Theory and Politics of Civil-Military Relations. Cambridge, MA: Belknap Press of Harvard University Press.

Huntington, Samuel P. (1991): The Third Wave. Democratization in the Late Twentieth Century. Oklahoma, OK: University of Oklahoma Press.

Huntington, Samuel P. (1993): The Clash of Civilizations, in: Foreign Affairs 72(3): 22–49.

Huntington, Samuel P. (2002): Kampf der Kulturen. Die Neugestaltung der Weltpolitik im 21. Jahrhundert. München: Goldmann (Originalausgabe: The Clash of Civilizations and the Remaking of World Order. New York: Simon & Schuster, 1996).

Huntington, Samuel P. (2004): Kulturen zählen, in: ders./Lawrence E. Harrison (Hg.): Streit um Werte. Wie Kulturen den Fortschritt prägen. München: Goldmann, 7–14.

Hurrell, Andrew (1995): Regionalism in the Americas, in: Louise Fawcett/ders. (Hg.): Regionalism in World Politics. Regional Organization and International Order. Oxford: Oxford University Press, 250–282.

Ibahrine, Mohammad (2005): Amerikanische Public Diplomacy, Irak–Krieg und Aljazeera. Net-Effekt, in: Alexander Siedschlag (Hg.): Kursbuch Internet und Politik 2004/2005. Wiesbaden: VS Verlag für Sozialwissenschaften, 81–98.

ICISS (International Commission on Intervention and State Sovereignty) (2001): The Responsibility to Protect. Ottawa, http://www.dfait-maeci.gc.ca/iciss-ciise/menu-en.asp.

Ikenberry, G. John/Michael Mastanduno (Hg.) (2003): International Relations Theory and the Asia Pacific. New York u. a.: Columbia University Press.

Imbusch, Peter/Ralf Zoll (Hg.) (2006): Friedens- und Konfliktforschung. Eine Einführung. Wiesbaden: VS Verlag für Sozialwissenschaften.

Inglehart, Ronald (2004): Kultur und Demokratie, in: Samuel P. Huntington/Lawrence E. Harrison (Hg.): Streit um Werte. Wie Kulturen den Fortschritt prägen. München: Goldmann, 141–166.

Isaak, Robert (1981): Individuals and World Politics. 2. Ausgabe. Belmont, CA: Wadsworth.

Jackson, Robert/Georg Sørensen (2003): Introduction to International Relations. Theories and Approaches. Oxford u. a.: Oxford University Press.

Jacobson, Mark R. (1998): War in the Information Age: International Law, Self-Defense, and the Problem of „Non-Armed" Attacks, in: Journal of Strategic Studies 21(3): 1–23.

Jacquin-Berdal, Dominique/Andrew Oros/Marco Verweij (Hg.) (1988): Culture in World Politics. Houndmills/Basingstoke: Macmillan.

Jäger, Thomas/Kai Oppermann (2006): Bürokratie- und organisationstheoretische Analysen der Sicherheitspolitik: Vom 11. September zum Irakkrieg, in: Alexander Siedschlag (Hg.): Methoden der sicherheitspolitischen Analyse. Eine Einführung. Wiesbaden: VS Verlag für Sozialwissenschaften, 105–134.

Jahn, Egbert (1976): Grenzen der Friedensforschung, in: Rainer Steinweg (Hg.): Friedensanalysen für Theorie und Praxis. Frankfurt/M.: Suhrkamp, 144–153.

Jahn, Egbert (2003): Frieden/Friedensforschung, in: Dieter Nohlen (Hg.): Kleines Lexikon der Politik. München: Beck, 149–156.

Jahn, Egbert/Sabine Fischer/Astrid Sahm (2005): Den Frieden weiter denken, in: dies. (Hg.): Die Zukunft des Friedens. Die Friedens- und Konfliktforschung aus der Perspektive der jüngeren Generation. Wiesbaden: VS Verlag für Sozialwissenschaften, 9–18.

Janis, Irving L. (1972): Victims of Groupthink. A Psychological Study of Foreign-Policy Decisions and Fiascoes. Boston, MA: Houghton-Mifflin.

Janssen, Elmar (2005): Stabilität in Nahost? Transformationsansätze von USA und EU und strukturelle Hindernisse einer Friedensordnung. München: m-press Meidenbauer.

Jervis, Robert (1970): The Logic of Images in International Relations. Princeton, NJ: Princeton University Press.

Jervis, Robert (1976): Perception and Misperception in International Politics. Princeton, NJ: Princeton University Press.

Jervis, Robert (1999): Realism, Neoliberalism, and Cooperation. Understanding the Debate, in: International Security 24(1): 42–63.

Johannsen, Margret (2006): Der Nahost-Konflikt. Wiesbaden: VS Verlag für Sozialwissenschaften.

John, Ieuan/Moorhead Wright/John Garnet (1972): International Politics at Aberystwyth 1919–1969, in: Brian Porter (Hg): International Politics 1919–1969. The Aberystwyth Papers. London: Oxford University Press, 86–102.

Johnston, Alastair Ian (1995): Cultural Realism. Strategic Culture and Grand Strategy in Chinese History. Princeton, NJ: Princeton University Press.

Jørgensen, Knud Erik/Tonny Brems Knudsen (Hg.) (2006): International Relations in Europe. Traditions, Perspectives and Destinations. London/New York: Routledge.

Josselin, Daphné/William Wallace (Hg.) (2001a): Non-state Actors in World Politics. Houndmills/Basingstoke u. a.: Palgrave Macmillan.

Josselin, Daphné/William Wallace (2001b): Non-state Actors in World Politics: the Lessons, in: dies. (Hg.): Non-state Actors in World Politics. Houndmills/Basingstoke u. a.: Palgrave Macmillan, 251–260.

Juchler, Ingo (2005): Politikdidaktische Überlegungen zur Lehre im Bereich der Internationalen Beziehungen und Universitäten, in: Zeitschrift für Internationale Beziehungen 12(1): 171–192.

Kaiser, Karl (1970): Friedensforschung in der Bundesrepublik. Göttingen: Vandenhoeck & Ruprecht.

Kaldor, Mary (2000): Neue und alte Kriege. Organisierte Gewalt im Zeitalter der Globalisierung. Frankfurt/M.: Suhrkamp.

Kamps, Klaus (1998): Nachrichtengeographie. Themen, Strukturen, Darstellung: Ein Vergleich, in: ders./Miriam Meckel (Hg.): Fernsehnachrichten. Prozesse, Strukturen, Funktionen. Wiesbaden: Westdeutscher Verlag, 275–294.

Kant, Immanuel (1984): Zum ewigen Frieden. Stuttgart: Reclam (zuerst 1795).

Kaplan, Morton A. (1966): The New Great Debate: Traditionalism vs. Science in International Relations, in: World Politics 19(1): 1–20.

Karns, Margaret P./Karen A. Mingst (2004): International Organizations. The Politics and Processes of Global Governance. Boulder, CO/London: Rienner.

Katzenstein, Peter (Hg.) (1996): The Culture of National Security. Norms and Identity in World Politics. New York: Columbia University Press.

Kaufmann, Franz-Xaver (1973): Sicherheit als soziologisches und sozialpolitisches Problem. 2. Auflage. Stuttgart: Enke.

Keck, Margaret E./Kathryn Sikkink (1998): Activists Beyond Borders. Advocacy Networks in International Politics. Ithaca, NJ: Cornell University Press.

Kegley, Charles W. (1995a): The Neoliberal Challenge to Realist Theories of World Politics: An Introduction, in: ders. (Hg.): Controversies in International Relations Theory. Realism and the Neoliberal Challenge. New York: St. Martin's Press, 1–24.

Kegley, Charles W. (Hg.) (1995b): Controversies in International Relations Theory. Realism and the Neoliberal Challenge. New York: St. Martin's Press.

Kelman, Herbert C. (Hg.) (1965): International Behavior. A Social-Psychological Analysis. New York: Holt, Rinehart and Winston.

Kelstrup, Morten/Michael C. Williams (2000): International Relations Theory and European Integration. Power, Security and Community. London: Routledge.

Kennan, George F. (1984): American Diplomacy. Expanded Edition. Chicago, IL: University of Chicago Press.

Keohane, Robert O. (1984): After Hegemony. Cooperation and Discord in the World Political Economy. Princeton, NJ: Princeton.

Keohane, Robert O. (Hg.) (1986): Neorealism and Its Critics. New York: Columbia University Press.

Keohane, Robert O. (1989): International Institutions and State Power. Essays in International Relations Theory. Boulder, CO u. a.: Westview.

Keohane, Robert O. (2002): Power and Governance in a Partially Globalized World. London: Routledge.

Keohane, Robert O./Lisa M. Martin (1995): The Promise of Institutionalist Theory, in: International Security 20(1): 39–51.

Keohane, Robert O./Andrew Moravcsik/Anne-Marie Slaughter (2002): Legalized Dispute Resolution: Interstate and Transnational, in: International Organization 54(3): 457–488.

Keohane, Robert O./Joseph S. Nye (Hg.) (1972): Transnational Relations and World Politics. Cambridge, MA: Cambridge University Press.

Keohane, Robert O./Joseph S. Nye (1977): Power and Interdependence. World Politics in Transition. Boston, MA: Little, Brown and Company.

Kernic, Franz (Red.) (2006): Die Beziehungen der Europäischen Union zu Lateinamerika. Hintergrundanalysen zum IV. Gipfeltreffen „EU-Lateinamerika-Karibik" in Wien im Mai 2006. Wien: Landesverteidigungsakademie.

Kernic, Franz/Walter Feichinger (Hg.) (2006): Transatlantische Beziehungen im Wandel. Sicherheitspolitische Aspekte der Beziehungen zwischen der Europäischen Union und Lateinamerika. Baden-Baden: Nomos.

Khagram, Sanjeev (2006): Possible Future Architectures of Global Governance: A Transnational Perspective/Prospective, in: Global Governance 12(1): 97–117.

Khong, Yuen Foong (1990): Analogies at War. Korea, Munich, Dien Bien Phu, and The Vietnam Decisions of 1965. Princeton, NJ: Princeton University Press.

Kindermann, Gottfried-Karl (Hg.) (1977): Grundelemente der Weltpolitik. München u. a.: Piper.

Kindermann, Gottfried-Karl (Hg.) (1986a): Grundelemente der Weltpolitik. 3., erweiterte Neuauflage. München u. a.: Piper.

Kindermann, Gottfried-Karl (1986b): Konstanten und Variablen imperialistischer Politik, in: ders. (Hg.): Grundelemente der Weltpolitik. 3., erweiterte Neuauflage. München u. a.: Piper, 249–277.

Kindermann, Gottfried-Karl (1986c): Weltverständnis und Ideologie als Faktoren Auswärtiger Politik, in: ders. (Hg.): Grundelemente der Weltpolitik. 3., erweiterte Neuauflage. München u. a.: Piper, 145–164.

Kindermann, Gottfried-Karl (1986d): Zum Selbstverständnis des neorealistischen Ansatzes – Einleitung zur dritten Auflage, in: ders. (Hg.): Grundelemente der Weltpolitik. 3., erweiterte Neuauflage. München u. a.: Piper, 11–47.

Kindermann, Gottfried-Karl (1986e): Zur Methodik der Internationalen Konstellationsanalyse, in: ders. (Hg.): Grundelemente der Weltpolitik. 3., erweiterte Neuauflage. München u. a.: Piper, 106–144.

Kindermann, Gottfried-Karl (2001): Der Aufstieg Ostasiens in der Weltpolitik 1840–2000. Stuttgart/München: Deutsche Verlags-Anstalt.

Kirste, Knut (1998): Rollentheorie und Außenpolitikanalyse. Die USA und Deutschland als Zivilmächte. Frankfurt/M. u. a.: Peter Lang.

Kissinger, Henry A. (1961): Die Entscheidung drängt. Grundfragen westlicher Außenpolitik. Düsseldorf: Econ (Originalausgabe: The Necessity for Choice. Prospects of American Foreign Policy. New York: Harper, 1961).

Kissinger, Henry A. (1983): Die weltpolitische Lage. Reden und Aufsätze. München: Goldmann.

Kissinger, Henry A. (1995): Diplomacy. New York: Touchstone/Simon & Schuster (deutsche Ausgabe: Die Vernunft der Nationen. Neu bearbeitete und korrigierte Fassung. Berlin: Siedler, 1996).

Kissinger, Henry A. (2003): Die Herausforderung Amerikas. Weltpolitik im 21. Jahrhundert. Berlin: Propyläen (Originalausgabe: Does America Need a Foreign Policy? Toward a Diplomacy for the 21st Century. New York: Century Books, 2001).

Kleinschmidt, Harald (1998): Geschichte der internationalen Beziehungen. Ein systemgeschichtlicher Abriß. Stuttgart: Reclam.

Kleinsteuber, Hans J. (1994): Nationale und internationale Mediensysteme, in: Klaus Merten/Siegfried J. Schmidt/Siegfried Weischenberg (Hg.): Die Wirklichkeit der Medien. Eine Einführung in die Kommunikationswissenschaft. Opladen: Westdeutscher Verlag, 544–569.

Klenk, Jürgen (1994): Organization for Economic Cooperation and Development – OECD, in: Dieter Nohlen (Hg.): Lexikon der Politik. Band 6: Internationale Beziehungen. Hg. Andreas Boekh. München: Beck, 355–361.

Knorr, Klaus E. (Hg.) (1976): Historical Dimensions of National Security Problems. Lawrence, KA: University of Kansas Press.

Knorr, Klaus E./James N. Rosenau (Hg.) (1969): Contending Approaches to International Politics. Princeton, NJ: Princeton University Press.

Knudsen, Olav (2006): Russia and the New Europe. Borderlands and Integration. Stockholm: Swedish Institute of International Affairs.

Knutsen, Torbjörn L. (1997): A History of International Relations Theory. Manchester/New York: Manchester University Press.

Koch, Eckart (2006): Internationale Wirtschaftsbeziehungen. 3., vollständig überarbeitete und erweiterte Auflage. München: Vahlen.

König, Hans-Joachim (2006): Kleine Geschichte Lateinamerikas. Stuttgart: Reclam.

Koppe, Karlheinz (2006): Zur Geschichte der Friedens- und Konfliktforschung im 20. Jahrundert, in: Peter Imbusch/Ralf Zoll (Hg.): Friedens- und Konfliktforschung. Eine Einführung. Wiesbaden: VS Verlag für Sozialwissenschaften, 17–65.

Krell, Gert (2004): Weltbilder und Weltordnung. Einführung in die Theorie der internationalen Beziehungen. 3. Auflage. Baden-Baden: Nomos.

Kriesberg, Louis (1998): Constructive Conflicts. From Escalation to Resolution. Lanham, MA: Rowman & Littlefield.

Krippendorff, Ekkehart (Hg.) (1974): Friedensforschung. Köln: Kiepenheuer & Witsch.

Krippendorff, Ekkehart (2000): Die Erfindung der Außenpolitik, in: Jens Siegelberg/Klaus Schlichte (Hg.): Strukturwandel internationaler Beziehungen. Zum Verhältnis von Staat und internationalem System seit dem Westfälischen Frieden. Wiesbaden: Westdeutscher Verlag, 61–73.

Krüger, Peter (Hg.) (1996): Das europäische Staatensystem im Wandel. Strukturelle Bedingungen und bewegende Kräfte seit der Frühen Neuzeit. München: Oldenbourg.

Krugman, Paul R./Maurice Obstfeld (2006): Internationale Wirtschaft. Theorie und Politik der Außenwirtschaft. 7. Auflage. München: Pearson Studium.

Kubálková, Vendulka/Nicholas Onuf/Paul Kowert (Hg.) (1998): International Relations in a Constructed World. Armonk, NJ: Sharpe.

Kühne, Winrich (2003): UN-Friedenseinsätze verbessern: Die Empfehlungen der Brahimi-Kommission, in: Sabine von Schorlemer (Hg.): Praxishandbuch UNO. Die Vereinten Nationen im Lichte globaler Herausforderungen. Berlin u. a.: Springer, 715–731.

Küng, Hans (1990): Projekt Weltethos. München: Piper.

Kurtenbach, Sabine (2000): Sicherheitspolitische Kooperation und zwischenstaatliche Konflikte in den Amerikas, in: dies./Klaus Bodemer/Detlef Nolte (Hg.): Sicherheitspolitik in Lateinamerika. Vom Konflikt zur Kooperation? Opladen: Leske + Budrich, 69–90.

Kurtenbach, Sabine (2002): OAS – Vom Instrument der US-Politik zur demokratischen Sicherheitsgemeinschaft?, in: Mir A. Ferdowsi (Hg.): Internationale Politik im 21. Jahrhundert. München u. a.: UTB, 325–340.

Landmann, Peter (Hg.) (2002): Thukydides: Der Peloponnesische Krieg. Düsseldorf: Artemis & Winkler.

Lantis, Jeffrey S. (2002): Strategic Culture and National Security Policy, in: International Studies Review 4(3): 87–113.

Lapid, Yosef/Friedrich Kratochwil (Hg.) (1996): The Return of Culture and Identity in IR Theory. Boulder, CO u. a.: Rienner.

Larrabee, F. Stephen/Ian O. Lesser (2003): Turkish Foreign Policy in an Age of Uncertainty. Santa Monica, CA: RAND.

Larsen, Henrik (1997): Foreign Policy and Discourse Analysis. France, Britain and Europe. London/New York: Routledge.

Latawski, Paul C./Martin A. Smith (2003): The Kosovo Crisis and the Evolution of Post-Cold War European Security. Manchester u. a.: Manchester University Press.

Lauga, Martin (2000): Demokratie und zivil-militärische Beziehungen in Südamerika, in: Thomas Fischer/Michael Krennerich (Hg.): Politische Gewalt in Lateinamerika. Frankfurt/M.: Vervuert, 197–212.

Layritz, Stephan (1992): Der NATO-Doppelbeschluß. Westliche Sicherheitspolitik im Spannungsfeld von Innen-, Bündnis- und Außenpolitik. Frankfurt/M. u. a.: Peter Lang.

Lederach, John Paul (1995): Preparing for Peace. Conflict Transformation across Cultures. Syracuse, NY: Syracuse University Press.

Lehmkuhl, Ursula (2001): Diplomatiegeschichte als internationale Kulturgeschichte: Theoretische Ansätze und empirische Forschung zwischen Historischer Kulturwissenschaft und Soziologischem Institutionalismus, in: Geschichte und Gegenwart 27(3): 394–423.

Leiß, Martin F. (2003): Internationaler Strafgerichtshof und Jugoslawientribunal. Institutionen als Vorreiter normativen Wandels im völkerrechtlichen Friedenssicherungssystem. Münster u. a.: LIT.

Leites, Nathan (1973): Operational Code of the Politburo. London: Greenwood.

Lessmann, Robert (1996): Drogenökonomie und internationale Politik. Die Auswirkungen der Antidrogenpolitik der USA auf Bolivien und Kolumbien. Frankfurt/M.: Vervuert.

Lindberg, Leon N. (1963): The Political Dynamic of European Economic Integration. Stanford, CA: Stanford University Press.

Link, Werner (1980): Der Ost-West-Konflikt. Die Organisation der internationalen Beziehungen im 20. Jahrhundert. Stuttgart u. a.: Kohlhammer.

Link, Werner (1988): Der Ost-West-Konflikt. Die Organisation der internationalen Beziehungen im 20. Jahrhundert. 2. überarbeitete und erweiterte Auflage. Stuttgart u. a.: Kohlhammer.

Link, Werner (2001): Die Neuordnung der Weltpolitik. Grundprobleme globaler Politik an der Schwelle zum 21. Jahrhundert. München: Beck.

Link, Werner (2004a): Hegemonie und Gleichgewicht der Macht, in: Mir A. Ferdowsi (Hg.): Sicherheit und Frieden zu Beginn des 21. Jahrhunderts. München: Bayerische Landeszentrale für politische Bildungsarbeit, 43–61.

Link, Werner (2004b): Konfliktformationen des Internationalen Systems im Wandel, in: Manfred Knapp/Gert Krell (Hg.): Einführung in die Internationale Politik. München/Wien: Oldenburg, 369–395.

Linz, Juan J./Arturo Valenzuela (Hg.) (1994): The Failure of Presidential Democracy. The Case of Latin America. Baltimore, MD/London: John Hopkins University Press.

Little, Douglas (2002): American Orientalism. The United States and the Middle East since 1945. Raleigh: University of North Carolina Press.

Lobell, Steven/Philip Mauceri (2004): Diffusion and Escalation of Ethnic Conflict, in: dies. (Hg.): Ethnic Conflict and International Politics. Explaining Diffusion and Escalation. New York u. a.: Palgrave Macmillan, 1–10.

Luard, Evan (1992): The Balance of Power. The System of International Relations. 1648–1815. New York: Palgrave Macmillan.

Luhmann, Niklas (1984): Soziale Systeme. Grundriß einer allgemeinen Theorie. Frankfurt/M.: Suhrkamp.

Lund, Michael S. (1996): Preventing Violent Conflicts. A Strategy for Preventive Diplomacy. Washington D.C.: United States Institute of Peace.

Lutz, Dieter S. (2004): Friedensforschung – normativ, interdisziplinär, praxisorientiert, in: Ulrich Eckern/Leonie Hertwartz-Emden/Rainer-Olaf Schultze (Hg.): Friedens- und Konfliktforschung in Deutschland. Eine Einführung. Wiesbaden: VS Verlag für Sozialwissenschaften, 23–32.

Lynch, John (1992): Caudillos in Spanish America 1800–1850. Oxford: Clarendon.

Maaß, Kurt-Jürgen (Hg.) (2005): Kultur und Außenpolitik. Handbuch für Studium und Praxis. Baden-Baden: Nomos.

Macków, Jerzy (2003): Russlands Beziehungen zu seinen „slawischen Brüdern" Ukraine und Belarus, in: Aus Politik und Zeitgeschichte, B 16: 31–38.

Maghroori, Ray (1982): Introduction: Major Debates in International Relations, in: ders./ Bennett Ramberg (Hg.): Globalism Versus Realism: International Relations' Third Debate. Boulder, CO u. a.: Westview, 9–22.

Maghroori, Ray/Bennett Ramberg (Hg.) (1982): Globalism versus Realism: International Relations' Third Debate. Boulder, CO u. a.: Westview.

Mannheim, Karl (1929): Ideologie und Utopie. Bonn: Cohen.

March, James G./Johan P. Olsen (1984): The New Institutionalism: Organizational Factors in Political Life, in: American Political Science Review 78(4): 734–749.

March, James G./Johan P. Olsen (1995): Democratic Governance. New York u. a.: Free Press.

Marfurt Gerber, Edith (1998): Konfliktlösungsstrategien in Bürgerkriegen. Zürich: Ruegger.

Martínez-Guzmán, Vicent (2006): Negative and Positive Peace, in: Gustaaf Geeraerts/Natalie Pauwels/Eric Remacle (Hg.): Dimensions of Peace and Security. A Reader. Brüssel: Peter Lang, 23–42.

Masala, Carlo (2002): Militärische Koalitionen: Entstehungs- und Managementbedingungen, in: WeltTrends. Zeitschrift für internationale Politik und vergleichende Studien, Nr. 35: 49–66.

Massarrat, Mohssen (Hg.) (1996): Mittlerer und Naher Osten: Eine Einführung in die Geschichte und Gegenwart der Region. Münster: Agenda.

Matthies, Volker (2000): Krisenprävention. Vorbeugen ist besser als Heilen. Opladen: Leske + Budrich.

Matthies, Volker (2004): Kriege: Erscheinungsformen, Kriegsverhütung, Kriegsbeendigung, in: Manfred Knapp/Gert Krell (Hg.): Einführung in die Internationale Politik. München/Wien: Oldenburg, 398–435.

McDermott, Rose (2004): Political Psychology in International Relations. Ann Arbor, MI: University of Michigan Press.

McGoldrick, Annabel (2006): War Journalism and „Objectivity", in: Conflict & Communication Online 5(2), http://www.cco.regener-online.de/2006_2/pdf/mcgoldrick.pdf.

McGrew, Anthony G. (1992): Conceptualizing Global Politics, in: ders./Paul G. Lewis (Hg.): Global Politics. Globalization and the Nation State. Cambridge: Polity, 1–28.

McGrew, Anthony G. (Hg.) (1998): Asia-Pacific in the New World Order. London u. a.: Routledge.

McSweeny, Bill (1999): Security, Identity and Interests. A Sociology of International Relations. Cambridge u. a.: Cambridge University Press.

Mearsheimer, John J. (1990): Back to the Future. Instability in Europe after the Cold War, in: International Security 15(1): 5–56.

Mearsheimer, John J. (1994/95): The False Promise of International Institutions, in: International Security 19(3): 5–49.

Mearsheimer, John J. (2001): The Tragedy of Great Power Politics. New York u. a.: Norton.

Meckel, Miriam/Klaus Kamps (2003): Internationale Kommunikation, in: Günter Bentele/Hans Bernd Brosius/Othmar Jarren (Hg.): Öffentliche Kommunikation – Handbuch Kommunikations- und Medienwissenschaft. Wiesbaden: Westdeutscher Verlag, 481–491.

Meissner, Boris (1995): Die Russländische Föderation unter Jelzin, in: ders./Alfred Eisfeld (Hg.): Die GUS-Staaten in Europa und Asien. Baden-Baden: Nomos, 21–43.

Menzel, Ulrich (1997): Kulturen und Strukturen im Internationalen System – oder: Bilden sich neue Feindbilder heraus?, in: Jörg Calließ (Hg.): Der Konflikt der Kulturen und der Friede in der Welt. Oder: Wie können wir in einer pluralistischen Welt zusammenleben? Rehburg-Loccum: Evangelische Akademie Loccum, 139–156.

Menzel, Ulrich (2001): Zwischen Idealismus und Realismus. Die Lehre von den Internationalen Beziehungen. Frankfurt/M.: Suhrkamp.

Menzel, Ulrich/Katharina Varga (1999): Theorie und Geschichte der Lehre von den Internationalen Beziehungen. Einführung und systematische Bibliographie. Hamburg: Deutsches Übersee-Institut.

Messner, Dirk (2000): Globalisierung, Global Governance und Perspektiven der Entwicklungszusammenarbeit, in: Franz Nuscheler (Hg.): Entwicklung und Frieden im 21. Jahrhundert. Bonn: Bundeszentrale für politische Bildung, 267–294.

Messner, Dirk (2001): Weltkonferenzen und Global Governance: Anmerkungen zum radikalen Wandel vom Nationalstaatensystem zur Global-Governance-Epoche, in: Thomas Fues/Brigitte I. Hamm (Hg.): Die Weltkonferenzen der 90er Jahre: Baustellen für Global Governance. Bonn: Dietz, 13–43.

Messner, Dirk (2005): Global Governance: Globalisierung im 21.Jahrhundert gestalten, in: Maria Behrens (Hg.): Globalisierung als politische Herausforderung. Global Governance zwischen Utopie und Realität. Wiesbaden: VS Verlag für Sozialwissenschaften, 27–54.

Messner, Dirk/Franz Nuscheler (1996): Global Governance. Organisationselemente und Säulen der Weltordnungspolitik, in: ders./Franz Nuscheler (Hg.): Weltkonferenzen und Weltberichte. Ein Wegweiser durch die internationale Diskussion. Bonn: Dietz, 12–36.

Messner, Dirk/Franz Nuscheler (2000): Politik in der Global-Governance-Architektur, in: Rolf Kreibich/Udo Ernst Simonis (Hg.): Global Change – Globaler Wandel. Ursachen- komplexe und Lösungsansätze. Berlin: Berlin Verlag, 171–188.

Meyers, Reinhard (1981): Die Lehre von den internationalen Beziehungen. Ein entwick- lungsgeschichtlicher Überblick. Korrigierter und erweiterter Nachdruck. Düsseldorf: Droste.

Meyers, Reinhard (2004): Krieg und Frieden, in: Wichard Woyke (Hg.): Handwörterbuch Internationale Politik. 9. völlig überarbeitete Auflage. Bonn: Bundeszentrale für poli- tische Bildung, 286–308.

Miall, Hugh (2004): Conflict Transformation. A Multi-Dimensional Task. Berlin: Berghof Research Centre for Constructive Conflict Management.

Miller, George Armitage/Eugene Galanter/Karl H. Pribaram (1960): Plans and Structure of Behaviour. New York: Holt, Rinehart & Winston.

Mills, Kurt (1998): Human Rights in the Emerging Global Order: A New Sovereignty. Lon- don: Palgrave Macmillan.

Milner, Helen (1992): International Theories of Cooperation among Nations. Strengths and Weaknesses, in: World Politics 44(3): 466–496.

Mingst, Karen A. (2004): Essentials of International Relations. New York: Norton.

Mitchel, Christopher (2000): Gestures of Conciliation. Factors Contributing to Successful Olive-Branches. Houndmills/Basingstoke: Macmillan.

Mitrany, David (1933): The Progress of International Government. London: Allen & Un- win.

Möller, Horst (1998): Europa zwischen den Weltkriegen. München: Oldenbourg.

Möllers, Martin H.W./Robert Chr. van Ooyen (2005): Jahrbuch Öffentliche Sicherheit 2004/2005. Frankfurt/M.: Verlag für Polizeiwissenschaft.

Monar, Jörg (2003): Außenwirtschaftsbeziehungen, in: Werner Weidenfeld/Wolfgang Wessels (Hg.): Jahrbuch der Europäischen Integration 2002/03. Baden-Baden: Nomos, 229–236.

Moon, Parker T. (1925): Syllabus on International Relations. New York: Macmillan.

Mora, Frank O. (Hg.) (2003): Latin American and Caribbean Foreign Policy. Lanham, MD u. a.: Rowman & Littlefield.

Moravcsik, Andrew (1993): Integrating International and Domestic Politics: A Theoreti- cal Introduction, in: Peter Evans/Harold Jacobson/Robert Putnam (Hg.): Double-Edged Diplomacy. Interactive Games in International Affairs. Berkeley, CA: University of Ca- lifornia Press, 3–42.

Moravcsik, Andrew (1996): Federalism and Peace: A Structural Liberal Perspective, in: Zeitschrift für Internationale Beziehungen 3(1): 123–132.

Morgenthau, Hans J. (1946): Scientific Man vs. Power Politics. Chicago: University of Chicago Press.

Morgenthau, Hans J. (1948): Politics among Nations. The Struggle for Power and Peace. New York: Knopf (deutsche Ausgabe: Macht und Frieden. Grundlegung einer Theorie der internationalen Politik. Gütersloh: Bertelsmann, 1963).

Morgenthau, Hans J. (1951): The Moral Dilemma in Foreign Policy, in: Yearbook of World Affairs 5(1): 12–36.

Morgenthau, Hans J. (1963): Macht und Frieden. Grundlegung einer Theorie der internationalen Politik. Gütersloh: Bertelsmann (Originalausgabe: Politics among Nations. The Struggle for Power and Peace. New York: Knopf, 1948).

Morgenthau, Hans J. (1996): The Future of Diplomacy, in: Robert J. Art/Robert Jervis (Hg.): International Politics. Enduring Concepts and Contemporary Issues. New York: HarperCollins, 116–126.

Motyl, Alexander J./Blair A. Ruble/Lilia Shevtsova (2005): Russia's Engagement with the West. Transformation and Integration in the Twenty-first Century. Armonk/NY u. a.: Sharpe.

Müller, Klaus (2002): Globalisierung. Frankfurt/M.: Campus.

Münkler, Herfried (2002): Die neuen Kriege. Hamburg: Rowohlt.

Münkler, Herfried (2005): Imperien. Die Logik der Weltherrschaft – vom Alten Rom bis zu den Vereinigten Staaten. Berlin: Rowohlt.

Murden, Simon (1997): Cultural Conflict in International Relations: The West and Islam, in: John Baylis/Steve Smith (Hg.): The Globalization of World Politics. An Introduction to International Relations. Oxford: Oxford University Press, 374–389.

Narine, Shaun (1999): ASEAN into the Twenty-first Century: Problems and Prospects, in: The Pacific Review 12(3): 357–380.

NATO (2006): Riga Summit Declaration Issued by the Heads of State and Government Participating in the Meeting of the North Atlantic Council in Riga on 29 November 2006, http://www.nato.int/docu/pr/2006/p06-150e.htm.

Neack, Laura/Jeanne Hey/Patrick Haney (Hg.) (1995): Foreign Policy Analysis: Continuity and Change in Its Second Generation. Englewood Cliffs, NJ: Prentice Hall.

Nerlich, Uwe (Hg.) (1966): Krieg und Frieden in der modernen Staatenwelt. Gütersloh: Bertelsmann.

Neuhoff, Judith (2005): Regionalorganisationen 2004 (Arabische Liga (AL), Arabische Maghrebunion (AMU), Golfkooperationsrat (GKR), Organisation Islamischer Konferenz (OIK), OPEC), in: Hanspeter Mattes (Hg.): Nahost-Jahrbuch 2004. Wiesbaden: VS Verlag für Sozialwissenschaften, 194–200.

Neuhold, Hanspeter (1997): Euro-atlantisches Völkerrecht: geschichtlicher Überblick, in:

ders./Waldemar Hummer/Christoph Schreuer: Österreichisches Handbuch des Völkerrechts. Wien: Manz, 14–24.

Nicolson, Harold (1946): Der Wiener Kongreß oder Über die Einigkeit unter Verbündeten.
1812–1822. Zürich: Atlantis-Verlag.

Niedhart, Gottfried (1989): Internationale Beziehungen 1917–1947. Paderborn u. a.:
Schöningh.

Non-Aligned Movement (2006): 14th Summit Conference of Heads of State or Government of the Non-Aligned Movement. Final Document. Havanna, 11.-16. September,
http://www.cubanoal.cu/ingles/Docadoptados/tdocfinal.html.

Nonneman, Gerd (Hg.) (2005): Analyzing Middle East Foreign Policies and the Relationship with Europe. London u. a.: Routledge.

Nuscheler, Franz (2004): Global Governance, in: Mir A. Ferdowsi (Hg.): Sicherheit und
Frieden zu Beginn des 21. Jahrhunderts. München: Bayerische Landeszentrale für politische Bildungsarbeit, 87–102.

Nuscheler, Franz/Stephan Klingebiel (1994): Internationale Entwicklungspolitik, in: Dieter
Nohlen (Hg.): Lexikon der Politik. Band 6: Internationale Beziehungen. Hg. Andreas
Boeckh. München: Beck, 108–126.

Ogley, Roderick C. (1981): International Relations: Poetry, Prescription or Science?, in:
Millennium 10(2): 170–186.

Olson, William C./A.J.R. Groom (1991): International Relations Then and Now. Origins
and Trends in Interpretation. London u. a.: Routledge.

Olson, William C./Nicholas G. Onuf (1985): The Growth of a Discipline: Reviewed, in:
Steve Smith (Hg.): International Relations. British and American Perspectives. Oxford:
Oxford University Press, 1–28.

Onuf, Nicholas G. (1989): World of Our Making: Rules and Rule in Social Theory and
International Relations. Columbia, SC: University of South Carolina Press.

Onuf, Nicholas G. (1998): Constructivism: A User's Manual, in: Vendulka Kubalkova/ders./
Paul Kowert (Hg.): International Relations in a Constructed World. Armonk, NY: Sharpe, 58–78.

Opp, Karl-Dieter (2005): Methodologie der Sozialwissenschaften. Einführung in Probleme
ihrer Theorienbildung und praktischen Anwendung. 6. Auflage. Wiesbaden: VS Verlag für Sozialwissenschaften.

Ossendorff, Ingo (2000): Lateinamerika: Aspekte und Perspektiven der Politik. Münster:
LIT.

Österreichische Entwicklungs- und Ostzusammenarbeit (2006): Good Governance. Leitlinien der Österreichischen Entwicklungs- und Ostzusammenarbeit. Wien: Bundesmi-
nisterium für auswärtige Angelegenheiten.

Pape, Matthias (1997): Humanitäre Intervention. Zur Bedeutung der Menschenrechte in den Vereinten Nationen. Baden-Baden: Nomos.

Parker, Charles F. (2001): Controlling Weapons of Mass Destruction. An Evaluation of International Security Regime Significance. Uppsala/Cambridge, MA: MIT Press.

Partsch, Karl Josef (1995): Der internationale Menschenrechtsschutz. Eine Einführung, in: Bundeszentrale für politische Bildung (Hg.): Menschenrechte. Dokumente und Deklarationen. Bonn: Bundeszentrale für politische Bildung, 11–40.

Paulus, Andreas (2001): Die internationale Gemeinschaft im Völkerrecht. Eine Untersuchung zur Entwicklung des Völkerrechts im Zeitalter der Globalisierung. München: Beck.

Pearcy, George E. (1964): The Middle East – An Indefinable Region. Washington, D.C.: Department of State Publications, Nr. 7684.

Peck, Connie (2001): The Role of Regional Organizations in Preventing and Resolving Conflict, in: Chester A. Crocker/Fen Osler Hampson/Pamela Aall (Hg.): Turbulent Peace. The Challenges of Managing International Conflict. Washington, D.C.: United States Institute of Peace, 561–584.

Peleg, Samuel (2006): Peace Journalism through the Lense of Conflict Theory: Analysis and Practice, in: Conflict & Communication Online 5(2), http://www.cco.regener-online.de/2006_2/pdf/peleg.pdf.

Pelinka, Anton (2004): Grundzüge der Politikwissenschaft. Wien u. a.: Böhlau.

Peter, Matthias (1994): Was ist Zeitgeschichte? Begriff, Periodisierung, Aufgaben, in: ders./Hans-Jürgen Schröder (Hg.): Einführung in das Studium der Zeitgeschichte. Paderborn: Schöningh, 15–40.

Pfetsch, Frank R./Peter Billing (1994): Datenhandbuch nationaler und internationaler Konflikte. Baden-Baden: Nomos.

Picht, Georg (1975): Zum Begriff des Friedens, in: Deutsche Gesellschaft für Friedens- und Konfliktforschung (Hg.): Forschung für den Frieden. Fünf Jahre Deutsche Gesellschaft für Friedens- und Konfliktforschung. Eine Zwischenbilanz. Boppard: Boldt, 45–51.

Popper, Karl R. (1971): Logik der Forschung. 4. Auflage. Tübingen: Mohr.

Poppinga, Anneliese (1975): Konrad Adenauer. Geschichtsverständnis, Weltanschauung und politische Praxis. Stuttgart: Deutsche Verlags-Anstalt.

Princen, Thomas/Matthias Finger (1994): Environmental NGOs in World Politics. Linking the Local and the Global. London: Routledge.

Puchala, Donald J. (Hg.) (2002): Visions of International Relations. Assessing an Academic Field. Columbia, SC: University of South Carolina Press.

Putnam, Robert D. (1988): Diplomacy and Domestic Politics: The Logic of Two-Level Games, in: International Organization 42(3): 426–460.

Pyta, Wolfram (1996): Konzert der Mächte und kollektives Sicherheitssystem: Neue Wege zwischenstaatlicher Friedenswahrung in Europa nach dem Wiener Kongreß 1815, in: Jahrbuch des Historischen Kollegs 1996. München: Oldenbourg, 133–173.

Rana, Raj (2004): Contemporary Challenges in the Civil-Military Relationship: Complementarity or Incompatability?, in: International Review of the Red Cross 86(855): 565–591.

Ravenhill, John (2001): APEC and the Construction of Pacific Rim Regionalism. Cambridge u. a.: Cambridge University Press.

Rawls, John (1999): A Theory of Justice. Überarbeitete Ausgabe. Cambridge, MA: Belknap Press of Harvard University Press (zuerst 1971).

Rawls, John (2002): Das Recht der Völker. Nochmals: die Idee der öffentlichen Vernunft. Berlin u. a.: de Gruyter (Originalausgabe: The Law of Peoples. Boston, MA: Harvard University Press, 2001).

Reinicke, Wolfgang H. (1998): Global Policy Networks. Governing without Government? Washington, D.C.: Brookings.

Reinicke, Wolfgang H./Francis Deng (2000): Critical Choices. The United Nations, Networks, and the Future of Global Governance. Ottawa: International Development Research Centre.

Reinmann-Rothmeier, Gabi (2003): Didaktische Innovation durch Blended Learning. Leitlinien anhand eines Beispiels aus der Hochschule. Bern: Huber.

Reinsch, Paul S. (1900): World Politics at the End of the Nineteenth Century, as Influenced by the Oriental Situation. New York/London: Macmillan.

Reinsch, Paul S. (1911): Intellectual and Political Currents in the Far East. Boston, MA/New York: Houghton Mifflin.

Rengger, Nicholas J. (1993): No longer „A Tournament of Distinctive Knights"? Systemic Transition and the Priority of International Order, in: Mike Bowker/Richard Brown (Hg.): From Cold War to Collapse. Theory and World Politics in the 1980s. Cambridge u. a.: Cambridge University Press, 145–174.

Rengger, Nicholas/Mark Hoffman (1992): Modernity, Postmodernism and International Relations, in: Joe Doherty/Elspeth Graham/Mo Malek (Hg.): Postmodernism and the Social Sciences. Houndmills/Basingstoke u. a.: Macmillan, 127–147.

Riemer, Andrea K. (2005): Chinas strategische Neupositionierung im geopolitischen Kontext. Wien: Landesverteidigungsakademie.

Risse, Thomas (2003): Konstruktivismus, Rationalismus und Theorien Internationaler Beziehungen – warum empirisch nichts so heiß gegessen wird, wie es empirisch gekocht wurde, in: Gunther Hellmann/Klaus Dieter Wolf/Michael Zürn (Hg.): Die neuen Internationalen Beziehungen. Forschungsstand und Perspektiven in Deutschland. Baden-Baden: Nomos, 99–132.

Rittberger, Volker (unter Mitarbeit von Bernhard Zangl) (1995): Internationale Organisationen – Politik und Geschichte. Europäische und weltweite zwischenstaatliche Zusammenschlüsse. 2. durchgesehene Auflage. Opladen: Leske + Budrich.

Röhrich, Wilfried (2003): Die politischen Systeme der Welt. München: Beck.

Ropers, Norbert (1995): Die friedliche Bearbeitung ethnopolitischer Konflikte: Eine Herausforderung für die Staaten- und Gesellschaftswelt, in: Norbert Ropers/Tobias Debiel (Hg.): Friedliche Konfliktbearbeitung in der Staaten- und Gesellschaftswelt. Bonn: Stiftung Entwicklung und Frieden, 195–233.

Rosenau, James N. (1971): Pre-theories and Theories of Foreign Policy, in: ders. (Hg.): The Scientific Study of Foreign Policy. New York: Free Press, 95–149.

Rosenau, James N. (1989): Global Changes and Theoretical Challenges. Toward a Postinternational Politics for the 1990s, in: Ernst-Otto Czempiel/James N. Rosenau (Hg.): Global Changes and Theoretical Challenges. Approaches to World Politics for the 1990s. Lexington, MA: Lexington Books, 1–20.

Rosenau, James N. (1990): Turbulence in World Politics. A Theory of Change and Continuity. Princeton, NJ: Princeton University Press.

Rosenau, James N. (1996): The Dynamics of Globalization: Toward an Operational Formulation, in: Security Dialogue 27(3): 247–262.

Rosenau, James N./Ernst-Otto Czempiel (Hg.) (1992): Governance without Government: Order and Change in World Politics. Cambridge u. a.: Cambridge University Press.

Rosenau, Pauline Marie (1992): Post-Modernism and the Social Sciences. Insights, Inroads, and Intrusions. Princeton, NJ: Princeton University Press.

Rotberg, Robert I. (2002): Failed States in a World of Terror, in: Foreign Affairs 81(4): 127–140.

Rotberg, Robert I. (2004): The Failure and Collapse of Nation-States. Breakdown, Prevention, and Repair, in: ders. (Hg.): When States Fail. Causes and Consequences. Princeton, NJ: Princeton University Press, 1–49.

Rouhana, Nadim N./Daniel Bar-Tal (1998): Psychological Dynamics of Intractable Ethnonational Conflicts. The Israeli Palestinian Case, in: American Psychologist 53(7): 761–770.

Rousseau, Jean-Jacques (1986): Vom Gesellschaftsvertrag oder Die Grundsätze des Staatsrechts. Ditzingen: Reclam.

Ruggie, John G. (1975): International Responses to Technology: Concepts and Trends, in: International Organizations 29(3): 557–583.

Rummel, Reinhardt (2007): Europäische Krisenintervention: Die Politik des umfassenden Engagements, in: Alexander Siedschlag (Hg.): Jahrbuch für europäische Sicherheitspolitik 2006/2007. Baden-Baden: Nomos, 15–24.

Rusch, Gebhard/Siegfried J. Schmidt (Hg.) (1992): Konstruktivismus. Geschichte und Anwendung. Frankfurt/M. u. a.: Suhrkamp.

Rüsen, Jörn/Hans Süssmuth (1980): Theorien der Geschichtswissenschaft. Düsseldorf:
Schwann.

Russett, Bruce (1993): Grasping the Democratic Peace. Principles for a Post-Cold War
World, Princeton, NJ: Princeton University Press.

Sagan, Scott D./Kenneth N. Waltz (1995): The Spread of Nuclear Weapons. A Debate.
New York u. a.: Norton.

Sahm, Astrid/Egbart Jahn/Sabine Fischer (Hg.) (2002): Die Zukunft des Friedens. Eine
Bilanz der Friedens- und Konfliktforschung. Wiesbaden: VS-Verlag für Sozialwissenschaften.

Sandole, Dennis J. D. (1993): Paradigm, Theories and Metaphors in Conflict and Conflict
Resolution: Coherence or Confusion?, in: ders./Hugo van der Merwe (Hg.): Conflict
Resolution Theory and Practice. Manchester u. a.: Manchester University Press, 3–24.

Sarawanamuttu, Johan (1999): The ASEAN Model for Regional Cooperation, in: Majid
Tehranian (Hg.): Asian Peace, Security and Governance in the Asia Pacific Region. London: I. B. Tauris, 97–111.

Schäfer, Isabel (2005): Die Euro-Mediterrane Partnerschaft und der Nahostkonflikt im
Kontext jüngster internationaler Entwicklungen: zwischen Blockade und Vertrauensbildung, in: Orient 46(3): 429–445.

Schellhorn, Kai M. (1972): Die Analyse multistaatlicher Politik. Versuch einer Arbeitsanlei-
tung. München: Uni-Druck.

Schellhorn, Kai M. (1986): Wie entstehen außenpolitische Entscheidungen?, in: Gottfried-
Karl Kindermann (Hg.): Grundelemente der Weltpolitik. München: Piper, 180–194.

Schelling, Thomas (1960): The Strategy of Conflict. Cambridge, MA: Harvard University
Press.

Schieder, Siegfried/Manuela Spindler (Hg.) (2006): Theorien der Internationalen Beziehungen. 2., überarbeitete Auflage. Opladen/Farmington Hills: Barbara Budrich.

Schilling, Heinz (1999): Die neue Zeit. Vom Christenheitseuropa zum Europa der Staaten.
1250–1750. Berlin: Siedler.

Schimmelpfennig, Frank (2000): International Socialization in the New Europe. Rational
Action in an Institutional Environment, in: European Journal of International Relations
6(1): 109–139.

Schirm, Stefan A. (2006): Globalisierung. Forschungsstand und Perspektiven. Baden-Baden: Nomos.

Schirm, Stefan A. (2007): Internationale Politische Ökonomie. Eine Einführung. 2., aktualisierte und ergänzte Auflage. Baden-Baden: Nomos.

Schlesinger, Arthur M. (1957): The Crisis of the Old Order 1919–1933. Boston, MA: Houghton Mifflin.

Schlichte, Klaus (2005): Einführung in die Arbeitstechniken der Politikwissenschaft. 2. Auflage. Wiesbaden: VS Verlag für Sozialwissenschaften.

Schmalz, Uwe (2004): Die Europäische Union als internationaler Akteur, in: Wichard Woyke (Hg.): Handwörterbuch Internationale Politik. 9. Auflage. Bonn: Bundeszentrale für politische Bildung, 121–152.

Schmidt, Brian C. (1994): The Historiography of Academic International Relations, in: Review of International Studies 20(2): 349–367.

Schmidt, Brian C. (2002): On the History and Historiography of IR, in: Walter Carlsnaes/ Thomas Risse/Beth A. Simmons (Hg.): Handbook of International Relations. Thousand Oaks, CA u. a.: Sage, 3–21, http://www.sagepub.co.uk/upm-data/9396_008772ch01. pdf.

Schmidt, Gustav (Hg.) (2001): A History of NATO: The First Fifty Years. Houndmills/Basingstoke u. a.: Palgrave.

Schmidt, Helmut (1961): Verteidigung oder Vergeltung. Ein deutscher Beitrag zum strategischen Problem der NATO. Stuttgart: Seewald.

Schmied, Günther (1986): Diplomatie als Form außenpolitischer Entscheidungsverwirklichung, In: Gottfried-Karl Kindermann (Hg.): Grundelemente der Weltpolitik. Eine Einführung. München: Piper, 195–211.

Schmitt, Carl (1987): Der Begriff des Politischen. Text von 1932 mit einem Vorwort und drei Corollarien. Nachdruck der 1963 erschienenen Auflage. Berlin: Duncker und Humblot.

Schneckener, Ulrich/Silke Weinlich (2006) Die Peacebuilding-Kommission der Vereinten Nationen: Möglichkeiten und Grenzen einer neuen Institution, in: Sicherheit und Frieden 24(1): 17–21.

Schneider, Patricia/Kristina Thony/Erwin Müller (Hg.) (2003): Frieden durch Recht. Friedenssicherung durch internationale Rechtssprechung und Rechtsdurchsetzung. Baden Baden: Nomos.

Scholte, Jan Aart (1993): International Relations of Social Change. Buckingham, PA: Open University Press.

Schori, Pierre (2005): Painful Partnership: The United States, the European Union, and Global Governance, in: Global Governance 11(3): 273–280.

Schröder, Hans-Jürgen (1994): Methodische Besonderheiten der Zeitgeschichte, in: Matthias Peter/ders. (Hg.): Einführung in das Studium der Zeitgeschichte. Paderborn: Schöningh, 41–67.

Schroeder, Paul W. (1972): Austria, Great Britain, and the Crimean War. The Destruction of the European Concert. Ithaca, NY: Cornell University Press.

Schroeder, Paul W. (1976): Alliances, 1815–1945: Weapons of Power and Tools of Management, in: Klaus Knorr (Hg.): Historical Dimensions of National Security Problems. Lawrence, KA: University of Kansas Press, 247–286.

Schroeder, Paul W. (1994a): The Transformation of European Politics, 1763–1848. Oxford: Clarendon.

Schroeder, Paul W. (1994b): Historical Reality vs Neo-Realist Theory, in: International Security 19(2): 108–48.

Schröfl, Josef/Thomas Pankratz (Hg.) (2004): Asymmetrische Kriegsführung – ein neues Phänomen der Internationalen Politik? Baden-Baden: Nomos.

Schröfl, Josef/Thomas Pankratz/Edwin Micewski (Hg.) (2006): Aspekte der Asymmetrie. Reflexionen über ein gesellschafts- und sicherheitspolitisches Problem. Baden-Baden: Nomos.

Schubert, Ulf-Manuel (2004): Staatszerfall als Problem des internationalen Systems. Marburg: Tectum.

Schülein, Johann August/Simon Reitze (2005): Wissenschaftstheorie für Einsteiger. 2. Auflage. Wien: WUV Facultas.

Schultze, Rainer-Olaf/Tanja Zinterer (2004): Einleitung. Neupositionierung und neue Interdisziplinarität, in: Ulrich Eckern/Leonie Hertwartz-Emden/Rainer-Olaf Schultze (Hg.): Friedens- und Konfliktforschung in Deutschland. Eine Einführung. Wiesbaden: VS Verlag für Sozialwissenschaften, 15–18.

Schumpeter, Joseph A. (1953): Aufsätze zur Soziologie. Tübingen: Mohr.

Schütz, Alfred (1971): Gesammelte Aufsätze. Band 3: Studien zur phänomenologischen Philosophie. Den Haag: Nijhoff.

Schwarzenberger, Georg (1955): Machtpolitik. Eine Studie über die internationale Gesellschaft. Tübingen: Mohr.

Schweisfurth, Theodor (2006): Völkerrecht. Tübingen: Mohr.

Seaman, Michael G. (1997): The Athenian Expedition to Melos in 416 B.C., in: Historia 46(4): 385–418.

Searle, John (2000): Sprechakte. Ein sprachphilosophischer Essay. 9. Auflage. Frankfurt/M.: Suhrkamp.

Seidelmann, Raimund (2004a): Frieden, Freiheit und Gerechtigkeit: Normative Postulate der Internationalen Beziehungen, in: Manfred Knapp/Gert Krell (Hg.): Einführung in die Internationale Politik. München/Wien: Oldenbourg, 29–56.

Seidelmann, Raimund (2004b): Außenpolitik, in: Wichard Woyke (Hg.): Handwörterbuch Internationale Politik. 9. völlig überarbeitete Auflage. Bonn: Bundeszentrale für politische Bildung, 1–7.

Seiffert, Helmut (1997): Einführung in die Wissenschaftstheorie. Band 4: Wörterbuch zur wissenschaftstheoretischen Terminologie. München: Beck.

Selcher, Wayne A. (2005): Use of Internet Sources in International Studies Teaching and Research, in: International Studies Perspectives 6(2): 174–189.

Senghaas, Dieter (Hg.) (1971): Kritische Friedensforschung. Frankfurt/M.: Suhrkamp.

Senghaas, Dieter (1995): Frieden als Zivilisierungsprojekt, in: ders. (Hg.): Den Frieden denken. Frankfurt/M: Suhrkamp, 196–223.

Senghaas, Dieter (Hg.) (1997): Frieden machen. Frankfurt/M.: Suhrkamp.

Sheehan, Michael (1996): The Balance of Power. History and Theory. London u. a.: Routledge.

Shevtsova, Lilia (2006): Bürokratischer Autoritarismus – Fallen und Herausforderungen, in: Aus Politik und Zeitgeschichte, B 11: 6–13.

Siedschlag, Alexander (1997): Neorealismus, Neoliberalismus und postinternationale Politik. Beispiel internationale Sicherheit – Theoretische Bestandsaufnahme und Evaluation. Opladen: Westdeutscher Verlag.

Siedschlag, Alexander (2001a): Internationale Politik als skeptische Gegenwartswissenschaft und die Münchner Schule des Neorealismus, in: ders. (Hg.): Realistische Perspektiven internationaler Politik. Opladen: Leske + Budrich, 13–66.

Siedschlag, Alexander (2001b): Internetionale Politik. Außenpolitik und internationale Beziehungen im Netz, in: Klemens Joos/Alexander Bilgeri/Dorothea Lamatsch (Hg.): Mit Mouse und Tastatur – Wie das Internet die Politik verändert. München: Olzog, 87–96.

Siedschlag, Alexander (2002): Internationale Sicherheitspolitik im Internet-Zeitalter, in: ders./Alexander Bilgeri (Hg.): Kursbuch Internet und Politik. Band 2. Opladen: Leske + Budrich, 107–116.

Siedschlag, Alexander (2006a): Strategische Kulturanalyse: Deutschland, Frankreich und die Transformation der NATO, in: Alexander Siedschlag (Hg.): Methoden der sicherheitspolitischen Analyse. Eine Einführung. Wiesbaden: VS Verlag für Sozialwissenschaften, 21–49.

Siedschlag, Alexander (Hg.) (2006b): Methoden der sicherheitspolitischen Analyse. Eine Einführung. Wiesbaden: VS Verlag für Sozialwissenschaften.

Siedschlag, Alexander (Hg.) (2007ff.): Jahrbuch für europäische Sicherheitspolitik. Baden-Baden: Nomos.

Signitzer, Benno (1998): Staaten im internationalen System, in: Otfried Jarren/Ulrich Sarci-nelli/Ulrich Saxer (Hg.): Politische Kommunikation in der demokratischen Gesellschaft. Wiesbaden: Westdeutscher Verlag, 496–505.

Sil, Rudra/Eileen M. Doherty (Hg.) (2000): Beyond Boundaries? Disciplines, Paradigms, and Theoretical Integration in International Studies. Albany, NY: State University of New York Press.

Simma, Bruno/Andreas L. Paulus (1998): The International Community: Facing the Chal-lenge of Globalization. General Conclusions, in: Journal of International Law 9(2): 266–277.

Singer, J. David (1975): Das Problem der Analyseebene in den internationalen Bezie-hungen, in: Helga Haftendorn (Hg.): Theorie der Internationalen Politik. Hamburg: Hoffmann und Campe, 193–207.

Sjolander, Claire T./Wayne S. Cox (Hg.) (1994): Beyond Positivism. Critical Reflections on International Relations. Boulder, CO/London: Westview.

Smith, Thomas W. (1999): History and International Relations. London u. a.: Routledge.

Snyder, Richard C./H.W. Bruck/Burton Sapin (Hg.) (1962): Foreign Policy Decision-Making. An Approach to the Study of International Politics. Glencoe, IL: Free Press.

Solingen, Etel (1998): Regional Orders at Century's Dawn. Global and Domestic Influ-ences on Grand Strategy. Princeton, NJ: Princeton University Press.

Spanger, Hans-Joachim (2002): Die Wiederkehr des Staates. Staatszerfall als wissen-schaftliches und entwicklungspolitisches Problem, in: HSFK-Report, Nr. 1, http://hsfk. de/downloads/rep0102.pdf.

Spiro, Peter J. (1995): New Global Communities: Non-governmental Organisations and Their Influence in International Decision-making Institutions, in: The Washington Quarterly 18(1): 45–56.

Sprinz, Detlef/Yael Wolinsky-Nahmias (2004a): Conclusion: Multimethod Research, in: dies. (Hg.): Models, Numbers, and Cases. Methods for Studying International Rela-tions. Ann Arbor, MI: University of Michigan Press, 367–381.

Sprinz, Detlef/Yael Wolinsky-Nahmias (Hg.) (2004b): Models, Numbers, and Cases. Me-thods for Studying International Relations. Ann Arbor, MI: University of Michigan Press.

Sprout, Harold/Margaret Sprout (1956): Man-Milieu Relationship Hypothesis in the Con-text of International Politics. Princeton, NJ: Princeton University Press.

Sprout, Harold/Margaret Sprout (1957): Environmental Factors in the Study of Internatio-nal Politics, in: Journal of Conflict Resolution 1(4): 309–328.

Sriram, Chandra Lekha/Karin Wermester (2002): Preventive Action at the United Nations: From Promise to Practice?, in: Fen Osler Hampson/David M. Malone (Hg.): From Reaction to Conflict Prevention. Opportunities for the UN System. London: Rienner, 381–398.

Stahl, Bernhard (2006): Vergleichende Außenpolitikanalyse: Das Verhalten ausgewählter EU-Staaten in der Irak-Krise, in: Alexander Siedschlag (Hg.): Methoden der sicherheitspolitischen Analyse. Eine Einführung. Wiesbaden: VS Verlag für Sozialwissenschaften, 135–167.

Steger, Ulrich/Wouter Achterberg/Kornelis Blok/H. Bode/Walther Frenz/C. Gather/G. Hanekamp/Dieter Imboden/M. Jahnke/Michael Kost/Rudolph Kurz/Hans G. Nutzinger/Thomas Ziesemer (2002): Nachhaltige Entwicklung und Innovation im Energiebereich. Berlin/Heidelberg: Springer.

Stein, Torsten/Thilo Marauhn (2000): Völkerrechtliche Aspekte von Informationsoperationen, in: Zeitschrift für ausländisches öffentliches Recht und Völkerrecht 60(1): 1–40.

Stiftung Entwicklung und Frieden (Hg.) (1995): Nachbarn in einer Welt. Der Bericht der Kommission für Weltordnungspolitik. Bonn: Stiftung Entwicklung und Frieden.

Stiglitz, Joseph E. (2002): Globalization and Its Discontents. New York: Norton (deutsche Ausgabe: Die Schatten der Globalisierung. München: Goldmann, 2004).

Süssmuth, Hans (1988): Kooperation von Geschichte und Politik, http://www.sowi-online.de/reader/historisch-politisch/suessmuth_kooperation.htm (zuerst erschienen in: Wolfgang Mickel/Dietrich Zitzlaff (Hg.): Handbuch zur politischen Bildung. Bonn: Bundeszentrale für politische Bildung, 542–549).

Tangermann, Klaus-Dieter (Hg.) (1998): Demokratisierung in Mittelamerika – Demokratische Konsolidierung unter Ausschluß der Bevölkerung. Münster: Westfälisches Dampfboot.

Taylor, Philip M. (1997): Global Communications, International Affairs and the Media since 1945. London/New York: Routledge.

Teschke, Benno (2003): The Myth of 1648. Class, Geopolitics and the Making of Modern International Relations. London: Verso.

Thakur, Ramesh/William Maley (1999): The Ottawa Convention on Landmines: A Landmark Humanitarian Treaty in Arms Control?, in: Global Governance 8(3): 273–303.

Thies, Cameron (2002): Progress, History and Identity in International Relations Theory: The Case of the Idealist-Realist Debate, in: European Journal of International Relations 8(2): 147–185.

Thompson, Grahame (Hg.) (1998): Economic Dynamism in the Asia-Pacific. The Growth of Integration and Competitiveness. London: Routledge.

Thompson, Kenneth W. (1983): Winston Churchill's World View. Statemanship and Power. Baton Rouge, LA/London: Louisiana State University Press.

Thompson, Michael/Richard Ellis/Aaron Wildavsky (1990): Cultural Theory. Boulder, CO: Westview.

Tibi, Bassam (2001): Die neue Weltunordnung. Westliche Dominanz und islamischer Fundamentalismus. München: Econ Verlag.

Tickner, Ann (2001): Gendering World Politics. Issues and Approaches in the Post-Cold War World. New York: Columbia University Press.

Tobler, Hans W./Peter Waldmann (Hg.) (1991): Staatliche und parastaatliche Gewalt in Lateinamerika. Frankfurt/M.: Vervuert.

Tönnies, Ferdinand (1963): Gemeinschaft und Gesellschaft. Darmstadt: Wissenschaftliche Buchgesellschaft.

Touval, Saadia/William I. Zartman (2001): International Mediation in the Post-Cold War Era, in: Chester A. Crocker/Fen Osler Hampson/Pamela Aall (Hg.): Turbulent Peace. The Challenges of Managing International Conflict. Washington, D.C.: United States Institute of Peace, 427–444.

Toynbee, Arnold (1951): Krieg und Kultur. Der Militarismus im Leben der Völker. 2. Auflage. Stuttgart: Kohlhammer (Originalausgabe: War and Civilization. New York u. a.: Oxford University Press, 1950).

Tuch, Hans N. (1990): Communicating with the World. U.S. Public Diplomacy Overseas. New York: St. Martin's Press.

Tucker, Robert C. (1992): Politics as Leadership, in: Anthony Mughan/Samuel C. Patterson (Hg.): Political Leadership in Democratic Societies. Chicago, IL: Nelson-Hall, 29–44.

Turton, Hal/Leonardo Barreto (2006): Long-term Security of Energy Supply and Climate Change, in: Energy Policy 34(15): 2232–2250.

Ulbert, Cornelia (2003): Sozialkonstruktivismus, in: Siegfried Schieder/Manuela Spindler (Hg.): Theorien der Internationalen Beziehungen. Opladen: Leske + Budrich, 391–420.

Ulbert, Cornelia/Christoph Weller (Hg.) (2005): Konstruktivistische Analysen internationaler Politik. Wiesbaden: VS Verlag für Sozialwissenschaften.

Umbach, Frank (2002): Konflikt oder Kooperation in Asien-Pazifik? Chinas Einbindung in regionale Sicherheitsstrukturen und die Auswirkungen auf Europa. München: Oldenbourg.

Union of International Associations (2005): Yearbook of International Organizations 2005/2006. 5 Bände. 42. Auflage. München: Saur.

United Nations (1997): The World Conferences: Developing Priorities for the 21st Century. New York.

van Creveld, Martin (1998): Die Zukunft des Krieges. München: Gerling Akademie Verlag.

Vasquez, John A. (Hg.) (1996): Classics of International Relations. Upper Saddle River, NJ: Prentice Hall.

Vereinte Nationen (2000): Bericht der Sachverständigengruppe für die Friedensmissionen der Vereinten Nationen. (Auszugsweise Übersetzung.) UN-Dokument A/55/305-S/2000/809, http://www.un.org/Depts/german/sr/sr_sonst/a55305.pdf.

Vertzberger, Yaacov Y. I. (1990): The World In Their Minds: Information Processing, Cognition, and Perception in Foreign Policy Decisionmaking. Stanford, CA: Stanford University Press.

Vetschera, Heinz (2000): Grenzen und Möglichkeiten kooperativer Sicherheitspolitik in Europa am Beispiel der Organisation für Sicherheit und Zusammenarbeit in Europa (OSZE), in: Erich P. Hochleitner (Hg.): Das europäische Sicherheitssystem zu Beginn des 21. Jahrhunderts. Wien u.a.: Böhlau, 93–151.

Vowinckel, Gerhard (2001): Biotische, psychische und soziokulturelle Konstruktionen der Wirklichkeit und wie sie zusammenhängen, in: Peter M. Hejl (Hg.): Universalien und Konstruktivismus. Frankfurt/M.: Suhrkamp, 257–278.

Waever, Ole (1995): Securitization and Desecuritization, in: Ronny D. Lipschutz (Hg.): On Security. New York: Columbia University Press, 46–86.

Wallerstein, Immanuel (2001): The End of the World As We Know It. Social Science for the Twenty-First Century. Minneapolis: University of Minnesota Press.

Walpuski, Günter (1984): Verteidigung + Entspannung = Sicherheit. Texte und Materialen zur Außen- und Sicherheitspolitik. 5., überarbeitete und aktualisierte Auflage. Bonn: Verlag Neue Gesellschaft.

Walt, Stephen M. (1987): The Origins of Alliances. Ithaka, NJ/New York: Cornell University Press.

Waltz, Kenneth N. (1954): Man, the State, and War. A Theoretical Analysis. New York u. a.: Columbia University Press.

Waltz, Kenneth N. (1967): The Politics of Peace, in: International Studies Quarterly 11(3): 199–211.

Waltz, Kenneth N. (1975): Theory of International Relations, in: Fred I. Greenstein/Nelson W. Polsby (Hg.): Handbook of Political Science. Band 8. Reading, MA u. a.: Addison-Wesley, 1–85.

Waltz, Kenneth N. (1979): Theory of International Politics. Reading, MA: McGraw-Hill.

Waltz, Kenneth N. (1990): Realist Thought and Neorealist Theory, in: Journal of International Affairs 44(1): 21–37.

Waltz, Kenneth N. (2000): Structural Realism after the Cold War, in: International Security 25(1): 5–41.

Wassmund, Hans (1985): Grundzüge der Weltpolitik. Daten und Tendenzen von 1945 bis zur Gegenwart. 2., überarbeitete Auflage. München: Beck.

Watson, Adam (1992): The Evolution of International Society. London u. a.: Routledge.

Weart, Spencer (1994): Peace among Democratic and Oligarchic Republics, in: Journal of Peace Research 31(3): 299–316.

Weber, Max (1904): Die „Objektivität" sozialwissenschaftlicher und sozialpolitischer Erkenntnis, in: ders.: Gesammelte Aufsätze zur Wissenschaftslehre. Potsdamer Internet-Ausgabe, http://www.uni-potsdam.de/u/paed/Flitner/Flitner/Weber/WL.rtf, 146–214.

Weber, Max (1956): Wirtschaft und Gesellschaft: Grundriß der verstehenden Soziologie. Besorgt v. Johannes Winckelmann. 4., neu herausgegebene Auflage. Tübingen: Mohr.

Weber, Max (1980): Wirtschaft und Gesellschaft. Tübingen: Mohr.

Weber, Max (1991): Wissenschaft als Beruf. 8. Auflage. Berlin: Duncker und Humblot (zuerst 1919).

Wehler, Hans-Ulrich (1970): Imperialismus. Köln/Berlin: Kiepenheuer & Witsch.

Weiss, Thomas G./Leon Gordenker (Hg.) (1996): NGOs, the UN and Global Governance. Boulder, CO: Rienner.

Weller, Christoph (2002): Warum gibt es Feindbilder?, in: Jochen Hippler/Andrea Lueg (Hg.): Feindbild Islam oder Dialog der Kulturen. Hamburg: Konkret, 49–58.

Weller, Christoph (2003): Perspektiven der Friedenstheorie. Duisburg: Institut für Entwicklung und Frieden der Universität Duisburg-Essen/Standort Duisburg: INEF Report, Nr. 68, http://inef.uni-due.de/page/documents/Report68.pdf.

Weller, Christoph (2004a): Friedenstheorie: Aufgabenstellung, Ansätze, Perspektiven, in: Ulrich Eckern/Leonie Hertwartz-Emden/Rainer-Olaf Schultze (Hg.): Friedens- und Konfliktforschung in Deutschland. Eine Einführung. Wiesbaden: VS Verlag für Sozialwissenschaften, 59–80.

Weller, Christoph (2004b): Gewalt, Frieden und Friedensforschung aus konstruktivistischer Perspektive, in: Astrid Sahm/Egbert Jahn/Sabine Fischer (Hg.): Die Zukunft des Friedens II. Wiesbaden: VS Verlag für Sozialwissenschaften, 91–110.

Weller, Christoph (2005): Gewalt, Frieden und Friedensforschung. Eine konstruktivistische Annäherung, in: Egbert Jahn/Sabine Fischer/Astrid Sahm (Hg.): Die Zukunft des Friedens. Die Friedens- und Konfliktforschung aus der Perspektive der jüngeren Generation. Wiesbaden: VS Verlag für Sozialwissenschaften, 91–110.

Wendt, Alexander (1999): Social Theory of International Politics. Cambridge u. a.: Cambridge University Press.

Wettig, Gerhard (1981): Konflikt und Kooperation zwischen Ost und West. Entspannung in Theorie und Praxis. Außen- und sicherheitspolitische Analyse. Bonn: Osang.

White, Brian (1997): Diplomacy, in: John Baylis/Steve Smith (Hg.): The Globalization of World Politics. An Introduction to International Relations. Oxford: Oxford University Press, 249–262.

Wight, Colin (2006): Agents, Structures and International Relations. Politics as Ontology. Cambridge: Cambridge University Press.

Williamson, Jeffrey G. (2002): Winners and Losers over Two Centuries of Globalization. Cambridge: National Bureau of Economic Research Working Paper, Nr. 9161.

Willms, Bernard (1974): Entspannung und friedliche Koexistenz. München: List.

Wolf, Charles Jr./Brian Rosen (2004): Public Diplomacy: How to Think about and to Improve It, in: Rand Occasional Papers, Nr. 134, http://www.rand.org/pubs/occasional_papers/2004/RAND_OP134.pdf.

World Commission on Environment and Development (1987): Our Common Future. Oxford: Oxford University Press.

Woyke, Wichard (2004): Internationale Organisationen, in: ders. (Hg.): Handwörterbuch Internationale Politik. 9. völlig überarbeitete Auflage. Bonn: Bundeszentrale für Politische Bildung, 212–218.

Wright, Quincy (1947): A Study of War. 4. Auflage. Chicago, IL: University of Chicago Press.

Wright, Quincy (1955): The Study of International Relations. New York: Apellton-Century-Crofts.

Wrong, Quian (1999): APEC – A New Model for Regional Economic Cooperation, in: Majid Tehranian (Hg.): Asian Peace, Security and Governance in the Asia Pacific Region. London: Tauris, 85– 96.

Yahuda, Michael B. (1996): The International Politics of the Asia-Pacific. 1945–1995. London u. a.: Routledge.

Young, Oran R. (1989): Patterns of International Cooperation: Institutions and Organisations, in: ders. (Hg.): International Cooperation – Building Regimes for Natural Resources and the Environment. Ithaca, NY: Cornell University Press, 31–57.

Young, Oran R. (1991): Political Leadership and Regime Formation: On the Development of Institutions in International Society, in: International Organization 45(3): 281–308.

Young, Oran R. (1999): Governance without Government, in: ders. (Hg.): Governance in World Affairs. Ithaca and London: Cornell University Press, 1–23.

Zabadi, Istifanus Sonsare (2006): Africa and the European Security and Defence Policy, in: Bo Huldt/Mika Kerttunen/Jan Mörtberg/Ylva Ericsson (Hg.): Strategic Yearbook 2006. European Security and Defence Policy. A European Challenge. Stockholm: Swedish National Defence College. Stockholm, 197–211.

Zakaria, Fareed (2004): The Future of Freedom. Illiberal Democracy at Home and Abroad. New York: W.W. Norton.

Zangl, Bernhard (2004): Humanitäre Intervention, in: Bayerische Landeszentrale für politische Bildungsarbeit (Hg.): Sicherheit und Frieden zu Beginn des 21. Jahrhunderts. München: LEO-Druck und Verlagsgesellschaft, 133–149.

Zangl, Bernhard/Michael Zürn (2004): Make Law, Not War. Internationale und Transnationale Verrechtlichung als Baustein für Global Governance, in: dies. (Hg.): Verrechtlichung – Baustein für Global Governance. Bonn: Dietz, 12–45.

Zanker, Benedikt (2006): Internationaler Währungsfonds 2015. Reformbedarf und Reformmöglichkeiten. Berlin: Stiftung Wissenschaft und Politik. SWP–Studie S 13, http://www.swp-berlin.org/de/common/get_document.php?asset_id=2997.

Zanotti, Laura (2005): Governmentalizing the Post-Cold War International Regime: The UN Debate on Democratization and Good Governance, in: Alternatives 30(4): 461–487.

Zhang, Junhua (2002): Phantom oder Realität? Zur chinesischen Konzeption und Praxis der Information Warfare, in: WeltTrends. Zeitschrift für internationale Politik und vergleichende Studien, Nr. 35: 103–119.

Zimmermann, William/Harold K. Jacobson (Hg.) (1994): Behavior, Culture and Conflict in World Politics. Ann Arbor, MI: University of Michigan Press.

Zoll, Ralf (2005): Friedens- und Konfliktforschung als Studienfach, in: Peter Imbusch/Ralf Zoll (Hg.): Friedens- und Konfliktforschung. Eine Einführung. Wiesbaden: VS Verlag für Sozialwissenschaften, 181–185.

Zürn, Michael (1998): Regieren jenseits des Nationalstaates. Globalisierung und Denationalisierung als Chance. Frankfurt/M.: Suhrkamp.

Personenregister

Sachregister